Die Befristung von Arbeitsverhältnissen in Deutschland und Frankreich

# Studien zum Arbeitsrecht und zur Arbeitsrechtsvergleichung

Herausgegeben von Manfred Weiss, Bernd Waas und Spiros Simitis

Band 23

PL ACADEMIC RESEARCH

Martina Büter

# Die Befristung von Arbeitsverhältnissen in Deutschland und Frankreich

Eine rechtsvergleichende Betrachtung

PL ACADEMIC RESEARCH

**Bibliografische Information der Deutschen Nationalbibliothek**
Die Deutsche Nationalbibliothek verzeichnet diese Publikation in der Deutschen Nationalbibliografie; detaillierte bibliografische Daten sind im Internet über http://dnb.d-nb.de abrufbar.

Zugl.: Hagen, Fernuniv., Diss., 2013

D 708
ISSN 1615-4606
ISBN 978-3-631-62772-3 (Print)
E-ISBN 978-3-653-02779-2 (E-Book)
DOI 10.3726/978-3-653-02779-2


PL Academic Research ist ein Imprint der Peter Lang GmbH.

Peter Lang – Frankfurt am Main · Bern · Bruxelles · New York · Oxford · Warszawa · Wien



www.peterlang.de

# Vorwort

Mein Interesse für das französische Arbeitsrecht wurde bereits im Jahre 1999 im Rahmen meines zweisemestrigen Studiums an der Université d'Auvergne in Clermont-Ferrand/Frankreich geweckt. Während meiner wissenschaftichen Mitarbeit am Lehrstuhl für Bürgerliches Recht, Deutsches und Europäisches Arbeits- und Sozialrecht des Herrn Prof. Dr. Maximilian Fuchs an der Katholischen Universität Eichstätt-Ingolstadt in den Jahren 2006 bis 2010 konnte ich dieses Interesse vertiefen. In diesem Forschungsumfeld entstand der Kontakt zu meinem späteren Doktorvater Herrn Prof. Dr. Bernd Waas und wurde die Idee für die vorliegende Arbeit entwickelt.

Ich habe diese Arbeit der Rechtswissenschaftlichen Fakultät der FernUniversität in Hagen im November 2011 als Dissertation zur Begutachtung vorgelegt. Wesentliche Rechtsprechung und Literatur habe ich indes noch bis April 2013 berücksichtigt.

An dieser Stelle möchte ich mich bei meinem Doktorvater Herrn Prof. Dr. Bernd Waas herzlich für die Möglichkeit der Erstellung dieser Arbeit und seine Betreuung bedanken. Frau Prof. Dr. Kerstin Tillmanns danke ich für die zügige Erstellung des Zweitgutachtens. Ein Dank geht auch an Herrn Prof. Dr. Maximilian Fuchs für seine Impulse für die vorliegende Arbeit.

Ein besonderer Dank gilt meinen Eltern, die mich sowohl im Studium als auch beim Promotionsvorhaben stets unterstützt haben. Schließlich möchte ich mich herzlich bei meinem Ehemann Hendrik Büter bedanken, der nicht nur die Arbeit des Korrekturlesens auf sich genommen, sondern mich auch bei der Entstehung dieser Arbeit unterstützt und bestärkt hat und mir dabei stets ein großer Rückhalt war.

Dormagen, im Mai 2013 *Martina Büter*

# Inhaltsverzeichnis

# Abkürzungsverzeichnis

| | |
|---|---|
| a. A. | andere(r) Ansicht |
| a. F. | alte Fassung |
| ABM | Arbeitsbeschaffungsmaßnahmen |
| ABl. EG | Amtsblatt der Europäischen Gemeinschafen |
| ABl. EU | Amtsblatt der Europäischen Union |
| Abs. | Absatz |
| Act. | Actualités |
| ÄArbVtrG | Gesetz über befristete Arbeitsverträge mit Ärzten in der Weiterbildung (Ärztearbeitsvertragsgesetz) |
| ähnl. | ähnlich |
| AEUV | Vertrag über die Arbeitsweise der Europäischen Union |
| AGB | Allgemeine Geschäftsbedingungen |
| AGG | Allgemeines Gleichbehandlungsgesetz |
| AGS | Association pour la gestion du régime de garantie des créances des salariés |
| AJ | Actualité jurisprudentielle |
| allg. | allgemein |
| Alt. | Alternative |
| AltTZG | Altersteilzeitgesetz (AltTZG 1996) |
| ANI | Accord National Interprofessionnel |
| Anm. | Anmerkung |
| AP | Arbeitsrechtliche Praxis (Entscheidungssammlung) |
| APS | Ascheid/Preis/Schmidt (Großkommentar zum Kündigungsrecht) |
| ArbGG | Arbeitsgerichtsgesetz |
| ArbPlSchG | Gesetz über den Schutz des Arbeitsplatzes bei Einberufung zum Wehrdienst (Arbeitsplatzschutzgesetz) |
| ArbVG | Arbeitsvertragsgesetz |
| ARS | Arbeitsrechts-Sammlung (Entscheidungen des Reichsarbeitsgerichts und des Reichsehrengerichts, der Landesarbeitsgerichte, Arbeitsgerichte und Ehrengerichte, 1928 ff.) |
| Art. | Artikel/Article |
| AÜG | Gesetz zur Regelung der Arbeitnehmerüberlassung (Arbeitnehmerüberlassungsgesetz) |
| AuR | Arbeit und Recht (Zeitschrift) |
| ausf. | ausführlich |

| | |
|---|---|
| AVR | Arbeitsvertragsrichtlinien |
| BAG | Bundesarbeitsgericht |
| BAGE | Entscheidungen des Bundesarbeitsgerichts |
| BB | Betriebsberater (Zeitschrift) |
| BBiG | Berufsbildungsgesetz |
| Bd. | Band |
| BDA | Bundesvereinigung der Deutschen Arbeitgeberverbände |
| BEEG | Gesetz zum Elterngeld und zur Elternzeit (Bundeseltern-geld- und Elternzeitgesetz) |
| Begr. | Begründung |
| Beil. | Beilage |
| BErzGG | Gesetz zum Erziehungsgeld und zur Elternzeit (Bundes-erziehungsgeldgesetz) |
| BeschFG | Gesetz über arbeitsrechtliche Vorschriften zur Beschäftigungsförderung (Beschäftigungsförderungsgesetz) |
| BetrVG | Betriebsverfassungsgesetz |
| BGB | Bürgerliches Gesetzbuch |
| BGBl. | Bundesgesetzblatt |
| BO | Bulletin officiel (Amtliche Sammlung) |
| BOMT | Bulletin officiel du ministère du Travail, de la Soldidarité et de la Fonction Publique (Amtliche Sammlung des Ministeriums für Arbeit, Solidarität und den Öffentlichen Dienst) |
| BOTEFP | Bulletin officiel du ministère du Travail, de l'emploi et de la formation professionnelle (Amtliche Sammlung des Ministeriums für Arbeit, Beschäftigung und Berufsbildung) |
| BR-Drucks. | Bundesrats-Drucksache |
| BS | Bref social |
| BT | Bundestag |
| BT-Drucks. | Bundestags-Drucksache |
| Bull. civ. | Bulletin civil (Entscheidungssammlung der Cour de cassation für Zivil-, Handels-, Arbeits- und Sozialsachen) |
| Bull. crim. | Bulletin criminel (Entscheidungssammlung der Cour de cassation für Strafsachen) |
| BUrlG | Mindesturlaubsgesetz für Arbeitnehmer (Bundesurlaubsgesetz) |
| BVerfG | Bundesverfassungsgericht |
| BVerfGE | Entscheidungen des Bundesverfassungsgerichts |
| bzw. | beziehungsweise |

| | |
|---|---|
| C. | Code (Gesetzbuch) |
| C. civ. | Code civil (Zivilgesetzbuch) |
| C. rur. | Code rural et de la pêche maritime (Gesetzbuch über die ländlichen Angelegenheiten und die Meeresfischerei) |
| C. trav. | Code du travail (Arbeitsgesetzbuch) |
| CA | Contrat d'avenir (Zukunftsvertrag) |
| CAE | Contrat d'accompagnement (Vertrag zur Begleitung in die Beschäftigung) |
| CDD | Contrat à durée déterminée (befristeter Arbeitsvertrag) |
| CDI | Contrat à durée déterminée (unbefristeter Arbeitsvertrag) |
| CDU | Christlich Demokratische Union Deutschlands |
| CEC | Contrat emploi consolidé (konsolidierter Beschäftigungsvertrag) |
| CEE | Centres d'Etudes de l'Emploi (Forschungseinrichtung zur Beschäftigung, die dem Arbeitsministerium und dem Forschungsministerium unterstellt ist) |
| CEEP | European Centre of Enterprises with Public Participation and of Enterprises of General economic Interest (Europäischer Zentralverband der öffentlichen Wirtschaft) |
| CEJ | Contrat emploi-jeune (Vertrag für junge Leute im Unternehmen) |
| CES | Contrat emploi solidarité (Solidarbeschäftigungsvertrag) |
| CFDT | Confédération française démocratique du travail (frz. Gewerkschaft) |
| CFE-CGC | Confédération française de l'encadrement - Confédération générale des cadres (frz. Gewerkschaft) |
| CFTC | Confédération française des travailleurs chrétiens (frz. Gewerkschaft) |
| CGPME | Confédération générale du patronat des petites et moyennes entreprises (frz. Arbeitgeberverband) |
| Chron. | Chronique |
| CI-RMA | Contrat insertion-revenu minimum d'activité (Eingliederungsvertrag) |
| CIE | Contrat initiative-emploi (Beschäftigungsinitiativvertrag) |
| Civ. 1re | Cour de cassation, première chambre civile (erste Zivilkammer des Kassationsgerichts) |
| CJE | Contrat jeune en entreprise |
| CNE | Contrat nouvelles embauches (Vertrag für neue Beschäftigungen) |
| Comm. | Commentaires |

| | |
|---|---|
| CPE | Contrat première embauche (Ersteinstellungsvertrag) |
| Crim. | Cour de cassation, chambre criminelle (Strafkammer des Kassationsgerichts als letzter Instanz der ordentlichen Gerichtsbarkeit) |
| CSB | Les cahiers sociaux du barreau de Paris (Zeitschrift) |
| CSP | Contrat de sécurisation professionnelle (Vertrag zur Verbesserung der beruflichen Sicherheit) |
| CSU | Christlich Soziale Union |
| CTP | Contrat de transition professionnelle (Vertrag für Jobübergänge) |
| CUI | Contrat unique d'insertion (einheitlicher Eingliederungsvertrag) |
| CUI-CAE | Contrat unique d'insertion - Contrat d'accompagnement (einheitlicher Eingliederungsvertrag in Gestalt des Vertrages zur Begleitung in die Beschäftigung) |
| CUI-CIE | Contrat unique d'insertion - Contrat initiative-emploi (einheitlicher Eingliederungsvertrag in Gestalt des Beschäftigungsinitiativvertrages) |
| D. | Dalloz (Zeitschrift); Partie Réglementaire – Décrets simples (2. Verordnungsteil des Code du travail) |
| d. h. | das heißt |
| DARES | Direction de l'Animation de la Recherche, des Études et des Statistiques |
| DB | Der Betrieb (Zeitschrift) |
| ders. | derselbe |
| DGB | Deutscher Gewerkschaftsbund |
| DGEFP | Délégation Générale à l'Emploi et à la Formation Professionnelle |
| DGT | Direction Générale du travail |
| DIF | Droit Individuel à la Formation (Anspruch auf bezahlte Fortbildung) |
| Dr. ouvr. | Droit ouvrier (Zeitschrift) |
| Dr. soc. | Droit social (Zeitschrift) |
| DRT | Direction des Relations du Travail |
| dt. | deutsch |
| EAS B | Europäisches Arbeits- und Sozialrecht – EAS (Rechtsvorschriften, Systematische Darstellungen, Entscheidungssammlung), Teil B |
| EG | Europäische Gemeinschaft; Vertrag zur Gründung der Europäischen Gemeinschaft (EG-Vertrag) |

| | |
|---|---|
| EGB | Europäischer Gewerkschaftsbund |
| EignÜG | Eignungsübungsgesetz |
| Einf. | Einführung |
| Einl. | Einleitung |
| endg. | endgültig |
| ErfK | Erfurter Kommentar zum Arbeitsrecht (Hrsg.: Müller-Glöge u. a.) |
| ErgBd. | Ergänzungsband |
| EU | Europäische Union |
| EU-27 | Europäische Union der 27 Mitgliedstaaten |
| EuGH | Europäischer Gerichtshof |
| EuZW | Europäische Zeitschrift für Wirtschaftsrecht |
| EzA | Entscheidungssammlung zum Arbeitsrecht |
| EzBAT SR 2y BAT | Entscheidungssammlung zum Bundesangestelltentarifvertrag, Sonderregelungen für Zeitangestellte, Angestellte für Aufgaben von begrenzter Dauer und für Aushilfsangestellte |
| f.; ff. | folgende(r) |
| FDP | Freie Demokratische Partei |
| FFF | Fédération Française de Football |
| Fn. | Fußnote |
| FPfZG | Gesetz über die Familienpflegezeit (Familienpflegezeitgesetz) |
| FO | Force ouvrière (frz. Gewerkschaft) |
| frz. | französisch |
| FS | Festschrift |
| GG | Grundgesetz |
| GS | Gedächtnisschrift; Großer Senat |
| h. L. | herrschende Lehre |
| h. M. | herrschende Meinung |
| HdaVÄndG | Gesetz zur Änderung dienst- und arbeitsrechtlicher Vorschriften im Hochschulbereich |
| HRG | Hochschulrahmengesetz |
| Hrsg. | Herausgeber |
| Hs. | Halbsatz |
| HWK | Henssler/Willemsen/Kalb, Arbeitsrecht, Kommentar |
| i. A. | im Auftrag |
| i. V. m. | in Verbindung mit |
| ILO | International Labour Organization |

| | |
|---|---|
| INSEE | Institut national de la statistique et des études économiques (Nationales Institut für Statistik und Wirtschaftsforschung) |
| IR | Informations rapides |
| IRT | Institut Régional du Travail |
| JCP | Juris-Classeur Périodique (La semaine juridique) (Zeitschrift) |
| JCP E | Juris-Classeur Périodique, édition entreprise (Zeitschrift) |
| JCP G | Juris-Classeur Périodique, édition générale (Zeitschrift) |
| JCP S | Juris-Classeur Périodique, édition sociale (Zeitschrift) |
| J.O. | Journal Officiel (Amtsblatt der Republik Frankreich) |
| Jur.; Jurisp. | Jurisprudence |
| KOM | KOM-Dokumente (Dokumente der Europäischen Kommission) |
| KR | Gemeinschaftskommentar zum Kündigungsschutzgesetz und zu sonstigen kündigungsschutzrechtlichen Vorschriften (Hrsg.: Etzel u. a.) |
| krit. | kritisch |
| KSchG | Kündigungsschutzgesetz |
| KSchR | Kündigungsschutzrecht, Kommentar (Hrsg.: Kittner u. a.) |
| KZfSS | Kölner Zeitschrift für Soziologie und Sozialpsychologie |
| L. | Partie Législative (gesetzgeberischer Teil des Code du travail) |
| LAGE | Entscheidungen der Landesarbeitsgerichte |
| LFP | Ligue de Football Professionnel |
| Liaisons soc. | Liaisons sociales (Zeitschrift) |
| Lit. | Literatur |
| LPVG | Landespersonalvertretungsgesetz |
| m. | mit |
| m. w. N. | mit weiteren Nachweisen |
| MEDEF | Mouvement des entreprises de France (frz. Arbeitgeberverband) |
| MHH | Meinel/Heyn/Herms, Teilzeit- und Befristungsgesetz: TzBfG, Kommentar |
| MIT | Massachusetts Institute of Technology |
| MüArbR | Münchener Handbuch zum Arbeitsrecht (Hrsg.: Richardi u. a.) |
| MüKoBGB | Münchener Kommentar zum Bürgerlichen Gesetzbuch (Hrsg.: Henssler) |
| n. v. | nicht veröffentlicht |

| | |
|---|---|
| NachwG | Gesetz über den Nachweis der für ein Arbeitsverhältnis geltenden wesentlichen Bedingungen (Nachweisgesetz) |
| NJW | Neue Juristische Wochenschrift (Zeitschrift) |
| Nr. | Nummer |
| NZA | Neue Zeitschrift für Arbeitsrecht |
| NZA-Beil. | Neue Zeitschrift für Arbeitsrecht – Beilage |
| NZA-RR | Neue Zeitschrift für Arbeitsrecht – Rechtsprechungs-Report |
| Pan. | Panorama |
| PflegeZG | Gesetz über die Pflegezeit (Pflegezeitgesetz) |
| R. | Partie Réglementaire – Décrets en Conseil d'Etat (1. Verordnungsteil des Code du travail) |
| RAG | Reichsarbeitsgericht |
| RdA | Recht der Arbeit (Zeitschrift) |
| RDT | Revue de droit du travail (Zeitschrift) |
| Rép. trav. Dalloz | Répertoire du droit du travail Dalloz (Zeitschrift) |
| RJS | Revue de jurisprudence sociale (Zeitschrift) |
| Rn. | Randnummer |
| R.R.J. | Revue de la recherche juridique – droit prospectif (Zeitschrift) |
| Rs. | Rechtssache |
| Rspr. | Rechtsprechung |
| S. | Satz; Seite(n) |
| s. | siehe |
| SEK | SEK-Dokumente (Dokumente der Europäischen Kommission) |
| Sem. soc. Lamy | Semaine sociale Lamy (Zeitschrift) |
| SGB | Sozialgesetzbuch |
| Slg. | Sammlung der Rechtsprechung des Gerichtshofes und des Gerichts Erster Instanz |
| SMIC | Salaire minimum de croissance (gesetzlicher Mindestlohn) |
| Soc. | Cour de cassation, chambre sociale (arbeits- und sozialrechtliche Kammer des Kassationsgerichts) |
| sog. | sogenannte(r) |
| Somm. | Sommaire |
| Sonderbeil. | Sonderbeilage |
| SPD | Sozialdemokratische Partei Deutschlands |
| st. Rspr. | ständige Rechtsprechung |
| TGI | Tribunal de grande instance (≈ Landgericht) |

| | |
|---|---|
| TVG | Tarifvertragsgesetz |
| TzBfG | Teilzeit- und Befristungsgesetz |
| u. a. | und andere; unter anderem |
| UNICE | Union der Industrie- und Arbeitgeberverbände Europas |
| UPA | Union Professionnelle Artisanale (frz. Arbeitgeberverband) |
| v. | vom |
| vgl. | vergleiche |
| Vorb. | Vorbemerkung |
| WissZeitVG | Gesetz über befristete Arbeitsverträge in der Wissenschaft (Wissenschaftszeitvertragsgesetz) |
| z. B. | zum Beispiel |
| ZAF | Zeitschrift für ArbeitsmarktForschung |
| ZESAR | Zeitschrift für europäisches Sozial- und Arbeitsrecht |
| ZfA | Zeitschrift für Arbeitsrecht |
| Ziff. | Ziffer |
| ZIP | Zeitschrift für Wirtschaftsrecht |
| ZPO | Zivilprozessordnung |
| ZTR | Zeitschrift für Tarifrecht |

# Einleitung

In den vergangenen Jahren haben befristete Arbeitsverhältnisse auf dem deutschen und französischen Arbeitsmarkt an Bedeutung gewonnen. Dabei handelt es sich keineswegs um eine singuläre Entwicklung. Vielmehr zeigt ein Blick auf die Befristungsquote in der EU[1] einen Trend, der (vor)erst im Jahre 2008 gebrochen wurde.

In Deutschland hatten im Jahre 2011 14,7 % der Arbeitnehmer einen befristeten Arbeitsvertrag, in Frankreich 15,3 %[2]. In beiden Ländern ist die Befristungsquote unter den jüngeren Arbeitnehmern am höchsten[3]. Ein Grund hierfür mag die – gerade in Zeiten angespannter Arbeitsmarktverhältnisse – erhöhte Bereitschaft der Berufsanfänger sein, befristete Arbeitsverträge zu schließen[4]. Zugleich spielen in dieser Altersgruppe Ausbildung, Beschäftigungsförderung und Erprobung eine besondere Rolle. In diesem Kontext drängt sich die Frage auf, ob die Aufnahme einer befristeten Beschäftigung längerfristig einen Wechsel in ein unbefristetes Arbeitsverhältnis zur Folge hat.

In der Begründung des Entwurfs des deutschen Teilzeit- und Befristungsgesetzes (TzBfG) wird auf die „Alternative zur Arbeitslosigkeit“ und „Brücke zur Dauerbeschäftigung“ abgestellt[5]. Dem französischen Recht liegt die Auffassung zugrunde, dass eine Befristung des Arbeitsvertrages für den Arbeitnehmer stets nachteilig ist[6]. Eine Ausnahme hiervon machen die befristeten Verträge zur Ausbildung, Fortbildung und Beschäftigungsförderung[7]. In Deutschland ist eine befristete Beschäftigung in fast 40 % der Fälle nach einem Jahr von einer unbe-

1 European Commission, Employment and Social Developments in Europe 2012, Luxemburg 2012, S. 403.

2 European Commission, Employment and Social Developments in Europe 2012, Luxemburg 2012, S. 409, 414.

3 S. dazu Statistisches Bundesamt, Mikrozensus, Bevölkerung und Erwerbstätigkeit, Stand und Entwicklung der Erwerbstätigkeit in Deutschland 2011, Fachserie 1, Reihe 4.1.1, Wiesbaden 2012, S. 74; INSEE, Statut et type de contrat selon l'âge en 2011, veröffentlicht unter http://www.insee.fr/fr/themes/tableau.asp?reg_id=0&ref_id=NATnon03241, zuletzt abgerufen am 15.5.2013.

4 Körner, Flexicurity in atypischen Arbeitsverhältnissen, S. 12, meint, dass es „noch ungewiss, aber keineswegs unwahrscheinlich“ sei, dass sich der bei jungen Arbeitnehmern immer höher werdende Anteil befristeter Beschäftigung in deren weiterer „Erwerbsbiografie“ fortschreibe.

5 BT-Drucks. 14/4374, S. 14.

6 Frik, Die missbräuchliche Nutzung von befristeten Arbeitsverträgen, S. 119 f. m. w. N.

7 Diese Fallgruppe nennt auch Frik, Die missbräuchliche Nutzung von befristeten Arbeitsverträgen, S. 104 ff.

fristeten Beschäftigung bei demselben oder einem anderen Arbeitgeber abgelöst; Übergänge aus einem befristeten in ein unbefristetes Arbeitsverhältnis sind erheblich häufiger als Wechsel aus der Arbeitslosigkeit in ein unbefristetes Arbeitsverhältnis[8]. In Frankreich ist der befristete Arbeitsvertrag in etwa zwei Dritteln der Fälle „Sprungbrett" in eine unbefristete Beschäftigung[9]. Arbeitnehmer mit befristetem Arbeitsvertrag haben eine dreimal so hohe Chance auf einen unbefristeten Arbeitsvertrag im Folgejahr wie Arbeitslose[10]. Gleichwohl ist eine Befristung aus Sicht der betroffenen Arbeitnehmer in beiden Ländern mitunter problematisch[11]. Dies gilt insbesondere im Hinblick auf das Risiko einer (erneuten) Arbeitslosigkeit, das für befristet Beschäftigte deutlich höher ist als für unbefristet Beschäftigte[12]. Gerade in Frankreich wird insoweit von „Prekarität" (*précarité*)[13], also Unsicherheit oder Ungewissheit durch die Befristung als Beendigungstatbestand gesprochen. Im Gegensatz zur deutschen Legislative verwendet der französische Gesetzgeber selbst diesen Begriff, und zwar im Hinblick auf die an den Arbeitnehmer zu leistende Beendigungsentschädigung in dem Fall, dass auf den befristeten kein unbefristeter Arbeitsvertrag folgt. Diese ist ausdrücklich als Kompensation für die „Prekarität" der Situation des Arbeitnehmers gedacht (Art. L. 1243-8 C. trav.)[14]. Das Streben nach *Flexicurity* bzw. *Flexicurité* im Arbeitsverhältnis darf bei der Darstellung des Befristungsrechts in der vorliegenden Arbeit nicht unberücksichtigt bleiben.

---

8 Boockmann/Hagen, Befristete Beschäftigungsverhältnisse, S. 139. Vgl. zur Entwicklung des sog. Normalarbeitsverhältnisses Eichhorst/Kuhn/Thode/Zenker, Traditionelle Beschäftigungsverhältnisse im Wandel, S. 59.

9 Junod, DARES, Document d'Études Nr. 117, Juli 2006, S. 23.

10 Bunel, CEE, Document de Travail Nr. 82, März 2007, S. 13; Bunel, in: CEE, Le contrat de travail, S. 69, 71 f.

11 Vgl. Giesecke/Groß, KzfSS 2002, 85, 105 f.; Hecker/Galais/Moser, Atypische Erwerbsverläufe und wahrgenommene Fehlbelastungen, S. 51 f.; Fabre/De Riccardis, DARES, Premières informations, Premières synthèses Nr. 12.3, März 2007, S. 1 f.

12 Boockmann/Hagen, Befristete Beschäftigungsverhältnisse, S. 139; Giesecke/Groß, KzfSS 2002, 85, 105; Laulom/Vigneau, in: Caruso/Sciarra, Flexibility and Security in Temporary Work, S. 10, 11. Zu den Negativeffekten der Einführung von befristeten Arbeitsverträgen Blanchard/Landier, MIT Working Paper Series 01-14, März 2001, S. 40 f.

13 Pélissier/Supiot/Jeammaud, Droit du travail, Rn. 196; Fabre/De Riccardis, DARES, Premières informations, Premières synthèses Nr. 12.3, März 2007, S. 1 f.; Louit-Martinod, L'évolution contemporaine du droit, Rn. 2; Bunel, CEE, Document de Travail Nr. 82, März 2007, S. 6, stellt im Rahmen einer historischen Untersuchung fest, dass der befristete Arbeitsvertrag in Frankreich nicht von jeher als „prekär" angesehen wurde.

14 Einzelheiten zur Beendigungsentschädigung im 2. Kapitel unter E. II. 4.

Das deutsche und das französische Recht der befristeten Arbeitsverhältnisse haben – zumindest zu Teilen – einen gemeinsamen europarechtlichen Hintergrund, die Richtlinie 1999/70/EG des Rates vom 28. Juni 1999[15].

In Deutschland ist das Recht der befristeten Arbeitsverhältnisse im Teilzeit- und Befristungsgesetz (TzBfG) vom 21. Dezember 2000[16] in den §§ 1 bis 5 (Allgemeine Vorschriften für Teilzeitarbeit und befristete Arbeitsverträge), §§ 14 bis 21 (Befristete Arbeitsverträge) und §§ 22, 23 (Gemeinsame Vorschriften für Teilzeitarbeit und befristete Arbeitsverträge) geregelt. § 620 Abs. 3 BGB verweist für Arbeitsverträge, die auf bestimmte Zeit abgeschlossen werden, auf das TzBfG. Nach § 23 TzBfG bleiben besondere Regelungen über die Befristung von Arbeitsverträgen nach anderen gesetzlichen Vorschriften unberührt. Diese können spezielle Sachgrunderfordernisse, abweichende Regeln für die sachgrundlose Befristung sowie Bestimmungen zur Dauer und Kündigung befristeter Arbeitsverträge enthalten[17]. Sind die Spezialvorschriften unvollständig, greift das TzBfG unter Umständen ergänzend ein[18]. In der Begründung des Entwurfs des TzBfG[19] werden als Spezialregelungen – nicht abschließend – § 21 BErzGG, §§ 57 a ff. HRG, das Gesetz über befristete Arbeitsverträge mit wissenschaftlichem Personal an Forschungseinrichtungen, das ÄArbVtrG und § 3 Abs. 1 Nr. 3 und 5 sowie § 9 Nr. 2 AÜG aufgezählt. Mit Art. 3 Abs. 2 des Gesetzes zur Einführung des Elterngeldes vom 5. Dezember 2006[20] ist § 21 BErzGG am 31. Dezember 2006 außer Kraft und § 21 BEEG zum 1. Januar 2007 in Kraft getreten. §§ 57 a ff. HRG und das Gesetz über befristete Arbeitsverträge mit wissenschaftlichem Personal an Forschungseinrichtungen sind inzwischen aufgehoben worden[21], ebenso die Befristungsregelungen des AÜG[22]. Nunmehr regelt das WissZeitVG die Befristung von Arbeitsverträgen in der Wissenschaft[23]. Die Regelungen des TzBfG gelten jetzt auch für Leiharbeitsverhältnisse[24]. Weitere Befristungsregelungen enthalten § 1 Abs. 4, Hs. 1 Arb-

15 ABl. EG Nr. L 175 v. 10.7.1999, S. 43.

16 BGBl. 2000 I S. 1966.

17 Annuß/Thüsing-Kühn, TzBfG, § 23 Rn. 3.

18 Annuß/Thüsing-Kühn, TzBfG, § 23 Rn. 3.

19 BT-Drucks. 14/4374, S. 22.

20 BGBl. 2006 I S. 2748.

21 Gesetz zur Änderung arbeitsrechtlicher Vorschriften in der Wissenschaft vom 12. April 2007 (BGBl. 2007 I Nr. 13 S. 506, 507); HdaVÄndG vom 27. Dezember 2004 (BGBl. 2004 I Nr. 75 S. 3835).

22 Erstes Gesetz für moderne Dienstleistungen am Arbeitsmarkt (BGBl. 2002 I Nr. 87 S. 4607, 4618).

23 Zu den Modifikationen durch das WissZeitVG Löwisch, NZA 2007, 479.

24 BT-Drucks. 15/25, S. 39; Frik, NZA 2005, 386.

PlSchG, § 1 Abs. 3, Hs. 1 EignÜG, § 21 Abs. 1 BBiG, § 41 S. 2 SGB VI, § 8 Abs. 3 AltTZG und § 6 PflegeZG. § 9 Abs. 5 FPfZG verweist auf § 6 PflegeZG.

Während es in Deutschland bislang – ungeachtet der in Art. 30 Abs. 1 Nr. 1 des Einigungsvertrages aus dem Jahre 1990 eingegangenen Verpflichtung des Gesetzgebers – bei dem Diskussionsentwurf eines einheitlichen Arbeitsvertragsgesetzes[25] geblieben ist[26], das Arbeitsvertragsrecht also nach wie vor in Einzelgesetzen wie dem TzBfG enthalten ist, gibt es in Frankreich längst ein Arbeitsgesetzbuch, den *Code du travail*. Bereits im Jahre 1901 trat eine Kommission zur Schaffung eines *Code du travail* zusammen, sein erstes Buch wurde 1910 verkündet[27]. Lediglich für besondere Berufsgruppen bestehen vereinzelt arbeitsrechtliche Vorschriften außerhalb des *Code du travail*, so z. B. im Gesetzbuch über die ländlichen Angelegenheiten und die Meeresfischerei (*Code rural et de la pêche maritime*). Soweit diese Spezialregelungen unvollständig sind, bleibt es bei der Anwendung des *Code du travail*[28]. Dieser hat einen Gesetzesteil (*Partie législative*) und einen Verordnungsteil (*Partie réglementaire*). Beide Teile enthalten Regelungen zum befristeten Arbeitsvertrag. Nach Art. 34 der Verfassung vom 4. Oktober 1958 legt das Gesetz nur die grundlegenden Prinzipien des Arbeitsrechts fest. Die Einzelheiten werden im Verordnungswege geregelt (Art. 37 der Verfassung). Allerdings wird in der Gesetzgebungspraxis nicht selten von dieser Verteilung der Zuständigkeiten abgewichen[29]. Bei der Auslegung der Gesetze spielen ministerielle Rundschreiben (*circulaires*), obwohl sie nicht bindend sind, eine wichtige Rolle[30] und werden daher auch in der vorliegenden Arbeit wiederholt berücksichtigt.

---

25 Henssler/Preis, Diskussionsentwurf eines Arbeitsvertragsgesetzes (ArbVG), 3. Fassung, Stand Oktober 2007, veröffentlicht unter http://www.bertelsmann-stiftung.de/cps/rde/xbcr/SID-7BC8B1B7-D43D3918/bst/Diskussionsentwurf%20 ArbVG%20-%20DIN%20A4%20ARIAL%20Druck%20November%202007%20-%20 Endfassung.pdf, zuletzt abgerufen am 15.5.2013; dazu Wroblewski, NZA 2008, 622. Zur Befristung von Arbeitsverträgen vgl. §§ 128 bis 133 des Diskussionsentwurfs.

26 Zu den Bemühungen um ein Arbeitsvertragsgesetz nach der Wiedervereinigung Deutschlands Richardi, GS Heinze, S. 661 ff.

27 Couturier, Droit du travail, Bd. 1, Rn. 13; Pélissier/Auzero/Dockès, Droit du travail, Rn. 12; Frik, Die missbräuchliche Nutzung von befristeten Arbeitsverträgen, S. 28 Fn. 31; Brose, Der präventive Kündigungsschutz bei betriebsbedingten Kündigungen, S. 8 Fn. 28.

28 Pélissier/Auzero/Dockès, Droit du travail, Rn. 50.

29 Pélissier/Auzero/Dockès, Droit du travail, Rn. 45; Frik, Die missbräuchliche Nutzung von befristeten Arbeitsverträgen, S. 28 f.; Brose, Der präventive Kündigungsschutz bei betriebsbedingten Kündigungen, S. 8.

30 Brose, Der präventive Kündigungsschutz bei betriebsbedingten Kündigungen, S. 9; Frik, Die missbräuchliche Nutzung von befristeten Arbeitsverträgen, S. 30 m. w. N.

Nach Art. L. 1221-2 Abs. 1 C. trav.[31] ist der unbefristete Arbeitsvertrag der Normalfall eines Arbeitsverhältnisses. Der Arbeitsvertrag kann aber auch einen Beendigungszeitpunkt enthalten. Dieser wird bei Vertragsschluss genau bestimmt oder ergibt sich aus dem Vertragszweck. Art. L. 1241-1 C. trav. bestimmt den Anwendungsbereich der Vorschriften zum befristeten Arbeitsvertrag. Der Ausbildungsvertrag (*contrat d'apprentissage*) wird, obwohl er befristet geschlossen wird, ausdrücklich ausgenommen und in Art. L. 6221-1 ff. C. trav. geregelt. Auch der Vertrag mit einem Zeitarbeitsunternehmen ist nicht erfasst. Für diesen gelten Art. L. 1251-1 ff. C. trav.

Art. L. 1242-1 bis L. 1242-17 C. trav. betreffen den Abschluss und die Durchführung des befristeten Arbeitsvertrages. In Art. L. 1242-1 bis L. 1242-6 C. trav. werden die Voraussetzungen eines Rückgriffs auf den befristeten Arbeitsvertrag (Anwendungsfälle, Verbote) geregelt. Art. L. 1242-7 bis L. 1242-9 C. trav. beziehen sich auf die Festlegung eines Beendigungszeitpunktes und die Vertragsdauer. Die Folgevorschriften beschäftigen sich mit einer Probezeit sowie mit Form, Inhalt und Übermittlung des befristeten Arbeitsvertrages. In Art. L. 1243-1 bis L. 1243-13 C. trav. geht es um die (vorzeitige) Beendigung und die Möglichkeiten einer Verlängerung des Vertrages. Art. L. 1244-1 bis L. 1244-4 C. trav. befassen sich weitergehend mit aufeinanderfolgenden befristeten Arbeitsverträgen.

Eine wichtige Rolle spielen in der Praxis Art. L. 1245-1 bis L. 1245-2 C. trav. zur Umgestaltung eines befristeten Arbeitsvertrages in einen unbefristeten Vertrag (*requalification*). Art. L. 1248-1 bis L. 1248-11 C. trav. sehen strafrechtliche Folgen bei Verstößen gegen das Befristungsrecht vor.

In Art. L. 5134-1 ff. C. trav. sind besondere Verträge zur Beschäftigungsförderung (*contrats aidés*) geregelt, die befristet abgeschlossen werden können oder sogar müssen. Art. L. 6325-1 ff. C. trav. enthalten Bestimmungen zum Vertrag zur Erlangung beruflicher Kenntnisse (*contrat de professionnalisation*).

Art. L. 2313-5, L. 2323-47 und L. 2323-51 C. trav. regeln Informationspflichten des Arbeitgebers gegenüber den Arbeitnehmervertretern, also dem Betriebsausschuss (*comité d'entreprise*) oder den Personalvertretern (*délégués du personnel*), über die Gründe für einen (künftigen) Rückgriff auf befristete Arbeitsverträge und Zeitarbeitsverträge.

Die mit einem R. gekennzeichneten Artikel im Verordnungsteil des *Code du travail* haben ihren Ursprung in einem *Décret en Conseil d'Etat*, die mit einem

31 „Le contrat de travail à durée indéterminée est la forme normale et générale de la relation de travail. Toutefois, le contrat de travail peut comporter un terme fixé avec précision dès sa conclusion ou résultant de la réalisation de l'objet pour lequel il est conclu dans les cas et dans les conditions mentionnés au titre IV relatif au contrat de travail à durée déterminée."

D. versehenen Artikel in einem *Décret simple*. Die Regierung kann nach Art. 37 der Verfassung im Wege des *Décret en Conseil d'Etat*, einer Verordnung, die der Anhörung des Staatsrates (*Conseil d'Etat*) bedarf, Regelungen treffen, die die gesetzlichen Bestimmungen ergänzen[32]. Bei einem *Décret simple* handelt es sich um eine einfache Verordnung zur Anwendung von Gesetzen[33].

Einschlägige Verordnungsbestimmungen im *Code du travail* sind Art. D. 1242-1 bis D. 1247-2 zum allgemeinen Befristungsrecht, Art. D. 5134-1 bis D. 5134-178 zu den Beschäftigungsförderungsverträgen (*contrats aidés*), Art. D. 6222-1 bis R. 6226-10 zum Ausbildungsvertrag (*contrat d'apprentissage*) und Art. D. 6325-1 bis D. 6325-28 C. trav. zum Vertrag zur Erlangung beruflicher Kenntnisse (*contrat de professionnalisation*).

Eine wichtige Rolle spielen im französischen Arbeitsrecht, insbesondere im Recht der befristeten Arbeitsverträge, sogenannte *Ordonnances*[34]. Nach Art. 38 der französischen Verfassung kann die Regierung das Parlament um die Ermächtigung ersuchen, für bestimmte Zeit im Wege der *Ordonnance* Maßnahmen zu ergreifen, die normalerweise der Gesetzgebungszuständigkeit unterliegen. Die *Ordonnance* wird im Ministerrat (*Conseil des Ministres*) nach Anhörung des Staatsrates (*Conseil d'Etat*) erlassen. Sie tritt mit ihrer Veröffentlichung in Kraft, wird aber nichtig, wenn der Entwurf eines Ratifizierungsgesetzes nicht bis zu dem im Ermächtigungsgesetz genannten Zeitpunkt im Parlament eingebracht wird. Nach Ablauf der im Ermächtigungsgesetz bestimmten Zeit kann die *Ordonnance* nur noch durch Gesetz geändert werden[35].

Die „erste wirkliche Reglementierung"[36] befristeter Arbeitsverhältnisse erfolgte durch eine *Ordonnance* vom 5. Februar 1982[37]. Mit *Ordonnance* vom 11. August 1986[38] wurden die Befristungsmöglichkeiten erweitert[39]. Besondere Bedeutung hat eine *Ordonnance* vom 12. März 2007[40], die auf Art. 57 des Gesetzes

---

32 Pélissier/Auzero/Dockès, Droit du travail, Rn. 48.

33 Pélissier/Auzero/Dockès, Droit du travail, Rn. 48.

34 Frik, Die missbräuchliche Nutzung von befristeten Arbeitsverträgen, S. 29; krit. zur Vielzahl der *Ordonnances* auf allen Gebieten einschließlich des Zivilrechts Olivier, Dr. soc. 2008, 681, 684 m. w. N.

35 Frik, Die missbräuchliche Nutzung von befristeten Arbeitsverträgen, S. 29 m. w. N.

36 Frik, Die missbräuchliche Nutzung von befristeten Arbeitsverträgen, S. 29.

37 Ordonnance Nr. 82-130 v. 2.2.1982, Art. 2, J.O. v. 6.2.1982, S. 482.

38 Ordonnance Nr. 86-948 v. 11.8.1986, Art. 1, J.O. v. 12.8.1986, S. 9906.

39 Frisch, RdA 1991, 163; Frik, Die missbräuchliche Nutzung von befristeten Arbeitsverträgen, S. 29.

40 Ordonnance Nr. 2007-329 v. 12.3.2007, J.O. Nr. 61 v. 13.3.2007, S. 4740, Text Nr. 5.

vom 30. Dezember 2006[41] i. V. m. Art. 38 der Verfassung beruht. Art. 1 und Annex 1 der *Ordonnance* haben den Gesetzesteil (Teil L.) des *Code du travail* nach dem Prinzip des „droit constant" neukodifiziert, d. h. das Recht als solches blieb unberührt[42]. Allein durch Neuordnung, teilweise Streichung und Neuformulierung wurde ein anwenderfreundlicher *Code du travail* geschaffen[43], nachdem es zuvor massive Kritik an seiner, nicht zuletzt änderungsbedingten, Unübersichtlichkeit gegeben hatte[44]. Mit Gesetz vom 21. Januar 2008[45] wurde die *Ordonnance* ratifiziert. Der neue *Code du travail* ist nach Art. 2 Abs. 10 des vorgenannten Gesetzes und – was seinen Verordnungsteil angeht – zwei Verordnungen vom 7. März 2008[46] am 1. Mai 2008 in Kraft getreten.

Die Neukodifikation des *Code du travail* mit Wirkung zum 1. Mai 2008 ist das Ergebnis eines jahrelangen Prozesses[47] und verspricht insofern eine gewisse Beständigkeit. Auch haben sich Überlegungen in Frankreich, den befristeten Arbeitsvertrag zugunsten eines einheitlichen (unbefristeten) Arbeitsvertrages (*contrat de travail unique*) vollständig abzuschaffen, nicht durchgesetzt[48]. Das französische Arbeitsrecht ist jedoch ein „sich dynamisch entwickelndes Rechtsgebiet"[49], so dass weiter mit Änderungen der in dieser Arbeit dargestellten Regelungen und Grundsätze und mit einer Auslegung durch die Gerichte gerechnet werden muss. In jüngerer Zeit hat das französische Befristungsrecht Neuerungen

41 Gesetz Nr. 2006-1770 v. 30.12.2006 zur Entwicklung der Beteiligung und des Aktienbesitzes von Arbeitnehmern und zur Schaffung diverser Bestimmungen wirtschaftlicher und sozialer Natur, J.O. Nr. 303 v. 31.12.2006, S. 20210.

42 Dazu statt Vieler Dockès, Dr. soc. 2007, 388, 390.

43 Combrexelle/Lanouzière, Dr. soc. 2007, 517, 518.

44 Dazu statt Vieler Jeammaud, Dr. soc. 1982, 618, 619; Pélissier, Dr. soc. 1988, 387, 394; Radé, Dr. soc. 2006, 483. Auch die Neufassung des *Code du travail* ist jedoch vielfältiger Kritik ausgesetzt. So ist in der Lehre ein Streit darüber entbrannt, ob die Neukodifizierung entgegen der Ankündigung nicht eher „à droit inconstant" erfolgt ist: Olivier, Dr. soc. 2008, 681, 685; Teyssié, JCP S 2008, 1265 Rn. 5; Dockès, Dr. soc. 2007, 388, 390 f.; Radé, Dr. soc. 2007, 513, 515; Barthélémy, Sem. soc. Lamy Nr. 1336 v. 14.1.2008, S. 7, 11.

45 Gesetz Nr. 2008-67 v. 21.1.2008, J.O. Nr. 0018 v. 22.1.2008, S. 1122, Text Nr. 2.

46 Verordnungen Nr. 2008-243 und 2008-244 v. 7.3.2008, J.O. Nr. 0061 v. 12.3.2008, S. 4482.

47 Bereits am 15.2.2005 hatte der damalige Arbeitsminister Gérard Larcher gegenüber den Sozialpartnern die Neukodifikation eingeleitet.

48 Ausf. dazu im 2. Kapitel unter B. II. 1. a.

49 Welter/Caron, in: Henssler/Braun, Arbeitsrecht in Europa, S. 337, 340 Rn. 3. So auch Brose, Der präventive Kündigungsschutz bei betriebsbedingten Kündigungen, S. 8.

und Modifikationen unter anderem durch Gesetze vom 25. Juni 2008[50], 1. Dezember 2008[51] und 28. Juli 2011[52] erfahren.

Zur Modernisierung des Arbeitsmarktes hatten die Sozialpartner auf Aufforderung der Regierung zunächst Verhandlungen nach dem Gesetz vom 31. Januar 2007 zur Modernisierung des sozialen Dialogs[53] geführt. Diese hatten mit einem *Accord National Interprofessionnel* vom 21. Januar 2008, einem branchenübergreifenden landesweiten Tarifvertrag[54] zwischen drei Arbeitgeberorganisationen (MEDEF, CGPME, UPA) und vier von fünf repräsentativen Gewerkschaften[55] (CFDT, FO, CFTC, CFE-CGC), ihren Abschluss gefunden. Dieser Tarifvertrag wurde als „historischer Vertrag" gefeiert, da die vorausgegangenen Verhandlungen die erste und zugleich beispielhafte Erfahrung mit konzertierten Aktionen im Sinne der Art. 138, 139 EG (Art. 154, 155 AEUV) und Art. L. 1 ff. C. trav. darstellten[56]. Letztlich hatte der soziale Dialog gesiegt, obgleich der Abschluss auch mit Blick auf das drohende sozial unverträglichere Eingreifen der Regierung erzielt worden war[57]. Bemerkenswert war weiter die im Tarifvertrag zum Ausdruck kommende *Flexi(sé)curité à la française*[58]. Die Schritte der EU in Sa-

---

50 Gesetz Nr. 2008-596 v. 25.6.2008 zur Modernisierung des Arbeitsmarktes, J.O. Nr. 0148 v. 26.6.2008, S. 10224, Text Nr. 2.

51 Gesetz Nr. 2008-1249 v. 1.12.2008 zur allgemeinen Einführung eines *revenu de solidarité active* und zur Reform der Eingliederungspolitik, J.O. Nr. 0281 v. 3.12.2008, S. 18424, Text Nr. 1.

52 Gesetz Nr. 2011-893 v. 28.7.2011 zur Entwicklung des Alternierens und Verbesserung der Sicherheit auf dem Berufsweg, J.O. Nr. 0174 v. 29.7.2011, S. 12914, Text Nr. 2.

53 Gesetz Nr. 2007-130 v. 31.1.2007, J.O. Nr. 27 v. 1.2.2007, S. 1944, Text Nr. 4.

54 Diese Übersetzung für den *ANI* wählt auch Frik, Die missbräuchliche Nutzung von befristeten Arbeitsverträgen, S. 32.

55 Nur die repräsentativen Gewerkschaften sind dazu ermächtigt, Tarifverträge abzuschließen (Art. L. 2231-1 C. trav.). Mit Gesetz vom 20. August 2008 (Gesetz Nr. 2008-789 v. 20.8.2008 zur Erneuerung der sozialen Demokratie und Reform der Arbeitszeit, J.O. Nr. 0194 v. 21.8.2008, S. 13064, Text Nr. 1) ist die aufgrund eines Erlasses vom 31. März 1966 (J.O. v. 2.4.1966, S. 2675) geltende unwiderlegliche Vermutung der Repräsentativität der CGT, CGT-FO, CFDT, CFTC, CFE-CGC nebst angeschlossener Gewerkschaften abgeschafft worden (Zumfelde/Remy, NZA 2009, 186, 187). Art. L. 2121-1 C. trav. regelt die Voraussetzungen der Repräsentativität neu.

56 Olivier, Dr. soc. 2008, 681, 686 f.; zum Verdienst des *ANI* s. auch Radé, Dr. soc. 2008, 295 f.

57 Olivier, Dr. soc. 2008, 681, 686 f.; zum Verdienst des *ANI* s. auch Radé, Dr. soc. 2008, 295 f.

58 Laulom, Sem. soc. Lamy Nr. 1337 v. 21.1.2008, S. 7; Mazeaud, Dr. soc. 2008, 626, 627; krit. Favennec-Héry, JCP S 2008, Act., 85. Célerier/L'Horty/Redor, Travail et Emploi Nr. 113/2008, 7, zeichnen die Entwicklung der *Flexicurité* in Frankreich nach. Antonmattei, Dr. soc. 2013, 97, sieht den *Accord National Interprofessionnel* vom

chen *Flexicurity* zielen bekanntlich nicht darauf ab, den Mitgliedstaaten ein einheitliches Modell aufzuerlegen; diese sind vielmehr dazu aufgerufen, eigene nationale Lösungen zu finden[59]. Der *ANI* vom 21. Januar 2008 ermöglichte im Einklang mit Ziff. 2 der Gemeinsamen Grundsätze für den *Flexicurity*-Ansatz[60] flexible vertragliche Vereinbarungen durch die Einführung eines neuen befristeten Arbeitsvertrages (Projektvertrag), Regelungen zur Dauer einer Probezeit im unbefristeten Arbeitsverhältnis und zur Beendigung eines unbefristeten Arbeitsvertrages durch Aufhebungsvertrag. Daneben sah der Tarifvertrag eine Verbesserung der Sicherheit im Arbeitsverhältnis (Erleichterung bei Ansprüchen, die eine bestimmte Betriebszugehörigkeit voraussetzen, und beim Zugang zur Bildung) wie außerhalb des Arbeitsverhältnisses (Festlegung von Maßnahmen zur Verbesserung des Schutzes auf dem Berufsweg) vor[61]. Die Inhalte des *Accord National Interprofessionnel* wurden nahezu unverändert in das bereits genannte Gesetz vom 25. Juni 2008 überschrieben[62]. Die Umsetzung fand ihren Schlusspunkt mit der Allgemeinverbindlicherklärung des *ANI* durch Erlass (*arrêté*) vom 23. Juli 2008[63]. Mit Gesetz vom 1. Dezember 2008 wurde zum 1. Januar 2010

---

13.1.2013 (*Accord National Interprofessionnel pour un nouveau modèle économique et social au service de la compétitivité des entreprises et de la sécurisation de l'emploi et des parcours professionnels des salariés*) als „zweiten Akt" des Modells der *Flexisécurité* an.

59 Ziff. 13 der Schlussfolgerungen des Rates der EU v. 8.6.2009, Flexicurity in Krisenzeiten, in englischer Sprache veröffentlicht unter http://www.consilium.europa.eu/uedocs/cms_data/docs/pressdata/en/lsa/108369.pdf, zuletzt abgerufen am 15.5.2013; Ziff. 3 der Gemeinsamen Grundsätze für den Flexicurity-Ansatz, KOM (2007) 359 endg.; Assemblée nationale, Rapport d'information Nr. 2462 v. 28.4.2010, Schlussfolgerungen aus den Arbeiten der Mission zur *Flexisécurité à la française*, veröffentlicht unter http://www.assemblee-nationale.fr/13/pdf/rap-info/i2462.pdf, zuletzt abgerufen am 15.5.2013.

60 KOM (2007) 359 endg.

61 Laulom, Sem. soc. Lamy Nr. 1337 v. 21.1.2008, S. 7; krit. Favennec-Héry, JCP S 2008, Act., 85.

62 Das Gesetz wurde seiner Begründung zufolge von der Regierung in enger Abstimmung mit den Unterzeichnerparteien des Tarifvertrages ausgearbeitet, um den Sinn und die genaue Reichweite der umzusetzenden Bestimmungen nicht zu verfälschen (http://www.legifrance.gouv.fr/affichLoiPubliee.do;jsessionid=23C7F48E2A2B34DD48181733C4D15709.tpdjo04v_2?idDocument=JORFDOLE000018425474&type=expose, zuletzt abgerufen am 15.5.2013). Krit. zum Verhältnis von Sozialpartnern und Gesetzgeber Couturier, Dr. soc. 2008, 300, 301 m. w. N.

63 J.O. Nr. 0172 v. 25.7.2008, S. 11996, Text Nr. 94. Vgl. auch das ministerielle Rundschreiben DGT Nr. 2009-5 v. 17.3.2009 zur Anwendung der Gesetzes- und Verordnungsbestimmungen zur Modernisierung des Arbeitsmarktes.

ein einheitlicher Eingliederungsvertrag (*contrat unique d'insertion*)[64] eingeführt. Das Gesetz vom 28. Juli 2011 zielt unter anderem auf Verbesserungen bei den befristeten Verträgen zur Aus- und Fortbildung und damit auf eine Erhöhung der Sicherheit auf dem Berufsweg ab.

Im Folgenden wird das Recht der befristeten Arbeitsverhältnisse in Deutschland und Frankreich dargestellt[65]. In einem ersten Kapitel wird der europarechtliche Hintergrund des Befristungsrechts beider Länder skizziert. Von zentraler Bedeutung ist hierbei die Richtlinie 1999/70/EG. Das zweite Kapitel befasst sich mit den Möglichkeiten und Grenzen der Befristung von Arbeitsverhältnissen in Deutschland und Frankreich. Dabei soll dem Leser das deutsche Recht nur kurz vor Augen geführt und darauf aufbauend die französische Regelung ausführlich dargestellt werden. Die Gliederung orientiert sich aufgrund des Ausgangspunktes der Arbeit im deutschen Recht an der mehr oder weniger aus dem TzBfG bekannten Reihenfolge der Norminhalte: Zulässigkeit der Befristung (B.) und Mehrfachbefristung (C.), Formerfordernisse (D.), Beendigung des befristeten Arbeitsvertrages (E.), Folgen unwirksamer Befristung (F.), Anrufung des Arbeitsgerichts (G.) und Tarifdispositivität (H). Den Schwerpunkt der Arbeit bildet die Information über die Rechtslage in Frankreich und die anschließende rechtsvergleichende Betrachtung. In erheblichem Umfang kommt es auf die Rechtsprechung des Bundesarbeitsgerichts und der arbeits- und sozialrechtlichen Kammer (*chambre sociale*) des Kassationsgerichts (*Cour de cassation*) an. Das BAG hat die Kodifizierung des Befristungsrechts im TzBfG entscheidend beeinflusst und noch heute eine bedeutende Rolle bei der Gesetzesauslegung[66]. In Frankreich war die Rechtsprechung Ausgangspunkt der Gesetzgebung auf dem Gebiet des Befristungsrechts[67]. Heute erhöhen verhältnismäßig restriktive Befristungsvorschriften das Missbrauchsrisiko[68]. Daher kommt es oftmals zur Umwandlung befristeter in unbefristete Arbeitsverträge[69], die, anders als in

---

64 Ausf. zu diesem Vertragstyp im 2. Kapitel, B. II. 1. b. ee. (2) (a).

65 Vgl. zum dt. Befristungsrecht Waas, in: Blanpain/Nakakubo/Araki, Regulation of Fixed-Term Employment Contracts, A Comparative Overview, S. 85; zum frz. Befristungsrecht Lokiec, in: Blanpain/Nakakubo/Araki, Regulation of Fixed-Term Employment Contracts, A Comparative Overview, S. 71.

66 Vgl. BT-Drucks. 14/4374, S. 13, 18; KSchR-Däubler, § 14 TzBfG Rn. 12. Wisskirchen, GS Heinze, S. 1081, 1088, spricht von der „auf diesem Gebiet traditionell sehr aktiven und autonomen deutschen Rechtsprechung".

67 Pélissier/Auzero/Dockès, Droit du travail, Rn. 242.

68 Frik, Die missbräuchliche Nutzung von befristeten Arbeitsverträgen, S. 253.

69 Vgl. Clavel-Fauquenot/Marignier, Le contrat à durée déterminée, Beil. zu Liaisons soc. Nr. 13820 v. 31.1.2003, S. 3.

Deutschland, zwingend einen Gestaltungsakt des Gerichts erfordert[70]. Die Frage der Vereinbarkeit des nationalen Rechts mit den Vorgaben der Richtlinie 1999/70/EG wird, soweit erforderlich, unmittelbar bei der Darstellung der jeweiligen nationalen Regelung beantwortet. Am Ende der Arbeit steht eine Schlussbetrachtung, die die wichtigsten durch den Rechtsvergleich gewonnenen Erkenntnisse[71] resümiert.

70 Frik, Die missbräuchliche Nutzung von befristeten Arbeitsverträgen, S. 157, 254; Poulain, Les contrats de travail à durée déterminée, Rn. 244.

71 Allg. zum Erkenntnisgewinn durch Rechtsvergleich Koch/Magnus/Winkler von Mohrenfels, IPR und Rechtsvergleichung, S. 278 ff. m. w. N.

# 1. Kapitel
# Der europarechtliche Hintergrund des deutschen und französischen Rechts der befristeten Arbeitsverhältnisse – Die Richtlinie 1999/70/EG –

Das Europarecht, insbesondere das europäische Arbeitsrecht, spielt eine große Rolle im deutschen und französischen Arbeitsrecht[72]. Inzwischen wird gar von einer „Europäisierung“ des nationalen Rechts gesprochen[73]. Nicht zuletzt die Rechtsprechung des Europäischen Gerichtshofs hat einen erheblichen Einfluss auf die Entwicklung des Arbeitsrechts der EU-Mitgliedstaaten[74]. Das Urteil des EuGH in der Rechtssache Mangold aus dem Jahre 2005[75], das Grundlage des Urteils des BAG vom 16. April 2006[76] und der Neufassung des § 14 Abs. 3 TzBfG mit Wirkung zum 1. Mai 2007[77] war, ist hierfür ein bekanntes Beispiel. Das Verhältnis des europäischen Rechts zum nationalen Recht ist jedoch keine „Einbahnstraße“; es handelt sich um Wechselwirkungen[78]. Das nationale Recht und die Rechtsprechung der Gerichte der Mitgliedstaaten beeinflussen die Auslegung des europäischen Rechts[79]. Mit dem Bedeutungszuwachs des europäischen Rechts geht eine zunehmende Bedeutung der Arbeitsrechtsvergleichung einher.

---

72 Zum Einfluss des europäischen Rechts auf das nationale Arbeitsrecht in der EU Henssler, in: Henssler/Braun, Arbeitsrecht in Europa, S. 1, 4 ff.; zum Einfluss auf das französische Recht Pélissier/Auzero/Dockès, Droit du travail, Rn. 35.

73 Waas, RdA 2007, 76; Weiss, GS Heinze, S. 1067 ff.; Papier, in: EuGH, Actes du colloque, S. 56. Vgl. zu den Grenzen einer europäischen Zuständigkeit im Arbeitsrecht den Beschluss des Bundesrates v. 9.3.2007 zum Grünbuch der Europäischen Kommission v. 22.11.2006, BR-Drucks. 868/06.

74 Henssler, in: Henssler/Braun, Arbeitsrecht in Europa, S. 1, 8 Rn. 7: „Motor der Integration“; krit. Junker/Aldea, EuZW 2007, 13 m. w. N.

75 EuGH v. 22.11.2005 – C-144/04 (Mangold), Slg. 2005, I-9981 = AP Nr. 1 zu Richtlinie 2000/78/EG. Einzelheiten dieses Urteils und seiner Bedeutung für die deutsche Gesetzgebung zur sachgrundlosen Befristung der Arbeitsverträge älterer Arbeitnehmer sind Gegenstand des 2. Kapitels.

76 BAG v. 26.4.2006 – 7 AZR 500/04, BAGE 118, 76 = AP Nr. 23 zu § 14 TzBfG.

77 Gesetz zur Verbesserung der Beschäftigungschancen älterer Menschen v. 19.4.2007 (BGBl. 2007 I S. 538).

78 Papier, in: EuGH, Actes du colloque, S. 56; von Danwitz, ZESAR 2008, 57.

79 Papier, in: EuGH, Actes du colloque, S. 56; von Danwitz, ZESAR 2008, 57.

Eine besondere Rolle spielen die europäischen Richtlinien auf dem Gebiet des Arbeitsrechts. Art. 153 Abs. 1 a) bis i) AEUV (Art. 137 Abs. 1 a) bis i) EG) enthält einen Katalog der sozialpolitischen Bereiche, in denen das Europäische Parlament und der Rat durch Richtlinien Mindestvorschriften erlassen können[80]. Nach Art. 288 Abs. 2 AEUV (Art. 249 Abs. 3 EG) ist die Richtlinie für jeden Mitgliedstaat, an den sie gerichtet wird, hinsichtlich des zu erreichenden Ziels verbindlich, überlässt jedoch den innerstaatlichen Stellen die Wahl der Form und der Mittel. Die Inhalte der Richtlinie sind vom nationalen Gesetzgeber innerhalb einer bestimmten Frist umzusetzen. Verstreicht die Frist ohne (zureichendes) Ergebnis, kann es zu einer unmittelbaren vertikalen Bindungswirkung der Richtlinie kommen, wenn die betreffende Richtlinienbestimmung „inhaltlich unbedingt und hinreichend genau“ ist[81]. Fehlt eine unmittelbare Wirkung, sind die nationalen Gerichte verpflichtet, „das innerstaatliche Recht ab dem Ablauf der Umsetzungsfrist so weit wie möglich im Lichte des Wortlauts und des Zwecks der betreffenden Richtlinie auszulegen, um die mit ihr verfolgten Ergebnisse zu erreichen“. Dafür sollen sie „die diesem Zweck am besten entsprechende Auslegung der nationalen Rechtsvorschriften wählen und damit zu einer mit den Bestimmungen der Richtlinie vereinbaren Lösung gelangen“[82].

Mit befristeten Arbeitsverhältnissen beschäftigen sich zwei europäische Richtlinien, die Richtlinie 91/383/EWG vom 25. Juni 1991 zur Ergänzung der Maßnahmen zur Verbesserung der Sicherheit und des Gesundheitsschutzes von Arbeitnehmern mit befristetem Arbeitsverhältnis oder Leiharbeitsverhältnis[83] und die bereits eingangs[84] erwähnte Richtlinie 1999/70/EG des Rates vom 28. Juli 1999.

Die Richtlinie 91/383/EWG beruht auf der Feststellung, Arbeitsformen wie befristete Arbeit oder Leiharbeit hätten erheblich zugenommen, und Arbeitnehmer mit befristetem Arbeitsverhältnis oder Leiharbeitsverhältnis seien in einigen Bereichen generell in höherem Maße als andere Beschäftigte der Gefahr von Arbeitsunfällen und Berufskrankheiten ausgesetzt. Die Richtlinien auf dem Gebiet der Sicherheit und des Gesundheitsschutzes am Arbeitsplatz, insbesondere

---

80 Dazu statt Vieler von der Groeben/Schwarze-Högl, Art. 137 Rn. 7 ff., 50 ff.

81 EuGH v. 19.1.1982 – C-8/81 (Becker), Slg. 1982, 53; EuGH v. 14.7.1994 – C-91/92 (Faccini Dori), Slg. 1994, I-3325 = EzA Art. 189 EWG-Vertrag Nr. 1; HWK-Tillmanns, Vorb. AEUV Rn. 18.

82 EuGH v. 4.7.2006 – C-212/04 (Adeneler), Slg. 2006, I-6057 = AP Nr. 1 zu Richtlinie 99/70/EG; Auer, NJW 2007, 1106; Junker/Aldea, EuZW 2007, 13, 15. Allg. zur richtlinienkonformen Auslegung Waas, ZESAR 2006, 289, 295 f.

83 ABl. EG Nr. L 206 v. 29.7.1991, S. 19. Vgl. auch das Arbeitsdokument der Kommissionsdienststellen über die Anwendung der Richtlinie 91/383/EWG, SEK (2004) 635.

84 S. 3.

die Richtlinie 89/391/EWG des Rates vom 12. Juni 1989, enthielten Vorschriften, die auf die Verbesserung der Sicherheit und des Gesundheitsschutzes der Arbeitnehmer im Allgemeinen abzielten. Die besondere Lage der Arbeitnehmer mit befristetem Arbeitsverhältnis oder Leiharbeitsverhältnis und die besonderen Risiken, denen sie in einigen Bereichen ausgesetzt seien, erforderten jedoch besondere ergänzende Vorschriften, insbesondere über die Unterrichtung, die Unterweisung und die ärztliche Überwachung der betreffenden Arbeitnehmer. Daher nennt Art. 2 der Richtlinie 91/383/EWG das Ziel sicherzustellen, dass Arbeitnehmer mit einem Arbeitsverhältnis im Sinne des Art. 1 der Richtlinie (Arbeitsverhältnis auf der Grundlage eines befristeten Arbeitsvertrages, Leiharbeitsverhältnis) im Hinblick auf Sicherheit und Gesundheitsschutz am Arbeitsplatz das gleiche Schutzniveau wie die anderen Arbeitnehmer (des entleihenden Unternehmens und/oder der entleihenden Einrichtung) genießen. Das Bestehen eines Arbeitsverhältnisses im Sinne des Art. 1 dürfe in Bezug auf die Arbeitsbedingungen nicht zu einer Ungleichbehandlung führen, soweit es sich um die Sicherheit und den Gesundheitsschutz am Arbeitsplatz und insbesondere um die Inanspruchnahme individueller Schutzeinrichtungen handele. Da die Richtlinie 91/383/EWG keinerlei Aussage zu den Voraussetzungen für den Abschluss befristeter Arbeitsverträge trifft, bedarf es insoweit – anders als zur Richtlinie 1999/70/EG – keiner weiteren Ausführungen in der vorliegenden Arbeit.

Die „Befristungsrichtlinie", also die Richtlinie 1999/70/EG des Rates vom 28. Juni 1999, führt gemäß Art. 139 Abs. 2 EG (Art. 155 Abs. 2 AEUV)[85] eine Rahmenvereinbarung vom 18. März 1999 über befristete Arbeitsverträge durch, welche zwischen den allgemeinen branchenübergreifenden Organisationen Europäischer Gewerkschaftsbund (EGB), Union der Industrie- und Arbeitgeberverbände Europas (UNICE) und Europäischer Zentralverband der öffentlichen Wirtschaft (CEEP), zu denen auch der DGB und die BDA gehören, im Verfahren des Sozialen Dialogs[86] geschlossen wurde (Art. 1 der Richtlinie). Die Regelungen der Rahmenvereinbarung werden durch die Richtlinie aufgrund zahlreicher Erwägungsgründe „vollinhaltlich übernommen"[87]. Die Rahmenvereinbarung ihrerseits kommt einer Aufforderung in der Entschließung des Rates vom 22. Februar 1999 zu den beschäftigungspolitischen Leitlinien für 1999 nach, auf

85 Nach Art. 139 Abs. 2 EG (Art. 155 Abs. 2 S. 1 AEUV) erfolgt die Durchführung der auf Gemeinschaftsebene (Unionsebene) geschlossenen Vereinbarungen in den durch Art. 137 EG (Art. 153 AEUV) erfassten Bereichen auf gemeinsamen Antrag der Unterzeichnerparteien durch Beschluss des Rates auf Vorschlag der Kommission. Das Europäische Parlament wird unterrichtet (Art. 155 Abs. 2 S. 2 AEUV).

86 Vgl. zum Sozialen Dialog Heinze, ZfA 1997, 505; Waas, ZESAR 2004, 443.

87 MüArbR-Birk, § 19 Rn. 88; Fuchs/Marhold-Marhold, Europäisches Arbeitsrecht, S. 113; Vigneau, Dr. soc. 1999, 928, 930: „dans son intégralité et dans son intégrité".

allen geeigneten Ebenen Vereinbarungen zur Modernisierung der Arbeitsorganisation auszuhandeln, um die Unternehmen produktiv und wettbewerbsfähig zu machen und ein ausgewogenes Verhältnis zwischen Anpassungsfähigkeit und Sicherheit zu erreichen[88].

Die Richtlinie 1999/70/EG wird nicht durch eine Richtlinie zum Kündigungsschutz ergänzt[89]. Bislang wirken sich lediglich verschiedene EU-Richtlinien faktisch auf den Kündigungsschutz aus[90]. Eine europäische Harmonisierung in diesem Bereich könnte die „Beendigungsflexibilität" wirksam beschränken[91]. In Deutschland reichen die Überlegungen zum Verhältnis des Befristungsrechts zum Kündigungsschutzrecht weit zurück[92]. Das Reichsarbeitsgericht hielt befristete Arbeitsverträge grundsätzlich für wirksam, es sei denn der Arbeitgeber beabsichtigte, mit deren Abschluss dem Arbeitnehmer den Kündigungsschutz zu nehmen[93]. Diese Rechtsprechung wurde vom Bundesarbeitsgericht aufgegriffen[94] und im am 1. Mai 1985 in Kraft getretenen Beschäftigungsförderungsgesetz (BeschFG)[95] bestätigt[96]. Dem heutigen deutschen Befristungsrecht liegt entsprechend der nicht mit dem Kündigungsschutzrecht verhafteten europäischen Befristungsrichtlinie nicht mehr (allein) der Gedanke einer Umgehung des Kündigungsschutzrechts zugrunde[97]; mit der Neuregelung des Befristungsrechts im TzBfG hat der Gesetzgeber die frühere richterrechtliche „Ankoppelung der Befristungskontrolle an das KSchG" aufgehoben und einen „Paradigmenwechsel" herbeigeführt[98]. So gibt es im TzBfG keine Wartezeit ent-

88 Einschlägig ist Ziff. 16 des Anhangs zur Entschließung des Rates v. 22.2.1999 zu den beschäftigungspolitischen Leitlinien für 1999, ABl. EG Nr. C 069 v. 12.3.1999, S. 2. Erwägungsgrund Nr. 6 der Richtlinie 1999/70/EG greift die Passage auf.

89 Schiek, Europäisches Arbeitsrecht, Teil 2, C., Rn. 87.

90 Schiek, Europäisches Arbeitsrecht, Teil 2, C., Rn. 87.

91 Schiek, Europäisches Arbeitsrecht, Teil 2, C., Rn. 87.

92 Einen Überblick geben Schaub, Arbeitsrechts-Handbuch, § 38 Rn. 1; Thüsing, Europäisches Arbeitsrecht, § 4 Rn. 26.

93 RAG v. 5.1.1938 – RAG 181/37, ARS 32, 174 f.; RAG v. 9.4.1930 – RAG 470/29, ARS 9, 350; RAG v. 6.5.1931 – RAG 564/30, ARS 12, 95; Thüsing, Europäisches Arbeitsrecht, § 4 Rn. 26.

94 BAG v. 12.10.1960 – GS 1/59, BAGE 10, 65 = AP Nr. 16 zu § 620 BGB Befristeter Arbeitsvertrag; dazu Schaub, Arbeitsrechts-Handbuch, § 38 Rn. 1.

95 BGBl. 1985 I S. 710; BT-Drucks. 10/2102, S. 16: „Der unbefristete Arbeitsvertrag mit seinem gesetzlichen Kündigungsschutz ist und bleibt die sozialpolitisch wünschenswerte Regelung."

96 Thüsing, Europäisches Arbeitsrecht, § 4 Rn. 26.

97 Thüsing, Europäisches Arbeitsrecht, § 4 Rn. 26.

98 BAG v. 6.11.2003 – 2 AZR 690/02, BAGE 108, 269 = AP Nr. 7 zu § 14 TzBfG; KSchR-Däubler, § 14 TzBfG Rn. 7; Schaub, Arbeitsrechts-Handbuch, § 38 Rn. 6; Thü-

sprechend § 1 Abs. 1 KSchG oder Kleinbetriebsklausel entsprechend § 23 KSchG[99]. Dem französischen Befristungsrecht liegt die Haltung zugrunde, dass ein befristeter Arbeitsvertrag den Arbeitnehmer gegenüber einem Arbeitnehmer mit unbefristetem Vertrag benachteiligt[100]. Ein wichtiger Grund hierfür soll weiterhin die Umgehung des Kündigungsschutzes sein[101].

Wie das Urteil des EuGH in der Rechtssache Mangold[102] zeigt, setzt das Verbot der Altersdiskriminierung in Art. 2 Abs. 1 i. V. m. Art. 1 der Richtlinie 2000/78/EG des Rates vom 27. November 2000 zur Festlegung eines allgemeinen Rahmens für die Verwirklichung der Gleichbehandlung in Beschäftigung und Beruf[103], die im AGG vom 14. August 2006 und in Art. L. 1131-1 ff. C. trav.[104] umgesetzt ist, Grenzen bei der Ausgestaltung des nationalen Rechts der befristeten Arbeitsverhältnisse, sofern nicht eine gerechtfertigte Ungleichbehandlung wegen des Alters vorliegt (Art. 6 Abs. 1 der Richtlinie).

Im Folgenden geht es darum, Ziele, Anwendungsbereich und inhaltliche Vorgaben der Befristungsrichtlinie 1999/70/EG darzustellen (A.-C.). Dazu wird, soweit erforderlich, die Rechtsprechung des EuGH skizziert. Dieser entscheidet gemäß Art. 267 Abs. 1 b) AEUV (Art. 234 Abs. 1 b) EG) im Wege der Vorabentscheidung über die Gültigkeit und die Auslegung der Handlungen der Organe, Einrichtungen oder sonstigen Stellen der Union. Wird eine derartige Frage einem Gericht eines Mitgliedstaates gestellt und hält dieses Gericht eine Entscheidung darüber zum Erlass seines Urteils für erforderlich, so kann es diese Frage dem Gerichtshof zur Entscheidung vorlegen.

Zur Umsetzung der Richtlinie wird im vorliegenden Kapitel insoweit Stellung genommen als die Umsetzungsbestimmung der Rahmenvereinbarung erläutert und der Umsetzungsbedarf in Deutschland und Frankreich erörtert wird (D.). Fragen der Vereinbarkeit der deutschen und französischen Befristungsvorschriften mit den Richtlinienvorgaben werden, wie eingangs erwähnt[105], bei der Darstellung des nationalen Rechts im 2. Kapitel beantwortet.

---

sing, Europäisches Arbeitsrecht, § 4 Rn. 26. Ausf. zum Meinungsstand Persch, Kernfragen des Befristungsrechts, S. 52 ff.

99 BAG v. 6.11.2003 – 2 AZR 690/02, BAGE 108, 269 = AP Nr. 7 zu § 14 TzBfG; KSchR-Däubler, § 14 TzBfG Rn. 7; Schaub, Arbeitsrechts-Handbuch, § 38 Rn. 6; Thüsing, Europäisches Arbeitsrecht, § 4 Rn. 26.

100 Frik, Die missbräuchliche Nutzung von befristeten Arbeitsverträgen, S. 54.

101 Frik, Die missbräuchliche Nutzung von befristeten Arbeitsverträgen, S. 54 f. m. w. N.

102 EuGH v. 22.11.2005 – C-144/04 (Mangold), Slg. 2005, I-9981 = AP Nr. 1 zu Richtlinie 2000/78/EG.

103 ABl. EG Nr. L 303 v. 2.12.2000, S. 16.

104 Zu Art. L. 122-45 ff. C. trav. a. F. Le Friant, NZA 2004, Sonderbeil. zu Heft 22, 49, 50.

105 S. 11.

# A. Ziele der Richtlinie 1999/70/EG

Die Ziele der Richtlinie ergeben sich unmittelbar aus Art. 136 EG (Art. 151 AEUV) (I.). Hinzu kommt die Herausforderung, auf dem Gebiet des Befristungsrechts ein ausgewogenes Verhältnis zwischen Flexibilität und Sicherheit herzustellen (II.). Befristete Arbeitsverhältnisse sollen grundsätzlich die Ausnahme bleiben (III.).

## I. Ziele des Art. 136 EG (Art. 151 AEUV)

Nach Erwägungsgrund Nr. 21 der Richtlinie 1999/70/EG trägt die Durchführung der Rahmenvereinbarung zur Verwirklichung der in Art. 136 EG (Art. 151 AEUV) genannten Ziele bei. Art. 136 EG (Art. 151 AEUV) seinerseits verweist auf die sozialen Grundrechte nach der Europäischen Sozialcharta vom 18. Oktober 1961 und der Gemeinschaftscharta der sozialen Grundrechte der Arbeitnehmer aus dem Jahre 1989. Ziele der Gemeinschaft (Union) und der Mitgliedstaaten seien die Förderung der Beschäftigung, die Verbesserung der Lebens- und Arbeitsbedingungen, um dadurch auf dem Wege des Fortschritts ihre Angleichung zu ermöglichen, ein angemessener sozialer Schutz, der soziale Dialog, die Entwicklung des Arbeitskräftepotentials im Hinblick auf ein dauerhaft hohes Beschäftigungsniveau und die Bekämpfung von Ausgrenzungen.

Dass insbesondere die Verbesserung der Lebens- und Arbeitsbedingungen zu den zentralen Anliegen der Befristungsrichtlinie zählt, wird mit Blick auf Erwägungsgrund Nr. 3 der Richtlinie deutlich, der Nr. 7 der Gemeinschaftscharta der sozialen Grundrechte der Arbeitnehmer zitiert: „Die Verwirklichung des Binnenmarktes muss zu einer Verbesserung der Lebens- und Arbeitsbedingungen der Arbeitnehmer in der Europäischen Gemeinschaft führen. Dieser Prozess erfolgt durch eine Angleichung dieser Bedingungen auf dem Wege des Fortschritts und betrifft namentlich andere Arbeitsformen als das unbefristete Arbeitsverhältnis, wie das befristete Arbeitsverhältnis, [...]“.

## II. Flexibilität und Sicherheit

Richtlinie und Rahmenvereinbarung suchen verschiedentlich die Begriffe „Flexibilität“ und „Sicherheit“ zu vereinen. Die Umsetzung des Konzepts der *Flexicurity* ist hier ebenso wie im Rahmen der Richtlinie 1997/81/EG über Teilzeitarbeit[106] geglückt[107].

---

106 ABl. EG Nr. L 14 v. 20.1.1998, S. 9.

Nach Erwägungsgrund Nr. 5 der Richtlinie 1999/70/EG sind entsprechend den Schlussfolgerungen des Europäischen Rates von Essen Maßnahmen „zur Steigerung der Beschäftigungsintensität des Wachstums, insbesondere durch eine flexiblere Organisation der Arbeit, die sowohl den Wünschen der Arbeitnehmer als auch den Erfordernissen des Wettbewerbs gerecht wird," erforderlich. Abs. 1 der Präambel der Rahmenvereinbarung über befristete Arbeitsverträge sieht die Vereinbarung – nach der Rahmenvereinbarung über Teilzeitarbeit – als weiteren Beitrag auf dem Weg zu einem besseren Gleichgewicht zwischen „Flexibilität der Arbeitszeit und Sicherheit der Arbeitnehmer". Ziff. 5 der Allgemeinen Erwägungen der Rahmenvereinbarung greift die Schlussfolgerungen des außerordentlichen Gipfeltreffens über Beschäftigungsfragen in Luxemburg auf, in denen der Europäische Rat die Sozialpartner ersuchte, „Vereinbarungen zur Modernisierung der Arbeitsorganisation, darunter flexible Arbeitsregelungen, auszuhandeln, um die Unternehmen produktiv und wettbewerbsfähig zu machen und ein ausgewogenes Verhältnis zwischen Flexibilität und Sicherheit zu erreichen".

## III. Befristete Arbeitsverhältnisse als atypische Beschäftigungsverhältnisse

Nach Abs. 2 S. 1 der Präambel und Ziff. 6 der Allgemeinen Erwägungen der Rahmenvereinbarung sind und bleiben unbefristete Verträge die übliche Form des Beschäftigungsverhältnisses zwischen Arbeitgebern und Arbeitnehmern und tragen zur Lebensqualität und Verbesserung der Leistungsfähigkeit der Arbeitnehmer bei. Befristete Arbeitsverhältnisse gehören danach zu den sogenannten atypischen Beschäftigungsverhältnissen, sollen also die Ausnahme bilden[108]. Unter Umständen kann jedoch ein Bedürfnis der Arbeitsvertragsparteien nach einem befristeten Arbeitsverhältnis bestehen. Für die Beschäftigung in bestimmten Branchen, Berufen und Tätigkeiten ist dies sogar charakteristisch (Abs. 2 S. 2 der Präambel, Ziff. 8 der Allgemeinen Erwägungen der Rahmenvereinbarung). In diesem Fall sind befristete Arbeitsverhältnisse die Regel[109].

Zu den atypischen Beschäftigungsverhältnissen zählen neben den befristeten Arbeitsverhältnissen Teilzeitarbeits- und Leiharbeitsverhältnisse. Noch vor der

107 Fuchs, ZESAR 2004, 111, 115.

108 Fuchs/Marhold-Marhold, Europäisches Arbeitsrecht, S. 113; MüArbR-Birk, § 19 Rn. 89. Vgl. zum Begriff der atypischen Beschäftigung Körner, Flexicurity in atypischen Arbeitsverhältnissen, S. 10; krit. Supiot, Critique du droit du travail, S. 256, 261.

109 MüArbR-Birk, § 19 Rn. 89.

Befristungsrichtlinie war die bereits genannte[110] Richtlinie 1997/81/EG des Rates vom 15. Dezember 1997 zu der von UNICE, CEEP und EGB geschlossenen Rahmenvereinbarung über Teilzeitarbeit erlassen worden. Erwägungsgrund Nr. 13 der Richtlinie 1999/70/EG bekundete sodann den Willen der Sozialpartner, den befristeten Arbeitsverträgen besondere Beachtung zu schenken, jedoch auch in Erwägung zu ziehen, ob eine ähnliche Vereinbarung über Leiharbeit erforderlich sei[111]. Am 19. November 2008 endlich wurde die Richtlinie 2008/104/EG des Europäischen Parlaments und des Rates über Leiharbeit[112] erlassen, nachdem ein Konsens über den (geänderten) Vorschlag für eine Richtlinie des Europäischen Parlaments und des Rates über Leiharbeit vom 28. November 2002[113] ausgeblieben war.

# B. Anwendungsbereich der Richtlinie 1999/70/EG

Im Hinblick auf den Anwendungsbereich der Richtlinie 1999/70/EG ist § 2 der zugrunde liegenden Rahmenvereinbarung zu übernehmen. Es kommt zudem auf § 3 Nr. 1 der Rahmenvereinbarung an.

## I. Grundsatz

Die Rahmenvereinbarung gilt für befristet beschäftigte Arbeitnehmer mit einem Arbeitsvertrag oder -verhältnis gemäß der gesetzlich, tarifvertraglich oder nach den Gepflogenheiten in jedem Mitgliedstaat geltenden Definition (§ 2 Nr. 1 der Rahmenvereinbarung). Auf den gemeinschaftsrechtlichen Begriff des Arbeitnehmers[114] kommt es nicht an[115]. Mithin kann der persönliche Anwendungsbereich der Richtlinie in den Mitgliedstaaten differieren[116].

Nach § 3 Nr. 1 der Rahmenvereinbarung ist „befristet beschäftigter Arbeitnehmer“ im Sinne dieser Vereinbarung eine Person mit einem direkt zwischen dem Arbeitgeber und dem Arbeitnehmer geschlossenen Arbeitsvertrag oder -verhältnis, dessen Ende durch objektive Bedingungen wie das Erreichen eines bestimmten Datums, die Erfüllung einer bestimmten Aufgabe oder das Eintreten

110 S. 18.

111 Vgl. auch Abs. 4 der Präambel der Rahmenvereinbarung.

112 ABl. EU Nr. L 327 v. 5.12.2008, S. 9.

113 KOM (2002) 701 endg.

114 Dazu Fuchs/Marhold-Fuchs, Europäisches Arbeitsrecht, S. 39 ff.

115 Rolfs, in: Oetker/Preis, EAS B 3200, Rn. 8.

116 Rolfs, in: Oetker/Preis, EAS B 3200, Rn. 8.

eines bestimmten Ereignisses bestimmt wird. Hier zeigt sich, dass die Rahmenvereinbarung sowohl kalendermäßig befristete als auch zweckbefristete Arbeitsverträge oder -verhältnisse erfasst[117]. Die Formulierung „durch objektive Bedingungen wie [...] das Eintreten eines bestimmten Ereignisses" lässt den Schluss zu, dass auch das auflösend bedingte Arbeitsverhältnis einbezogen werden soll[118]. Dies mag nicht zuletzt daran liegen, dass oftmals nicht eindeutig ist, ob eine Befristung oder Bedingung vorliegt[119].

Durch Verwendung des Begriffs „Arbeitsverhältnis" will die Rahmenvereinbarung grundsätzlich jede Form befristeter abhängiger Arbeit in ihren Anwendungsbereich einbeziehen[120], so auch Gelegenheits- und Kurzzeitbefristungen wie Saisonarbeit[121]. Leiharbeitnehmer sind nach Abs. 4 der Präambel der Rahmenvereinbarung ausgenommen. Die Definition des § 3 Nr. 1 der Rahmenvereinbarung („mit einem direkt zwischen dem Arbeitgeber und dem Arbeitnehmer geschlossenen Arbeitsvertrag oder -verhältnis") weist in dieselbe Richtung[122].

## II. Ausnahmemöglichkeiten

§ 2 Nr. 2 a) und b) der Rahmenvereinbarung bestimmt, dass die Mitgliedstaaten, nach Anhörung der Sozialpartner, und/oder die Sozialpartner Berufsausbildungsverhältnisse und Auszubildendensysteme/Lehrlingsausbildungssysteme vom Anwendungsbereich der Rahmenvereinbarung ausnehmen können. Dasselbe gilt für Arbeitsverträge und -verhältnisse im Rahmen eines besonderen öffentlichen oder von der öffentlichen Hand unterstützten beruflichen Ausbildungs-, Eingliederungs- oder Umschulungsprogramms. Nutzen die Mitgliedstaaten und/oder die Sozialpartner diesen Spielraum, können sie die Zulässigkeit einer Befristung in dem betreffenden Bereich frei regeln[123].

117 MüArbR-Birk, § 19 Rn. 88; Rolfs, in: Oetker/Preis, EAS B 3200, Rn. 11.

118 MüArbR-Birk, § 19 Rn. 88; Rolfs, in: Oetker/Preis, EAS B 3200, Rn. 11.

119 MüArbR-Birk, § 19 Rn. 88.

120 Vigneau, Dr. soc. 1999, 928, 930.

121 Kröger, Die Befristung von Arbeitsverträgen, S. 106 m. w. N.

122 Kröger, Die Befristung von Arbeitsverträgen, S. 107; Rolfs, in: Oetker/Preis, EAS B 3200, Rn. 12. S. auch EuGH v. 11.4.2013 – C-290/12 (Della Rocca).

123 Kröger, Die Befristung von Arbeitsverträgen, S. 108 m. w. N.

## C. Inhaltliche Vorgaben der Richtlinie 1999/70/EG

Die Richtlinie 1999/70/EG bzw. die ihr zugrunde liegende Rahmenvereinbarung erfassen nicht alle Fragen des Befristungsrechts. Es wird insoweit gar von einer nur rudimentären Regelung gesprochen[124]. Nach Erwägungsgrund Nr. 14 S. 1 der Richtlinie wollten die Sozialpartner eine Rahmenvereinbarung über befristete Arbeitsverträge schließen, die lediglich „die allgemeinen Grundsätze und Mindestvorschriften für befristete Arbeitsverträge und Beschäftigungsverhältnisse niederlegt“[125]. In Abs. 3 der Präambel der Rahmenvereinbarung heißt es genauer: „Die Vereinbarung legt die allgemeinen Grundsätze und Mindestvorschriften für befristete Arbeitsverträge in der Erkenntnis nieder, dass bei ihrer genauen Anwendung die besonderen Gegebenheiten der jeweiligen nationalen, sektoralen und saisonalen Situation berücksichtigt werden müssen. Sie macht den Willen der Sozialpartner deutlich, einen allgemeinen Rahmen zu schaffen, der durch den Schutz vor Diskriminierung die Gleichbehandlung von Arbeitnehmern in befristeten Arbeitsverhältnissen sichert und die Inanspruchnahme befristeter Arbeitsverträge auf einer für Arbeitgeber und Arbeitnehmer akzeptablen Grundlage ermöglicht.“ Ziff. 10 der Allgemeinen Erwägungen der Rahmenvereinbarung überlässt es ausdrücklich den Mitgliedstaaten und den Sozialpartnern, „die Anwendungsmodalitäten ihrer allgemeinen Grundsätze, Mindestvorschriften und Bestimmungen zu definieren, um so der jeweiligen Situation der einzelnen Mitgliedstaaten und den Umständen bestimmter Branchen und Berufe einschließlich saisonaler Tätigkeiten Rechnung zu tragen“. Die Richtlinie, deren Zustandekommen nach jahrelangen vergeblichen Versuchen der Kommission[126] zweifellos einen Erfolg für die europäischen Sozialpartner bedeutet[127], belässt den nationalen Gesetzgebern somit erhebliche Gestaltungsspielräume. Diese Einschätzung wird dadurch untermauert, dass einige Bestim-

124 MüArbR-Birk, § 19 Rn. 88.

125 Vgl. insoweit Art. 153 Abs. 2 b) S. 1 AEUV (Art. 137 Abs. 2 b) S. 1 EG), wonach das Europäische Parlament und der Rat zur Verwirklichung der Ziele des Art. 151 AEUV (Art. 136 EG) in den in Abs. 1 a) bis i) der Bestimmung genannten Bereichen unter Berücksichtigung der in den einzelnen Mitgliedstaaten bestehenden Bedingungen und technischen Regelungen durch Richtlinien Mindestvorschriften erlassen können, die schrittweise anzuwenden sind.

126 Unter anderem war ein am bereits bestehenden französischen Befristungsrecht ausgerichteter strenger Richtlinienvorschlag vom 7.5.1982 gescheitert (Kröger, Die Befristung von Arbeitsverträgen, S. 89; zu diesem Vorschlag Schmidt, Die Richtlinienvorschläge der Kommission, S. 113 ff.; Becker/Bader, RdA 1983, 1, 9 f., 15 ff.; ausf. zur Entwicklungsgeschichte der Richtlinie 1999/70/EG Wank/Börgmann, RdA 1999, 383, 384; Röthel, NZA 2000, 65).

127 Vigneau, Dr. soc. 1999, 928, 930.

mungen der zugrunde liegenden Rahmenvereinbarung Ausnahmen zulassen und die Rechtssicherheit, die die Mindestvorschriften schaffen könnten, dadurch beeinträchtigt ist, dass des Öfteren mit sehr allgemein gehaltenen Formulierungen gearbeitet wird[128].

Die inhaltlichen Vorgaben der Richtlinie 1999/70/EG ergeben sich aus § 1 i. V. m. § 4 und § 5 sowie aus §§ 6, 7 der Rahmenvereinbarung.

## I. Gegenstand der Richtlinie (§ 1 der Rahmenvereinbarung)

Nach § 1 der Rahmenvereinbarung soll diese durch Anwendung des Grundsatzes der Nichtdiskriminierung (§ 4 der Rahmenvereinbarung) die Qualität befristeter Arbeitsverhältnisse verbessern. Ferner ist der Missbrauch durch aufeinanderfolgende befristete Arbeitsverträge zu verhindern (§ 5 der Rahmenvereinbarung). Hier zeigt sich die restriktive Ausrichtung der Rahmenvereinbarung[129]. Sie ist weit davon entfernt, befristete Arbeit als Instrument der Beschäftigungspolitik zu fördern, obwohl der Kampf gegen die Arbeitslosigkeit schon zur Zeit ihres Abschlusses die politische Diskussion auf Gemeinschaftsebene über die Reglementierung von Arbeit bestimmte[130]. Vielmehr spiegelt der Regelungsgegenstand den dem befristeten Arbeitsvertrag zugedachten Ausnahmecharakter wieder[131].

### 1. Grundsatz der Nichtdiskriminierung (§ 4 der Rahmenvereinbarung)

Der zentrale Grundsatz der Nichtdiskriminierung befristet beschäftigter Arbeitnehmer ist in § 4 der Rahmenvereinbarung geregelt. § 4 Nr. 1 definiert den Rahmen für mögliche Diskriminierungen, Nr. 2 bis 4 präzisieren die Kriterien[132].

§ 8 Nr. 2 der Rahmenvereinbarung stellt klar, dass diese unbeschadet spezifischerer Gemeinschaftsbestimmungen, insbesondere der Gemeinschaftsbestimmungen zur Gleichbehandlung und Chancengleichheit von Männern und Frauen, gilt. Da zur Zeit des Abschlusses der Rahmenvereinbarung mehr als die Hälfte der Arbeitnehmer in befristeten Arbeitsverhältnissen in der EU Frauen

128 Vigneau, Dr. soc. 1999, 928, 930.

129 Vigneau, Dr. soc. 1999, 928, 929 f.

130 Vigneau, Dr. soc. 1999, 928, 929 m. w. N.

131 Vigneau, Dr. soc. 1999, 928, 929. Dazu bereits 1. Kapitel, A. III.

132 Vigneau, Dr. soc. 1999, 928, 931.

waren, bestimmt Ziff. 9 der Allgemeinen Erwägungen der Rahmenvereinbarung, dass diese selbst zur Verbesserung der Chancengleichheit zwischen Frauen und Männern beitragen könne[133].

*a. Verbot der Schlechterbehandlung*

Befristet Beschäftigte dürfen in ihren Beschäftigungsbedingungen nur deswegen, weil für sie ein befristeter Arbeitsvertrag oder ein befristetes Arbeitsverhältnis gilt, gegenüber vergleichbaren Dauerbeschäftigten nicht schlechter behandelt werden, es sei denn, die unterschiedliche Behandlung ist aus sachlichen Gründen gerechtfertigt (§ 4 Nr. 1 der Rahmenvereinbarung).

aa. Vergleichsgruppen

Die Vergleichsgruppen zur Beurteilung einer Schlechterbehandlung sind in § 3 der Rahmenvereinbarung definiert. Der Begriff „befristet beschäftigter Arbeitnehmer" (§ 3 Nr. 1 der Rahmenvereinbarung) wurde bereits bei der Darstellung des Anwendungsbereichs der Richtlinie erläutert[134]. „Vergleichbarer Dauerbeschäftigter" ist ein Arbeitnehmer desselben Betriebs mit einem unbefristeten Arbeitsvertrag oder -verhältnis, der in der gleichen oder einer ähnlichen Arbeit/Beschäftigung tätig ist, wobei auch die Qualifikation/Fertigkeiten angemessen zu berücksichtigen sind. Ist in demselben Betrieb kein vergleichbarer Dauerbeschäftigter vorhanden, erfolgt der Vergleich anhand des anwendbaren Tarifvertrags oder in Ermangelung eines solchen gemäß den einzelstaatlichen gesetzlichen oder tarifvertraglichen Bestimmungen oder Gepflogenheiten (§ 3 Nr. 2 der Rahmenvereinbarung).

bb. Beschäftigungsbedingungen

§ 4 Nr. 1 der Rahmenvereinbarung enthält keine Definition des Begriffs der „Beschäftigungsbedingungen". Die Rahmenvereinbarung präzisiert diesen auch an keiner anderen Stelle[135]. So heißt es in Abs. 5 der Präambel, die Rahmenvereinbarung erstrecke sich auf die Beschäftigungsbedingungen von Arbeitnehmern in befristeten Arbeitsverhältnissen und erkenne an, dass Fragen der gesetzlichen Regelung der sozialen Sicherheit der Entscheidung der Mitgliedstaaten unterlä-

133 Noch heute stehen mehr Frauen als Männer in befristeten Arbeitsverhältnissen (vgl. European Commission, Employment and Social Developments in Europe 2012, Luxemburg 2012, S. 403).

134 1. Kapitel, B. I.

135 Kröger, Die Befristung von Arbeitsverträgen, S. 124 f., die den in anderen Rechtsakten der Union verwendeten Begriff der Beschäftigungs- bzw. Arbeitsbedingungen untersucht.

gen. Die Sozialpartner nähmen jedoch die Erklärung zur Beschäftigung des Europäischen Rates von Dublin aus dem Jahre 1996 zur Kenntnis, in der unter anderem betont werde, dass die Systeme der sozialen Sicherheit beschäftigungsfreundlicher gestaltet werden sollten, indem Systeme der sozialen Sicherheit entwickelt würden, die sich an neue Arbeitsstrukturen, womit auch befristete Arbeitsverhältnisse gemeint sind, anpassen ließen und die jedem, der im Rahmen solcher Strukturen arbeite, auch einen angemessenen sozialen Schutz böten.

Die Unterzeichner der Rahmenvereinbarung wollten dem Begriff der Beschäftigungsbedingungen offenbar eine großzügige Auslegung geben, die unter anderem alle Regelungen zur Arbeitszeit und zu den Arbeitsbedingungen umfasst[136]. Eine Auslegungsunsicherheit bestand jedoch lange Zeit im Hinblick auf die Anwendung des Verbots der Schlechterbehandlung auf das Arbeitsentgelt, da dieses gemäß Art. 153 Abs. 5 AEUV (Art. 137 Abs. 5 EG) von der Zuständigkeit der Union (Gemeinschaft) ausgeschlossen ist[137]. Nach dem Urteil des EuGH aus dem Jahre 2008 in der Rechtssache Impact[138], einem Vorabentscheidungsersuchen im Rahmen eines Rechtsstreits zwischen der irischen Gewerkschaft Impact im Namen von Beschäftigten verschiedener irischer Ministerien und diesen Ministerien, umfassen die Beschäftigungsbedingungen im Sinne des § 4 der Rahmenvereinbarung die Bedingungen, die die Vergütung sowie diejenigen Versorgungsbezüge betreffen, die von dem Beschäftigungsverhältnis abhängen (nicht dagegen die Bedingungen betreffend die Versorgungsbezüge aus einem gesetzlichen System der sozialen Sicherheit). Die Bestimmung müsse als Ausdruck eines „Grundsatzes des Sozialrechts der Gemeinschaft" verstanden werden, der nicht restriktiv ausgelegt werden dürfe. Insoweit, aber auch an anderer Stelle in den Entscheidungsgründen, verweist der EuGH auf sein Urteil aus dem Jahre 2007 in der Rechtssache Del Cerro Alonso[139]. Auf ein spanisches Vorabentscheidungsersuchen hin hatte der Gerichtshof dort bereits entschieden, dass der Begriff der Beschäftigungsbedingungen als Grundlage für einen Anspruch dienen könne, der darauf gerichtet sei, einem befristet beschäftigten Arbeitnehmer eine Dienstalterszulage zu gewähren, die nach dem nationalen Recht Dauerbeschäftigten vorbehalten sei.

In der Rechtssache Impact führt der EuGH weiter aus, eine Auslegung von § 4 der Rahmenvereinbarung, die finanzielle Bedingungen wie solche, die die Vergütung und die Versorgungsbezüge betreffen, vom Begriff der Beschäftigungsbedingungen kategorisch ausnehme, enge den Bereich, in dem den be-

136 Vigneau, Dr. soc. 1999, 928, 931.

137 Vigneau, Dr. soc. 1999, 928, 931.

138 EuGH v. 15.4.2008 – C-268/06 (Impact), Slg. 2008, I-2483.

139 EuGH v. 13.9.2007 – C-307/05 (Del Cerro Alonso), Slg. 2007, I-7109, Rn. 38.

troffenen Arbeitnehmern Schutz vor Diskriminierungen gewährt werde, unter Missachtung des Zwecks dieses Paragrafen ein; es werde eine auf die Natur der Beschäftigungsbedingungen gestützte Unterscheidung eingeführt, die der Wortlaut dieses Paragrafen in keiner Weise nahe lege. Da Art. 137 Abs. 5 EG (Art. 153 Abs. 5 AEUV), wie der Gerichtshof bereits entschieden habe[140], eine Ausnahmebestimmung zu den Absätzen 1 bis 4 desselben Artikels darstelle, seien die darin vorbehaltenen Bereiche eng auszulegen, damit nicht die Tragweite der Absätze 1 bis 4 ungebührlich beeinträchtigt werde oder die mit Art. 136 EG (Art. 151 AEUV) verfolgten Ziele in Frage gestellt würden. Der Grund für den Erlass der in Art. 137 Abs. 5 EG (Art. 153 Abs. 5 AEUV) enthaltenen Ausnahmeregelung für Arbeitsentgelt liege darin, dass die Festsetzung des Lohn- und Gehaltsniveaus der Vertragsautonomie der Sozialpartner auf nationaler Ebene und der Zuständigkeit der Mitgliedstaaten auf diesem Gebiet unterliege[141]. Die Ausnahmeregelung müsse demzufolge so verstanden werden, dass sie sich auf Maßnahmen wie eine Vereinheitlichung einzelner oder aller Bestandteile und/oder der Höhe der Löhne und Gehälter oder die Einführung eines gemeinschaftlichen Mindestlohns beziehe, mit denen das Gemeinschaftsrecht unmittelbar in die Festsetzung der Arbeitsentgelte innerhalb der Gemeinschaft eingreifen würde. Sie ließe sich jedoch nicht auf alle Fragen, die mit dem Arbeitsentgelt in irgendeinem Zusammenhang stünden, erstrecken, ohne dass einige in Art. 137 Abs. 1 EG (Art. 153 Abs. 1 AEUV) aufgeführte Bereiche größtenteils ihrer Substanz beraubt würden[142]. Auch wenn die Festlegung der Entgeltbestandteile und ihrer Höhe Sache der zuständigen Stellen in den einzelnen Mitgliedstaaten sei, seien diese Stellen im Übrigen gleichwohl gehalten, bei der Ausübung ihrer Zuständigkeit das Gemeinschaftsrecht zu beachten und damit auch auf befristet beschäftigte Arbeitnehmer den Grundsatz der Nichtdiskriminierung in § 4 der Rahmenvereinbarung anzuwenden.

Nach Ansicht des EuGH beeinträchtigt die Tatsache, dass § 4 Nr. 1 der Rahmenvereinbarung keine Definition des Begriffs der Beschäftigungsbedingungen enthält, nicht die Eignung der Bestimmung, von einem Gericht angewandt zu werden, und kann ihr daher nicht ihre hinreichende inhaltliche Be-

140 EuGH v. 13.9.2007 – C-307/05 (Del Cerro Alonso), Slg. 2007, I-7109, Rn. 39.

141 EuGH v. 13.9.2007 – C-307/05 (Del Cerro Alonso), Slg. 2007, I-7109, Rn. 40, 46.

142 EuGH v. 13.9.2007 – C-307/05 (Del Cerro Alonso), Slg. 2007, I-7109, Rn. 41; EuGH v. 12.11.1996 – C-84/94 (Vereinigtes Königreich/Rat), Slg. 1996, I-5755. Nach Laux/Schlachter-Schlachter, TzBfG, Einf. B. Rn. 12, kann aus Art. 137 Abs. 6 EG (Art. 153 Abs. 5 AEUV) nicht geschlossen werden, dass alle Arbeitsbedingungen mit Auswirkungen auf die Entgelthöhe vom Diskriminierungsverbot ausgenommen werden dürfen, da die Diskriminierungsverbote im Unionsrecht eine herausgehobene Position einnähmen und zu dessen Grundlagen zählten.

stimmtheit nehmen. Richtlinienbestimmungen seien trotz Fehlens einer gemeinschaftsrechtlichen Definition der in ihnen enthaltenen arbeitsrechtlichen Begriffe bereits in der Vergangenheit als hinreichend genau angesehen worden[143]. Insoweit verweist der EuGH auf sein Urteil aus dem Jahre 1991 in der Rechtssache Francovich u. a.[144]. § 4 Nr. 1 der Rahmenvereinbarung über befristete Arbeitsverträge verbiete generell und eindeutig jede sachlich nicht gerechtfertigte Ungleichbehandlung befristet beschäftigter Arbeitnehmer hinsichtlich der Beschäftigungsbedingungen[145].

cc. Sachliche Gründe

§ 4 Nr. 1 der Rahmenvereinbarung ermöglicht den nationalen Gesetzgebern, vom Verbot der Schlechterbehandlung bei Vorliegen sachlicher Gründe abzuweichen. Es bedarf also keiner „schematischen“, sondern lediglich einer „sachangemessenen“ Gleichbehandlung[146]. Eine Definition der sachlichen Gründe fehlt. Diese kann nicht national unterschiedlich ausfallen, da es sich nicht um Anwendungsmodalitäten[147], sondern um die Voraussetzungen einer Beschränkung des Verbots der Schlechterbehandlung handelt[148].

Nach der Rechtsprechung des EuGH ist der Begriff „sachliche Gründe“ im Sinne des § 4 Nr. 1 der Rahmenvereinbarung so zu verstehen, dass eine unterschiedliche Behandlung von befristet beschäftigten Arbeitnehmern und Dauerbeschäftigten nicht damit gerechtfertigt werden kann, dass sie in einer allgemeinen und abstrakten Regelung vorgesehen ist. Vielmehr müsse diese Ungleichbehandlung einem echten Bedarf entsprechen und zur Erreichung des verfolgten Ziels geeignet und erforderlich sein. Entsprechend den Ausführungen des Gerichtshofs in den Urteilsgründen der Rechtssache Schönheit und Becker[149] gehöre die sparsame Personalbewirtschaftung zu Haushaltserwägungen, die eine Diskriminierung nicht rechtfertigen könnten[150].

---

143 EuGH v. 15.4.2008 – C-268/06 (Impact), Slg. 2008, I-2483 Rn. 61.

144 EuGH v. 19.11.1991 – C-6/90 und C-9/90 (Francovich u. a.), Slg. 1991, I-5357 = NJW 1992, 165, Rn. 13 f. Krit. zu einer unmittelbaren Anwendbarkeit des Diskriminierungsverbotes Rolfs/de Groot, ZESAR 2009, 5, 12 f.

145 EuGH v. 15.4.2008 – C-268/06 (Impact), Slg. 2008, I-2483 Rn. 60.

146 Rolfs, in: Oetker/Preis, EAS B 3200, Rn. 15.

147 Dazu § 4 Nr. 3 der Rahmenvereinbarung. Vgl. im 1. Kapitel, C. I. 1. c.

148 MüArbR-Birk, § 19 Rn. 92.

149 EuGH v. 23.10. 2003 – C-4/02 und C-5/02 (Schönheit und Becker), Slg. 2003, I-12575, Rn. 85.

150 EuGH v. 13.9.2007 – C-307/05 (Del Cerro Alonso), Slg. 2007, I-7109; EuGH v. 22.4.2010 – C-486/08 (Zentralbetriebsrat der Landeskrankenhäuser Tirols), AP Nr. 1 zu Richtlinie 97/81/EG.

### *b. Pro-rata-temporis-Grundsatz*

Nach § 4 Nr. 2 der Rahmenvereinbarung gilt, wo dies angemessen ist, der Pro-rata-temporis-Grundsatz. Ein befristet beschäftigter Arbeitnehmer ist, anders als ein vergleichbarer Dauerbeschäftigter, unter Umständen nicht während des gesamten für eine Leistungsgewährung relevanten Bezugszeitraums für einen Arbeitgeber tätig. Leistungen werden bei Anwendung des Grundsatzes nur zeitanteilig gewährt; Kriterien für die Angemessenheit seiner Geltung stellt § 4 Nr. 2 der Rahmenvereinbarung nicht auf[151].

In der bereits zitierten Rechtssache Impact[152] hat der EuGH unter Verweis auf Nr. 161 der Schlussanträge der Generalanwältin Kokott vom 9. Januar 2008 ausgeführt, dass eine Auslegung des Begriffs der „Beschäftigungsbedingungen" in § 4 Nr. 1 der Rahmenvereinbarung, die finanzielle Bedingungen wie solche, die die Vergütung und die Versorgungsbezüge betreffen, ausnehme, auch der Bezugnahme in § 4 Nr. 2 der Rahmenvereinbarung auf den Pro-rata-temporis-Grundsatz ihren Sinn nehme. Dieser Grundsatz sei definitionsgemäß nur bei teilbaren Leistungen anwendbar, wie sie sich aus finanziellen Beschäftigungsbedingungen, z. B. im Zusammenhang mit der Vergütung und den Versorgungsbezügen, ergäben.

### *c. Anwendungsmodalitäten*

Die Anwendungsmodalitäten des Grundsatzes der Nichtdiskriminierung werden nach § 4 Nr. 3 der Rahmenvereinbarung von den Mitgliedstaaten nach Anhörung der Sozialpartner und/oder von den Sozialpartnern unter Berücksichtigung der Rechtsvorschriften der Gemeinschaft und der einzelstaatlichen gesetzlichen und tarifvertraglichen Bestimmungen und Gepflogenheiten festgelegt. Die Bestimmung steht in Einklang mit Ziff. 12 der Allgemeinen Erwägungen der Rahmenvereinbarung. Danach sind die Sozialpartner am besten in der Lage, Lösungen zu finden, die den Bedürfnissen der Arbeitgeber und der Arbeitnehmer gerecht werden. Daher sei ihnen eine besondere Rolle bei der Umsetzung und Anwendung der Rahmenvereinbarung einzuräumen.

Die Rahmenvereinbarung lässt offen, was zu den Anwendungsmodalitäten des Verbots der Schlechterbehandlung zählt[153]. Generell überlässt es Ziff. 17 der Erwägungen zur Richtlinie 1999/70/EG – wie andere im Sozialbereich erlassene Richtlinien, in denen ähnliche Begriffe vorkommen – den Mitgliedstaaten, die in

151 Vigneau, Dr. soc. 1999, 928, 932; Wank/Börgmann, RdA 1999, 383, 384; Rolfs, in: Oetker/Preis, EAS B 3200, Rn. 18; Kröger, Die Befristung von Arbeitsverträgen, S. 136 m. w. N.

152 EuGH v. 15.4.2008 – C-268/06 (Impact), Slg. 2008, I-2483 Rn. 115 f.

153 MüArbR-Birk, § 19 Rn. 93.

der Rahmenvereinbarung verwendeten, jedoch nicht genau definierten Begriffe entsprechend ihrem nationalen Recht und/oder ihrer nationalen Praxis zu definieren, vorausgesetzt, diese Definitionen entsprechen inhaltlich der Rahmenvereinbarung. Die Anwendungsmodalitäten im Sinne des § 4 Nr. 3 der Rahmenvereinbarung dürfen sich keinesfalls auf die Festlegung des Inhalts des Grundsatzes der Nichtdiskriminierung selbst erstrecken[154]. Sie können weder die Existenz dieses Grundsatzes an Voraussetzungen knüpfen noch dessen Umfang einschränken[155]. Dagegen ist an die Möglichkeiten der Geltendmachung einer rechtsunwirksamen Befristung des Arbeitsvertrages zu denken[156].

#### d. *Betriebszugehörigkeitszeiten*

Nach § 4 Nr. 4 der Rahmenvereinbarung gelten für befristet beschäftigte Arbeitnehmer in Bezug auf bestimmte Beschäftigungsbedingungen[157] dieselben Betriebszugehörigkeitszeiten wie für Dauerbeschäftigte, es sei denn, unterschiedliche Betriebszugehörigkeitszeiten sind aus sachlichen Gründen gerechtfertigt. Die Bestimmung konkretisiert das Verbot der Schlechterbehandlung in § 4 Nr. 1 der Rahmenvereinbarung[158].

### 2. Maßnahmen zur Vermeidung von Missbrauch (§ 5 der Rahmenvereinbarung)

§ 5 der Rahmenvereinbarung soll dazu beitragen, Missbrauch durch aufeinanderfolgende befristete Arbeitsverträge oder -verhältnisse zu vermeiden.

#### a. *Maßnahmenkatalog*

Nach § 5 Nr. 1 der Rahmenvereinbarung sind die Mitgliedstaaten – nach der gesetzlich oder tarifvertraglich vorgeschriebenen oder in den Mitgliedstaaten üblichen Anhörung der Sozialpartner – und/oder die Sozialpartner, sofern noch keine gleichwertige nationale gesetzliche Regelung zur Missbrauchsverhinderung vorliegt, verpflichtet, unter Berücksichtigung der Anforderungen bestimmter Branchen und/oder Arbeitnehmerkategorien zumindest eine der in der Bestim-

---

154 EuGH v. 15.4.2008 – C-268/06 (Impact), Slg. 2008, I-2483 Rn. 67, m. Hinweis auf EuGH v. 19.1.1982 – 8/81 (Becker), Slg. 1982, 53, Rn. 32 f.

155 EuGH v. 15.4.2008 – C-268/06 (Impact), Slg. 2008, I-2483 Rn. 67, m. Hinweis auf EuGH v. 21.7.1974 – 2/74 (Reyners), Slg. 1974, 631 Rn. 21, sowie EuGH v. 19.1.1982 – C-8/81 (Becker), Slg. 1982, 53 Rn. 39.

156 MüArbR-Birk, § 19 Rn. 93.

157 So z. B. für die betriebliche Altersversorgung (MüArbR-Birk, § 19 Rn. 94).

158 Rolfs, in: Oetker/Preis, EAS B 3200, Rn. 16; MüArbR-Birk, § 19 Rn. 94.

mung genannten Maßnahmen zu treffen, um Missbrauch durch aufeinanderfolgende befristete Arbeitsverträge oder -verhältnisse zu vermeiden. Der Maßnahmenkatalog umfasst im Einzelnen die Festlegung sachlicher Gründe, die die Verlängerung befristeter Arbeitsverträge oder -verhältnisse rechtfertigen (a), die Festlegung der insgesamt maximal zulässigen Dauer aufeinanderfolgender befristeter Arbeitsverträge oder -verhältnisse (b) und die Festlegung der Höchstzahl der Verlängerungen befristeter Arbeitsverträge oder -verhältnisse (c).

§ 5 Nr. 1 der Rahmenvereinbarung ist nicht unbedingt und hinreichend genau, um von einem Einzelnen vor einem nationalen Gericht in Anspruch genommen werden zu können[159]. Die Rahmenvereinbarung gibt weder Inhalt noch Anzahl sachlicher Gründe für die Verlängerung befristeter Arbeitsverträge oder -verhältnisse vor[160]. Der EuGH hat in der Rechtssache Adeneler ausgeführt, der Begriff der sachlichen Gründe verlange, dass der in der nationalen Regelung vorgesehene Rückgriff auf das befristete Arbeitsverhältnis durch konkrete Gesichtspunkte gerechtfertigt werde, die vor allem mit der betreffenden Tätigkeit und den Bedingungen ihrer Ausübung zusammenhingen[161]. Aus der Rahmenvereinbarung ergeben sich keine Anhaltspunkte dafür, wann die maximal zulässige Gesamtdauer oder die maximal zulässige Anzahl von Verlängerungen erreicht sein könnte. Die Festlegung einer maximal zulässigen Gesamtdauer hat den Zweck, eine „endlose Ausdehnung" der Befristungen zu verhindern[162]. Der Arbeitnehmer kann auf diese Weise besser für die Zeit nach Fristende planen[163]. Eine Höchstdauer für jede einzelne Befristung sieht der Maßnahmenkatalog des § 5 Nr. 1 der Rahmenvereinbarung nicht vor[164]. Die Bestimmung einer maximal zulässigen Anzahl von Verlängerungen wirkt Kettenbefristungen entgegen[165]. Der Arbeitgeber soll, wenn sich seine Prognose zum vorübergehenden Bedarf an der Arbeitsleistung wiederholt als falsch herausstellt, einen unbefristeten Arbeitsvertrag abschließen[166]. Damit dient diese Alternative des § 5 Nr. 1 der

---

159 EuGH v. 15.4.2008 – C-268/06 (Impact), Slg. 2008, I-2483.

160 Rolfs, in: Oetker/Preis, EAS B 3200, Rn. 22; Kröger, Die Befristung von Arbeitsverträgen, S. 117; Rolfs, TzBfG, § 14 Rn. 65; Thüsing/Lambrich, BB 2002, 829, 831.

161 EuGH v. 4.7.2006 – C-212/04 (Adeneler), Slg. 2006, I-6057 Rn. 2. Vigneau, Dr. soc. 2007, 94, 95 f., beschäftigt sich in diesem Kontext mit der gewohnheitsmäßigen Befristung nach französischem Recht. Näher dazu im 2. Kapitel, B. II. 1. b. dd.

162 Kröger, Die Befristung von Arbeitsverträgen, S. 119.

163 Kröger, Die Befristung von Arbeitsverträgen, S. 119.

164 Rolfs, in: Oetker/Preis, EAS B 3200, Rn. 23.

165 Kröger, Die Befristung von Arbeitsverträgen, S. 120.

166 Rolfs, in: Oetker/Preis, EAS B 3200, Rn. 24.

Rahmenvereinbarung letztlich dem Schutz des unbefristeten Arbeitsverhältnisses[167].

Die von § 5 Nr. 1 geforderte Berücksichtigung der Anforderungen bestimmter Branchen und/oder Arbeitnehmerkategorien korrespondiert mit den Allgemeinen Erwägungen der Rahmenvereinbarung. Unter Ziff. 8 der Allgemeinen Erwägungen heißt es: „Befristete Arbeitsverträge sind für die Beschäftigung in bestimmten Branchen, Berufen und Tätigkeiten charakteristisch und können den Bedürfnissen der Arbeitgeber und der Arbeitnehmer entsprechen." Ziff. 10 lautet: „Diese Vereinbarung überlässt es den Mitgliedstaaten und den Sozialpartnern, die Anwendungsmodalitäten ihrer allgemeinen Grundsätze, Mindestvorschriften und Bestimmungen zu definieren, um so der jeweiligen Situation der einzelnen Mitgliedstaaten und den Umständen bestimmter Branchen und Berufe einschließlich saisonaler Tätigkeiten Rechnung zu tragen." Zu den Branchen, deren Anforderungen im nationalen Befristungsrecht zu berücksichtigen sind, gehören also jedenfalls diejenigen, in denen der Abschluss befristeter Arbeitsverträge üblich ist, wie in Saisonbetrieben oder wissenschaftlichen Einrichtungen[168].

Ein besonderes Augenmerk liegt auf den Belangen kleiner und mittlerer Unternehmen[169]. Unter Ziff. 11 der Allgemeinen Erwägungen der Rahmenvereinbarung heißt es im Einklang mit Art. 137 Abs. 2 b) S. 2 EG (Art. 153 Abs. 2 b) S. 2 AEUV): „Diese Vereinbarung berücksichtigt die Notwendigkeit, die sozialpolitischen Rahmenbedingungen zu verbessern, die Wettbewerbsfähigkeit der Wirtschaft der Gemeinschaft zu fördern und verwaltungstechnische, finanzielle oder rechtliche Zwänge zu vermeiden, die die Gründung und Entwicklung von kleinen und mittleren Unternehmen behindern könnten."

Im Hinblick auf die in § 5 Nr. 1 der Rahmenvereinbarung geforderte Berücksichtigung bestimmter Arbeitnehmerkategorien ist Ziff. 12 der Allgemeinen Erwägungen der Rahmenvereinbarung heranzuziehen. Danach sind die Sozialpartner am besten in der Lage, Lösungen zu finden, die den Bedürfnissen der Arbeitgeber und der Arbeitnehmer gerecht werden.

Der Begriff der gleichwertigen nationalen gesetzlichen Regelung in § 5 Nr. 1 der Rahmenvereinbarung ist eng auszulegen; ein Vergleich im Hinblick auf die bloße Wirkung der Maßnahmen ist ausgeschlossen[170].

167 Kröger, Die Befristung von Arbeitsverträgen, S. 120 m. w. N.

168 Kenner, EU Employment Law, S. 289; Kröger, Die Befristung von Arbeitsverträgen, S. 122.

169 S. dazu Kröger, Die Befristung von Arbeitsverträgen, S. 121 f. m. w. N.

170 Vigneau, Dr. soc. 1999, 928, 935.

### b. *Begriffsbestimmungen*

§ 5 Nr. 2 der Rahmenvereinbarung ergänzt den Maßnahmenkatalog der Nr. 1 durch Eröffnung der Möglichkeit für die Mitgliedstaaten, nach Anhörung der Sozialpartner, und/oder für die Sozialpartner festzulegen, unter welchen Bedingungen befristete Arbeitsverträge oder Beschäftigungsverhältnisse als „aufeinander folgend" oder als „unbefristete Verträge oder Verhältnisse" gelten. Konkrete Rechtsfolgen im Falle des Missbrauchs durch aufeinanderfolgende befristete Arbeitsverträge oder -verhältnisse gibt die Rahmenvereinbarung nicht vor, so dass die Richtlinie im Einklang mit Art. 288 Abs. 3 AEUV (Art. 249 Abs. 3 EG) steht, der den Mitgliedstaaten die Wahl der Form und der Mittel überlässt[171]. § 5 Nr. 2 enthält jedoch die Option einer unbefristeten Fortsetzung der arbeitsrechtlichen Beziehung[172]. Unter Verweis auf seine Urteile in den Rechtssachen Marrosu und Sardino[173] sowie Adeneler[174] hat der EuGH in der Rechtssache Vassallo[175] bestätigt, dass die Rahmenvereinbarung einer nationalen Regelung grundsätzlich nicht entgegensteht, die bei missbräuchlicher Inanspruchnahme aufeinanderfolgender befristeter Arbeitsverträge/-verhältnisse durch einen Arbeitgeber des öffentlichen Sektors ausschließt, dass diese in unbefristete Arbeitsverträge/-verhältnisse umgewandelt werden, während eine solche Umwandlung bei Arbeitsverträgen/-verhältnissen mit einem Arbeitgeber des Privatsektors vorgesehen ist. Dann müsse die Regelung jedoch eine andere wirksame Maßnahme enthalten, um die missbräuchliche Inanspruchnahme aufeinanderfolgender befristeter Arbeitsverträge durch einen Arbeitgeber des öffentlichen Sektors zu verhindern und gegebenenfalls zu ahnden. Als Alternative zur Umwandlung in einen unbefristeten Vertrag kommt beispielsweise die Verhängung eines Bußgeldes in Betracht[176].

171 Laux/Schlachter-Schlachter, TzBfG, Einf. B., Rn. 12; Rolfs, in: Oetker/Preis, EAS B 3200, Rn. 25; Kröger, Die Befristung von Arbeitsverträgen, S. 122; Fuchs, ZESAR 2004, 111, 115.

172 Rolfs, in: Oetker/Preis, EAS B 3200, Rn. 25; Kröger, Die Befristung von Arbeitsverträgen, S. 122 f.

173 EuGH v. 7.9.2006 – C-53/04 (Marrosu und Sardino), Slg. 2006, I-7213 Rn. 48 f. = AP Richtlinie 99/70/EG = ZESAR 2007, 174 (Anm. Höland).

174 EuGH v. 4.7.2006 – C-212/04 (Adeneler), Slg. 2006, I-6057 Rn. 105.

175 EuGH v. 7.9.2006 – C-180/04 (Vassallo), Slg. 2006, I-7251 Rn. 33 f.

176 Rolfs, in: Oetker/Preis, EAS B 3200, Rn. 25; Kröger, Die Befristung von Arbeitsverträgen, S. 123.

## II. Information und Beschäftigungsmöglichkeiten (§ 6 der Rahmenvereinbarung)

§ 6 der Rahmenvereinbarung beschäftigt sich mit der Information befristet beschäftigter Arbeitnehmer über frei werdende Stellen im Unternehmen oder Betrieb und dem Zugang dieser Personen zu Aus- und Weiterbildungsmöglichkeiten. Dabei handelt es sich um eine flankierende Regelung zu § 1 der Rahmenvereinbarung[177], wonach durch Anwendung des Grundsatzes der Nichtdiskriminierung die Qualität befristeter Arbeitsverhältnisse zu verbessern und der Missbrauch durch aufeinanderfolgende befristete Arbeitsverträge zu verhindern ist.

### 1. Information über frei werdende Stellen

Nach § 6 Nr. 1 der Rahmenvereinbarung informieren die Arbeitgeber die befristet beschäftigten Arbeitnehmer über Stellen, die im Unternehmen oder Betrieb frei werden, damit diese die gleichen Chancen auf einen sicheren unbefristeten Arbeitsplatz haben wie andere Arbeitnehmer. Hierbei handelt es sich um eine zwingende Regelung[178]. Die Information kann an geeigneter Stelle im Unternehmen oder Betrieb, z. B. am schwarzen Brett, erfolgen[179]. Eine bevorzugte Berücksichtigung der befristet beschäftigten Arbeitnehmer im Betrieb oder Unternehmen bei der Stellenbesetzung ist nicht vorgesehen[180].

### 2. Zugang zu Aus- und Weiterbildungsmöglichkeiten

Die Arbeitgeber erleichtern den befristet beschäftigen Arbeitnehmern, soweit möglich, den Zugang zu Ausbildungs- und Weiterbildungsmöglichkeiten, die die Verbesserung ihrer Fähigkeiten, ihr berufliches Fortkommen und ihre berufliche Mobilität fördern (§ 6 Nr. 2 der Rahmenvereinbarung). Damit wird dem gerade für befristet beschäftigte Arbeitnehmer wichtigen Anliegen der Weiterqualifikation Rechnung getragen[181]. Auf einen konkreten Nutzen der Maßnah-

177 Rolfs, in: Oetker/Preis, EAS B 3200, Rn. 26.

178 Rolfs, in: Oetker/Preis, EAS B 3200, Rn. 27. Nach Ottavi/Roset/Tholy, Code annoté européen du travail, S. 243, verpflichtet § 6 Nr. 1 aber nicht zur Schaffung eines Informationsmittels, wenn es in dem betreffenden Unternehmen nicht schon ein solches für die unbefristet beschäftigten Arbeitnehmer gibt.

179 Rolfs, in: Oetker/Preis, EAS B 3200, Rn. 27.

180 Wank/Börgmann, RdA 1999, 383, 385; Rolfs in Oetker/Preis, EAS B 3200, Rn. 27.

181 Fuchs, ZESAR 2004, 111, 115.

men für das Unternehmen kommt es nicht an[182]. Eine Finanzierung der Ausbildungs- und Weiterbildungsmöglichkeiten durch den Arbeitgeber ist nicht gefordert; die „Erleichterung des Zugangs" kann auch durch entsprechende Arbeitszeitgestaltung erfolgen[183].

§ 6 Nr. 2 der Rahmenvereinbarung hat bloßen Soll- bzw. Appellcharakter[184]; nicht zuletzt die Formulierung „soweit möglich" zeigt, dass der befristet beschäftigte Arbeitnehmer keinen Anspruch gegen seinen Arbeitgeber auf Zugang zu Ausbildungs- und Weiterbildungsmöglichkeiten hat[185].

## III. Information und Konsultation (§ 7 der Rahmenvereinbarung)

§ 7 der Rahmenvereinbarung stellt sicher, dass befristete Arbeitsverhältnisse auch im kollektiven Arbeitsrecht angemessen berücksichtigt werden, indem ein Zusammenhang zur Einrichtung und Information von Arbeitnehmervertretungen in den Unternehmen hergestellt wird[186].

### 1. Berechnung der Schwellenwerte für die Einrichtung von Arbeitnehmervertretungen

Nach § 7 Nr. 1 der Rahmenvereinbarung werden befristet beschäftigte Arbeitnehmer entsprechend den nationalen Rechtsvorschriften bei der Berechnung der Schwellenwerte für die Einrichtung von Arbeitnehmervertretungen in den Unternehmen berücksichtigt, die nach den Rechtsvorschriften der Gemeinschaft und der Mitgliedstaaten vorgesehen sind. Die Anwendungsmodalitäten werden nach § 7 Nr. 2 der Rahmenvereinbarung von den Mitgliedstaaten und/oder den Sozialpartnern unter Berücksichtigung der einzelstaatlichen gesetzlichen und tarifvertraglichen Bestimmungen und Gepflogenheiten und im Einklang mit § 4 Nr. 1 der Rahmenvereinbarung festgelegt. § 7 Nr. 2 verweist nicht auf die Geltung des Pro-rata-temporis-Grundsatzes (§ 4 Nr. 2 der Rahmenvereinbarung).

---

182 Kröger, Die Befristung von Arbeitsverträgen, S. 139; Kenner, EU Employment Law, S. 289.

183 Rolfs, in: Oetker/Preis, EAS B 3200, Rn. 29.

184 Fuchs, ZESAR 2004, 111, 115.

185 Kröger, Die Befristung von Arbeitsverträgen, S. 140; a. A. Kaufmann, AuR 1999, 332, 334.

186 Kröger, Die Befristung von Arbeitsverträgen, S. 140.

## 2. Information der Arbeitnehmervertretungsgremien über befristete Arbeitsverhältnisse

Die Arbeitgeber ziehen nach § 7 Nr. 3 der Rahmenvereinbarung, soweit dies möglich ist, eine angemessene Information der vorhandenen Arbeitnehmervertretungsgremien über befristete Arbeitsverhältnisse im Unternehmen in Erwägung. Zum Zwecke der Information müssen nicht erst Arbeitnehmervertretungen eingerichtet werden[187]. Die Informationserteilung ist nicht verpflichtend[188]. Auch hier gilt ein Vorbehalt („soweit dies möglich ist"). Hintergrund dessen soll sein, dass es in den Mitgliedstaaten „höchst unterschiedliche Traditionen" zur Mitbestimmung der Arbeitnehmer gibt[189]. Die Informationsrechte der Arbeitnehmervertretungsgremien könnten daher nur unter Berücksichtigung des nationalen Betriebsverfassungsrechts bestimmt werden[190].

# D. Umsetzung der Richtlinie 1999/70/EG

Die Rahmenvereinbarung gibt keine Antwort auf die zentrale Frage, wann und gegebenenfalls aus welchen Gründen ein Arbeitsvertrag (erstmalig) befristet werden kann[191], verlangt mithin auch nicht für jede Befristung einen Sachgrund[192]. Gleichwohl hat die Richtlinie zu einer gewissen Harmonisierung des Rechts der befristeten Arbeitsverhältnisse in den Mitgliedstaaten geführt[193]. In den meisten Mitgliedstaaten gab es bei Inkrafttreten der Richtlinie zwar bereits – mehr oder weniger detaillierte – Bestimmungen zur Befristung von Arbeitsverhältnissen. Letztlich wurden aber alle Mitgliedstaaten früher oder später[194] zur Umsetzung der Richtlinie, insbesondere des Grundsatzes der Nichtdiskriminie-

187 MüArbR-Birk, § 19 Rn. 96.
188 MüArbR-Birk, § 19 Rn. 96.
189 Rolfs, in: Oetker/Preis, EAS B 3200, Rn. 28.
190 Rolfs, in: Oetker/Preis, EAS B 3200, Rn. 28.
191 MüArbR-Birk, § 19 Rn. 91, 95; Fuchs/Marhold-Marhold, Europäisches Arbeitsrecht, S. 116.
192 MüArbR-Birk, § 19 Rn. 95.
193 Die Rahmenvereinbarung wurde von den Sozialpartnern, auch vom DGB, trotz eines für nicht ausreichend gehaltenen Regelungsniveaus gerade mit Rücksicht auf die in mehreren Ländern zu erwartenden Rechtsfortschritte getragen (Kaufmann, AuR 1999, 332, 334 f.; Annuß/Thüsing-Annuß, TzBfG, Einf. Rn. 15).
194 Nur wenige nationale Gesetzgeber wurden vor Ablauf der Umsetzungsfrist am 10. Juli 2001 (Art. 2 Abs. 1 der Richtlinie), einige nicht einmal bis zum Ablauf der zusätzlichen Frist am 10. Juli 2002 tätig. Vgl. dazu den Umsetzungsbericht der Kommissionsdienststellen zur Richtlinie 1999/70/EG v. 11.8.2006, SEC/2006/1074 final, S. 4 ff.

rung[195], gesetzgeberisch tätig[196]. Hierbei war § 8 der Rahmenvereinbarung zu beachten. Der Umsetzungsbedarf unterschied sich in Deutschland und Frankreich erheblich.

## I. Umsetzungsbestimmungen (§ 8 der Rahmenvereinbarung)

Soweit die Rahmenvereinbarung Regelungen enthält, können die Mitgliedstaaten und/oder die Sozialpartner nach § 8 Nr. 1 der Rahmenvereinbarung günstigere Bestimmungen für Arbeitnehmer beibehalten oder einführen. Das Günstigkeitsprinzip verdeutlicht, dass die Richtlinie gemäß Art. 153 Abs. 2 b) S. 1 AEUV (Art. 137 Abs. 2 b) S. 1 EG) nur Mindestvorschriften enthält[197].

Die Umsetzung der Rahmenvereinbarung darf nicht „als Rechtfertigung für die Senkung des allgemeinen Niveaus des Arbeitnehmerschutzes in dem von der Vereinbarung erfassten Bereich" dienen (§ 8 Nr. 3 der Rahmenvereinbarung). Einer Senkung des Arbeitnehmerschutzes unabhängig von der Umsetzung der Rahmenvereinbarung steht die Vorschrift jedoch nicht entgegen[198]. In diesem Sinne hat der EuGH in der Rechtssache Mangold[199] zur Altersgrenze, ab deren Erreichen uneingeschränkt befristete Arbeitsverträge geschlossen werden können, entschieden[200]. Die Mitgliedstaaten sind nicht an ihre bestehenden Vorschriften gebunden[201]. Nach Art. 153 Abs. 4, 2. Spiegelstrich AEUV (Art. 137 Abs. 4, 2. Spiegelstrich EG) hindern die aufgrund dieses Artikels erlassenen Bestimmungen die Mitgliedstaaten nicht daran, strengere Schutzmaßnahmen beizubehalten oder zu treffen, die mit dem Vertrag vereinbar sind. Mit Urteil vom 23. April 2009 in den verbundenen Rechtssachen Angelidaki u. a.[202] hat der

195 Vigneau, Dr. soc. 1999, 928, 933 f., erläutert, dass eine Ungleichbehandlung zwischen befristet und unbefristet beschäftigten Arbeitnehmern in den meisten Mitgliedstaaten bereits verboten war, jedoch nicht immer aufgrund ausdrücklicher gesetzlicher Regelung, sondern bisweilen in Anwendung des allgemeinen Prinzips, dass eine Ungleichbehandlung dort nicht erfolgen darf, wo das Gesetz keine Unterscheidung trifft.

196 Umsetzungsbericht der Kommissionsdienststellen zur Richtlinie 1999/70/EG v. 11.8.2006, SEC/2006/1074 final, S. 4.

197 Kröger, Die Befristung von Arbeitsverträgen, S. 142. Dazu bereits im 1. Kapitel, C., vor I.

198 Fuchs/Marhold-Marhold, Europäisches Arbeitsrecht, S. 117.

199 EuGH v. 22.11.2005 – C-144/04, Slg. 2005, I-9981 = AP Nr. 1 zu Richtlinie 2000/78/EG.

200 Fuchs/Marhold-Marhold, Europäisches Arbeitsrecht, S. 117.

201 Kröger, Die Befristung von Arbeitsverträgen, S. 143.

202 EuGH v. 23.4.2009 – C-378/07 bis C-380/07 (Angelidaki u. a.), Slg. 2009, I-3071.

EuGH judiziert, § 8 Nr. 3 der Rahmenvereinbarung sei dahin auszulegen, dass die „Senkung“ anhand des allgemeinen Schutzniveaus zu prüfen ist, das in dem betreffenden Mitgliedstaat sowohl für Arbeitnehmer mit aufeinanderfolgenden befristeten Arbeitsverträgen als auch für Arbeitnehmer mit einem ersten oder einzigen befristeten Arbeitsvertrag bislang galt. In einer neueren Rechtssache (Sorge) hatte der EuGH über eine italienische Regelung zu entscheiden, die die Verpflichtung des Arbeitgebers abgeschafft hatte, in befristeten Verträgen zur Vertretung abwesender Arbeitnehmer die Namen der betreffenden Arbeitnehmer und den Grund für deren Vertretung anzugeben. Die Regelung schreibt für derartige befristete Verträge lediglich die Schriftform und Angabe der Gründe für die Befristung vor. Nach Ansicht des EuGH steht § 8 Nr. 3 der Rahmenvereinbarung über befristete Arbeitsverträge dieser Regelung nicht entgegen, sofern die neuen Bedingungen durch andere Garantien oder Schutzmaßnahmen ausgeglichen werden oder nur eine begrenzte Kategorie von Arbeitnehmern mit einem befristeten Arbeitsvertrag betreffen[203].

## II. Umsetzungsbedarf in Deutschland und Frankreich

Nachdem es zunächst unterschiedliche Antworten auf die Frage gegeben hatte, ob eine Umsetzung in das deutsche Recht überhaupt erforderlich sei[204], wurde die Befristungsrichtlinie mit dem TzBfG vom 21. Dezember 2000 umgesetzt[205]. Dieses ist zugleich Nachfolgeregelung für die gemäß § 1 Abs. 5 BeschFG zum 31. Dezember 2000 entfallenden Bestimmungen zur sachgrundlosen Befristung von Arbeitsverhältnissen (§ 1 Abs. 1 bis 4 BeschFG), die sogenannte erleichterte Befristung[206]. Die allgemeinen Vorschriften über befristete Arbeitsverträge in den §§ 620, 623 bis 625 BGB wurden aufgehoben.

In Frankreich gab es bereits vor Inkrafttreten der Richtlinie eine umfassende Gesetzgebung zur Befristung von Arbeitsverträgen. Die „erste wirkliche Reglementierung“[207] befristeter Arbeitsverhältnisse war, wie gesehen, durch eine *Ordonnance* vom 5. Februar 1982[208] erfolgt[209]. Diese machte den befristeten Arbeitsvertrag zum Ausnahmevertrag[210]. Mit *Ordonnance* vom 11. August 1986[211]

203 EuGH v. 24.6.2010 – C-98/09 (Sorge), AP Nr. 7 zu Richtlinie 99/70/EG.
204 Wisskirchen, GS Heinze, S. 1081, 1083 m. w. N.
205 BT-Drucks. 14/4374, S. 2. Vgl. zur Umsetzung Bauer, BB 2001, 2473.
206 BT-Drucks. 14/4374, S. 13.
207 Frik, Die missbräuchliche Nutzung von befristeten Arbeitsverträgen, S. 29.
208 Ordonnance Nr. 82-130 v. 2.2.1982, Art. 2, J.O. v. 6.2.1982, S. 482.
209 Zum Rechtszustand vor 1982 Pélissier/Auzero/Dockès, Droit du travail, Rn. 242.
210 Pélissier/Auzero/Dockès, Droit du travail, Rn. 242.

wurden die Befristungsmöglichkeiten erweitert[212]. Sodann wurde zur Regelung der befristeten Arbeitsverträge und der Zeitarbeit am 24. März 1990 ein *Accord National Interprofessionnel* geschlossen. Dieser wurde mit Modifikationen zum „Gesetz zur Förderung der Stabilität der Beschäftigung durch Anpassung der Regelungen zu den prekären Verträgen“ vom 12. Juli 1990[213], welches dem heutigen Befristungsrecht des *Code du travail* zugrunde liegt[214]. Noch nicht geregelte Richtlinieninhalte wurden mit dem Gesetz zur sozialen Modernisierung vom 17. Januar 2002[215] in den *Code du travail* integriert. Zugleich wurden Änderungen im bereits bestehenden Befristungsrecht vorgenommen[216]. Die Reform des befristeten Arbeitsvertrages im Jahre 2002 wird als „diskret bzw. zurückhaltend, aber nicht ohne Bedeutung“ beschrieben[217]. Ihre Relevanz folgt aus der vom Gesetzgeber ausdrücklich vorgegebenen Maxime des „Kampfes gegen die Prekarität der Beschäftigung“, der beispielsweise die Implementierung der Verpflichtung zur Information über frei werdende unbefristete Stellen (Art. L. 1242-17 C. trav.) dienen sollte[218].

---

211 Ordonnance Nr. 86-948 v. 11.8.1986, Art. 1, J.O. v. 12.8.1986, S. 9906.

212 Frisch, RdA 1991, 163; Frik, Die missbräuchliche Nutzung von befristeten Arbeitsverträgen, S. 29.

213 Gesetz Nr. 90-613 v. 12.7.1990, konsolidierte Fassung v. 14.7.1990, J.O. Nr. 162 v. 14.7.1990, S. 8322.

214 Bunel, CEE, Document de Travail Nr. 82, März 2007, S. 6; Frik, Die missbräuchliche Nutzung von befristeten Arbeitsverträgen, S. 32; ausf. zur Entwicklung Barrau, Cahiers de l'IRT, Aix-en-Provence, Nr. 15, Sept. 2007, S. 9 ff.

215 Gesetz Nr. 2002-73 v. 17.1.2002, Art. 124-131 („Kampf gegen die Prekarität der Beschäftigung“), J.O. Nr. 15 v. 18.1.2002, S. 1008, Text Nr. 1.

216 Pélissier/Auzero/Dockès, Droit du travail, Rn. 242. Zu Einzelheiten vgl. die ministeriellen Rundschreiben DRT/DGEFP Nr. 2002-3 v. 23.1.2002 zum Inkrafttreten des Gesetzes zur sozialen Modernisierung, BOTEFP Nr. 2002/4 v. 5.3.2002, und DRT Nr. 2002-08 v. 2.5.2002 zur Durchführung des Gesetzes zur sozialen Modernisierung, Bestimmungen zum Kampf gegen die Prekarität der Beschäftigung, BOTEFP Nr. 2002/11 v. 20.6.2002.

217 Roy-Loustaunau, Dr. soc. 2002, 304.

218 Roy-Loustaunau, Dr. soc. 2002, 304, 309.

# 2. Kapitel Die Befristung von Arbeitsverhältnissen in Deutschland und Frankreich

## A. Definitionen

Der rechtlichen Untersuchung der Befristung von Arbeitsverhältnissen in Deutschland und Frankreich ist eine Begriffsbestimmung voranzustellen. Im Fokus steht die Definition der Befristungsarten. Darüber hinaus bedarf es einer Abgrenzung der Befristung von der Bedingung und der Befristung des Arbeitsvertrages insgesamt von der Befristung einzelner Arbeitsbedingungen.

### I. Deutsches Recht

Nach § 3 Abs. 1 TzBfG ist befristet beschäftigt ein Arbeitnehmer mit einem auf bestimmte Zeit geschlossenen Arbeitsvertrag. Ein auf bestimmte Zeit geschlossener Arbeitsvertrag (befristeter Arbeitsvertrag) liegt vor, wenn seine Dauer kalendermäßig bestimmt ist (kalendermäßig befristeter Arbeitsvertrag) oder sich aus Art, Zweck oder Beschaffenheit der Arbeitsleistung ergibt (zweckbefristeter Arbeitsvertrag). Eine sogenannte Doppelbefristung, also eine Kombination beider Grundformen der Befristung, ist möglich[219].

Der Begriff der Befristung ist von dem der Bedingung abzugrenzen. Die auflösende Bedingung ist weder im TzBfG noch in § 158 Abs. 2 BGB legaldefiniert. In der zuletzt genannten Vorschrift wird jedoch die Folge des Eintritts einer auflösenden Bedingung dahingehend beschrieben, dass die Wirkung des Rechtsgeschäfts endet und der frühere Rechtszustand wieder eintritt. Eine auflösende Bedingung liegt im Gegensatz zu einer Zweckbefristung dann vor, wenn nicht nur der Zeitpunkt des zur Beendigung führenden Ereignisses, sondern auch der Eintritt dieses Ereignisses selbst ungewiss ist[220]. „Je sicherer die Parteien mit dem Eintritt des betreffenden Ereignisses rechnen und je kürzer die Zeit bis zum

219 Annuß/Thüsing-Annuß, TzBfG, § 3 Rn. 5; Dörner, Der befristete Arbeitsvertrag, Rn. 54; Laux/Schlachter-Schlachter, TzBfG, § 3 Rn. 15 f.; Schaub, Arbeitsrechts-Handbuch, § 38 Rn. 34; Sievers, TzBfG, § 3 Rn. 21 f.; BAG v. 22.4.2009 – 7 AZR 768/07, AP Nr. 4 zu § 14 TzBfG. Nach BAG v. 29.6.2011 – 7 AZR 6/10, BAGE 138, 242 = AP Nr. 8 zu § 21 TzBfG, ist auch eine Kombination von auflösender Bedingung und Zeitbefristung grundsätzlich zulässig.

220 BT-Drucks. 14/4374, S. 21 f.

erwarteten Eintritt ist", umso eher soll es sich um eine Befristung handeln[221]. Das zur Beendigung führende Ereignis muss objektiv zu bestimmen sein und darf nicht allein vom Willen des Arbeitgebers abhängen[222]. Für den unter einer auflösenden Bedingung geschlossenen Arbeitsvertrag gelten § 4 Abs. 2, § 5, § 14 Abs. 1 und 4, § 15 Abs. 2, 3 und 5 sowie §§ 16 bis 20 TzBfG entsprechend (§ 21 TzBfG).

Von der Befristung des Arbeitsvertrages insgesamt ist die Befristung einzelner Vertragsbedingungen zu unterscheiden. Letztere unterliegt nicht der Regelung durch das TzBfG, zumal die Befristungsrichtlinie hierzu keine Vorgaben macht, die in das nationale Recht umzusetzen gewesen wären[223].

Gegenstand der vorliegenden Arbeit ist allein die Befristung des Arbeitsvertrages.

## II. Französisches Recht

Im französischen Recht gibt es keine Definition des befristet beschäftigten Arbeitnehmers. Art. L. 1242-1 C. trav. beschreibt jedoch den befristeten Arbeitsvertrag (*contrat de travail à durée déterminée*, kurz: *CDD*) mit Betonung auf seinem Ausnahmecharakter. Danach „darf ein befristeter Arbeitsvertrag, gleich aus welchem Grund, weder zum Ziel noch tatsächlich zur Folge haben, dass eine dauerhafte Beschäftigung geschaffen wird"[224], die an die normale und ständige Unternehmenstätigkeit geknüpft ist[225]. Nach Art. L. 1242-2 C. trav. kann ein befristeter Arbeitsvertrag unbeschadet der Regelungen in Art. L. 1242-3 C. trav. „nur zur Ausführung einer genau bestimmten und vorübergehenden Aufgabe"[226] und nur in den in dieser Vorschrift aufgezählten Fällen geschlossen werden[227].

---

221 Soergel-Wolf, BGB, § 163 Rn. 3; MüKoBGB-Westermann, § 163 Rn. 2; Annuß/Thüsing-Annuß, TzBfG, § 3 Rn. 7.

222 BAG v. 20.12.1984 – 2 AZR 3/84, AP Nr. 9 zu § 620 BGB Bedingung; vgl. BAG v. 4.12.1991 – 7 AZR 344/90, AP Nr. 17 zu § 620 BGB Bedingung; MüKoBGB-Hesse, § 21 TzBfG Rn. 5.

223 Annuß/Thüsing-Maschmann, TzBfG, § 14 Rn. 15.

224 Frik, Die missbräuchliche Nutzung von befristeten Arbeitsverträgen, S. 59.

225 „Un contrat de travail à durée déterminée, quel que soit son motif, ne peut avoir ni pour objet ni pour effet de pourvoir durablement un emploi lié à l'activité normale et permanente de l'entreprise." Ausf. zu Art. L. 1242-1 C. trav. im 2. Kapitel, B. II. 1.

226 Frik, Die missbräuchliche Nutzung von befristeten Arbeitsverträgen, S. 59.

227 „Sous réserve des dispositions de l'article L. 1242-3, un contrat de travail à durée déterminée ne peut être conclu que pour l'exécution d'une tâche précise et temporaire, et seulement dans les cas suivants […]".Ausf. zu Art. L. 1242-2 C. trav. im 2. Kapitel, B. II. 1.

Nach Art. L. 1242-7 C. trav. enthält der befristete Arbeitsvertrag grundsätzlich einen genauen Beendigungszeitpunkt (*terme précis*), ist also zeitbefristet. In den in Art. L. 1242-7 C. trav. genannten Fällen (Vertretung eines abwesenden Arbeitnehmers oder eines Arbeitnehmers, dessen Arbeitsvertrag ruht, Warten auf den tatsächlichen Arbeitsantritt eines mit unbefristetem Arbeitsvertrag eingestellten Arbeitnehmers, Saisonarbeit, gewohnheitsmäßige Befristung, Vertretung der in Art. L. 1242-2 Nr. 4 und 5 C. trav. genannten Personen) kann aber auch ein zweckbefristeter Arbeitsvertrag geschlossen werden. Der Projektvertrag (*contrat à durée déterminée à objet défini*)[228] kann nach Art. 6 des Gesetzes vom 25. Juni 2008 ebenfalls zweckbefristet geschlossen werden. Bei der Zweckbefristung handelt es sich um eine Option; die Parteien können sich in allen Fällen für eine Zeitbefristung entscheiden[229]. Ein zweckbefristeter Arbeitsvertrag endet nach Art. L. 1242-7 C. trav. mit dem Ende der Abwesenheit der vertretenen Person bzw. der Erreichung des Zwecks, zu dem der Vertrag geschlossen wurde. Die Parteien geben bei Abschluss eines zweckbefristeten Vertrages das Ereignis an, dessen Eintritt die vertragliche Beziehung beendet[230]. Der Eintritt dieses Ereignisses ist gewiss und hängt nicht vom Willen der Parteien ab, so dass auch hier der Begriff *terme* verwendet wird[231]. Da aber ein genaues Datum bei Vertragsschluss nicht bekannt ist, wird insoweit vom *terme imprécis* gesprochen[232].

Die Formulierung des Art. L. 1242-7 C. trav. lässt darauf schließen, dass die Zeitbefristung der Normalfall, die Zweckbefristung der Ausnahmefall ist[233]. Eine Doppelbefristung ist in Frankreich wohl nicht möglich; Art. L. 1242-7 C. trav. scheint Zeit- und Zweckbefristung in ein Alternativitätsverhältnis zu stellen[234]. Enthält ein Vertrag beide Grundformen der Befristung, ist im Wege der Auslegung zu bestimmen, welche gelten soll[235]. Ist der Vertrag eines Arbeitnehmers beispielsweise bis zum Ende des Erziehungsurlaubs eines anderen Arbeitnehmers an einem bestimmten Termin befristet, handelt es sich um eine

228 Ausf. zu diesem Vertragstyp im 2. Kapitel, B. II. 1. b. gg.

229 Pélissier/Auzero/Dockès, Droit du travail, Rn. 249.

230 Pélissier/Auzero/Dockès, Droit du travail, Rn. 249.

231 Pélissier/Auzero/Dockès, Droit du travail, Rn. 249.

232 Pélissier/Auzero/Dockès, Droit du travail, Rn. 249.

233 Vgl. Pélissier/Auzero/Dockès, Droit du travail, Rn. 248 f.

234 Vgl. Pélissier/Auzero/Dockès, Droit du travail, Rn. 249; Poulain, La distinction des contrats de travail à durée déterminée et indéterminée, Rn. 27 ff.; Frik, Die missbräuchliche Nutzung von befristeten Arbeitsverträgen, S. 129 Fn. 549.

235 Frik, Die missbräuchliche Nutzung von befristeten Arbeitsverträgen, S. 129 Fn. 549; Savatier, Dr. soc. 1996, 141.

Zweckbefristung; das genaue Datum dient nur der Information des befristet beschäftigten Arbeitnehmers[236].

Die auflösende Bedingung ist in Art. 1168, 1183 f. C. civ. geregelt. Nach Art. 1168 C. civ. ist eine Verpflichtung (*obligation*) an eine Bedingung geknüpft, wenn sie von einem zukünftigen und ungewissen Ereignis abhängt. Ausschließlich rechtsfolgenbezogen erklärt Art. 1183 C. civ., der Eintritt einer auflösenden Bedingung bewirke das Entfallen der Verpflichtung und stelle den Zustand her, der bestünde, wenn die Verpflichtung von vornherein nicht bestanden hätte. Im französischen Befristungsrecht findet sich keinerlei Bestimmung zur auflösenden Bedingung.

Der *Code du travail* bezieht sich ausdrücklich auf die Befristung des Arbeitsvertrages insgesamt, nicht aber auf die Befristung einzelner Arbeitsbedingungen.

Gegenstand der vorliegenden Arbeit ist allein die Befristung des Arbeitsvertrages.

## III. Vergleichende Betrachtung

Sowohl nach deutschem als auch nach französischem Befristungsrecht kann das Arbeitsverhältnis zeit- oder zweckbefristet eingegangen werden, wobei nach deutschem Recht auch eine Kombination der Befristungsarten zulässig ist[237].

Der deutsche Gesetzgeber hat in § 21 TzBfG die entsprechende Anwendung bestimmter Vorschriften des TzBfG auf auflösend bedingte Arbeitsverträge angeordnet, ohne den Begriff der auflösenden Bedingung zu definieren. Das Befristungsrecht des *Code du travail* erwähnt die auflösende Bedingung gar nicht und macht somit von dem sich aus § 3 Nr. 1 der Rahmenvereinbarung über befristete Arbeitsverträge ergebenden Regelungsspielraum[238] keinen Gebrauch.

Das nationale Befristungsrecht bezieht sich jeweils auf den Arbeitsvertrag insgesamt und nicht auf einzelne Arbeitsbedingungen[239].

---

236 Soc. v. 8.11.1995, Dr. soc. 1996, 144; Savatier, Dr. soc. 1996, 141, der sich ausf. mit der Beendigung befristeter Verträge zur Vertretung abwesender Arbeitnehmer befasst; Frik, Die missbräuchliche Nutzung von befristeten Arbeitsverträgen, S. 129 Fn. 549.

237 Annuß/Thüsing-Annuß, TzBfG, § 3 Rn. 5; Dörner, Der befristete Arbeitsvertrag, Rn. 54; Laux/Schlachter-Schlachter, TzBfG, § 3 Rn. 15 f.; Schaub, Arbeitsrechts-Handbuch, § 38 Rn. 34; Sievers, TzBfG, § 3 Rn. 21 f.; BAG v. 22.4.2009 – 7 AZR 768/07, AP Nr. 4 zu § 14 TzBfG.

238 MüArbR-Birk, § 19 Rn. 88; Rolfs, in: Oetker/Preis, EAS B 3200, Rn. 11. Dazu bereits 1. Kapitel, B. I.

239 Zum dt. Recht Annuß/Thüsing-Maschmann, TzBfG, § 14 Rn. 15.

## B. Zulässigkeit der Befristung

Einer der zentralen Abschnitte der vorliegenden Arbeit beschäftigt sich mit den positiven und negativen Zulässigkeitsvoraussetzungen einer Befristung von Arbeitsverträgen in Deutschland und Frankreich. Nach einer kurzen Zusammenfassung der deutschen Rechtslage wird ausführlich das französische Recht dargestellt. Besonderes Augenmerk gilt der anschließenden rechtsvergleichenden Betrachtung.

### I. Deutsches Recht

Das TzBfG sieht im unbefristeten Arbeitsvertrag den Normalfall, im befristeten Arbeitsvertrag den Ausnahmefall[240]. § 1 TzBfG nennt als Ziel des Gesetzes, die Voraussetzungen für die Zulässigkeit befristeter Arbeitsverträge festzulegen und die Diskriminierung von befristet beschäftigten Arbeitnehmern zu verhindern. Das TzBfG will das Zustandekommen befristeter Arbeitsverträge „zwar an geschriebene Rechtsregeln binden, nicht aber unterdrücken“[241]. Ausweislich der Begründung des TzBfG-Entwurfs sollte im Einklang mit der Richtlinie 1999/70/EG eine gesetzliche Regelung geschaffen werden, die „die Inanspruchnahme befristeter Arbeitsverträge auf einer für Arbeitgeber und Arbeitnehmer akzeptablen Grundlage ermöglicht“ und „ein ausgewogenes Verhältnis zwischen flexibler Organisation der Arbeit und Sicherheit für die Arbeitnehmer erreicht“[242]. Dass § 1 TzBfG auf die „Zulässigkeit befristeter Arbeitsverträge“ abstellt, zeigt bereits dass das TzBfG über den Gegenstand der Befristungsrichtlinie (§§ 1, 5 der Rahmenvereinbarung), den Missbrauch durch *aufeinanderfolgende* befristete Arbeitsverträge zu verhindern, weit hinausgeht.

Sofern nicht nach § 23 TzBfG Spezialvorschriften eingreifen[243], regelt § 14 TzBfG die Zulässigkeit der Befristung eines Arbeitsvertrages. Die Norm unterscheidet im Sinne eines „Regel-Ausnahme-Verhältnisses“[244] die Befristung mit sachlichem Grund (Abs. 1) und ohne sachlichen Grund (Abs. 2, 2 a und 3).

---

240 BAG v. 8.8.2007 – 7 AZR 855/06, BAGE 123, 327, 332 = AP Nr. 41 zu § 14 TzBfG, mit Verweis auf BT-Drucks. 14/4374, S. 1, 12.

241 ErfK-Müller-Glöge, § 1 TzBfG Rn. 3.

242 BT-Drucks. 14/4374, S. 13.

243 S. dazu bereits S. 3 f. Im Folgenden beschränkt sich die Darstellung, von Ausnahmen abgesehen, auf die Befristung nach dem TzBfG.

244 BT-Drucks. 14/4374, S. 13. Das „Regel-Ausnahme-Verhältnis“ bestimmt auch die Prüfungsreihenfolge (Laux/Schlachter-Schlachter, TzBfG, § 14 Rn. 4; Annuß/Thüsing-Maschmann, TzBfG, § 14 Rn. 2).

## 1. Befristungsgründe

Nach § 14 Abs. 1 S. 1 TzBfG ist die Befristung eines Arbeitsvertrages zulässig, wenn sie durch einen sachlichen Grund gerechtfertigt ist.

Weder aus dem Wortlaut noch aus der Gesetzesbegründung ergibt sich, ob nur die Befristung als solche oder auch deren Dauer eines sachlichen Grundes bedarf[245]. Nach ständiger Rechtsprechung erfordert nur die Befristung selbst einen Sachgrund[246]. Diesen Standpunkt greift das Schrifttum auf[247]. Besteht allerdings zwischen dem Befristungsgrund und der Dauer ein Widerspruch, ist dies ein wichtiges Indiz dafür, dass der sachliche Grund gar nicht besteht[248]. Dies gilt insbesondere bei einer nicht unwesentlichen Überschreitung der durch den Befristungsgrund nahe gelegten Dauer[249].

Nach ständiger Rechtsprechung bedarf die nachträgliche Befristung eines zunächst unbefristet geschlossenen Arbeitsvertrages eines sachlichen Grundes[250]. § 14 Abs. 1 TzBfG trifft keine anderslautende Regelung[251]. § 14 Abs. 1 S. 2 Nr. 8 TzBfG, wonach eine Befristung auf einem gerichtlichen Vergleich

---

245 KSchR-Däubler, § 14 TzBfG Rn. 7.

246 BAG v. 26.8.1988 – 7 AZR 101/88, BAGE 59, 265 = AP Nr. 124 zu § 620 BGB Befristeter Arbeitsvertrag; bestätigt u. a. von BAG v. 22.11.1995 – 7 AZR 252/95, AP Nr. 178 zu § 620 BGB Befristeter Arbeitsvertrag; BAG v. 12.2.1997 – 7 AZR 317/96, AP Nr. 187 zu § 620 BGB Befristeter Arbeitsvertrag; BAG v. 13.10.2004 – 7 AZR 654/03, AP Nr. 13 zu § 14 TzBfG.

247 Annuß/Thüsing-Maschmann, TzBfG, § 14 Rn. 9; Dörner, Der befristete Arbeitsertrag, Rn. 151; ErfK-Müller-Glöge, § 14 TzBfG Rn. 19; Schaub, Arbeitsrechts-Handbuch, § 40 Rn. 5.

248 BAG v. 26.8.1988 – 7 AZR 101/88, BAGE 59, 265 = AP Nr. 124 zu § 620 BGB Befristeter Arbeitsvertrag; KSchR-Däubler, § 14 TzBfG Rn. 10; Annuß/Thüsing-Maschmann, TzBfG, § 14 Rn. 9; Dörner, Der befristete Arbeitsvertrag, Rn. 152 f.; ErfK-Müller-Glöge, § 14 TzBfG Rn. 19; Schaub, Arbeitsrechts-Handbuch, § 40 Rn. 5.

249 BAG v. 26.8.1988 – 7 AZR 101/88, BAGE 59, 265 = AP Nr. 124 zu § 620 BGB Befristeter Arbeitsvertrag; KSchR-Däubler, § 14 TzBfG Rn. 10; Dörner, Der befristete Arbeitsertrag, Rn. 154; ErfK-Müller-Glöge, § 14 TzBfG Rn. 19; Schaub, Arbeitsrechts-Handbuch, § 40 Rn. 5.

250 BAG v. 24.1.1996 – 7 AZR 496/95, BAGE 82, 101 = AP Nr. 179 zu § 620 BGB Befristeter Arbeitsvertrag; BAG v. 8.7.1998 – 7 AZR 245/97, BAGE 89, 216 = AP Nr. 201 zu § 620 BGB Befristeter Arbeitsvertrag; BAG v. 26.8.1998 – 7 AZR 349/97, BAGE 89, 345 = AP Nr. 203 zu § 620 BGB Befristeter Arbeitsvertrag; Annuß/Thüsing-Maschmann, TzBfG, § 14 Rn. 12 m. w. N.; a. A. Wisskirchen, GS Heinze, S. 1081, 1092 (Vertragsfreiheit); Preis/Bender, NZA-RR 2005, 337, 344 f. (nur Kontrolle nach §§ 305 ff. BGB).

251 So auch Laux/Schlachter-Schlachter, TzBfG, § 14 Rn. 10.

beruhen kann, bestätigt das Ergebnis indirekt[252]. Ein Aufhebungsvertrag, bei dem der Beendigungszeitpunkt hinausgeschoben ist, stellt keine nachträgliche Befristung eines zunächst unbefristet abgeschlossenen Arbeitsvertrages dar[253]. Er kann daher ohne Sachgrund geschlossen werden[254]. Der Aufhebungsvertrag bezweckt gerade nicht die befristete Fortsetzung des Arbeitsverhältnisses, sondern dessen „alsbaldige Beendigung“[255]. Eine solche Vereinbarung ist von der Vertragsfreiheit gedeckt[256].

Ausgehend von der ständigen Rechtsprechung des BAG enthält § 14 Abs. 1 S. 2 TzBfG acht beispielhafte Sachgründe[257]. Ansätze in der Literatur, die in der Rechtsprechung anerkannten Sachgründe zu typisieren[258], hat der Gesetzgeber nicht aufgenommen[259]. Er hat in § 14 Abs. 1 S. 2 TzBfG „pragmatisch, nicht systematisch“ „Fälle unterschiedlicher Abstraktionshöhe“ geregelt[260]. Gleichwohl soll kurz auf den Ansatz Wiedemanns[261] hingewiesen werden, da sich dessen Terminologie in der Rechtsprechung[262] wiederfindet[263]. Wiedemann unter-

---

252 Annuß/Thüsing-Annuß, TzBfG, § 3 Rn. 8.

253 BAG v. 12.1.2000 – 7 AZR 48/99, BAGE 93, 162 = AP Nr. 16 zu § 620 BGB Aufhebungsvertrag; BAG v. 15.2.2007 – 6 AZR 286/06, BAGE 121, 257 = AP Nr. 35 zu § 620 BGB Aufhebungsvertrag; BAG v. 28.11.2007 – 6 AZR 1108/06, BAGE 125, 70 = AP Nr. 36 zu § 620 BGB Aufhebungsvertrag; ErfK-Müller-Glöge, § 14 TzBfG Rn. 15; Laux/Schlachter-Schlachter, TzBfG, § 14 Rn. 12.

254 BAG v. 12.1.2000 – 7 AZR 48/99, BAGE 93, 162 = AP Nr. 16 zu § 620 BGB Aufhebungsvertrag; BAG v. 15.2.2007 – 6 AZR 286/06, BAGE 121, 257 = AP Nr. 35 zu § 620 BGB Aufhebungsvertrag; BAG v. 28.11.2007 – 6 AZR 1108/06, BAGE 125, 70 = AP Nr. 36 zu § 620 BGB Aufhebungsvertrag; ErfK-Müller-Glöge, § 14 TzBfG Rn. 15; Laux/Schlachter-Schlachter, TzBfG, § 14 Rn. 12.

255 BAG v. 12.1.2000 – 7 AZR 48/99, BAGE 93, 162 = AP Nr. 16 zu § 620 BGB Aufhebungsvertrag; BAG v. 15.2.2007 – 6 AZR 286/06, BAGE 121, 257 = AP Nr. 35 zu § 620 BGB Aufhebungsvertrag; BAG v. 28.11.2007 – 6 AZR 1108/06, BAGE 125, 70 = AP Nr. 36 zu § 620 BGB Aufhebungsvertrag; ErfK-Müller-Glöge, § 14 TzBfG Rn. 15; Laux/Schlachter-Schlachter, TzBfG, § 14 Rn. 12.

256 BAG v. 13.11.1996 – 10 AZR 340/96, AP Nr. 4 zu § 620 BGB Aufhebungsvertrag; BAG v. 12.1.2000 – 7 AZR 48/99, BAGE 93, 162 = AP Nr. 16 zu § 620 BGB Aufhebungsvertrag; BAG v. 15.2.2007 – 6 AZR 286/06, BAGE 121, 257 = AP Nr. 35 zu § 620 BGB Aufhebungsvertrag; ErfK-Müller-Glöge, § 14 TzBfG Rn. 15; Laux/Schlachter-Schlachter, TzBfG, § 14 Rn. 12.

257 BT-Drucks. 14/4374, S. 18.

258 Überblick bei KR-Lipke, 5. Aufl., § 620 BGB Rn. 158 ff.

259 Annuß/Thüsing-Maschmann, TzBfG, § 14 Rn. 20 f.

260 Annuß/Thüsing-Maschmann, TzBfG, § 14 Rn. 21; KSchR-Däubler, § 14 TzBfG Rn. 37.

261 FS Lange, S. 395, 400.

262 BAG v. 29.10.1998 – 7 AZR 436/97, BAGE 90, 98 = AP Nr. 14 zu § 611 BGB Berufssport; BAG v. 15.4.1999 – 7 AZR 437/97, BAGE 91, 200 = AP Nr. 1 zu § 13 AÜG

scheidet sogenannte Ungewissheits-, Ausnahme- und Verschleißtatbestände und innerhalb der Tatbestände personen- und unternehmensbezogene Befristungsgründe[264]. Als Ungewissheitstatbestände bezeichnet er Befristungsgründe, bei denen ungewiss ist, ob die Eignung des Arbeitnehmers oder die betrieblichen Verhältnisse eine Beschäftigung auf Dauer zulassen. Ausnahmetatbestände sollen die Fälle erfassen, in denen die Arbeitsleistung nach den Vorstellungen des Arbeitgebers oder des Arbeitnehmers einem „sachlich begrenzten Zweck" dient, und Verschleißtatbestände Befristungen aufgrund einer Minderung der Leistungsfähigkeit des Arbeitnehmers oder eines Abwechslungsbedürfnisses des Publikums[265].

§ 14 Abs. 1 S. 2 TzBfG soll weitere Gründe nicht ausschließen[266]. Als ungeschriebene sachliche Gründe kommen die Wahrung der „personellen Kontinuität" des Betriebsrats[267], eine Wiedereinstellungszusage gegenüber einem ausgeschiedenen Arbeitnehmer[268], Altersgrenzen[269] oder die nur befristete Aufenthaltserlaubnis eines Arbeitnehmers[270] in Betracht, wobei die beiden zuletzt genannten Umstände auch als Gründe in der Person des Arbeitnehmers im Sinne des § 14 Abs. 1 S. 2 Nr. 6 TzBfG anzusehen sein können und dementsprechend in der vorliegenden Arbeit bei der Kurzbesprechung dieser Vorschrift aufgegriffen werden[271]. Weiterhin ist an Aus-, Fort- oder Weiterbildungen[272], an die vorübergehende Einstellung eines Arbeitnehmers bis zur endgültigen, dauerhaften Besetzung des Arbeitsplatzes mit einem anderen Arbeitnehmer, der mit dem Arbeitgeber bereits vertraglich verbunden ist[273], und an die gesicherte Rückkehr-

---

(Anm. Urban); BAG v. 22.3.2000 – 7 AZR 758/98, BAGE 94, 130 = AP Nr. 221 zu § 620 BGB Befristeter Arbeitsvertrag.

263 Dörner, Der befristete Arbeitsvertrag, Rn. 162; Dörner, ZTR 2001, 485, 490; Annuß/Thüsing-Maschmann, TzBfG, § 14 Rn. 20.

264 Annuß/Thüsing-Maschmann, TzBfG, § 14 Rn. 20.

265 Annuß/Thüsing-Maschmann, TzBfG, § 14 Rn. 20.

266 BT-Drucks. 14/4374, S. 18.

267 BAG v. 23.1.2002 – 7 AZR 611/00, BAGE 100, 204 = AP Nr. 230 zu § 620 BGB Befristeter Arbeitsvertrag; ErfK-Müller-Glöge, § 14 TzBfG Rn. 78.

268 BAG v. 2.6.2010 – 7 AZR 136/09, AP Nr. 71 zu § 14 TzBfG; ErfK-Müller-Glöge, § 14 TzBfG Rn. 78.

269 Schaub, Arbeitsrechts-Handbuch, § 40 Rn. 45 ff. m. w. N.

270 BAG v. 12.1.2000 – 7 AZR 863/98, BAGE 93, 160 = AP Nr. 217 zu § 620 BGB Befristeter Arbeitsvertrag.

271 2. Kapitel, B. I. 1. f.

272 Dazu 2. Kapitel, B. I. 1. i. bb.

273 BT-Drucks. 14/4374, S. 18; BAG v. 6.11.1996 – 7 AZR 909/95, AP Nr. 188 zu § 620 BGB Befristeter Arbeitsvertrag; BAG v. 13.10.2004 – 7 AZR 218/04, BAGE 112, 187; BAG v. 17.1.2007 – 7 AZR 20/06, BAGE 121, 18 = AP Nr. 30 zu § 14 TzBfG; BAG v.

möglichkeit in ein unbefristetes Beschäftigungsverhältnis, insbesondere ein Beamtenverhältnis, nach vorübergehender Beurlaubung[274] zu denken.

Die Bestimmungen des TzBfG gelten auch für Leiharbeitsverhältnisse[275]. Allerdings dürfte eine Sachgrundbefristung insoweit schwierig sein[276], da es bei der Beurteilung der Zulässigkeit der Befristung nach h. M. auf das Verhältnis zwischen Verleiher und Leiharbeitnehmer und nicht zwischen Entleiher und Leiharbeitnehmer ankommt[277]. Es spricht auch nichts dafür, die Leiharbeit als ungeschriebenen sachlichen Grund anzuerkennen[278], dies umso mehr, wenn man bedenkt, dass nach der Rechtsprechung des BAG[279] andere als die in § 14 Abs. 1 S. 2 TzBfG aufgezählten Sachgründe die Befristung von Arbeitsverträgen nur rechtfertigen können, wenn sie den in § 14 Abs. 1 TzBfG zum Ausdruck kommenden Wertungsmaßstäben entsprechen[280].

Im Folgenden werden zunächst die Sachgründe des § 14 Abs. 1 S. 2 TzBfG behandelt (a.-h.). Sodann werden von den ungeschriebenen und spezialgesetzlichen Befristungsregelungen die für die vorliegende rechtsvergleichende Arbeit Interessantesten herausgegriffen (i.). Im Hinblick auf die Entwicklung des französischen Rechts handelt es sich dabei um das die Ausbildung, Fortbildung und Beschäftigungsförderung[281] betreffende Befristungsrecht.

### *a. Vorübergehender betrieblicher Bedarf*

Ein sachlicher Grund liegt insbesondere vor, wenn der betriebliche Bedarf an der Arbeitsleistung nur vorübergehend ist (§ 14 Abs. 1 S. 2 Nr. 1 TzBfG).

Ein lediglich vorübergehender betrieblicher Bedarf an der Arbeitsleistung kann vorliegen, wenn eine Arbeitsaufgabe ihrem Inhalt nach nur für eine be-

---

9.12.2009 – 7 AZR 399/08, AP Nr. 67 zu § 14 TzBfG; KSchR-Däubler, § 14 TzBfG Rn. 134 m. w. N.; ErfK-Müller-Glöge, § 14 TzBfG Rn. 78. Dazu 2. Kapitel, B. III. 1. a.

274 BAG v. 6.12.2000 – 7 AZR 641/99, EzBAT SR 2y BAT Lehrer Nr. 26; BAG v. 28.8.1996 – 7 AZR 849/95, AP Nr. 181 zu § 620 BGB Befristeter Arbeitsvertrag; ErfK-Müller-Glöge, § 14 TzBfG Rn. 78.

275 BT-Drucks. 15/25, S. 39; Frik, NZA 2005, 386. Dazu bereits S. 3.

276 Sievers, TzBfG, § 14 Rn. 348: „Denn der gesetzliche Katalog des § 14 Abs. 1 S. 2 TzBfG ist nicht auf die Besonderheiten des Leiharbeitsverhältnisses zugeschnitten."; vgl. auch Wank, NZA 2003, 14, 20 f.

277 Sievers, TzBfG, § 14 Rn. 348; Wank, NZA 2003, 14, 20; Annuß/Thüsing-Kühn, TzBfG, § 23 Rn. 175 m. w. N.; Werthebach, NZA 2005, 1044, 1045.

278 Sievers, TzBfG, § 14 Rn. 349; KR-Bader, § 23 TzBfG Rn. 4.

279 BAG v. 9.12.2009 – 7 AZR 399/08, AP Nr. 67 zu § 14 TzBfG.

280 So auch ErfK-Wank, Einl. AÜG Rn. 9; ErfK-Müller-Glöge, § 14 TzBfG Rn. 5; MüArbR-Wank, § 95 Rn. 104.

281 Diese Fallgruppe des französischen Befristungsrechts nennt auch Frik, Die missbräuchliche Nutzung von befristeten Arbeitsverträgen, S. 104 ff.

stimmte Zeit anfällt[282]. Die bloße Bezeichnung einer Aufgabe als „Projekt" reicht nicht aus. Es muss ein „von den Daueraufgaben des Arbeitgebers abgrenzbarer Aufgabenbereich" vorliegen[283]. Ein vorübergehender betrieblicher Bedarf an der Arbeitsleistung liegt regelmäßig vor, wenn ein Dritter dem Arbeitgeber für die Durchführung der Projekttätigkeiten finanzielle Mittel oder Sachleistungen zur Verfügung stellt[284].

§ 14 Abs. 1 S. 2 Nr. 1 TzBfG ist sowohl im Falle einer vorübergehend stärkeren Nachfrage nach der Arbeitsleistung, die einen erhöhten Personalbedarf zur Folge hat, z. B. im Weihnachtsgeschäft[285], als auch im Falle einer bevorstehenden Verringerung des Personalbedarfs, etwa aufgrund von Rationalisierungsmaßnahmen oder Betriebsstilllegungen[286], einschlägig[287]. Daraus folgt zugleich, dass die Ursachen des vorübergehenden betrieblichen Bedarfs an der Arbeitsleistung außer- oder innerbetrieblicher Natur sein können[288].

Der Arbeitgeber muss bei Vertragsschluss mit hinreichender Sicherheit davon ausgehen können, dass der Personalbedarf künftig wegfällt[289], und den Arbeitnehmer gerade zur Deckung des Mehrbedarfs einstellen[290]. Eine große Rolle spielt der vorübergehend erhöhte Personalbedarf in Saison- und Kampagnebetrieben[291]. Durch Befristungen werden hier betriebsbedingte Kündigungen vermieden[292].

---

282 BAG v. 3.11.1999 – 7 AZR 846/98, AP Nr. 19 zu § 2 BAT SR 2y; Annuß/Thüsing-Maschmann, TzBfG, § 14 Rn. 23.

283 BAG v. 7.4.2004 – 7 AZR 441/03, AP Nr. 4 zu § 17 TzBfG; BAG v. 7.11.2007 – 7 AZR 484/06, EzA § 14 TzBfG Nr. 43; Dörner, NZA 2007, 57, 62; ErfK-Müller-Glöge, § 14 TzBfG Rn. 25.

284 BAG v. 7.11.2007 – 7 AZR 484/06, EzA § 14 TzBfG Nr. 43; ErfK-Müller-Glöge, § 14 TzBfG Rn. 25.

285 BAG v. 12.9.1996 – 7 AZR 790/95, AP Nr. 182 zu § 620 BGB Befristeter Arbeitsvertrag.

286 BAG v. 10.6.1992 – 7 AZR 346/91, EzA § 620 BGB Nr. 116; BAG v. 31.3.1993 – 7 AZR 536/92, ZTR 1994, 117.

287 Annuß/Thüsing-Maschmann, TzBfG, § 14 Rn. 23.

288 Annuß/Thüsing-Maschmann, TzBfG, § 14 Rn. 23.

289 BT-Drucks. 14/4374, S. 19; Hromadka, BB 2001, 621, 622; Plander/Witt, DB 2002, 1002, 1004 f. m. w. N.; Annuß/Thüsing-Maschmann, TzBfG, § 14 Rn. 23.

290 Annuß/Thüsing-Maschmann, TzBfG, § 14 Rn. 25.

291 Ausf. Annuß/Thüsing-Maschmann, TzBfG, § 14 Rn. 28 m. w. N.

292 Laux/Schlachter-Schlachter, TzBfG, § 14 Rn. 33 m. w. N.; Annuß/Thüsing-Maschmann, TzBfG, § 14 Rn. 28.

*b. Tätigkeit im Anschluss an eine Ausbildung oder an ein Studium*

Nach § 14 Abs. 1 S. 2 Nr. 2 TzBfG liegt ein Sachgrund vor, wenn die Befristung im Anschluss an eine Ausbildung oder ein Studium erfolgt, um den Übergang des Arbeitnehmers in eine Anschlussbeschäftigung zu erleichtern.

Diese sogenannte Absolventenbefristung[293] kann als Befristungsgrund in der Person des Arbeitnehmers außerhalb der engen Voraussetzungen des § 14 Abs. 1 S. 2 Nr. 6 TzBfG den Berufsstart erleichtern[294]. Der Gesetzgeber ist insoweit dem Vorbild tariflicher Regelungen gefolgt, die in vielen Branchen Auszubildenden nach dem Ende ihrer Ausbildung einen Anspruch auf befristete Beschäftigung einräumen[295]. Im Hinblick auf die Befristung im Anschluss an ein Studium hatte der Gesetzgeber insbesondere die Situation von Werkstudenten vor Augen, die eine Beschäftigung bei ihrem ehemaligen Arbeitgeber suchen[296].

Strittig ist, ob der in § 14 Abs. 1 S. 2 Nr. 2 TzBfG verwendete Begriff der Ausbildung auch die Weiterbildung oder Umschulung erfasst. Die h. M. verneint diese Frage. Dagegen sprächen die Entstehungsgeschichte der Vorschrift und der Sprachgebrauch des § 1 Abs. 1 BBiG, der zwischen Berufsausbildung, Weiterbildung und Umschulung differenziert[297]. Dieser Auffassung ist beizupflichten. Folgt man dem Verweis in der Gesetzesbegründung auf die „tariflichen Regelungen in vielen Wirtschaftsbereichen“[298], wird deutlich, dass es hier um Berufsausbildungen im Sinne des BBiG geht.

Ein förmlicher Abschluss der Ausbildung oder des Studiums ist ebenso wenig erforderlich[299] wie ein nahtloser Anschluss des Arbeitsverhältnisses an Ausbildung oder Studium[300]. Teilweise wird ein zeitlicher Zusammenhang von ma-

---

293 KSchR-Däubler, § 14 TzBfG Rn. 55; Annuß/Thüsing-Maschmann, TzBfG, § 14 Rn. 30.

294 Annuß/Thüsing-Maschmann, TzBfG, § 14 Rn. 29.

295 BT-Drucks. 14/4374, S. 19. Zu solchen Regelungen s. Kohte, NZA 1997, 457; Schulze, NZA 2007, 1329; Schwefer, Die befristete Übernahme im Anschluss an ein Berufsausbildungsverhältnis, S. 73 ff.; Annuß/Thüsing-Maschmann, TzBfG, § 14 Rn. 29.

296 BT-Drucks. 14/4374, S. 19. Zur Definition des Begriffs „Studium“ Annuß/Thüsing-Maschmann, TzBfG, § 14 Rn. 30 m. w. N..

297 Annuß/Thüsing-Maschmann, TzBfG, § 14 Rn. 30; KSchR-Däubler, § 14 Rn. 55; KR-Lipke, § 14 TzBfG Rn. 122; ErfK-Müller-Glöge, § 14 TzBfG Rn. 31; differenzierend Schwefer, Die befristete Übernahme im Anschluss an ein Berufsausbildungsverhältnis, S. 80 ff.

298 BT-Drucks. 14/4374, S. 19.

299 Dörner, Der befristete Arbeitsvertrag, Rn. 240; ErfK-Müller-Glöge, § 14 TzBfG Rn. 31; Laux/Schlachter-Schlachter, TzBfG, § 14 Rn. 41; Annuß/Thüsing-Maschmann, TzBfG, § 14 Rn. 30.

300 Laux/Schlachter-Schlachter, TzBfG, § 14 Rn. 42; Annuß/Thüsing-Maschmann, TzBfG, § 14 Rn. 31.

ximal drei[301] bis vier Monaten für ausreichend erachtet[302]. Andere stellen auf die Umstände des Einzelfalls ab[303]. Der zuerst genannten Ansicht ist der Vorzug zu geben, da die Unterbrechung (noch) überschaubar ist.

Als Anschlussbeschäftigung gilt jede erste Berufstätigkeit, bei der nicht von vornherein bei Bewährung eine konkrete Anschlusstätigkeit vorgesehen ist (Fall des § 14 Abs. 1 S. 2 Nr. 5 TzBfG), es sei denn der Arbeitnehmer strebt von sich aus zunächst keine dauerhafte Berufstätigkeit an[304]; kurze Gelegenheitsjobs zwischen Ausbildung oder Studium und einer Tätigkeit nach § 14 Abs. 1 S. 2 Nr. 2 TzBfG, die nicht auf den Erwerb von Berufserfahrung gerichtet sind, sollen unberücksichtigt bleiben[305]. Eine Vertragsverlängerung kann nicht auf § 14 Abs. 1 S. 2 Nr. 2 TzBfG gestützt werden[306].

### c. *Vertretung*

§ 14 Abs. 1 S. 2 Nr. 3 TzBfG betrifft die befristete Beschäftigung eines Arbeitnehmers zur Vertretung eines anderen Arbeitnehmers.

Die Gesetzesbegründung nennt als Fälle des § 14 Abs. 1 S. 2 Nr. 3 TzBfG beispielhaft Krankheit, Beurlaubung, Wehrdienst und Abordnung ins Ausland[307]. Hierher gehört auch die Vertretung eines freigestellten Betriebsratsmitglieds[308]. Die Befristung zur Vertretung einer Arbeitnehmerin für die Dauer eines Beschäftigungsverbotes nach dem MuSchG, eines Arbeitnehmers während der Elternzeit, einer auf Tarifvertrag, Betriebsvereinbarung oder einzelvertraglicher Vereinbarung beruhenden Arbeitsfreistellung zur Betreuung eines Kindes oder für diese Zeiten zusammen oder für Teile davon ist in § 21 BEEG gesondert geregelt. § 6 PflegeZG beschäftigt sich mit der Vertretung eines Beschäftigten für die Dauer einer kurzzeitigen Arbeitsverhinderung im Sinne des § 2 PflegeZG (akut aufgetretene Pflegesituation) oder einer Pflegezeit gemäß § 3 PflegeZG. Nach § 9 Abs. 5 FPfZG gilt § 6 PflegeZG entsprechend für die Familienpflegezeit.

Wie beim Sachgrund des § 14 Abs. 1 S. 2 Nr. 1 TzBfG steht die Befriedigung eines vorübergehenden Arbeitskräftebedarfs im Vordergrund; der Perso-

---

301 Däubler, ZIP 2001, 217, 223.

302 Annuß/Thüsing-Maschmann, TzBfG, § 14 Rn. 31

303 Dörner, Der befristete Arbeitsvertrag, Rn. 241; Sievers, TzBfG, § 14 Rn. 155.

304 Annuß/Thüsing-Maschmann, TzBfG, § 14 Rn. 31.

305 Annuß/Thüsing-Maschmann, TzBfG, § 14 Rn. 31 a; Laux/Schlachter-Schlachter, TzBfG, § 14 Rn. 43.

306 BAG v. 10.10.2007 – 7 AZR 795/06, AP Nr. 5 zu § 14 TzBfG Verlängerung; KSchR-Däubler, § 14 TzBfG Rn. 57.

307 BT-Drucks. 14/4374, S. 19.

308 KSchR-Däubler, § 14 TzBfG Rn. 59; Laux/Schlachter-Schlachter, TzBfG, § 14 Rn. 46.

nalbedarf ist an sich bereits durch die Beschäftigung des nun vertretenen Arbeitnehmers gedeckt[309]. Es steht im unternehmerischen Ermessen des Arbeitgebers, ob er während der gesamten Zeit, in der Vertretungsbedarf besteht, eine Ersatzkraft beschäftigt oder die Lücke ausschließlich oder teilweise mit anderen Mitarbeitern füllt[310]. Der Arbeitgeber kann der Ersatzkraft auch die Arbeit eines anderen Mitarbeiters zuweisen, der die Tätigkeit des ausgefallenen Arbeitnehmers verrichtet (indirekte Vertretung)[311]. Es muss aber sichergestellt sein, dass die Beschäftigung des befristet eingestellten Arbeitnehmers wegen des Arbeitskräftebedarfs erfolgt, der durch die vorübergehende Abwesenheit des zu vertretenden Mitarbeiters entsteht. Fehlt dieser Kausalzusammenhang, ist die Befristung nicht durch den Sachgrund der Vertretung gerechtfertigt[312]. Der Sachgrund der Vertretung liegt nach Ansicht des BAG[313] nicht vor, wenn der zur Vertretung eingestellte Arbeitnehmer mit Aufgaben betraut wird, die die Stammkraft im Falle ihrer Anwesenheit tatsächlich nicht übernehmen könnte. Dies sei anzunehmen, wenn die Stammkraft die Aufgaben nicht ohne eine Fortbildung erledigen könnte und der zeitliche Rahmen der erforderlichen Fortbildung die gesamte befristete Vertragsdauer der Vertretungskraft in Anspruch nehmen würde. Ein befristeter Arbeitsvertrag zur Vertretung eines teilzeitbeschäftigten Arbeitnehmers darf nicht mit einer Vollzeitkraft geschlossen werden[314].

Wie beim Sachgrund des vorübergehenden betrieblichen Bedarfs an der Arbeitsleistung ist bei Vertragsschluss eine Prognose des Arbeitgebers auf Tatsa-

309 Annuß/Thüsing-Maschmann, TzBfG, § 14 Rn. 33.

310 BAG v. 22.11.1995 – 7 AZR 252/95, AP Nr. 178 zu § 620 BGB Befristeter Arbeitsvertrag; BAG v. 11.11.1998 – 7 AZR 328/97, AP Nr. 204 zu § 620 BGB Befristeter Arbeitsvertrag; Annuß/Thüsing-Maschmann, TzBfG, § 14 Rn. 34; KSchR-Däubler, § 14 TzBfG Rn. 61.

311 BAG v. 30.9.1981 – 7 AZR 789/78, BAGE 36, 229 = AP Nr. 61 zu § 620 BGB Befristeter Arbeitsvertrag; BAG v. 6.6.1984 – 7 AZR 458/82, AP Nr. 83 zu § 620 BGB Befristeter Arbeitsvertrag; BAG v. 21.2.2001 – 7 AZR 107/00, AP Nr. 228 zu § 620 BGB Befristeter Arbeitsvertrag; BAG v. 10.3.2004 – 7 AZR 397/03, AP Nr. 257 zu § 620 BGB Befristeter Arbeitsvertrag; BAG v. 25.8.2004 – 7 AZR 32/04, NZA 2005, 472; BAG v. 18.4.2007 – 7 AZR 255/06, AP Nr. 2 zu § 14 TzBfG Vertretung; Annuß/Thüsing-Maschmann, TzBfG, § 14 Rn. 37; KSchR-Däubler, § 14 TzBfG Rn. 60.

312 BAG v. 25.3.2009 – 7 AZR 34/08, NZA 2010, 34, 35 f.

313 BAG v. 14.4.2010 – 7 AZR 121/09, AP Nr. 72 zu § 14 TzBfG.

314 BAG v. 4.6.2003 – 7 AZR 523/02, AP Nr. 252 zu § 620 BGB Befristeter Arbeitsvertrag; KSchR-Däubler, § 14 TzBfG Rn. 61; Annuß/Thüsing-Maschmann, TzBfG, § 14 Rn. 37a.

chenbasis erforderlich, hier des Inhalts, dass der bisherige Stelleninhaber künftig seine Arbeit wieder aufnimmt[315].

Die Besonderheiten einer wiederholten Befristung der Verträge eines Arbeitnehmers mit dem Sachgrund der Vertretung werden in diesem Kapitel unter C. I. 1. behandelt. Dort wird nicht zuletzt auf die Entscheidung des EuGH in Sachen Kücük[316] einzugehen sein.

### *d. Eigenart der Arbeitsleistung*

Auch die Eigenart der Arbeitsleistung kann eine Befristung rechtfertigen (§ 14 Abs. 1 S. 2 Nr. 4 TzBfG).

Der Befristungsgrund des § 14 Abs. 1 S. 2 Nr. 4 TzBfG bezieht sich ausweislich der Gesetzesbegründung[317] insbesondere auf das von der Rechtsprechung aus der Rundfunkfreiheit (Art. 5 Abs. 1 S. 2 GG) abgeleitete „Recht der Rundfunkanstalten, programmgestaltende Mitarbeiter aus Gründen der Programmplanung lediglich für eine bestimmte Zeit zu beschäftigen“[318]; mit der Kunstfreiheit (Art. 5 Abs. 3 S. 1 GG) wird das Recht der Bühnen begründet, entsprechend dem künstlerischen Konzept des Intendanten Arbeitsverträge mit Solisten (Schauspielern, Solosängern, Tänzern, Kapellmeistern u. a.) befristet zu schließen[319]. In beiden Fällen besteht ein Bedürfnis des Publikums nach Abwechslung[320]. Neben der betreffenden Tätigkeit bei Rundfunk und Fernsehen sowie im Theater- und Bühnenbereich erkennt die Rechtsprechung die „fachliche Beratung und politische Bewertung“ durch Mitarbeiter von Parlamentsfraktionen[321] sowie die Trainertätigkeit im Spitzensport[322] als Fallgruppen des § 14

315 BAG v. 25.3.2009 – 7 AZR 34/08, NZA 2010, 34, 35; Annuß/Thüsing-Maschmann, TzBfG, § 14 Rn. 34.

316 EuGH v. 26.1.2012 – C-586/10, NZA 2012, 135

317 BT-Drucks. 14/4374, S. 19.

318 BVerfG v. 13.1.1982 – 1 BvR 848/77 u. a., BVerfGE 59, 231 = AP Nr. 48 zu § 611 BGB; BVerfG v. 28.6.1983 – 1 BvR 525/82, BVerfGE 64, 256 = AP Nr. 4 zu Art. 5 Abs. 1 GG Rundfunkfreiheit Nr. 4.

319 Dazu ErfK-Müller-Glöge, § 14 TzBfG Rn. 47; Genenger, NJW 2009, 714, 717; Annuß/Thüsing-Maschmann, TzBfG, § 14 Rn. 39, 43. Urban, Die Beendigung von Bühnenengagementsverträgen, S. 60, meint, der im Bühnenbetrieb erforderliche Beurteilungsspielraum rechtfertige sogar die Befristung der Verträge aller Bühnenkünstler, nicht nur der Arbeitsverträge mit Solisten.

320 Annuß/Thüsing-Maschmann, TzBfG, § 14 Rn. 40, 43; KSchR-Däubler, § 14 TzBfG Rn. 68, 74.

321 BAG v. 26.8.1998 – 7 AZR 450/97, BAGE 89, 316 = AP Nr. 202 zu § 620 BGB Befristeter Arbeitsvertrag; vgl. dazu Koch, NZA 1998, 1160.

Abs. 1 S. 2 Nr. 4 TzBfG an. Die Befristung der Arbeitsverträge der Mitarbeiter von Parlamentsfraktionen mit den genannten Aufgaben für die Dauer einer Legislaturperiode soll aus der im Grundgesetz verankerten Unabhängigkeit parlamentarischer Abgeordneter folgen[323]. Im Spitzensport komme es entscheidend auf die „Motivationskraft“ an, die bei Misserfolgen oft schwinde[324]. Eine Befristung des Vertrages des Trainers wird vor allem dann für angemessen gehalten, wenn dieser „hoch bezahlt“ ist und insofern eine gewisse „Prekaritätsentschädigung“ erhält[325]. Auch die Verträge der Spitzensportler selbst sollen nach § 14 Abs. 1 S. 2 Nr. 4 TzBfG befristet werden können[326]. Bei diesen lässt sich gleichermaßen das Argument der besonderen Bezahlung heranziehen.

#### e. *Erprobung*

Ein sachlicher Grund für eine Befristung liegt nach § 14 Abs. 1 S. 2 Nr. 5 TzBfG auch im Falle der Erprobung vor.

Dem Arbeitgeber, der an sich eine unbefristete Einstellung plant[327], soll ermöglicht werden, sich für eine gewisse Zeit ein Bild von der Leistung und dem Sozialverhalten einer ihm unbekannten Person zu machen[328]. Dementsprechend scheidet dieser Sachgrund für eine Befristung aus, wenn ein Arbeitnehmer schon eine für die Beurteilung ausreichende Zeit, z. B. im Rahmen einer Vertretung, bei demselben Arbeitgeber beschäftigt war[329]. Wird einem Arbeitnehmer nach Ablauf seines befristeten Arbeitsvertrages eine andere, deutlich qualifiziertere Tätigkeit übertragen[330] oder soll festgestellt werden, ob ein Arbeitnehmer mit zwischenzeitlich eingeschränktem Gesundheitszustand neuen Arbeitsanforde-

---

322 BAG v. 29.10.1998 – 7 AZR 436/97, BAGE 90, 98 = AP Nr. 14 zu § 611 BGB Berufssport; dazu Sievers, TzBfG, § 14 Rn. 218; Dieterich, NZA 2000, 857; ErfK-Müller-Glöge, § 14 TzBfG Rn. 44.

323 Annuß/Thüsing-Maschmann, TzBfG, § 14 Rn. 45.

324 Annuß/Thüsing-Maschmann, TzBfG, § 14 Rn. 46; KSchR-Däubler, § 14 TzBfG Rn. 80.

325 KSchR-Däubler, § 14 TzBfG Rn. 80; Annuß/Thüsing-Maschmann, TzBfG, § 14 Rn. 46.

326 MüKoBGB-Hesse, § 14 TzBfG Rn. 46; KR-Lipke, § 14 TzBfG Rn. 209; MHH-Meinel, TzBfG, § 14 Rn. 123; a. A. APS-Backhaus, § 14 TzBfG Rn. 295.

327 BAG v. 12.9.1996 – 7 AZR 64/96, AP Nr. 183 zu § 620 BGB Befristeter Arbeitsvertrag.

328 Annuß/Thüsing-Maschmann, TzBfG, § 14 Rn. 48; KSchR-Däubler, § 14 TzBfG Rn. 83.

329 BAG v. 31.8.1994 – 7 AZR 983/93, AP Nr. 163 zu § 620 BGB Befristeter Arbeitsvertrag; BAG v. 23.6.2004 – 7 AZR 636/03, AP Nr. 12 zu § 14 TzBfG; Annuß/Thüsing-Maschmann, TzBfG, § 14 Rn. 48.

330 BAG v. 12.2.1981 – 2 AZR 1108/78, AP Nr. 1 zu § 5 BAT.

rungen gewachsen ist[331], kann aber ein befristeter Probearbeitsvertrag in Betracht kommen[332].

### *f. Gründe in der Person des Arbeitnehmers*

Auch in der Person des Arbeitnehmers liegende Gründe können eine Befristung des Arbeitsvertrages rechtfertigen (§ 14 Abs. 1 S. 2 Nr. 6 TzBfG). Dazu zählen soziale Gründe, Altersgrenzen[333] und der Wunsch des Arbeitnehmers. Die Gesetzesbegründung nennt zudem den Fall, dass der Arbeitsvertrag für die Dauer einer befristeten Aufenthaltserlaubnis des Arbeitnehmers geschlossen wird und zum Zeitpunkt des Vertragsschlusses „hinreichend gewiss" ist, dass die Aufenthaltserlaubnis nicht verlängert wird[334].

#### aa. Soziale Gründe

Der Arbeitgeber kann den Arbeitnehmer im Anschluss an ein gekündigtes oder befristetes Arbeitsverhältnis zur Überwindung von Übergangsschwierigkeiten für eine gewisse Zeit weiter beschäftigen, beispielsweise um ihm die Suche nach einem neuen Arbeitsplatz zu erleichtern[335].

Die Rechtsprechung stellt hohe Anforderungen an den „sozialen Überbrückungszweck"; der Arbeitgeber ist darlegungs- und beweispflichtig für das Bestehen konkreter Anhaltspunkte dafür, dass der Arbeitnehmer nicht aus vorwiegend betrieblichem Interesse beschäftigt wird[336].

---

331 BAG v. 7.8.1980 – 2 AZR 563/78, BAGE 34, 88 = AP Nr. 15 zu § 620 BGB Probearbeitsverhältnis.

332 Annuß/Thüsing-Maschmann, TzBfG, § 14 Rn. 48.

333 Krit. zur Zuordnung von Altersgrenzen zum Sachgrund des § 14 Abs. 1 S. 2 Nr. 6 TzBfG Laux/Schlachter-Schlachter, TzBfG, § 14 Rn. 75 f.

334 BT-Drucks. 14/4374, S. 19; vgl. bereits BAG v. 12.1.2000 – 7 AZR 863/98, BAGE 93, 160 = AP Nr. 217 zu § 620 BGB Befristeter Arbeitsvertrag; dazu schon 2. Kapitel, B. I. 1.

335 BAG v. 7.3.1980 – 7 AZR 177/78, AP Nr. 54 zu § 620 BGB Befristeter Arbeitsvertrag; BAG v. 3.10.1984 – 7 AZR 132/83, BAGE 47, 44 = AP Nr. 88 zu § 620 BGB Befristeter Arbeitsvertrag; BAG v. 12.12.1984 – 7 AZR 204/83, AP Nr. 85 zu § 620 BGB Befristeter Arbeitsvertrag; BAG v. 23.1.2002 – 7 AZR 552/00, EzA § 620 BGB Nr. 186, S. 3; Annuß/Thüsing-Maschmann, TzBfG, § 14 Rn. 53.

336 BAG v. 7.7.1999 – 7 AZR 232/98, AP Nr. 211 zu § 620 BGB Befristeter Arbeitsvertrag; BAG v. 23.1.2002 – 7 AZR 552/00, EzA § 620 BGB Nr. 186, S. 4; Annuß/Thüsing-Maschmann, TzBfG, § 14 Rn. 54 m. w. N.

bb. Altersgrenzen

Arbeitsvertragliche Altersgrenzen können auf ein Ausscheiden des Arbeitnehmers mit dem Rentenalter oder vor dem Rentenalter bezogen sein.

Für die grundsätzliche Zulässigkeit von Regelungen zum Ausscheiden mit dem Rentenalter sprechen Erwägungen einer ausgewogenen Altersstruktur und des Schutzes der Betroffenen vor Überforderung sowie arbeitsmarktpolitische Gesichtspunkte („Arbeitsplätze für die nachwachsende Generation")[337]. Voraussetzung ist, dass die Versorgung des Arbeitnehmers gesichert ist[338]. Eine arbeitsvertragliche Altersklausel muss §§ 305 ff. BGB genügen[339].

Problematisch ist, ob die in der Vereinbarung einer auf das Regelrenteneintrittsalter bezogenen Altersgrenze liegende Diskriminierung älterer Arbeitnehmer nach Art. 6 der Richtlinie 2000/78/EG gerechtfertigt ist. Der deutsche Gesetzgeber lässt in § 10 S. 3 Nr. 5 AGG vereinbarte Altersgrenzen für Beschäftigte, die eine Altersrente beziehen können, ausdrücklich zu[340]. In der Rechtssache Rosenbladt hat der EuGH entschieden, dass Art. 6 Abs. 1 der Richtlinie 2000/78/EG einer nationalen Bestimmung wie § 10 S. 3 Nr. 5 AGG nicht entgegensteht, soweit zum einen diese Bestimmung objektiv und angemessen und durch ein legitimes Ziel der Beschäftigungs- und Arbeitsmarktpolitik gerechtfertigt ist und zum anderen die Mittel zur Erreichung dieses Ziels angemessen und erforderlich sind[341]. In der Rechtssache Palacios de la Villa hatte der EuGH bereits eine spanische Vorschrift für gerechtfertigt erklärt, nach welcher Tarifvertragsklauseln über die Zwangsversetzung in den Ruhestand, die nur voraussetzen, dass der Arbeitnehmer das 65. Lebensjahr erreicht hat und eine Altersrente beziehen kann, gültig sein können. Die Regelung war als Teil eines nationalen Programms verabschiedet worden, mit dem über eine bessere Beschäftigungsverteilung zwischen den Generationen der Beschäftigungszugang gefördert und der Arbeitsmarkt reguliert werden sollte, um u. a. die Arbeitslosigkeit einzu-

337 KSchR-Däubler, § 21 TzBfG Rn. 40 b m. w. N.

338 BAG v. 14.8.2002 – 7 AZR 469/01, BAGE 102, 174 = AP Nr. 20 zu § 620 BGB Altersgrenze; BAG v. 19.11.2003 – 7 AZR 296/03, BAGE 109, 6 = AP Nr. 3 zu § 17 TzBfG; BAG v. 27.7.2005 – 7 AZR 443/04, BAGE 115, 265 = AP Nr. 27 zu § 620 BGB Altersgrenze; KSchR-Däubler, § 21 TzBfG Rn. 40.

339 KSchR-Däubler, § 21 TzBfG Rn. 40 c, 37 b.

340 KSchR-Däubler, § 21 TzBfG Rn. 42, 42 a; dazu Däubler/Bertzbach-Brors, AGG, § 10 Rn. 85; Bauer/Göpfert/Krieger, AGG, § 10 Rn. 39 m. w. N.; Kamanabrou, RdA 2006, 321, 331; Thüsing, Arbeitsrechtlicher Diskriminierungsschutz, Rn. 439.

341 EuGH v. 12.10.2010 – C-45/09 (Rosenbladt), NZA 2010, 1167.

dämmen[342]. Nach der Rechtsprechung des EuGH in der Rechtssache Age Concern England kann eine Vorschrift über die Kündigung von Personen, die das 65. Lebensjahr vollendet haben, gerechtfertigt sein. Es sei Sache des nationalen Gerichts zu prüfen, ob die Regelung einem rechtmäßigen sozialpolitischen Ziel entspricht und ob der nationale Gesetz- oder Verordnungsgeber angesichts des Wertungsspielraums der Mitgliedstaaten im Bereich der Sozialpolitik davon ausgehen durfte, dass die gewählten Mittel zur Erreichung dieses Ziels angemessen und erforderlich waren[343]. Auf derselben Linie liegen die Urteile des EuGH in den Rechtssachen Petersen[344] und Georgiev[345]. In den Rechtssachen Fuchs und Köhler[346] hatte der EuGH über das Hessische Beamtengesetz in der Fassung des Gesetzes vom 14.12.2009 zu entscheiden, das die zwangsweise Versetzung von Beamten auf Lebenszeit in den Ruhestand mit Vollendung des 65. Lebensjahres und eine maximale Weiterarbeit bis zum vollendeten 68. Lebensjahr bei Vorliegen eines dienstlichen Interesses vorsieht. Der Gerichtshof führte dazu aus, die Richtlinie 2000/78/EG stehe dem Gesetz nicht entgegen, sofern dieses zum Ziel habe, eine ausgewogene Altersstruktur zu schaffen, um die Einstellung und die Beförderung von jüngeren Berufsangehörigen zu begünstigen, die Personalplanung zu optimieren und damit Rechtsstreitigkeiten über die Fähigkeit des Beschäftigten, seine Tätigkeit über ein bestimmtes Alter hinaus auszuüben, vorzubeugen, und sofern das Gesetz die Erreichung dieses Ziels mit angemessenen und erforderlichen Mitteln ermögliche.

Altersgrenzen unter dem Rentenalter bestehen für bestimmte Berufsgruppen. Das BAG hatte eine tarifvertragliche Altersgrenze von 60 Jahren für Cockpitpersonal angesichts des besonderen Interesses an der Gewährleistung der Sicherheit im Luftverkehr vor Inkrafttreten des AGG anerkannt[347]. Das BVerfG hatte darin keinen Verstoß gegen Art. 12 Abs. 1 GG gesehen[348]. Mit Urteil vom

---

342 EuGH v. 16.10.2007 – C-411/05 (Palacios), Slg. 2007, I-8531; Temming, Altersdiskriminierung im Arbeitsleben, S. 408 ff.; zu tarifvertraglichen Altersgrenzen Fuchs/Reichold, Tarifvertragsrecht, Rn. 81, 135.

343 EuGH v. 5.3.2009 – C-388/07 (Age Concern England), Slg. 2009, I-1569.

344 EuGH v. 12.1.2010 – C-341/08 (Petersen), AP Nr. 15 zu Richtlinie 2000/78/EG.

345 EuGH v. 18.11.2010 – C-250/09 u. C-268/09 (Georgiev), NZA 2010, 29.

346 EuGH v. 21.7.2011 – C-159/10 (Fuchs), C-160/10 (Köhler), NZA 2011, 969.

347 BAG v. 12.2.1992 – 7 AZR 100/91, AP Nr. 5 zu § 620 BGB Altersgrenze; BAG v. 25.2.1998 – 7 AZR 641/96, AP Nr. 11 zu § 1 TVG Tarifverträge: Luftfahrt; BAG v. 11.3.1998 – 7 AZR 700/96, AP Nr. 12 zu § 1 TVG Tarifverträge: Luftfahrt; BAG v. 27.11.2002 – 7 AZR 414/01, AP Nr. 21 zu § 620 BGB Altersgrenze; BAG v. 21.7.2004 – 7 AZR 589/03, EzA § 620 BGB 2002 Altersgrenze Nr. 5; Annuß/Thüsing-Maschmann, TzBfG, § 14 Rn. 56 c.

348 BVerfG v. 25.11.2004 – 1 BvR 2459/04, AP Nr. 25 zu § 620 BGB Altersgrenze; KSchR-Däubler, § 21 TzBfG Rn. 43.

13. September 2011 hat der EuGH entschieden, dass eine tarifvertragliche Altersgrenzenregelung von 60 Jahren für Piloten eine Altersdiskriminierung darstellt. Ab diesem Alter könne das Recht der Piloten, ihrer Tätigkeit nachzugehen, zwar beschränkt, aber nicht aus Gründen der Gewährleistung der Flugsicherheit vollständig verboten werden[349].

Eine Vereinbarung, die die Beendigung des Arbeitsverhältnisses ohne Kündigung zu einem Zeitpunkt vorsieht, zu dem der Arbeitnehmer vor Erreichen der Regelaltersgrenze eine Rente wegen Alters beantragen kann, gilt gemäß § 41 S. 2 SGB VI dem Arbeitnehmer gegenüber als auf das Erreichen der Regelaltersgrenze abgeschlossen, es sei denn, dass die Vereinbarung innerhalb der letzten drei Jahre vor diesem Zeitpunkt abgeschlossen oder von dem Arbeitnehmer innerhalb der letzten drei Jahre vor diesem Zeitpunkt bestätigt worden ist. Die Regelaltersgrenze wird nach § 35 S. 2 SGB VI mit Vollendung des 67. Lebensjahres erreicht.

#### cc. Wunsch des Arbeitnehmers

Auch der Wunsch des Arbeitnehmers kann einen sachlichen Grund für die Befristung eines Arbeitsvertrages darstellen[350]. Dafür bedarf es objektiver Anhaltspunkte, dass die Befristung, nicht die Beschäftigung als solche[351], im Interesse des Arbeitnehmers liegt[352]. Dies ist der Fall, wenn der Arbeitnehmer die Befristung von sich aus anstrebt, beispielsweise im Stellengesuch oder Bewerbungsschreiben[353]. Die Motivlage des Arbeitnehmers ist nicht entscheidend[354]. Eine Überprüfung der Entscheidungsfreiheit des Arbeitnehmers erfolgt nach den Grundsätzen des AGB-Rechts[355].

---

349 EuGH v. 13.9.2011 – C-447/09 (Prigge u. a.), EuZW 2011, 751.

350 BAG v. 22.3.1973 – 2 AZR 274/72, BAGE 25, 125 = AP Nr. 38 zu § 620 BGB Befristeter Arbeitsvertrag; BAG v. 26.4.1985 – 7 AZR 316/84, AP Nr. 91 zu § 620 BGB Befristeter Arbeitsvertrag; BAG v. 6.11.1996 – 7 AZR 909/95, AP Nr. 188 zu § 620 BGB Befristeter Arbeitsvertrag; BAG v. 5.6.2002 – 7 AZR 241/01, BAGE 101, 262 = AP Nr. 13 zu § 1 BeschFG 1996.

351 BAG v. 26.8.1998 – 7 AZR 349/97, BAGE 89, 345 = AP Nr. 203 zu § 620 BGB Befristeter Arbeitsvertrag.

352 Annuß/Thüsing-Maschmann, TzBfG, § 14 Rn. 57.

353 BAG v. 26.4.1985 – 7 AZR 316/84, AP Nr. 91 zu § 620 BGB Befristeter Arbeitsvertrag; KSchR-Däubler, § 14 TzBfG Rn. 99; Annuß/Thüsing-Maschmann, TzBfG, § 14 Rn. 57.

354 KSchR-Däubler, § 14 TzBfG Rn. 101; Annuß/Thüsing-Maschmann, TzBfG, § 14 Rn. 57.

355 KSchR-Däubler, § 14 TzBfG Rn. 100; Annuß/Thüsing-Maschmann, TzBfG, § 14 Rn. 57.

### g. *Haushaltsrechtliche Befristung*

Nach § 14 Abs. 1 S. 2 Nr. 7 TzBfG liegt ein sachlicher Grund für eine Befristung vor, wenn der Arbeitnehmer aus Haushaltsmitteln vergütet wird, die haushaltsrechtlich für eine befristete Beschäftigung bestimmt sind, und er entsprechend beschäftigt wird. Dabei handelt es sich um eine Vorschrift zur Privilegierung des öffentlichen Dienstes[356].

Grundsätzlich können haushaltsrechtliche Erwägungen die Befristung eines Arbeitsvertrages nicht rechtfertigen[357]. Anders soll dies sein, wenn ein öffentlicher Arbeitgeber bei Vertragsschluss aufgrund konkreter Tatsachen die hinreichend sichere Prognose treffen kann, dass für die Beschäftigung des Arbeitnehmers Haushaltsmittel nur vorübergehend vorhanden sind[358]. Maßgebend hierfür seien alle nach öffentlichem Haushaltsrecht aufgestellten Haushaltspläne[359].

In der Literatur wird diskutiert, ob und inwieweit die Privilegierung des öffentlichen Dienstes gegenüber der Privatwirtschaft verfassungs- und europarechtlich zulässig ist[360]. Das LAG Köln hat dem EuGH im April 2010[361] die Frage zur Vorabentscheidung vorgelegt, ob § 5 Nr. 1 der Rahmenvereinbarung über befristete Arbeitsverträge der Privilegierung des öffentlichen Dienstes durch § 14 Abs. 1 S. 2 Nr. 7 TzBfG entgegensteht. Der Ausgangsrechtsstreit hat sich jedoch erledigt. Das LAG Köln hat daher sein Vorabentscheidungsersuchen zurückgezogen[362]. In einem die Bundesagentur für Arbeit betreffenden Urteil hat das BAG entschieden, dass die mit der Privilegierung des öffentlichen Dienstes in § 14 Abs. 1 S. 2 Nr. 7 TzBfG verbundene Ungleichbehandlung der Arbeitnehmer in ihrem von Art. 12 Abs. 1 GG gewährleisteten Bestandsschutz nicht

---

356 Annuß/Thüsing-Maschmann, TzBfG, § 14 Rn. 60 a; Hromadka, BB 2001, 621, 625; Preis/Gotthart, DB 2000, 2065, 2071; Preis/Hausch, NJW 2002, 927, 931.

357 Annuß/Thüsing-Maschmann, TzBfG, § 14 Rn. 58 a.

358 BAG v. 7.7.1999 – 7 AZR 609/97, BAGE 92, 121 = AP Nr. 215 zu § 620 BGB Befristeter Arbeitsvertrag; BAG v. 24.10.2001 – 7 AZR 542/00, BAGE 99, 217 = AP Nr. 229 zu § 620 BGB Befristeter Arbeitsvertrag. Aus der neueren Rspr. BAG v. 17.3.2010 – 7 AZR 843/08, AP Nr. 16 zu § 14 TzBfG; BAG v. 29.7.2009 – 7 AZR 907/07, AP Nr. 65 zu § 14 TzBfG; BAG v. 22.4.2009 – 7 AZR 743/07, BAGE 130, 313 = AP Nr. 9 zu § 14 TzBfG; KR-Lipke, § 14 TzBfG Rn. 306 m. w. N.

359 Annuß/Thüsing-Maschmann, TzBfG, § 14 Rn. 60; ErfK-Müller-Glöge, § 14 TzBfG Rn. 71. Zur Befristung von Bühnenengagementverträgen in von der öffentlichen Hand betriebenen Theatern s. Urban, Die Beendigung von Bühnenengagementsverträgen, S. 61 f.

360 APS-Backhaus, § 14 TzBfG Rn. 99; KR-Lipke, § 14 TzBfG Rn. 328, 328 a m. w. N.

361 LAG Köln v. 13.4.2010 – 7 Sa 1224/09 = EuGH, C-313/10; vgl. auch die derweil erledigten Vorabentscheidungsersuchen des LAG Köln v. 13.4.2010 – 7 Sa 1150/09 = EuGH – C-312/10 und des BAG v. 27.10.2010 – 7 AZR 485/09 (A).

362 S. dazu EuGH v. 25.10.2011 – C-313/10.

mit Art. 3 Abs. 1 GG vereinbar ist, wenn das den Haushaltsplan aufstellende Organ und der Arbeitgeber identisch sind[363]. Das sei bei der Bundesagentur für Arbeit der Fall. Ihr Vorstand könne bei Anwendbarkeit des § 14 Abs. 1 S. 2 Nr. 7 TzBfG durch die Ausgestaltung des Haushaltsplans den Sachgrund für die Befristung der von ihm geschlossenen Arbeitsverträge selbst schaffen. Für eine solche Privilegierung der Bundesagentur für Arbeit in ihrer Doppelrolle als Haushaltsplangeber und Arbeitgeber gebe es keine hinreichende sachliche Rechtfertigung.

### *h. Gerichtlicher Vergleich*

Die Befristung kann auch auf einem gerichtlichen Vergleich beruhen (§ 14 Abs. 1 S. 2 Nr. 8 TzBfG). Ausweislich der Gesetzesbegründung kann auf diese Weise ein Rechtsstreit über eine vorausgegangene Kündigung oder die Wirksamkeit einer Befristung oder eine sonstige Bestandsstreitigkeit beigelegt werden. Die Mitwirkung des Gerichts soll eine „hinreichende Gewähr für die Wahrung der Schutzinteressen des Arbeitnehmers" bieten[364].

Ein nach § 278 Abs. 6 S. 1, 1. Alt. ZPO festgestellter Vergleich ist kein gerichtlicher Vergleich im Sinne des § 14 Abs. 1 S. 2 Nr. 8 TzBfG, der geeignet ist, die Befristung eines Arbeitsvertrages zu rechtfertigen[365].

### *i. Ausbildung, Fortbildung, Beschäftigungsförderung: Ungeschriebene und spezialgesetzliche Befristungsgründe*

Im Bereich der Ausbildung, Fortbildung und Beschäftigungsförderung gibt es ungeschriebene und spezialgesetzliche Befristungsgründe.

#### aa. Berufsausbildung

Das im „dualen System"[366] abgeschlossene Berufsausbildungsverhältnis ist befristet und soll hier daher kurz Erwähnung finden, obwohl es kein Arbeitsverhältnis ist[367]. Der deutsche Gesetzgeber hat für das Berufsausbildungsverhältnis keine Ausnahme vom Anwendungsbereich der Rahmenvereinbarung über befristete Arbeitsverträge (§ 2 Nr. 2 a) der Rahmenvereinbarung)[368] angeordnet.

---

363 BAG v. 9.3.2011 – 7 AZR 728/09, BAGE 137, 178 = .AP Nr. 18 zu § 14 TzBfG Haushalt.

364 BT-Drucks. 14/4374, S. 19.

365 BAG v. 15.2.2012 – 7 AZR 734/10, NZA 2012, 919.

366 Leinemann/Taubert, BBiG, § 1 Rn. 3, § 2 Rn. 3.

367 Str., vgl. Leinemann/Taubert, BBiG, § 10 Rn. 3 ff. m. w. N.

368 Dazu 1. Kapitel, B. II.

Die Berufsausbildung hat gemäß § 1 Abs. 3 BBiG die für die Ausübung einer qualifizierten beruflichen Tätigkeit in einer sich wandelnden Arbeitswelt notwendigen beruflichen Fertigkeiten, Kenntnisse und Fähigkeiten (berufliche Handlungsfähigkeit) in einem geordneten Ausbildungsgang zu vermitteln. Sie hat ferner den Erwerb der erforderlichen Berufserfahrungen zu ermöglichen.

Das Berufsausbildungsverhältnis unterliegt gemäß § 21 Abs. 1 BBiG einer Befristung bis zum Ablauf der Ausbildungszeit oder der letzten Stufe (im Falle der Stufenausbildung). § 21 BBiG gilt auch für Personen, die – außerhalb eines Arbeitsverhältnisses und ohne dass es sich um eine Berufsausbildung im Sinne des BBiG handelt – eingestellt werden, um berufliche Fertigkeiten, Kenntnisse, Fähigkeiten oder berufliche Erfahrungen zu erwerben (§ 26 BBiG). Dabei soll es sich insbesondere um Volontäre und Praktikanten handeln[369]. Die bloße Bezeichnung soll jedoch nicht entscheidend sein, sondern die Gesamtgestaltung des Vertragsverhältnisses[370].

bb. Sonstige Aus-, Fort- oder Weiterbildungen

Wie bereits erwähnt[371], können Aus-, Fort- oder Weiterbildungen außerhalb des Anwendungsbereichs von Spezialvorschriften die Befristung eines Arbeitsvertrages sachlich rechtfertigen.

Das BAG hat im Falle eines Lehrers vor der Zweiten Staatsprüfung[372] und im Falle eines Nachwuchssekretärs für die allgemeine gewerkschaftliche Organisationsarbeit[373] entschieden, dass ein Arbeitsverhältnis aufgrund von Ausbildungselementen befristet werden kann. Der Ausbildungszweck ist genau zu vereinbaren und das Vertragsverhältnis entsprechend durchzuführen[374]. Eine bloße Einarbeitung oder nur für den konkreten Betrieb nützliche Einweisung in eine Tätigkeit kann eine Befristung nicht rechtfertigen; vielmehr müssen dem Arbeitnehmer Kenntnisse, Fähigkeiten und Erfahrungen vermittelt werden, die außerhalb des Betriebs des Arbeitgebers auf dem Arbeitsmarkt verwertbar sind[375].

Ausnahmsweise kann auch eine Befristung zur Fort- oder Weiterbildung sachlich gerechtfertigt sein. Es muss jedoch ein „spezieller, konkreter und abgrenzbarer Fort- oder Weiterbildungszweck" vorliegen[376]. Die automatische

---

369 Lakies, Befristete Arbeitsverträge, Rn. 380.

370 Lakies, Befristete Arbeitsverträge, Rn. 380.

371 2. Kapitel, B. I. 1.

372 BAG v. 29.9.1982 – 7 AZR 147/80, BAGE 40, 176 = AP Nr. 70 zu § 620 BGB Befristeter Arbeitsvertrag.

373 BAG v. 18.12.1986 – 2 AZR 717/85, n. v.

374 Lakies, Befristete Arbeitsverträge, Rn. 381.

375 Lakies, Befristete Arbeitsverträge, Rn. 381.

376 Lakies, Befristete Arbeitsverträge, Rn. 382.

Weiterentwicklung der beruflichen Kenntnisse im Arbeitsverhältnis reicht nicht aus[377]. Im Übrigen kann die Weiterbildung spezialgesetzlich geregelt sein[378]. So ist die Befristung von Arbeitsverträgen mit Ärzten zum Zwecke der Weiterbildung im ÄArbVtrG geregelt. Darin soll die gesetzgeberische Wertung liegen, dass eine Befristung zur Weiterbildung außerhalb von Spezialvorschriften nur ausnahmsweise zuzulassen ist[379].

#### cc. Eingliederung von erwerbsfähigen Leistungsberechtigten mit Vermittlungshemmnissen

Nach § 16 e Abs. 1 S. 1 SGB II in der bis zum 31. März 2012 geltenden Fassung konnten Arbeitgeber zur Eingliederung von erwerbsfähigen Leistungsberechtigten mit Vermittlungshemmnissen in Arbeit einen Beschäftigungszuschuss als Ausgleich der zu erwartenden Minderleistungen des Arbeitnehmers sowie einen Zuschuss zu den sonstigen Kosten erhalten. § 16 e Abs. 1 S. 2 SGB II a. F. nannte die Voraussetzungen, die kumulativ vorliegen mussten. Der erwerbsfähige Leistungsberechtigte musste das 18. Lebensjahr vollendet haben, langzeitarbeitslos im Sinne des § 18 SGB III sein und in seinen Erwerbsmöglichkeiten durch mindestens zwei weitere in seiner Person liegende Vermittlungshemmnisse besonders schwer beeinträchtigt sein (Nr. 1). Auf der Grundlage einer Eingliederungsvereinbarung musste der erwerbsfähige Leistungsberechtigte für einen Zeitraum von mindestens sechs Monaten betreut worden sein und Eingliederungsleistungen unter Einbeziehung der übrigen Leistungen nach dem SGB III erhalten haben (Nr. 2). Eine Erwerbstätigkeit auf dem allgemeinen Arbeitsmarkt musste voraussichtlich innerhalb der nächsten 24 Monate ohne die Förderung nach § 16 e Abs. 1 S. 1 SGB II a. F. nicht möglich sein (Nr. 3). Zwischen dem Arbeitgeber und dem erwerbsfähigen Leistungsberechtigten musste ein Arbeitsverhältnis mit in der Regel voller Arbeitszeit unter Vereinbarung des tariflichen Arbeitsentgelts oder, wenn eine tarifliche Regelung keine Anwendung fand, des für vergleichbare Tätigkeiten ortsüblichen Arbeitsentgelts begründet werden. Die vereinbarte Arbeitszeit durfte die Hälfte der vollen Arbeitszeit nicht unterschreiten (Nr. 4).

Wurde ein erwerbsfähiger Leistungsberechtigter für die Dauer der Erbringung des Beschäftigungszuschusses eingestellt, lag ein sachlicher Grund vor, der die Befristung des Arbeitsverhältnisses rechtfertigte (§ 16 e Abs. 6 SGB II a. F.). Dieser sachliche Grund im Sinne des § 14 Abs. 1 TzBfG beruhte auf der Erwägung, dass der Arbeitgeber einen langzeitarbeitslosen Arbeitnehmer mit

377 Lakies, Befristete Arbeitsverträge, Rn. 382; Sievers, TzBfG, § 14 Rn. 352.

378 Lakies, Befristete Arbeitsverträge, Rn. 382.

379 Lakies, Befristete Arbeitsverträge, Rn. 447, 382.

weiteren Vermittlungshemmnissen nur einstellen würde, wenn und solange ihm ein Beschäftigungszuschuss gewährt würde[380]. Bei einer Fortführung der Förderung nach § 16 e Abs. 5 SGB II a. F. bestand die Befristungsmöglichkeit weiter[381].

dd. Arbeitsbeschaffungsmaßnahmen

Nach § 260 Abs. 1 SGB III a. F. konnten die Träger von Arbeitsbeschaffungsmaßnahmen für die Beschäftigung zugewiesener Arbeitnehmer durch Zuschüsse gefördert werden, wenn die Maßnahmen dazu dienten, insbesondere bei hoher Arbeitslosigkeit entsprechend den Problemschwerpunkten der regionalen und beruflichen Teilarbeitsmärkte Arbeitslosigkeit abzubauen und arbeitslosen Arbeitnehmern zur Erhaltung oder Wiedererlangung der Beschäftigungsfähigkeit, die für eine Eingliederung in den Arbeitsmarkt erforderlich ist, zumindest vorübergehend eine Beschäftigung zu ermöglichen (Nr. 1). In den Maßnahmen mussten zusätzliche und im öffentlichen Interesse liegende Arbeiten durchgeführt werden (Nr. 2). Eine Beeinträchtigung der Wirtschaft als Folge der Förderung durfte nicht zu befürchten sein (Nr. 3). § 267 SGB III regelte die Dauer der Förderung.

Mit den von der Agentur für Arbeit zugewiesenen Arbeitnehmern mussten gemäß § 260 Abs. 1 Nr. 4 SGB III Arbeitsverhältnisse begründet werden. Nach ständiger Rechtsprechung war eine Befristung dieser ABM-Verhältnisse entsprechend der Förderdauer zulässig, da der Arbeitgeber die ihm zugewiesenen Arbeitnehmer nur im Vertrauen auf die zeitlich begrenzte Förderungszusage einstelle, ohne die er entweder keine oder leistungsfähigere Arbeitnehmer einstellen würde[382].

## 2. Sachgrundlose Befristung

§ 14 Abs. 2, 2 a und 3 TzBfG ermöglichen die kalendermäßige Befristung eines Arbeitsvertrages ohne Vorliegen eines sachlichen Grundes.

---

380 BT-Drucks. 16/5715, S. 8.

381 BT-Drucks. 16/5715, S. 8.

382 BAG v. 3.12.1982 – 7 AZR 622/80, BAGE 41, 110 = AP Nr. 72 zu § 620 BGB Befristeter Arbeitsvertrag; vgl. weiter BAG v. 15.2.1995 – 7 AZR 680/94, AP Nr. 166 zu § 620 BGB Befristeter Arbeitsvertrag; BAG v. 26.4.1995 – 7 AZR 936/94, AP Nr. 4 zu § 91 AFG.

### *a. Grundfall der sachgrundlosen Befristung*

§ 14 Abs. 2 S. 1 TzBfG normiert den Grundfall der kalendermäßigen sachgrundlosen Befristung eines Arbeitsvertrages bis zur Dauer von zwei Jahren. Diese ist nach dem Gesetzeswortlaut nicht zulässig, wenn mit demselben Arbeitgeber bereits zuvor ein befristetes oder unbefristetes Arbeitsverhältnis bestanden hat (§ 14 Abs. 2 S. 2 TzBfG). Ausweislich der Gesetzesbegründung soll die Beschränkung der sachgrundlosen Befristung auf Neueinstellungen helfen, Kettenbefristungen zu verhindern[383]. Ein Berufsausbildungsverhältnis ist kein Arbeitsverhältnis im Sinne des § 14 Abs. 2 S. 2 TzBfG[384].

Erforderlichkeit und Ausgestaltung des Verbots der Vorbeschäftigung sind wiederholt diskutiert worden. Nach einem Regierungsentwurf aus dem Jahre 2005 für das Fünfte Gesetz zur Änderung des Dritten Buches Sozialgesetzbuch und anderer Gesetze[385] sollte eine Befristung nach § 14 Abs. 2 S. 1 TzBfG nur dann nicht zulässig sein, wenn zwischen dem Beginn des befristeten Arbeitsvertrages und dem Ende eines vorhergehenden unbefristeten oder befristeten Arbeitsvertrages mit demselben Arbeitgeber ein Zeitraum von weniger als zwei Jahren lag. Dieser Entwurf scheiterte ebenso wie das sodann im Koalitionsvertrag von CDU, CSU und SPD vom 11. November 2005 niedergelegte Vorhaben, die sachgrundlose Befristung nach § 14 Abs. 2 TzBfG ganz zu streichen und im Gegenzug den Arbeitgebern bei Neueinstellungen die Möglichkeit zu eröffnen, anstelle der sechsmonatigen Wartefrist des § 1 KSchG eine Wartezeit von bis zu 24 Monaten zu vereinbaren[386]. Im Koalitionsvertrag „Wachstum. Bildung. Zusammenhalt“ zwischen CDU, CSU und FDP vom 26. Oktober 2009 heißt es „Wir werden die Möglichkeit einer Befristung von Arbeitsverträgen so umgestalten, dass die sachgrundlose Befristung nach einer Wartezeit von einem Jahr auch dann möglich wird, wenn mit demselben Arbeitgeber bereits zuvor ein Arbeitsverhältnis bestanden hat.“[387].

Mit Urteil vom 6. April 2011[388] hat das BAG entschieden, dass ein früheres Arbeitsverhältnis des Arbeitnehmers mit demselben Arbeitgeber der sachgrundlosen Befristung seines Arbeitsvertrages nicht entgegensteht, wenn das Ende des Arbeitsverhältnisses mehr als drei Jahre zurückliegt. Normzweck, Gründe der

383 BT-Drucks. 14/4374, S. 14, 19.

384 BT-Drucks. 14/4374, S. 20; MüKoBGB-Hesse, § 14 TzBfG Rn. 81 a m. w. N. Zum Begriff des Arbeitgebers im Sinne der Norm Bauer/Fischinger, DB 2007, 1410.

385 BT-Drucks. 15/5556, S. 12.

386 „Gemeinsam für Deutschland. Mit Mut und Menschlichkeit.“, Koalitionsvertrag von CDU, CSU und SPD vom 11. November 2005, S. 37.

387 „Wachstum. Bildung. Zusammenhalt.“, Koalitionsvertrag von CDU, CSU und FDP vom 26. Oktober 2009, S. 22.

388 BAG v. 6.4.2011 – 7 AZR 716/09, NZA 2011, 905.

Praktikabilität und Rechtssicherheit sowie insbesondere verfassungsrechtliche Erwägungen sprächen für eine zeitliche Beschränkung des Vorbeschäftigungsverbotes[389]. § 14 Abs. 2 S. 2 TzBfG solle zum einen Arbeitgebern ermöglichen, auf eine schwankende Auftragslage und wechselnde Marktbedingungen durch befristete Einstellungen zu reagieren, und für Arbeitnehmer eine „Alternative zur Arbeitslosigkeit" und „Brücke zur Dauerbeschäftigung"[390] schaffen. Zum anderen sollten durch das Verbot der Vorbeschäftigung Befristungsketten und der Missbrauch befristeter Arbeitsverträge verhindert werden. Das Verbot könne allerdings auch zu einem Einstellungshindernis werden. Seine Anwendung sei daher nur insoweit gerechtfertigt, als dies zur Verhinderung von Befristungsketten erforderlich sei. Die Gefahr missbräuchlicher Befristungsketten bestünde regelmäßig nicht mehr, wenn zwischen dem Ende des früheren Arbeitsverhältnisses und dem sachgrundlos befristeten neuen Arbeitsvertrag mehr als drei Jahre lägen. Hier rechtfertige der Gesetzeszweck die Beschränkung der Vertragsfreiheit der Arbeitsvertragsparteien und die damit verbundene Einschränkung der Berufswahlfreiheit des Arbeitnehmers nicht. Der genannte Zeitraum entspreche der gesetzgeberischen Wertung, die in der regelmäßigen zivilrechtlichen Verjährungsfrist zum Ausdruck komme[391].

Das Urteil des BAG ist zu begrüßen. Im Falle einer Beschäftigung desselben Arbeitnehmers vor mehr als drei Jahren oder gar in grauer Vorzeit kann von einer missbräuchlichen Nutzung befristeter Arbeitsverträge keine Rede sein. Zudem schafft die Rechtsprechung einen Beschäftigungsanreiz. Der Prüfungsaufwand und das Risiko des Arbeitgebers im Hinblick auf das Vorliegen einer Vorbeschäftigung sind nunmehr begrenzt. Aus dem befristeten kann später ein unbefristetes Arbeitsverhältnis werden.

### *b. Unternehmensgründung*

Mit dem Gesetz zu Reformen am Arbeitsmarkt vom 24. Dezember 2003[392] wurde in § 14 TzBfG ein neuer Abs. 2 a eingefügt. Danach ist die kalendermäßige Befristung in den ersten vier Jahren nach einer Unternehmensgründung, nicht aber einer Neugründung im Zusammenhang mit der rechtlichen Umstrukturierung eines Unternehmens oder Konzerns, ohne sachlichen Grund bis zu einer Dauer von vier Jahren zulässig. Auf diese Weise soll – in der Hoffnung auf ei-

---

389 Vgl. aber BAG v. 6.11.2003 – 2 AZR 690/02, BAGE 108, 269 = AP Nr. 7 zu § 14 TzBfG; BAG v. 29.7.2009 - 7 AZN 368/09, ZTR 2009, 544.

390 Dazu bereits BT-Drucks. 14/4374, S. 14.

391 Die regelmäßige Verjährungsfrist (damals zwei Jahre) hatte bereits Löwisch, BB 2001, 254, 255, zugrunde gelegt.

392 BGBl. 2003 I S. 3002.

nen späteren Übergang der befristeten Arbeitsverhältnisse in Dauerbeschäftigungen – jungen Unternehmen, die die weitere Geschäftsentwicklung und ihren Personalbedarf in der Aufbauphase nur schwer abschätzen können, die Einstellung neuer Mitarbeiter erleichtert werden[393]. Das Vorbeschäftigungsverbot des § 14 Abs. 2 S. 2 TzBfG gilt entsprechend (§ 14 Abs. 2 a S. 4 TzBfG). Ob es aber in der Situation der Unternehmensgründung eine größere Rolle spielt, darf bezweifelt werden.

### c. *Ältere Arbeitnehmer*

Nach § 14 Abs. 3 TzBfG a. F. war eine sachgrundlose Befristung zulässig, wenn ein Arbeitnehmer bei Beginn des befristeten Arbeitsverhältnisses das 58. Lebensjahr bzw. – bis zum 31. Dezember 2006 – das 52. Lebensjahr vollendet hatte. Dies galt nicht, wenn zu einem vorhergehenden unbefristeten Arbeitsvertrag mit demselben Arbeitgeber ein enger sachlicher Zusammenhang bestand, der insbesondere anzunehmen war, wenn weniger als sechs Monate zwischen den Arbeitsverträgen lagen.

Der EuGH erklärte die Vorschrift im Hinblick auf die Befristung ab Vollendung des 52. Lebensjahres in dem bereits erwähnten Urteil vom 22. November 2005 in der Rechtssache Mangold[394] für europarechtswidrig. Sie widerspreche Art. 2 Abs. 1 der Richtlinie 2000/78/EG, sei nicht nach Art. 6 derselben Richtlinie gerechtfertigt und auch nicht mit dem allgemeinen gemeinschaftsrechtlichen Grundsatz der Gleichbehandlung vereinbar. Ältere Arbeitnehmer drohten aufgrund der Regelung von festen Beschäftigungsverhältnissen ausgeschlossen zu werden. Im Hinblick auf die sich aus der Gemeinschaftsrechtswidrigkeit ergebende Rechtsfolge stellte der EuGH klar, dass es dem nationalen Gericht obliege, in einem Rechtsstreit über das Verbot der Diskriminierung wegen des Alters im Rahmen seiner Zuständigkeiten den rechtlichen Schutz, der sich für den Einzelnen aus dem Gemeinschaftsrecht ergebe, zu gewährleisten und die volle Wirksamkeit des Gemeinschaftsrechts zu garantieren, indem es jede möglicherweise entgegenstehende Bestimmung des nationalen Rechts unangewendet lasse. Das BAG folgte dem EuGH mit Urteil vom 26. April 2006[395] und vertrat die Auffassung, der Arbeitgeber könne sich nicht auf die Möglichkeit der sachgrundlosen Befristung nach § 14 Abs. 3 TzBfG berufen. Das beklagte Unter-

---

393 BT-Drucks. 15/1204, S. 10.

394 EuGH v. 22.11.2005 – C-144/04, Slg. 2005, I-9981 = AP Nr. 1 zu Richtlinie 2000/78/EG. Zu der im Schrifttum vorgebrachten Kritik am Urteil des EuGH vgl. u. a. Waas, ZESAR 2006, 289, 290 ff.; Streinz/Herrmann, RdA 2007, 165, 169.

395 BAG v. 26.4.2006 – 7 AZR 500/04, BAGE 118, 76 = AP Nr. 23 zu § 14 TzBfG, in Auseinandersetzung mit der im Schrifttum geäußerten Kritik an der Entscheidung des EuGH; zum Urteil des BAG Dörner, NZA 2007, 57 ff.

nehmen Honeywell sah sich durch das Urteil des BAG in seiner Vertragsfreiheit und in seinem Recht auf den gesetzlichen Richter verletzt und erhob Verfassungsbeschwerde. Diese wurde mit Beschluss vom 6. Juli 2010 zurückgewiesen[396]. Nach Auffassung des BVerfG beruht das angegriffene Urteil des BAG nicht auf einer unzulässigen Rechtsfortbildung des EuGH, welche zur Folge gehabt hätte, dass das Mangold-Urteil als sogenannter Ultra-vires-Akt in Deutschland nicht hätte angewendet werden dürfen. Die Ablehnung des BAG, § 14 Abs. 3 S. 4 TzBfG aus Gründen des Vertrauensschutzes anzuwenden, stelle ebenfalls keine Verletzung der Vertragsfreiheit dar. Das BAG habe im Übrigen vertretbar angenommen, nicht zur Vorlage an den EuGH verpflichtet zu sein.

Der Gesetzgeber fasste mit dem Gesetz zur Verbesserung der Beschäftigungschancen älterer Menschen vom 19. April 2007[397] § 14 Abs. 3 TzBfG neu. Nach der am 1. Mai 2007 in Kraft getretenen Vorschrift ist die kalendermäßige Befristung eines Arbeitsvertrages ohne Vorliegen eines sachlichen Grundes bis zu einer Dauer von fünf Jahren zulässig, wenn der Arbeitnehmer bei Beginn des befristeten Arbeitsverhältnisses das 52. Lebensjahr vollendet hat und unmittelbar vor Beginn mindestens vier Monate beschäftigungslos im Sinne des § 119 Abs. 1 Nr. 1 SGB III gewesen ist, Transferkurzarbeitergeld bezogen oder an einer öffentlich geförderten Beschäftigungsmaßnahme nach SGB II oder III teilgenommen hat. Ob die Neufassung des § 14 Abs. 3 TzBfG europarechtskonform ist, ist nicht abschließend geklärt[398].

### 3. Zeitpunkt der Befristungskontrolle

Die Zulässigkeit einer Befristung ist anhand der Umstände im Zeitpunkt ihrer Vereinbarung zu überprüfen; spätere Veränderungen haben keine Auswirkungen auf die Zulässigkeit[399].

---

396 BVerfG v. 6.7.2010 – 2 BvR 2661/06, BVerfGE 126, 286. Dazu Fuchs, ZESAR 2010, 3; Bamberger/Roth-Fuchs, § 620 Rn. 39.

397 BGBl. 2007 I S. 538.

398 Bayreuther, BB 2007, 1113, 1115; Bader, NZA 2007, 713, 714 ff. Bedenken äußern KSchR-Däubler, § 14 TzBfG Rn. 179 ff.; Kast/Herrmann, BB 2007, 1841, 1842, 1846; a. A. Bauer, NZA 2007, 544 f.; Schiefer/Köster/Korte, DB 2007, 1081, 1086. Noch zu § 14 Abs. 3 TzBfG a. F. EuGH v. 10.3.2011 – C-109/09 (Deutsche Lufthansa AG), NZA 2011, 397.

399 BAG GS v. 12.10.1960 - GS 1/59, BAGE 10, 65 = AP Nr. 16 zu § 620 BGB Befristeter Arbeitsvertrag; BAG v. 4.6.2003 – 7 AZR 523/02, AP Nr. 252 zu § 620 BGB Befristeter Arbeitsvertrag; Annuß/Thüsing-Maschmann, TzBfG, § 14 Rn. 8 m. w. N.; ErfK-Müller-Glöge, § 14 TzBfG Rn. 16; Maschmann, BB 2002, 1650, 1651; KSchR-Däubler, § 14 TzBfG Rn. 27.

## 4. Dauer des befristeten Arbeitsvertrages

Im Hinblick auf die Dauer des befristeten Arbeitsvertrages ist zwischen der Befristung mit Sachgrund und der sachgrundlosen Befristung zu unterscheiden.

### *a. Befristung mit Sachgrund*

Die Befristung mit Sachgrund nach § 14 Abs. 1 TzBfG unterliegt keiner gesetzlich geregelten Dauer. Gleichwohl gibt es zeitliche Grenzen. Beispielhaft seien die Folgenden genannt: Die Höchstdauer einer Befristung nach § 14 Abs. 1 S. 2 Nr. 2 TzBfG ist § 14 Abs. 2 S. 1 TzBfG entlehnt und beträgt mithin grundsätzlich zwei Jahre[400]. Die Arbeitsverträge der Mitarbeiter von Parlamentsfraktionen, denen eine fachliche Beratung und politische Bewertung obliegt (Sachgrund des § 14 Abs. 1 S. 2 Nr. 4 TzBfG) werden für die Dauer einer Legislaturperiode befristet[401]. Die Dauer einer Befristung zur Erprobung (§ 14 Abs. 1 S. 2 Nr. 5 TzBfG) richtet sich danach, wie lange ein gewissenhafter Arbeitgeber benötigt, um sich ein Bild von der Leistungsfähigkeit und dem Sozialverhalten des Arbeitnehmers zu machen[402]. Nach dem Vorbild der §§ 1 Abs. 1 KSchG, 622 Abs. 3 BGB reicht grundsätzlich ein Zeitraum von sechs Monaten aus[403]. Bei „einfachen Routinetätigkeiten" sind zwei bis drei Monate sachgerecht[404]. Bei qualifizierten, insbesondere künstlerischen und wissenschaftlichen Tätigkeiten[405] oder bei Gründen in der Person des Arbeitnehmers, etwa wenn dieser seinen Beruf jahrelang nicht mehr ausgeübt hat[406] oder einschlägig vorbestraft ist

400 Annuß/Thüsing-Maschmann, TzBfG, § 14 Rn. 32; Sievers, TzBfG, § 14 Rn. 161; differenzierend Laux/Schlachter-Schlachter, TzBfG, § 14 Rn. 45; restriktiver KSchR-Däubler, § 14 TzBfG Rn. 56: maximal ein halbes bis ganzes Jahr.

401 BAG v. 26.8.1998 – 7 AZR 450/97, BAGE 89, 316 = AP Nr. 202 zu § 620 BGB Befristeter Arbeitsvertrag; Annuß/Thüsing-Maschmann, TzBfG, § 14 Rn. 45.

402 Annuß/Thüsing-Maschmann, TzBfG, § 14 Rn. 50.

403 BAG v. 15.3.1978 – 5 AZR 831/76, AP Nr. 45 zu § 620 BGB Befristeter Arbeitsvertrag; Annuß/Thüsing-Maschmann, TzBfG, § 14 Rn. 50; ErfK-Müller-Glöge, § 14 TzBfG Rn. 49; Laux/Schlachter-Schlachter, TzBfG, § 14 Rn. 66; differenzierend Dörner, Der befristete Arbeitsvertrag, Rn. 176.

404 Vgl. BAG v. 23.6.2004 – 7 AZR 636/03, AP Nr. 12 zu § 14 TzBfG; Annuß/Thüsing-Maschmann, TzBfG, § 14 Rn. 50; KSchR-Däubler, § 14 TzBfG Rn. 88.

405 BAG v. 15.3.1978 – 5 AZR 831/76, AP Nr. 45 zu § 620 BGB Befristeter Arbeitsvertrag; BAG v. 7.5.1980 – 5 AZR 593/78, AP Nr. 36 zu § 611 BGB Abhängigkeit; BAG v. 12.9.1996 – 7 AZR 31/96, AP Nr. 27 zu § 611 BGB Musiker.

406 BAG v. 13.12.1962 – 2 AZR 38/62, BAGE 14, 11, 13 = AP Nr. 24 zu § 620 BGB Befristeter Arbeitsvertrag.

und Bedenken gegen seine persönliche Zuverlässigkeit bestehen[407], kommt hingegen eine mehr als sechsmonatige Erprobung in Betracht[408]. Die Dauer von Überbrückungsverträgen, die § 14 Abs. 1 S. 2 Nr. 6 TzBfG unterfallen, kann unterschiedlich ausfallen[409].

Wie bereits erwähnt[410], bedarf nur die Befristung als solche, nicht auch deren Dauer eines sachlichen Grundes[411]. Besteht allerdings zwischen dem Befristungsgrund und der Dauer ein Widerspruch, ist dies ein wichtiges Indiz dafür, dass der sachliche Grund gar nicht besteht[412]. Dies gilt insbesondere bei einer nicht ganz unwesentlichen Überschreitung der durch den Befristungsgrund nahe gelegten Dauer[413].

Die Dauer eines Ausbildungsvertrages ist von der Ausbildung abhängig. Die Regelausbildungsdauer beträgt zwei bis drei Jahre (vgl. § 5 Abs. 1 Nr. 2 BBiG).

### b. *Sachgrundlose Befristung*

Bei der sachgrundlosen Befristung ist im Hinblick auf die von § 14 Abs. 2, 2 a und 3 TzBfG erfassten Situationen, wie bereits ausgeführt[414], eine Höchstdauer von zwei, vier und fünf Jahren zulässig. Bei der Befristung nach § 14 Abs. 2 a TzBfG gilt es zu beachten, dass die Privilegierung junger Unternehmen noch bis

---

407 BAG v. 28.11.1963 – 2 AZR 140/63, BAGE 15, 132, 134 f. = AP Nr. 26 zu § 620 BGB Befristeter Arbeitsvertrag (4 Monate).

408 Annuß/Thüsing-Maschmann, TzBfG, § 14 Rn. 50.

409 KSchR-Däubler, § 14 TzBfG Rn. 108; Plander, BB 1984, 1879, 1880.

410 2. Kapitel, B. I. 1.

411 BAG v. 26.8.1988 – 7 AZR 101/88, BAGE 59, 265 = AP Nr. 124 zu § 620 BGB Befristeter Arbeitsvertrag; bestätigt u. a. von BAG v. 22.11.1995 – 7 AZR 252/95, AP Nr. 178 zu § 620 BGB Befristeter Arbeitsvertrag; BAG v. 12.2.1997 – 7 AZR 317/96, AP Nr. 187 zu § 620 BGB Befristeter Arbeitsvertrag Bl. 1 R; BAG v. 13.10.2004 – 7 AZR 654/03, AP Nr. 13 zu § 14 TzBfG; Annuß/Thüsing-Maschmann, TzBfG, § 14 Rn. 9; Dörner, Der befristete Arbeitsvertrag, Rn. 151; ErfK-Müller-Glöge, § 14 TzBfG Rn. 19; Schaub, Arbeitsrechts-Handbuch, § 40 Rn. 5.

412 BAG v. 26.8.1988 – 7 AZR 101/88, BAGE 59, 265 = AP Nr. 124 zu § 620 BGB Befristeter Arbeitsvertrag; KSchR-Däubler, § 14 TzBfG Rn. 10; Annuß/Thüsing-Maschmann, TzBfG, § 14 Rn. 9; Dörner, Der befristete Arbeitsertrag, Rn. 152 f.; ErfK-Müller-Glöge, § 14 TzBfG Rn. 19; Schaub, Arbeitsrechts-Handbuch, § 40 Rn. 5.

413 BAG v. 26.8.1988 – 7 AZR 101/88, BAGE 59, 265 = AP Nr. 124 zu § 620 BGB Befristeter Arbeitsvertrag; KSchR-Däubler, § 14 TzBfG Rn. 10; Dörner, Der befristete Arbeitsertrag, Rn. 154; ErfK-Müller-Glöge, § 14 TzBfG Rn. 19; Schaub, Arbeitsrechts-Handbuch, § 40 Rn. 5.

414 2. Kapitel, B. I. 2.

zum Ablauf des achten Jahres nach ihrer Gründung wirken kann, sofern der letzte Vertrag eine vierjährige Laufzeit hat[415].

## II. Französisches Recht

Die französische Gesetzgebung auf dem Gebiet des Befristungsrechts hat im Wesentlichen das Ziel, den Rückgriff auf befristete Arbeitsverträge und die Möglichkeit ihrer Verlängerung zu begrenzen[416], unbefristet und befristet beschäftigten Arbeitnehmer dieselben Rechte einzuräumen, ein Schriftformerfordernis für den befristeten Arbeitsvertrag aufzustellen und die Rechte der Arbeitnehmer bei Vertragsende zu regeln[417].

Art. L. 1242-1 bis -6 C. trav. enthalten unter dem Stichwort der Voraussetzungen eines Rückgriffs (*conditions de recours*) auf den befristeten Arbeitsvertrag Befristungsgründe (*cas de recours*) und Befristungsverbote (*interdictions*). Art. L. 1242-7 und -8 C. trav. regeln die grundsätzliche Dauer des (zeit)befristeten Vertrages.

Art. L. 1242-1 ff. C. trav. wurden zum Schutze des Arbeitnehmers geschaffen, der allein sich auf ihre Nichteinhaltung berufen kann; der Arbeitgeber kann nicht geltend machen, es bestehe wegen Verstoßes gegen die eine oder andere Befristungsvorschrift ein unbefristeter Arbeitsvertrag[418].

Der Blick auf die Normen zeigt, dass der *Code du travail* über den Gegenstand der Befristungsrichtlinie, den Missbrauch durch *aufeinanderfolgende* befristete Arbeitsverträge zu vermeiden, weit hinausgeht. Besondere Beachtung verdient insoweit das bereits erwähnte[419] Gesetz vom 17. Januar 2002[420]. Mit diesem sollte jeglicher Rückgriff auf befristete Arbeitsverträge durch abschreckende Regelungen begrenzt werden und dem Missbrauch bei der Anwendung dieser Verträge durch erhöhte Kontrollrechte für den Betriebsausschuss und ver-

415 ErfK-Müller-Glöge, § 14 TzBfG Rn. 105.

416 Zur Entwicklung der Beschränkungen des französischen Befristungsrechts vgl. Frisch, RdA 1991, 163, 164.

417 Pélissier/Auzero/Dockès, Droit du travail, Rn. 242.

418 Soc. v. 16.7.1987, Bull. civ. V, Nr. 481 = D. 1988, Somm., 97 (Anm. Béraud) = Dr. soc. 1989, 366; dazu Poulain, Dr. soc. 1989, 361; Soc. v. 16.1.1991, Bull. civ. V, Nr. 13 = D. 1991, IR, 45; Soc. v. 13.2.1991, Bull. civ. V, Nr. 70 = Dr. soc. 1991, 418; dazu Savatier, Dr. soc. 1991, 413, 414; Soc. v. 17.1.1996, RJS 1996, 150, Nr. 252. Dazu 2. Kapitel, G. II. 1. a.

419 1. Kapitel, D. II.

420 Gesetz Nr. 2002-73 v. 17.1.2002, Art. 124-131 („Kampf gegen die Prekarität der Beschäftigung“), J.O. Nr. 15 v. 18.1.2002, S. 1008, Text Nr. 1.

schärfte strafrechtliche Sanktionen begegnet werden[421]. In einem ministeriellen Rundschreiben zur Durchführung des Gesetzes heißt es, der Rahmen für den Rückgriff auf „prekäre" Beschäftigungsformen sei zu verstärken, der missbräuchlichen Nutzung „prekärer" Beschäftigung vorzubeugen, und den betroffenen Arbeitnehmern seien neue Rechte einzuräumen. Hintergrund dessen sei, dass manche Unternehmen „prekäre" Arbeitsverträge ständig nutzten, und zwar zum Nachteil nicht nur der betroffenen Arbeitnehmer, sondern auch der Allgemeinheit, die im Hinblick auf die Arbeitslosigkeit nach Vertragsende mit Kosten belastet werde und mit Folgeproblemen wie Verschuldung, schwierigen Wohnbedingungen oder eingeschränktem Gesundheitszustand der betroffenen Arbeitnehmer konfrontiert sei[422].

## 1. Befristungsgründe

Art. L. 1242-1 bis -4 C. trav. enthalten Befristungsgründe. Eine sachgrundlose Befristung ist nicht vorgesehen.

### a. *Die Grundregel des Art. L. 1242-1 C. trav.*

Nach der bereits erwähnten[423] generalklauselartigen Vorschrift[424] des Art. L. 1242-1 C. trav. „darf ein befristeter Arbeitsvertrag, gleich aus welchem Grund, weder zum Ziel noch tatsächlich zur Folge haben, dass eine dauerhafte Beschäftigung geschaffen wird"[425], die an die normale und ständige Unternehmenstätigkeit geknüpft ist. Dagegen hindert der nur vorübergehende Charakter eines Unternehmens nicht den Abschluss eines *un*befristeten Arbeitsvertrages, sofern die Beschäftigung des Arbeitnehmers mit der normalen und ständigen Unternehmenstätigkeit verbunden ist[426]. Die Worte „gleich aus welchem Grund" wurden mit Gesetz vom 17. Januar 2002 in Art. L. 1242-1 C. trav. eingefügt, um

421 Roy-Loustaunau, Dr. soc. 2002, 304.

422 Einleitende Worte des ministeriellen Rundschreibens DRT Nr. 2002-08 v. 2.5.2002 zur Durchführung des Gesetzes zur sozialen Modernisierung, Bestimmungen zum Kampf gegen die Prekarität der Beschäftigung, BOTEFP Nr. 2002/11 v. 20.6.2002.

423 2. Kapitel, A. II.

424 Frik, Die missbräuchliche Nutzung von befristeten Arbeitsverträgen, S. 58: „generalklauselartige Grundregel".

425 Frik, Die missbräuchliche Nutzung von befristeten Arbeitsverträgen, S. 59.

426 Soc. v. 4.12.1996, RJS 1997, 20, Nr. 9. Im konkreten Fall ging es um die Beschäftigung eines Lehrers in einem Ausbildungszentrum (*centre de formation d'apprentis*), das gemäß Art. L. 6232-1 ff., R. 6232-12 C. trav. für eine Dauer von fünf Jahren errichtet worden war.

den Ausnahmecharakter des befristeten Arbeitsvertrages zu unterstreichen[427]. Die Vorschrift steht damit in Einklang mit Abs. 2 S. 1 der Präambel und Ziff. 6 der Allgemeinen Erwägungen der Rahmenvereinbarung vom 18. März 1999 über befristete Arbeitsverträge, wonach unbefristete Verträge die übliche Form des Beschäftigungsverhältnisses zwischen Arbeitgebern und Arbeitnehmern sind und bleiben. Bereits an dieser Stelle sei darauf hingewiesen, dass der Zusatz „gleich aus welchem Grund“ keine Auswirkungen auf die Vorschriften zur Befristung von Arbeitsverträgen im Rahmen der Beschäftigungspolitik hat, wonach es zulässig ist, vorübergehend Stellen zu besetzen, die mit der ständigen Tätigkeit des Unternehmens verbunden sind[428]: Die beschäftigungspolitisch motivierten Verträge folgen einer anderen Logik als die „normalen“ befristeten Verträge. Sie sind einer Sondergesetzgebung unterworfen, die ihr Wesen als „vorübergehend“ sicherstellt[429].

Die Wertung des Art. L. 1242-1 C. trav. lässt sich auch Art. L. 1221-2 Abs. 1 C. trav. entnehmen. Nach der ursprünglichen Fassung des Art. L. 1221-2 Abs. 1 C. trav. wurde ein Arbeitsvertrag „grundsätzlich auf unbestimmte Zeit geschlossen“[430]. Diese Formulierung wurde durch Art. 1 Abs. 1 des Gesetzes vom 25. Juni 2008[431] dahingehend modifiziert, dass der unbefristete Arbeitsvertrag als die „normale und allgemeine Form des Arbeitsverhältnisses“ gilt[432]. Die Neufassung des Art. L. 1221-2 Abs. 1 C. trav. impliziert die Aufgabe der Vorstellung von einem Einheitsarbeitsvertrag (*contrat de travail unique*)[433]. Einen solchen hatten ursprünglich Ökonomen[434] vorgeschlagen. Ziel war es, den Dualismus in der Arbeitswelt aufgrund der Koexistenz befristeter und unbefristeter

427 Clavel-Fauquenot/Marignier, Le contrat à durée déterminée, Beil. zu Liaisons soc. Nr. 13820 v. 31.1.2003, S. 8.

428 Zu diesen Vorschriften s. 2. Kapitel, B. II. 1. b. ee. (2).

429 Ministerielles Rundschreiben DRT 2002/08 v. 2.5.2002 zur Durchführung des Gesetzes zur sozialen Modernisierung, BOTEFP Nr. 2002/11 v. 20.6.2002, S. 2; Roy-Loustaunau, Dr. soc. 2002, 304, 305 f.

430 „Le contrat de travail est conclu pour une durée indéterminée.“

431 Gesetz Nr. 2008-596 v. 25.6.2008 zur Modernisierung des Arbeitsmarktes, J.O. Nr. 0148 v. 26.6.2008, S. 10224, Text Nr. 2.

432 „Le contrat de travail à durée indéterminée est la forme normale et générale de la relation de travail.“ Poulain, Les contrats de travail à durée déterminée, Rn. 17 ff., nennt weitere Beispiele für die „Subsidiarität“ des befristeten Arbeitsvertrages.

433 Mazeaud, Dr. soc. 2008, 626, 627; Olivier, Dr. soc. 2008, 681, 688. Dazu bereits S. 7.

434 Cahuc/Kramarz, De la précarité à la mobilité: vers une Sécurité sociale professionnelle, S. 124, 145 ff.; Camdessus, Le sursaut – Vers une nouvelle croissance pour la France, S. 91 f.; Blanchard/Tirole, Protection de l’emploi et procédures de licenciement, S. 47.

Verträge aufzulösen[435], zumal der unterschiedliche Status der Arbeitnehmer auch außerhalb des Arbeitslebens, beispielsweise bei der Wohnungssuche, zu Ungleichbehandlung führen könne[436]. Beim Einheitsvertrag sollte es sich um einen unbefristeten Arbeitsvertrag handeln. Alle Arten von befristeten Arbeitsverträgen sollten wegfallen. Der Arbeitgeber sollte weitgehend Kündigungsfreiheit haben. Die gesetzlichen Kündigungsvoraussetzungen sollten derart gelockert werden, dass der Vorrang der Versetzung und die Kontrolle des Vorliegens eines wirtschaftlichen Grundes wegfiele. Der Gekündigte sollte eine Abfindung erhalten, deren Höhe von der während der Beschäftigung gezahlten Gesamtvergütung abhängig sein sollte[437].

Die Bestrebungen zur Einführung eines Einheitsvertrages waren vielfältiger Kritik ausgesetzt. So wurde angeführt, dass sowohl die Sicherheit des befristeten Arbeitsvertrages[438] als auch die Garantien bei der Beendigung des unbefristeten Vertrages in Frage gestellt würden[439]. Aus der Aufweichung des Erfordernisses eines rechtfertigenden Grundes für die Kündigung folge eine Willkür der Beschäftigung[440]. Die erhoffte Vereinfachung des Verfahrens sei ein Trugschluss[441].

Sozialpartner und Gesetzgeber griffen die Idee eines Einheitsvertrages nicht auf. Art. 1 Abs. 2 des *Accord National Interprofessionnel* vom 21. Januar 2008 erkannte den wirtschaftlichen Nutzen befristeter Arbeitsverträge (und Zeitarbeitsverträge) in einem Umfeld ständiger Fluktuation und weltweiter Konkurrenz an und mahnte zugleich einen verantwortungsvollen Rückgriff auf diesen Vertragstyp ausschließlich bei einem aktuellen Bedürfnis nach Verstärkung, in Übergangssituationen und in Vertretungsfällen an. Diese Anwendungsfälle

---

435 Camdessus, Le sursaut – Vers une nouvelle croissance pour la France, S. 91 f.; Mazeaud, Droit du travail, Rn. 624; Reynès, D. 2005, 2348.

436 Barthélémy/Cette/Verkindt, JCP S 2007, Act., 63, 3, die sich krit. zu einem *contrat unique* äußern.

437 Lokiec, in: Blanpain/Nakakubo/Araki, Regulation of Fixed-Term Employment Contracts, A Comparative Overview, S. 71, 82. S. auch Cahuc/Kramarz, De la précarité à la mobilité: vers une Sécurité sociale professionnelle, S. 124, 145 ff.; Camdessus, Le sursaut – Vers une nouvelle croissance pour la France, S. 91 f.; dazu Lagarde/Jeammaud, RDT 2007, 8; Reynès, D. 2005, 2348; Morvan, Dr. soc. 2006, 959; Barthélémy/Cette/Verkindt, JCP S 2007, Act., 63, 3.

438 Reynès, D. 2005, 2348, 2350, weist daraufhin, dass der befristete Arbeitsvertrag nur in den im Gesetz genannten Ausnahmefällen vorzeitig beendet werden kann. Dazu 2. Kapitel, E. II. 3.

439 Mazeaud, Droit du travail, Rn. 624.

440 Lokiec, in: Blanpain/Nakakubo/Araki, Regulation of Fixed-Term Employment Contracts, A Comparative Overview, S. 71, 82.

441 Barthélémy/Cette/Verkindt, JCP S 2007, Act., 63, 3, 4.

müssten vom Betriebsausschuss bzw. den Personalvertretern feststellbar sein. Nicht nur die Neufassung des Art. L. 1221-2 Abs. 1 C. trav., sondern auch die Einführung gesteigerter Informationspflichten des Arbeitgebers, der befristete Arbeitsverträge schließt, gegenüber den Arbeitnehmervertretern mit Gesetz vom 25. Juni 2008 spiegelt die Bewertung des unbefristeten Arbeitsvertrages als Normalfall wieder[442]. Nach Art. L. 2313-5 Abs. 2 C. trav. muss der Arbeitgeber die Personalvertreter, sofern es keinen Betriebsausschuss gibt, einmal jährlich über die Umstände informieren, die ihn im abgelaufenen Jahr dazu bewegt haben und ihn im kommenden Jahr dazu bewegen könnten, befristete Arbeitsverträge (oder Zeitarbeitsverträge) zu schließen. Art. L. 2323-47 Abs. 2 C. trav. sowie Art. L. 2323-51 Ziff. 3 C. trav. regeln die (vorrangige) Informationspflicht gegenüber dem Betriebsausschuss. Die Vorschriften stehen im Einklang mit § 7 Nr. 3 der Rahmenvereinbarung über befristete Arbeitsverträge[443].

Ein Praktikum zur Qualifizierung für eine dauerhafte Beschäftigung (*stage probatoire de qualification à un emploi permanent*) fällt nach höchstrichterlicher Rechtsprechung nicht in den Anwendungsbereich des Art. L. 1242-1 C. trav. Sofern ein Vertrag nicht in einem der Fälle geschlossen wird, in denen das Gesetz den Abschluss befristeter Arbeitsverträge zulässt, ist er unbefristet, selbst wenn die Parteien den Vertrag als befristet qualifiziert haben[444].

Ungeachtet der gesetzgeberischen Wertung greift der Großteil der französischen Unternehmen auf befristete Verträge zurück, zumal sie ein wenig kostenintensives Instrument sind, um auf Konjunkturschwankungen zu reagieren[445]. Die Zurückhaltung der Arbeitgeber in der seinerzeitigen Diskussion um die Einführung eines Einheitsarbeitsvertrages erklärt sich nicht zuletzt mit der Vielseitigkeit befristeter Arbeitsverträge[446]. Befristete Arbeitsverträge werden jedoch häufig nur scheinbar aus einem der Befristungsgründe des *Code du travail*, sondern vielmehr zur Erprobung vor einer Einstellung mit unbefristetem Vertrag geschlossen. Sie ersetzen oder ergänzen eine (tarif-)vertragliche Probezeit für

442 Begründung zu Art. 1 des Entwurfs eines Gesetzes zur Modernisierung des Arbeitsmarktes, veröffentlicht unter http://www.legifrance.gouv.fr/affichLoiPubliee.do;jsessionid=64A3C108D693F976BAD448783DB31719.tpdjo04v_2?idDocument=JORFDOLE000018425474&type=expose, zuletzt abgerufen am 15.5.2013.

443 Dazu im 1. Kapitel, C. III. 2.

444 Soc. v. 29.5.1991, Bull. civ. V, Nr. 271 = Dr. soc. 1991, 635, zum Vertrag einer Lehrerin bei einer Stiftung.

445 Bunel, CEE, Document de Travail Nr. 82, März 2007, S. 5.

446 Bunel, CEE, Document de Travail Nr. 82, März 2007, S. 11.

einen unbefristeten Vertrag[447]. Darin liegt eine Gesetzesumgehung, da die Erprobung in Form eines befristeten Arbeitsvertrages oder Leiharbeitsvertrages in Frankreich unzulässig ist[448]. Die Kodifikation der Höchstdauer von Probezeiten für unbefristete Arbeitsverträge in Art. L. 1221-19 C. trav. mit Gesetz vom 25. Juni 2008 hätte hier Abhilfe schaffen können. Die bis dato bestehenden tarifvertraglichen Höchstdauern hatte man für zu kurz gehalten, um die Fähigkeiten neu eingestellter Arbeitnehmer einschätzen zu können, und damit als dem direkten Zugang zum unbefristeten Vertrag nicht zuträglich angesehen[449]. Der neu geschaffene Art. L. 1221-22 C. trav. lässt jedoch in Kollektivvereinbarungen (*accords collectifs*)[450], die nach Veröffentlichung des Gesetzes vom 25. Juni 2008 geschlossen worden sind, und im Einstellungsschreiben (*lettre d'engagement*) oder Arbeitsvertrag kürzere Höchstfristen als die des Art. L. 1221-19 C. trav. zu.

Auch ein befristeter Arbeitsvertrag kann im Übrigen eine Probezeit enthalten. Diese darf unter Zugrundelegung eines Rechnungsmodus von einem Tag je Woche Vertragslaufzeit eine Höchstdauer von zwei Wochen nicht übersteigen, wenn die Vertragsdauer maximal sechs Monate beträgt, ansonsten einen Monat. Bräuche oder Tarifverträge können eine kürzere Höchstdauer vorsehen. Bei einem zweckbefristeten Vertrag wird die Probezeit im Verhältnis zur Mindestdauer des Vertrages berechnet (Art. L. 1242-10 C. trav.). Während der Probezeit finden bestimmte, in Art. L. 1242-11 C. trav. aufgezählte Regelungen keine Anwendung. Die Sondervorschriften zur Befristung im Bereich der Ausbildung, Fortbildung und Beschäftigungsförderung[451] enthalten weitere Einzelheiten zur Probezeit. So enthält Art. L. 6325-4-1 C. trav. eine Probezeitregelung für den *contrat de professionnalisation* für Saisontätigkeiten.

---

447 Bunel, CEE, Document de Travail Nr. 82, März 2007, S. 5. Laut Mazeaud, Dr. soc. 2008, 626, 628, werden die „prekären" Verträge als eine Art „super période d'essai" aufgefasst.

448 Vigneau, in: Ahlberg/Bercusson/Bruun/Kountouros/Vigneau/Zappalà, Transnational Labour Regulation. A Case Study of Temporary Agency Work, S. 85, 89.

449 Mazeaud, Dr. soc. 2008, 626, 628.

450 Anders als der Tarifvertrag (*convention collective*) hat die Kollektivvereinbarung nur Einzelpunkte zum Gegenstand (Kaufmann, Wörterbuch Arbeits- und Sozialrecht, S. 1 f.). Tarifvertrag und Kollektivvereinbarung sind in Art. L. 2211-1 ff. C. trav. normiert.

451 Diese Fallgruppe des französischen Befristungsrechts nennt auch Frik, Die missbräuchliche Nutzung von befristeten Arbeitsverträgen, S. 104 ff. Dazu 2. Kapitel, B. II. 1. b. ee. (2).

### *b. Die Sachgründe der Art. L. 1242-2, -3 und -4 C. trav.*

Art. L. 1242-2, -3 und -4 C. trav. zählen Befristungsgründe auf. Ein befristeter Arbeitsvertrag kann nach dem bereits erwähnten[452] Art. L. 1242-2 C. trav. unbeschadet der Regelungen in Art. L. 1242-3 C. trav. nur zur Ausführung einer genau bestimmten und vorübergehenden Aufgabe und lediglich in den in dieser Vorschrift aufgezählten Fällen geschlossen werden. Art. L. 1242-3 und -4 C. trav. normieren weitere Befristungsgründe. Die Formulierung der Art. L. 1242-2, -3 und -4 C. trav. lässt keinen Zweifel daran, dass die Aufzählung der Sachgründe abschließend ist. Die *Cour de cassation* hat dies bereits mit Urteil vom 31. Oktober 1989 festgestellt[453]. Durch Tarifvertrag können keine weiteren Sachgründe geschaffen werden[454].

Ein Arbeitsvertrag verstößt gegen Art. L. 1242-2 C. trav., wenn die dem Arbeitnehmer übertragene Aufgabe zur normalen Tätigkeit des Unternehmens gehört und der Arbeitgeber nicht darlegen und beweisen kann, inwiefern im Einzelfall Personal vorübergehend verstärkt werden muss[455]. In einem von der *Cour de cassation* in diesem Sinne entschiedenen Fall hatte ein Wachunternehmen mit einem Hundeführer einen befristeten Arbeitsvertrag geschlossen, wonach dieser eine „genau bestimmte Aufgabe" zu erfüllen habe. Im Arbeitsvertrag hieß es weiter, es sei erforderlich, das Team bei einem Kunden zu verstärken, um einen noch besseren Wachdienst aufzustellen und die Erwartungen des Kunden zu erfüllen. Der Arbeitgeber war der Ansicht, diese Klauseln implizierten das Vorliegen einer vorübergehenden Aufgabe. Die *Cour de cassation* urteilte jedoch, dass der Arbeitgeber seiner Darlegungs- und Beweislast insoweit nicht nachgekommen sei.

Aus der Kombination der Art. L. 1242-2, L. 1242-12 (Pflicht zur Nennung des einschlägigen Sachgrundes im befristeten Arbeitsvertrag)[456] sowie L. 1244-3 und -4 C. trav. (Regelungen zu aufeinanderfolgenden befristeten Arbeitsverträgen über denselben Arbeitsplatz)[457] folgt, dass ein befristeter Arbeitsvertrag nur auf einen einzigen Sachgrund gestützt werden kann[458].

Auch in Frankreich gibt es wissenschaftliche Versuche einer Typisierung der Befristungsgründe anhand gemeinsamer Merkmale. Pélissier/Auzero/Dockès

---

452 2. Kapitel, A. II.

453 Vgl. Soc. v. 31.10.1989, Bull. civ. V, Nr. 625; ebenso Soc. v. 5.12.1989, Bull civ. V, Nr. 694.

454 Roy-Loustaunau, Dr. soc. 1998, 110. S. auch 2. Kapitel, H. II. 2.

455 Soc. v. 18.1.1995, RJS 1995, 154, Nr. 209.

456 Dazu 2. Kapitel, D. II. 1. a.

457 Dazu 2. Kapitel, B. II. 4. e.

458 Soc. v. 23.1.2008, Bull. civ. V, Nr. 17.

unterscheiden vier Befristungssituationen, und zwar Vertretungsfälle, Veränderungen der Tätigkeit des Unternehmens, die Verwirklichung eines bestimmten Projektes und den Zugang zur Beschäftigung. In den ersten drei Gruppen gehe es um Bedürfnisse des Unternehmens, in der vierten Gruppe um die Nutzung befristeter Arbeitsverträge im Kampf gegen die Arbeitslosigkeit[459].

Zeitarbeitsverhältnisse sind in Frankreich stets befristete Arbeitsverhältnisse[460]. Sowohl der Überlassungsvertrag zwischen Verleiher und Entleiher (*contrat de mise à disposition*) als auch der Leiharbeitsvertrag zwischen Verleiher und Arbeitnehmer (*contrat de mission*)[461] müssen befristet werden und synchron verlaufen[462]. Nach Art. L. 1241-1 C. trav. fällt der Vertrag mit einem Zeitarbeitsunternehmen (*entreprise de travail temporaire*)[463] aber nicht in den Anwendungsbereich der Vorschriften zum befristeten Arbeitsvertrag. Für diesen gelten vielmehr Art. L. 1251-1 ff. C. trav. Art. L. 1251-5 ff. C. trav. regeln dementsprechend nicht nur die Voraussetzungen der Arbeitnehmerüberlassung, sondern dienen auch als „Befristungskontrolle“[464]. Nach der Art. L. 1242-1 C. trav. entsprechenden, generalklauselartigen Vorschrift[465] des Art. L. 1251-5 C. trav. darf der Leiharbeitsvertrag, „gleich aus welchem Grund, weder zum Ziel noch tatsächlich zur Folge haben, dass eine dauerhafte Beschäftigung geschaffen wird“[466], die an die normale und ständige Tätigkeit des Entleihers (*entreprise utilisatrice*)[467] geknüpft ist. Die in Art. L. 1251-6 und -7 C. trav. aufgezählten Gründe für den Einsatz eines Leiharbeitnehmers stimmen mit den Befristungsgründen der Art. L. 1242-2 und -3 C. trav. überein. Art. L. 1251-6 C. trav. knüpft wie Art. L. 1242-2 C. trav. an eine genau bestimmte und vorübergehende Tätigkeit an. Diese wird als *mission* bezeichnet. Hier zeigt sich das Bestreben

---

459 Pélissier/Auzero/Dockès, Droit du travail, Rn. 243. Decaudin/Marignier, Le contrat à durée déterminée, Beil. zu Liaisons soc. Nr. 15700 v. 30.9.2010, S. 7 ff.: Vertretung, vorübergehende Steigerung der Unternehmenstätigkeit, von Natur aus vorübergehende Arbeiten und „andere Rückgriffsfälle“.

460 Frik, Die missbräuchliche Nutzung von befristeten Arbeitsverträgen, S. 224, 254; Frik, NZA 2005, 386, 388.

461 Art. L. 1251-1 C. trav. definiert diese beiden Verträge.

462 Frik, Die missbräuchliche Nutzung von befristeten Arbeitsverträgen, S. 224, 254; Frik, NZA 2005, 386, 388. Reynès, D. 2005, 2348, 2349 f., stellte die Pläne zur Einführung eines Einheitsarbeitsvertrages auch vor dem Hintergrund der Leiharbeit in Frage.

463 Zur Definition s. Art. L. 1251-1 Nr. 2 C. trav. und Art. L. 1251-2 C. trav. (*entrepreneur de travail temporaire*).

464 Frik, NZA 2005, 386, 388.

465 Frik, Die missbräuchliche Nutzung von befristeten Arbeitsverträgen, S. 58: „generalklauselartige Grundregel“.

466 Frik, Die missbräuchliche Nutzung von befristeten Arbeitsverträgen, S. 59.

467 Zur Definition s. Art. L. 1251-1 Nr. 1 C. trav.

des Gesetzgebers, den Einsatz von Leiharbeitnehmern zu vermeiden, wenn es darum geht, dauerhaft Stellen im Unternehmen zu besetzen[468]. Für das Vorliegen eines Grundes nach Art. L. 1251-6 C. trav. kommt es auf die Verhältnisse im Entleiherbetrieb an[469]. Frik[470] hält dies für sinnvoll, da der Entleiher derjenige sei, der den Zwängen eines Arbeitsverhältnisses entgehen wolle. Daher müsse er hierfür „gute Gründe" vorbringen.

Im Folgenden werden die Befristungsgründe der Art. L. 1242-2, -3 und -4 C. trav. dargestellt. Soweit der Kontext dies gebietet, werden weitere Befristungstatbestände besprochen[471].

aa. Vertretung

Art. L. 1242-2 Nr. 1, 4 und 5 C. trav. ermöglichen unter bestimmten Voraussetzungen die Befristung eines Arbeitsvertrages zur Vertretung. Die Vorschriften unterscheiden sich im Hinblick auf den vertretenen Personenkreis.

(1) Vertretung eines Arbeitnehmers

Art. L. 1242-2 Nr. 1 C. trav. betrifft den Abschluss eines befristeten Arbeitsvertrages zur Vertretung eines Arbeitnehmers im Fall seiner Abwesenheit, seines vorübergehenden Wechsels in eine Teilzeitbeschäftigung, des Ruhens seines Arbeitsvertrages, des endgültigen Ausscheidens vor Wegfall seines Arbeitsplatzes oder des Wartens auf den tatsächlichen Arbeitsantritt eines unbefristet eingestellten Arbeitnehmers.

Der befristete Arbeitsvertrag darf nur zur Vertretung eines einzigen Arbeitnehmers geschlossen werden. Dies gilt auch dann, wenn Namen und Qualifikationen mehrerer vertretener Arbeitnehmer im Vertrag bezeichnet[472] oder die Arbeitnehmer sukzessive vertreten würden; es muss so viele Verträge wie vertretene Arbeitnehmer geben[473]. Zur Begründung kann der Gesetzeswortlaut herangezogen werden. Art. L. 1242-2 Nr. 1 C. trav. regelt die Vertretung „eines Arbeitnehmers". Nach Art. L. 1242-12 Nr. 1 C. trav. enthält der befristete Vertrag zur Vertretung den Namen und die Qualifikation „der vertretenen Person". Art. L. 1244-1 C. trav. erklärt den Abschluss aufeinanderfolgender befristeter

468 Vigneau, in: Ahlberg/Bercusson/Bruun/Kountouros/Vigneau/Zappalà, Transnational Labour Regulation. A Case Study of Temporary Agency Work, S. 85, 88.

469 Frik, NZA 2005, 386, 388 m. w. N.

470 NZA 2005, 386, 388.

471 Zum Verhältnis von arbeitsrechtlichen Spezialgesetzen zum Recht des *Code du travail* s. S. 3 f.

472 Soc. v. 28.6.2006, D. 2006, IR, 1912 = Dr. soc. 2007, 640 (Anm. Roy-Loustaunau).

473 Soc. v. 28.6.2006, RDT 2006, 237 (Anm. Auzero) = RJS 2006, 772, Nr. 1034; Corrignan-Carsin, in: Rép. trav. Dalloz, Rn. 35.

Arbeitsverträge mit demselben Arbeitnehmer zur Vertretung „eines abwesenden Arbeitnehmers“ oder „eines Arbeitnehmers, dessen Arbeitsvertrag ruht“ für zulässig. Wird ein Arbeitnehmer nicht eingestellt, um einen bestimmten Arbeitnehmer zu vertreten, sondern ganz allgemein „die sich im Jahresurlaub befindlichen oder kranken Arbeitnehmer“, liegt kein zulässiger Befristungsgrund vor[474]. Auch der Vertrag eines Arbeitnehmers, der eingestellt wird, „um die zusätzliche Arbeit mehrerer dauerhaft in Teilzeit beschäftigter Arbeitnehmer zu erledigen“, und nicht, um einen bestimmten Arbeitnehmer vorübergehend zu vertreten, kann nicht auf Art. L. 1242-2 Nr. 1 C. trav. gestützt werden[475].

Die Besonderheiten einer wiederholten Befristung der Verträge eines Arbeitnehmers mit dem Sachgrund der Vertretung werden in diesem Kapitel unter C. II. 2. behandelt.

(a) Abwesenheit

Sowohl Arbeitnehmer als auch Arbeitgeber sind an der Regelung der Fälle vorübergehender Abwesenheit des Arbeitnehmers interessiert. Der Arbeitnehmer fragt sich, wie er arbeitsplatzerhaltend vertreten werden kann, während der Arbeitgeber vor allem seine unternehmerische Handlungsfähigkeit vor Augen hat[476]. Diese Situation erfasst Art. L. 1242-2 Nr. 1 a) C. trav. Danach kann zur Vertretung eines Arbeitnehmers im Fall seiner Abwesenheit (*absence*) ein befristeter Arbeitsvertrag geschlossen werden.

Der Gesetzgeber hat den Befristungsgrund des Art. L. 1242-2 Nr. 1 a) C. trav. auf den Begriff der Abwesenheit beschränkt. Dieser ist nicht mit dem in Art. 112 ff. C. civ. verwendeten juristischen Begriff der Abwesenheit im Sinne eines Verschollenseins zu verwechseln[477]. Von einer Abwesenheit gemäß Art. L. 1242-2 Nr. 1 a) C. trav. kann vielmehr bereits dann gesprochen werden, wenn sich ein Arbeitnehmer nicht dort befindet, wo er sich befinden müsste[478]. Der vertretene Arbeitnehmer muss das Unternehmen nicht zwingend vorübergehend verlassen, sondern kann auch zeitweilig auf einen anderen Arbeitsplatz,

474 Soc. v. 24.2.1998, Bull. civ. V, Nr. 98 = Dr. soc. 1998, 608 (Anm. Roy-Loustaunau).

475 Soc. v. 12.7.1999, Bull. civ. V, Nr. 343 = RJS 1999, 765, Nr. 1232.

476 Golestanian, Dr. ouvr. 2001, 98.

477 Poulain, Les contrats de travail à durée déterminée, Rn. 135.

478 Poulain, Les contrats de travail à durée déterminée, Rn. 135. Einen Überblick über die verschiedenen Fälle einer Abwesenheit gibt Golestanian, Dr. ouvr. 2001, 98, ohne jedoch eine Definition vorauszuschicken.

beispielsweise in einem anderen Betrieb im In- oder Ausland, umgesetzt werden[479].

Wesentliches Merkmal der Abwesenheit im Sinne des Art. L. 1242-2 Nr. 1 a) C. trav. ist, wie bereits deutlich geworden ist, ihr nur vorübergehender Charakter[480]. Wird der Einsatz eines Leiharbeitnehmers vorzeitig beendet, kann zu dessen Vertretung bis zu dem im Überlassungsvertrag gemäß Art. L. 1252-43 Nr. 2 C. trav. ursprünglich vorgesehenen Beendigungszeitpunkt kein befristeter Arbeitsvertrag nach Art. L. 1242-2 Nr. 1 a) C. trav. geschlossen werden, da die Abwesenheit endgültig ist[481].

Der Arbeitgeber kann eine nur teilweise Vertretung in Betracht ziehen (*remplacement partiel*)[482]. Auch der sogenannte *remplacement en cascade*, die indirekte Vertretung, ist zulässig. Dies bedeutet, dass der Arbeitgeber nicht verpflichtet ist, dem Vertreter den Arbeitsplatz des abwesenden Arbeitnehmers selbst zuzuweisen. Der neu eingestellte Arbeitnehmer kann vielmehr einen Arbeitnehmer vertreten, der seinerseits den abwesenden Arbeitnehmer vertritt[483]. Dies darf allerdings nicht dazu führen, dass der neue Arbeitnehmer in Wahrheit eine dauerhafte Beschäftigung im Unternehmen innehat[484]. Die Qualifikation des befristet eingestellten Arbeitnehmers kann im Fall des *remplacement en cascade* von der des abwesenden Arbeitnehmers abweichen, also auch schlechter sein[485]. Die indirekte Vertretung entspricht dem Wunsch des Arbeitgebers nach Flexibilität; er kann sein Personal den Bedürfnissen des Unternehmens entsprechend einsetzen[486]. Hat der abwesende Arbeitnehmer eine besonders verantwortungsvolle Position oder nimmt er besonderes Vertrauen in Anspruch, so

479 Poulain, Les contrats de travail à durée déterminée, Rn. 135; Golestanian, Dr. ouvr. 2001, 98, 99; Frik, Die missbräuchliche Nutzung von befristeten Arbeitsverträgen, S. 64 f.; Roy-Loustaunau, Anm. zu Soc. v. 22.11.1995, JCP G 1996, II, 22642.

480 Corrignan-Carsin, in: Rép. trav. Dalloz, Rn. 47; Frik, Die missbräuchliche Nutzung von befristeten Arbeitsverträgen, S. 64.

481 Soc. v. 21.3.2000, RJS 2000, 355, Nr. 506 und 507; Frik, Die missbräuchliche Nutzung von befristeten Arbeitsverträgen, S. 65.

482 Soc. v. 15.10.2002, Bull. civ. V, Nr. 305 = RJS 2002, 1014, Nr. 1361.

483 Soc. v. 22.11.1995, Bull. civ. V, Nr. 308 = Dr. soc. 1996, 194 (Anm. Savatier) = JCP G 1996, II., 22642 (Anm. Roy-Loustaunau) = JCP G 1996, I., 3923, Nr. 5 (Anm. Chevillard); Soc. v. 15.10.2002, Bull. civ. V, Nr. 305 = RJS 2002, 1014, Nr. 1361; Soc. v. 30.4.2003, Bull. civ. V, Nr. 149 = Dr. soc. 2003, 880 (Anm. Roy-Loustaunau) unter Verweis auf das Direktionsrecht des Arbeitgebers.

484 Soc. v. 16.7.1997, Bull. civ. V, Nr. 270 = RJS 1997, 663, Nr. 1073.

485 Corrignan-Carsin, in: Rép. trav. Dalloz, Rn. 34.

486 Savatier, Anm. zu Soc. v. 22.11.1995, Dr. soc. 1996, 194; Roy-Loustaunau, Anm. zu Soc. v. 22.11.1995, JCP G 1996, II, 22642; Frik, Die missbräuchliche Nutzung von befristeten Arbeitsverträgen, S. 65.

dass er nicht durch einen betriebsfremden Arbeitnehmer vertreten werden soll, erscheint diese Lösung besonders interessant[487].

Ein nach Art. L. 1242-2 Nr. 1 a) C. trav. befristeter Arbeitsvertrag kann bereits vor Abwesenheit der zu vertretenden Person wirksam werden (Art. L. 1242-9 C. trav.). Der Arbeitgeber kann den Zeitraum, in dem sich die Verträge des künftig abwesenden Arbeitnehmers und seines bereits befristet eingestellten Vertreters überschneiden, frei bestimmen. Insoweit kommt es vor allem auf die Bedeutung der betreffenden Stelle und den zur Übermittlung von Arbeitsanweisungen erforderlichen Zeitaufwand an[488].

(b) Vorübergehender Wechsel in eine Teilzeitbeschäftigung

Mit Art. 18 des Gesetzes vom 1. August 2003[489] wurde in Art. L. 122-1-1 C. trav. a. F. eine weitere Vertretungssituation aufgenommen, die den Abschluss eines befristeten Arbeitsvertrages rechtfertigt. Wechselt ein Arbeitnehmer vorübergehend von einer Vollzeit- in eine Teilzeitbeschäftigung (*passage provisoire à temps partiel*), können die überzähligen Arbeitsstunden aus der Vollzeitbeschäftigung von einem Vertreter in einem befristeten Teilzeitarbeitsverhältnis geleistet werden (Art. L. 1242-2 Nr. 1 b). Die vorübergehende Reduzierung der Arbeitszeit kann gesundheitliche oder sonstige persönliche Gründe haben[490]. Sie muss nach Art. L. 1242-2 Nr. 1 b) C. trav. durch Zusatzvereinbarung zum Arbeitsvertrag oder in einem Schriftwechsel zwischen den Arbeitsvertragsparteien vereinbart worden sein. Unerheblich dürfte sein, ob der Vertreter nur dann arbeitet, wenn der Vertretene gerade nicht arbeitet[491].

(c) Ruhen des Arbeitsvertrages

Nach Art. L. 1242-2 Nr. 1 c) C. trav. kann ein befristeter Arbeitsvertrag zur Vertretung eines Arbeitnehmers geschlossen werden, dessen Arbeitsvertrag ruht. Eine indirekte Vertretung dürfte auch in diesem Fall zulässig sein[492]. Die befristete Einstellung einer Ersatzkraft stellt eine Option für den Arbeitgeber dar; er kann stattdessen einen unbefristeten Arbeitsvertrag mit einem Vertreter schließen[493] oder ganz auf einen Ersatz verzichten[494].

487 Frik, Die missbräuchliche Nutzung von befristeten Arbeitsverträgen, S. 65.

488 Corrignan-Carsin, in: Rép. trav. Dalloz, Rn. 46; s. auch Frik, Die missbräuchliche Nutzung von befristeten Arbeitsverträgen, S. 130.

489 Gesetz Nr. 2003-721 v. 1.8.2003 für die wirtschaftliche Initiative, J.O. v. 5.8.2003, S. 13449, Text Nr. 1.

490 Corrignan-Carsin, in: Rép. trav. Dalloz, Rn. 44.

491 Frik, Die missbräuchliche Nutzung von befristeten Arbeitsverträgen, S. 66.

492 Zur indirekten Vertretung s. bereits 2. Kapitel, B. II. 1. b. aa. (1) (a).

493 Vgl. Soc. v. 8.7.1992, Nr. 89-42211, n. v.

Der Gesetzgeber verwendet im *Code du travail* verschiedentlich den Begriff des Ruhens (*suspension*) des Arbeitsvertrages, ohne diesen zu definieren. Daher gibt es im französischen Schrifttum zahlreiche Versuche einer Begriffsbestimmung[495]. Pélissier/Auzero/Dockès legen einen weiten Maßstab an und sehen ein Ruhen des Vertrages als gegeben an, wenn der Arbeitnehmer berechtigt ist, seine Arbeitsleistung zu verweigern, oder der Arbeitgeber davon absehen darf, Arbeit anzubieten[496]. Einigkeit besteht darin, dass es sich um einen grundsätzlich vorübergehenden Zustand handeln muss[497], so dass eine Kündigung des Arbeitsverhältnisses durch den Arbeitgeber während der Ruhenszeit, von Ausnahmen abgesehen, ausscheidet[498].

Zu den Ruhensgründen zählen Krankheit und Unfall. Hierbei ist zwischen dem nicht berufsbedingten Ausfall (Art. L. 1226-2 ff. C. trav.) und Berufskrankheit oder Arbeitsunfall (Art. L. 1226-6 ff. C. trav.) zu unterscheiden. Bei einer keinen betrieblichen Zusammenhang aufweisenden Krankheit von kurzer Dauer oder einem außerbetrieblichen Unfall mit geringer Ausfallzeit ruht der Arbeitsvertrag während der gesamten Arbeitsunterbrechung. Bei längerer Krankheit oder häufigen krankheitsbedingten Unterbrechungen kommt unter Umständen eine Kündigung in Betracht[499]. Bei Berufskrankheit oder Arbeitsunfall mit Ausnahme des Wegeunfalls ruht der Arbeitsvertrag gemäß Art. L. 1226-7 C. trav. während der gesamten Genesung, Rehabilitation und gegebenenfalls Umschulung[500]. In diesem Fall kann der Arbeitgeber den Vertrag während der Ruhenszeit nur beenden, wenn er sich auf einen schwerwiegenden Fehler (*faute grave*) des Arbeitnehmers oder die auf einem anderen Grund als der Krankheit oder dem Unfall beruhende Unmöglichkeit, den Vertrag aufrechtzuerhalten, berufen kann (Art. L. 1226-9 C. trav.). Handelt es sich um einen befristeten Vertrag, kommt neben einem schwerwiegenden Fehler des Arbeitnehmers nur höhere Gewalt in Betracht (Art. L. 1226-18 C. trav.).

Im Fall der Mutterschaft (*maternité*) ist zwischen dem teilweisen und vollständigen Ruhen des Vertrages zu unterscheiden[501]. Mit Beginn der Schwangerschaft bis spätestens sechs Wochen vor dem errechneten Geburtstermin kommt eine teilweise Befreiung von der Arbeitspflicht durch Arbeitszeitverkürzung in

---

494 Frik, Die missbräuchliche Nutzung von befristeten Arbeitsverträgen, S. 64.

495 Vgl. statt Vieler Couturier, Droit du travail, Bd. 1, Rn. 203.

496 Pélissier/Auzero/Dockès, Droit du travail, Rn. 320 m. w. N.; Rivero/Savatier, Droit du travail, S. 491.

497 Corrignan-Carsin, in: Rép. trav. Dalloz, Rn. 47.

498 Poulain, Les contrats de travail à durée déterminée, Rn. 134.

499 Pélissier/Auzero/Dockès, Droit du travail, Rn. 339.

500 Frik, Die missbräuchliche Nutzung von befristeten Arbeitsverträgen, S. 63 Fn. 224.

501 Vgl. Pélissier/Auzero/Dockès, Droit du travail, Rn. 330 f.

Betracht. Zahlreiche Tarifverträge enthalten entsprechende Regelungen. Mitunter sehen diese sogar eine Reduktion der Arbeitszeit auf nur eine Stunde täglich vor[502]. Ein vollständiges Ruhen des Arbeitsvertrages mit Gehaltsgarantie bis zum Beginn des Mutterschaftsurlaubes (*congé de maternité*) kommt ausnahmsweise in Betracht, wenn eine Änderung der Tätigkeit der Schwangeren erforderlich wäre (beispielsweise bei gefährlichen Arbeiten) und ihr der Arbeitgeber keine andere Stelle anbieten kann (Art. L. 1225-14 C. trav.). Der Mutterschaftsurlaub beginnt sechs Wochen vor dem errechneten Geburtstermin und endet zehn Wochen nach der Entbindung (Art. L. 1225-17 Abs. 1 C. trav.). In dieser Zeit ruht der Arbeitsvertrag nach Art. L. 1225-24 Abs. 1 S. 1 C. trav. vollständig. Der Mutterschaftsurlaub kann in bestimmten Fällen verlängert werden (vgl. hierzu etwa Art. L. 1225-18, -19 und -21 C. trav.). Einer Arbeitnehmerin darf grundsätzlich während der gesamten Zeit des Ruhens ihres Arbeitsvertrages wegen Mutterschaftsurlaubs und in den darauf folgenden vier Wochen nicht gekündigt werden (Art. L. 1225-4 C. trav.). An die Mutterschaftszeit kann sich ein Erziehungsurlaub (*congé parental d'éducation*) anschließen, der ebenfalls zu einem Ruhen des Arbeitsvertrages führt (Art. L. 1225-47 Nr. 1 C. trav.) und spätestens mit dem dritten Geburtstag des Kindes endet (Art. L. 1225-48 Abs. 2 C. trav.).

Ruhensgründe sind auch Erholungsurlaub (*congés payés*) nach Art. L. 3141-1 ff. C. trav.[503], Bildungsurlaub (*congé individuel de formation*) nach Art. L. 6322-1 ff.[504] und Sabbatical (*congé sabbatique*) nach Art. L. 3142-81 ff. C. trav.[505]. Der Arbeitsvertrag ruht ferner während einer Untersuchungshaft[506] oder Haftstrafe[507] des Arbeitnehmers. Dasselbe gilt unter bestimmten zusätzlichen Voraussetzungen nach Art. L. 3142-60 C. trav. für die Mitglieder der Nationalversammlung (*Assemblée nationale*) oder des Senats (*Sénat*)[508] und im Falle

502 Pélissier/Auzero/Dockès, Droit du travail, Rn. 330.

503 Pélissier/Auzero/Dockès, Droit du travail, Rn. 320 f.; Poulain, Les contrats de travail à durée déterminée, Rn. 134.

504 Pélissier/Auzero/Dockès, Droit du travail, Rn. 375; Poulain, Les contrats de travail à durée déterminée, Rn. 134.

505 Soc. v. 27.11.1991, Bull. civ. V, Nr. 537; Pélissier/Auzero/Dockès, Droit du travail, Rn. 838.

506 Soc. v. 2.3.1978, Bull. civ. V, Nr. 145; Soc. v. 21.11.2000, RJS 2001, 20, Nr. 26; s. dazu Frouin, RJS 2001, 3, 4; Soc. v. 26.2.2003, Dr. soc. 2003, 630.

507 Couturier, Droit du travail, Bd. 1, Rn. 204; Savatier, Dr. soc. 2004, 729, 730.

508 Vgl. auch Poulain, Les contrats de travail à durée déterminée, Rn. 134 (*exercice de fonctions publiques*).

des Militärdienstes[509]. Schließlich sei als Ruhensgrund die Kurzarbeit (*chômage partiel*) erwähnt[510].

Übt ein Arbeitnehmer sein Streikrecht aus, bewirkt dies ebenfalls ein Ruhen seines Arbeitsvertrages[511]. Nach Art. L. 1132-2 C. trav. darf kein Arbeitnehmer wegen der normalen Ausübung seines Streikrechts sanktioniert, entlassen oder im Sinne des Art. L. 1132-1 C. trav. diskriminiert werden. Art. L. 2511-1 C. trav. führt weiter aus, die Ausübung des Streikrechts dürfe nicht zu einer Beendigung des Arbeitsvertrages führen, es sei denn, es liege ein dem Arbeitnehmer zurechenbarer schwerer Fehler (*faute lourde*) vor (Abs. 1); eine aus sonstigen Gründen ausgesprochene Kündigung sei nichtig (Abs. 3). Jedoch darf ein befristeter Arbeitsvertrag nicht zur Vertretung eines im Streik befindlichen Arbeitnehmers geschlossen werden (Art. L. 1242-6 Nr. 1 C. trav.). Einzelheiten hierzu werden bei den Befristungsverboten besprochen[512].

Die Unterscheidung zwischen einem Ruhen des Arbeitsvertrages und einer Abwesenheit des Arbeitnehmers ist nicht einfach. Ein Ruhen des Vertrages ist praktisch immer mit einer Abwesenheit des Arbeitnehmers verbunden[513]. Anders ist dies ausnahmsweise dann, wenn ein Arbeitnehmer als Organ einer Gesellschaft bestellt wird. Mangels anderslautender Vereinbarung ruht sein Arbeitsverhältnis während der Organtätigkeit, ohne dass zugleich ein Fall der Abwesenheit vorliegt, es sei denn es handelt sich um klar getrennte Aufgaben und das für ein Arbeitsverhältnis charakteristische Abhängigkeitsverhältnis besteht fort[514]. Umgekehrt lässt sich die Aussage, dass der Vertrag bei einer Abwesenheit des Arbeitnehmers praktisch immer ruht, nicht treffen. Wird ein Arbeitnehmer vertreten, der vorübergehend auf einen anderen Arbeitsplatz umgesetzt worden ist[515], liegt allein ein Fall der Abwesenheit und nicht zugleich des Ruhens des Arbeitsvertrages vor[516].

---

509 Soc. v. 2.10.1974, D. 1974, IR, 226. Wegen der Abschaffung des Militärdienstes in Frankreich mit Gesetz vom 28. Oktober 1997 (Gesetz Nr. 97-1019 v. 28.10.1997, J.O. Nr. 260 v. 8.11.1997, S. 16251) läuft die Ruhensregelung des Art. L. 3142-71 Abs. 1 C. trav. praktisch leer.

510 Pélissier/Auzero/Dockès, Droit du travail, Rn. 346.

511 Pélissier/Auzero/Dockès, Droit du travail, Rn. 1365.

512 2. Kapitel, B. II. 4. b.

513 Poulain, Les contrats de travail à durée déterminée, Rn. 134; Corrignan-Carsin, in: Rép. trav. Dalloz, Rn. 38; Frik, Die missbräuchliche Nutzung von befristeten Arbeitsverträgen, S. 62 f.

514 Soc. v. 12.12.1990, Dr. soc. 1991, 467; Frik, Die missbräuchliche Nutzung von befristeten Arbeitsverträgen, S. 63 Fn. 221, S. 72 Fn. 282; Petit, Dr. soc. 1991, 463; Couturier, Droit du travail, Bd. 1, Rn. 49.

515 Poulain, Les contrats de travail à durée déterminée, Rn. 135; Golestanian, Dr. ouvr. 2001, 98, 99; Frik, Die missbräuchliche Nutzung von befristeten Arbeitsverträgen,

Ein nach Art. L. 1242-2 Nr. 1 c) C. trav. befristeter Arbeitsvertrag kann bereits vor „Abwesenheit“ der zu vertretenden Person wirksam werden (Art. L. 1242-9 C. trav.). Insoweit gelten die Ausführungen zu (a).

(d) Endgültiges Ausscheiden eines Arbeitnehmers vor Wegfall seines Arbeitsplatzes

Der Befristungsgrund des endgültigen Ausscheidens eines Arbeitnehmers vor Wegfall seines Arbeitsplatzes (Art. L. 1242-2 Nr. 1 d) C. trav.) setzt eine Entscheidung des Arbeitgebers voraus, den Arbeitsplatz zu streichen[517]. Zum Zeitpunkt des Abschlusses des befristeten Arbeitsvertrages muss die Streichung das Stadium eines bloßen Projekts bereits überschritten haben; dies lässt sich dem in Art. L. 1242-2 Nr. 1 d) C. trav. genannten Erfordernis der vorherigen Anhörung des Betriebsausschusses bzw. der Personalvertreter entnehmen[518]. Die Regelung in Art. 2 Nr. 3 des *Accord National Interprofessionnel* vom 24. März 1990, die den Befristungsgrund auf eine Streichung des Arbeitsplatzes in Folge der Einstellung einer Tätigkeit, technischer Produktionsänderungen oder Materialveränderungen beschränkte, hat keinen Eingang in den *Code du travail* gefunden. Das Gesetz lässt alle denkbaren Ursachen, beispielsweise Umstrukturierungen, genügen[519].

Der Grund für das endgültige Ausscheiden des Arbeitnehmers vor Wegfall seines Arbeitsplatzes ist unwichtig. Es kann auf den Willen des Arbeitnehmers oder des Arbeitgebers zurückgehen[520]. Ein befristeter Arbeitsvertrag kann auch dann geschlossen werden, wenn der Arbeitnehmer innerhalb des Unternehmens auf einen anderen Arbeitsplatz versetzt wird und die Streichung des bisherigen Arbeitsplatzes zu einem späteren Zeitpunkt bereits beschlossen ist[521]. Das Ausscheiden des Arbeitnehmers muss in jedem Fall endgültig sein (*départ définitif*)[522]. Dies erklärt die Notwendigkeit der Kodifizierung eines eigenen Befristungsgrundes neben dem Befristungsgrund der Vertretung eines abwesenden Arbeitnehmers[523].

---

S. 64; Roy-Loustaunau, Anm. zu Soc. v. 22.11.1995, JCP G 1996, II, 22642. Dazu 2. Kapitel, B. II. 1. b. aa. (1) (a).

516 Poulain, Les contrats de travail à durée déterminée, Rn. 135.

517 Poulain, Les contrats de travail à durée déterminée, Rn. 140.

518 Corrignan-Carsin, in: Rép. trav. Dalloz, Rn. 65.

519 Golestanian, Dr. ouvr. 2001, 98, 102.

520 Poulain, Les contrats de travail à durée déterminée, Rn. 140.

521 Golestanian, Dr. ouvr. 2001, 98, 102; Frik, Die missbräuchliche Nutzung von befristeten Arbeitsverträgen, S. 67.

522 Poulain, Les contrats de travail à durée déterminée, Rn. 140.

523 Frik, Die missbräuchliche Nutzung von befristeten Arbeitsverträgen, S. 67.

Der Arbeitsplatz muss binnen 24 Monaten nach Einstellung des Vertreters wegfallen; dies ergibt sich aus Art. L. 1242-8 Abs. 3 Nr. 2 C. trav., wonach die Höchstdauer einer Befristung wegen endgültigen Ausscheidens eines Arbeitnehmers vor Wegfall seines Arbeitsplatzes 24 Monate beträgt[524].

(e) Warten auf den tatsächlichen Arbeitsantritt eines unbefristet eingestellten Arbeitnehmers

Nicht selten kommt es in der Praxis vor, dass ein Bewerber eine neue Stelle erst zu einem späteren Zeitpunkt als gewünscht antreten kann, da er eine Kündigungsfrist bei seinem bisherigen Arbeitgeber einzuhalten hat, seine Ausbildung noch abschließen muss oder es - beispielsweise bei einer unternehmensinternen Versetzung - sonstige Verzögerungen gibt[525]. Bis zum tatsächlichen Arbeitsantritt des Bewerbers kann nach Art. L. 1242-2 Nr. 1 e) C. trav. ein Arbeitnehmer mit befristetem Vertrag eingestellt werden.

Der neue Arbeitnehmer muss bereits in einem Vertragsverhältnis zum Arbeitgeber stehen[526]. Art. L. 1242-2 Nr. 1 e) C. trav. verwendet, dem Gesetz vom 12. Juli 1990 folgend, die Worte „*recruté* par contrat à durée indéterminée". Nach Art. 2 Nr. 2 des *Accord National Interprofessionnel* vom 24. März 1990 genügte es noch, dass der neue Arbeitnehmer bereits ausgewählt war („attente, [...], de l'embauche définitive d'un salarié sous contrat à durée indéterminée, lorsque *le candidat pressenti pour occuper le poste à pourvoir* n'est pas immédiatement disponible;"). Die Gesetzesfassung ist damit restriktiver als die Formulierung des *ANI*, so dass der Anwendungsbereich dieses Sachgrunds für eine Befristung beschränkt ist.

Art. L. 1242-2 Nr. 1 e) C. trav. setzt voraus, dass die betreffende Stelle künftig mit einem bereits – unbefristet – eingestellten Arbeitnehmer besetzt wird, der lediglich momentan nicht verfügbar ist. Der Arbeitgeber wird nicht ermächtigt, einen befristeten Arbeitsvertrag zu schließen, um eine mit der normalen und ständigen Tätigkeit des Unternehmens verknüpfte Beschäftigung in der Erwartung der Einstellung des künftigen Stelleninhabers zu ermöglichen[527].

Der neue Arbeitnehmer muss seine Stelle spätestens neun Monate nach Einstellung des Vertreters tatsächlich antreten; dies ergibt sich aus Art. L. 1242-8

524 Poulain, Les contrats de travail à durée déterminée, Rn. 140. Ausf. zur Dauer befristeter Arbeitsverträge im 2. Kapitel, B. II. 3.

525 Golestanian, Dr. ouvr. 2001, 98, 102; Frik, Die missbräuchliche Nutzung von befristeten Arbeitsverträgen, S. 68.

526 Soc. v. 10.7.2001, Dr. soc. 2001, 995 (Anm. Roy-Loustaunau); Poulain, Les contrats de travail à durée déterminée, Rn. 141; Golestanian, Dr. ouvr. 2001, 98, 102; Saramito, Dr. ouvr. 1991, 237, 240; Blaise, Dr. soc. 1991, 11, 13.

527 Soc. v. 9.3.2005, Bull. civ. V, Nr. 80 = Dr. soc. 2005, 691 (Anm. Roy-Loustaunau).

Abs. 2 C. trav., wonach die Höchstdauer einer Befristung wegen Wartens auf den tatsächlichen Arbeitsantritt eines unbefristet eingestellten Arbeitnehmers neun Monate beträgt[528].

(2) Vertretung eines Betriebsinhabers

Nach Art. L. 1242-2 Nr. 4 C. trav. kann ein befristeter Arbeitsvertrag zur Vertretung des Inhabers eines Handwerks-, Industrie- oder Handelsbetriebes, eines Freiberuflers, seines Ehegatten, der effektiv zur Unternehmenstätigkeit beruflich beiträgt, oder eines nicht angestellten Gesellschafters einer Gesellschaft bürgerlichen Rechts oder einer Kapitalgesellschaft aus Freiberuflern geschlossen werden. Die Vorschrift ist, anders als Art. L. 1242-2 Nr. 1 C. trav., nicht auf die Vertretung von Arbeitnehmern beschränkt. Die Befristungsmöglichkeit soll eine Lähmung des Betriebs bei Ausfall bestimmter Personen vermeiden helfen[529].

Ein nach Art. L. 1242-2 Nr. 4 C. trav. befristeter Arbeitsvertrag kann bereits vor Abwesenheit der zu vertretenden Person wirksam werden (Art. L. 1242-9 C. trav.).

(3) Vertretung eines Betriebsleiters in der Landwirtschaft

Art. L. 1242-2 Nr. 5 C. trav. ermöglicht die befristete Vertretung des Leiters eines landwirtschaftlichen Betriebs oder eines Unternehmens im Sinne des Art. L. 722-1 Nr. 1 bis 4 C. rur., einer Haushaltshilfe, eines Gesellschafters oder des in Art. L. 722-10 C. rur. genannten Ehegatten, sofern er tatsächlich an der Bewirtschaftung des landwirtschaftlichen Betriebs oder Unternehmens beteiligt ist. Auch Art. L. 1242-2 Nr. 5 C. trav. ist, im Gegensatz zu Art. L. 1242-2 Nr. 1 C. trav., nicht auf die Vertretung von Arbeitnehmern beschränkt. Sinn und Zweck der Art. L. 1242-2 Nr. 4 und L. 1242-2 Nr. 5 C. trav. stimmen überein[530].

Auch ein nach Art. L. 1242-2 Nr. 5 C. trav. befristeter Arbeitsvertrag kann bereits vor Abwesenheit der zu vertretenden Person wirksam werden (Art. L. 1242-9 C. trav.).

bb. Vorübergehende Steigerung der Unternehmenstätigkeit

Art L. 1242-2 Nr. 2 C. trav. regelt die Befristung eines Arbeitsvertrages aufgrund vorübergehender Steigerung der Unternehmenstätigkeit. Art. L. 1242-2 Nr. 2 C. trav. greift über seinen unter (1) beschriebenen direkten Anwendungs-

528 Vgl. Poulain, Les contrats de travail à durée déterminée, Rn. 141; Frik, Die missbräuchliche Nutzung von befristeten Arbeitsverträgen, S. 68. Ausf. zur Dauer befristeter Arbeitsverträge im 2. Kapitel unter B. II. 3.

529 Corrignan-Carsin, in: Rép. trav. Dalloz, Rn. 37.

530 Vgl. Corrignan-Carsin, in: Rép. trav. Dalloz, Rn. 37.

bereich hinaus in drei weiteren Fällen (2) ein, die ihren Ursprung in Art. 3 des *Accord National Interprofessionnel* vom 24. März 1990 haben[531]. Allen Anwendungsfällen des Art. L. 1242-2 Nr. 2 C. trav. dürfte gemeinsam sein, dass die Arbeit mit den vorhandenen Arbeitnehmern vorübergehend nicht bewältigt werden kann, sei es, weil deren Anzahl nicht ausreicht, sei es, weil diese nicht die erforderliche Qualifikation aufweisen[532].

(1) Direkter Anwendungsbereich des Art. L. 1242-2 Nr. 2 C. trav.

Art. L. 1242-2 Nr. 2 C. trav. hält weitreichende Befristungsmöglichkeiten bereit. Das Risiko einer missbräuchlichen Nutzung befristeter Arbeitsverträge ist hier am größten[533].

Die Steigerung der Unternehmenstätigkeit muss keine Ausnahme darstellen; eine konstante Steigerung der Produktion ist allerdings nicht erfasst[534]. Es gehört zur normalen Unternehmenstätigkeit, wenn ein neues Produkt auf den Markt gebracht wird, selbst wenn dadurch die Tätigkeit zeitweise gesteigert wird[535]. Ausgenommen von der Befristungsmöglichkeit ist auch die Tätigkeitssteigerung großer Geschäfte an Samstagen. Diese führt zu dauerhafter Beschäftigung im Zusammenhang mit der normalen und ständigen Unternehmenstätigkeit[536]. Wesentliches Tatbestandsmerkmal des Art. L. 1242-2 Nr. 2 C. trav. ist aber der nur vorübergehende Charakter der Tätigkeitssteigerung des Unternehmens („accroissement *temporaire* de l'activité de l'entreprise"). Insoweit ist insbesondere an konjunkturbedingte Schwankungen zu denken[537]. Ein klassisches Beispiel für den direkten Anwendungsbereich des Art. L. 1242-2 Nr. 2 C. trav. ist die Steigerung der Tätigkeit von Kaufhäusern in der Weihnachtszeit[538].

Ist davon auszugehen, dass die Unternehmenstätigkeit künftig zeitweise geringer ausfallen wird, stellt ihr gegenwärtiger Umfang keine die Befristung eines Arbeitsvertrages rechtfertigende Steigerung der Unternehmenstätigkeit dar[539]. In

---

531 Frik, Die missbräuchliche Nutzung von befristeten Arbeitsverträgen, S. 77 f.

532 Poulain, Les contrats de travail à durée déterminée, Rn. 76.

533 Lokiec, in: Blanpain/Nakakubo/Araki, Regulation of Fixed-Term Employment Contracts, A Comparative Overview, S. 71, 73.

534 Soc. v. 21.1.2004, Bull. civ. V, Nr. 27 = Dr. soc. 2004, 892 (Anm. Roy-Loustaunau) = RJS 2004, 243, Nr. 352; Martinel, RJS 2004, 194, 197 f.

535 Lokiec, in: Blanpain/Nakakubo/Araki, Regulation of Fixed-Term Employment Contracts, A Comparative Overview, S. 71, 74.

536 Corrignan-Carsin, in: Rép. trav. Dalloz, Rn. 74. S. auch Soc. v. 1.2.2012, RJS 2012, 278, Nr. 309.

537 Corrignan-Carsin, in: Rép. trav. Dalloz, Rn. 71.

538 Lokiec, in: Blanpain/Nakakubo/Araki, Regulation of Fixed-Term Employment Contracts, A Comparative Overview, S. 71, 73.

539 Frik, Die missbräuchliche Nutzung von befristeten Arbeitsverträgen, S. 80.

einem von der *Cour de cassation* in diesem Sinne entschiedenen Fall waren Straßenbauarbeiten geplant, die ein Ausbleiben der Kundschaft eines Restaurants erwarten ließen[540].

Der Arbeitgeber ist nicht verpflichtet, dem befristet eingestellten Arbeitnehmer Aufgaben zuzuweisen, die unmittelbar mit der Tätigkeitssteigerung des Unternehmens zusammenhängen[541].

Der Arbeitgeber ist für eine vorübergehende Steigerung der Unternehmenstätigkeit, die den Rückgriff auf einen befristeten Arbeitsvertrag rechtfertigt, beweispflichtig. Kann er den Beweis nicht erbringen, muss er mit der Umgestaltung des befristeten Arbeitsvertrages in einen unbefristeten Vertrag rechnen[542]. In einem von der *Cour de cassation* im Jahre 1996 entschiedenen Fall konnte sich ein Unternehmen, das bei der Eröffnung mehrerer Läden zur probeweisen Einführung einer neuen Geschäftstätigkeit (Vertrieb von Fotoprodukten) befristete Stellen geschaffen hatte, bei der Verlängerung der Arbeitsverträge zwei Jahre später nicht mehr auf eine vorübergehende Steigerung der Unternehmenstätigkeit berufen. Die Stellen waren zu diesem Zeitpunkt als dauerhaft anzusehen[543]. Eine die Befristung von Arbeitsverträgen rechtfertigende neue Geschäftstätigkeit liegt nur dann vor, wenn der Erfolg des Projekts noch ungewiss ist und nicht sicher ist, ob die Tätigkeit dauerhaft ausgeübt werden wird[544]. Dementsprechend hat die *Cour de cassation* in einem anderen Fall entschieden, dass die Eröffnung der Filiale eines Discounters und die damit verbundene Einstellung einer Kassiererin von vorneherein zur normalen und ständigen Tätigkeit des Unternehmens gehörten. Der befristete Arbeitsvertrag der Kassiererin konnte von Anfang an nicht auf eine vorübergehende Steigerung der Unternehmenstätigkeit gestützt werden[545].

---

540 Soc. v. 4.3.1992, Bull. civ. V, Nr. 147 = RJS 1992, 334, Nr. 586.

541 Soc. v. 18.2.2003, Bull. civ. V, Nr. 57 = Dr. soc. 2003, 650 (Anm. Roy-Loustaunau); Soc. v. 21.1.2004, Bull. civ. V, Nr. 27 = Dr. soc. 2004, 892 (Anm. Roy-Loustaunau) = RJS 2004, 243, Nr. 352; Frik, Die missbräuchliche Nutzung von befristeten Arbeitsverträgen, S. 79.

542 Soc. v. 1.2.2000, Bull. civ. V, Nr. 46.

543 Soc. v. 29.10.1996, RJS 1996, 803, Nr. 1236.

544 Corrignan-Carsin, in: Rép. trav. Dalloz, Rn. 75.

545 Soc. v. 5.7.2005, Nr. 04-40299, n. v. Vgl. auch Soc. v. 13.1.2009, Bull. civ. V, Nr. 2 = RJS 2009, 209, Nr. 231 = JCP S 2009, 1159, 27 (Anm. Bousez) (Überprüfung der Rentabilität eines übernommenen Geschäftes); Soc. v. 10.12.2008, Bull. civ. V, Nr. 244 = RJS 2009, 124 Nr. 143 = RDT 2009, 161 (Anm. Reynès) = JCP S 2009, 1160, 28 (Anm. Bousez) (Organisation von Ausstellungen).

(2) Zusätzlicher Anwendungsbereich nach Art. 3 Nr. 2 bis 4 des *Accord National Interprofessionnel* vom 24. März 1990

Art. 3 des *Accord National Interprofessionnel* vom 24. März 1990 regelte vier eine Befristung rechtfertigende Veränderungen in der Unternehmenstätigkeit. Nr. 1 der Bestimmung sah die im heutigen Art. L. 1242-2 Nr. 2 C. trav. (*accroissement temporaire de l'activité de l'entreprise*) nahezu wörtlich umgesetzte „vorübergehende Steigerung der Tätigkeit" (*accroissement temporaire d'activité*) vor. Nr. 2 betraf die „Ausführung einer gelegentlichen, genau bestimmten und nicht dauerhaften Aufgabe, die nicht zur normalen Unternehmenstätigkeit gehört", Nr. 3 den „Eingang eines außergewöhnlichen Auftrags, insbesondere für den Export, dessen Bedeutung den Einsatz quantitativ und qualitativ die gewöhnlich verwendeten Mittel übersteigender Mittel erfordert", und Nr. 4 „dringende Arbeiten, deren sofortige Durchführung notwendig ist, um drohenden Unfällen vorzubeugen, Rettungsmaßnahmen zu organisieren oder Unzulänglichkeiten am Material, an Anlagen und an Gebäuden zu reparieren, die eine Gefahr für Personen darstellen". Art. 3 Nr. 4 des *ANI* galt „unbeschadet der Bestimmungen in Art. 17 Nr. 4" des *ANI*. Danach hatte der Arbeitgeber den Arbeitnehmern im Falle dringender Arbeiten zur Verhütung von Unfällen alle erforderlichen Informationen zu den Besonderheiten des Unternehmens und seiner Umgebung zu erteilen, die Auswirkungen auf ihre Sicherheit haben konnten.

Flankierende Regelungen im *Code du travail* zeigen, dass die Fälle in Art. 3 Nr. 2 bis 4 des *ANI* vom Gesetzgeber als Unterfälle des Art. L. 1242-2 Nr. 2 C. trav. angesehen werden[546]: So trifft Art. L. 1242-8 C. trav. Ausnahmeregelungen zur Dauer befristeter Arbeitsverträge, deren Ziel die Durchführung „dringender Arbeiten" ist, „die aus Sicherheitsgründen notwendig sind"; dieselbe Vorschrift erfasst den Fall des „Eingangs eines außergewöhnlichen Auftrags für den Export, dessen Bedeutung den Einsatz von quantitativ oder qualitativ die gewöhnlich verwendeten Mittel übersteigender Mittel erfordert"[547]. Art. L. 1242-5 C. trav. (Befristungsverbot im Anschluss an eine betriebsbedingte Kündigung)[548] betrifft die „vorübergehende Steigerung der Unternehmenstätigkeit einschließlich der Ausführung einer gelegentlichen, genau bestimmten und nicht dauerhaften Aufgabe, die nicht zur normalen Unternehmenstätigkeit gehört"[549].

546 Frik, Die missbräuchliche Nutzung von befristeten Arbeitsverträgen, S. 77 f.

547 Dazu 2. Kapitel, B. II. 3. b. bb.

548 Dazu 2. Kapitel, B. II. 4. a.

549 Frik, Die missbräuchliche Nutzung von befristeten Arbeitsverträgen, S. 77 f.

### cc. Saisonbeschäftigung

Zu den Befristungsgründen des Art. L. 1242-2 C. trav. zählt auch die Saisonbeschäftigung. Die befristete Beschäftigung zur Weinlese ist in Art. L. 718-4 ff. C. rur. gesondert geregelt.

#### (1) Allgemeiner Befristungsgrund der Saisonbeschäftigung

Art. L. 1242-2 Nr. 3, 1. Alt. C. trav. enthält den allgemeinen Befristungsgrund der Saisonbeschäftigung. Weder der Begriff der Saison noch der der Saisonbeschäftigung ist legaldefiniert[550]. Zweifellos ist aber an Tätigkeiten in der Landwirtschaft, in bestimmten Industriezweigen und in der Tourismusbranche zu denken[551]. Anbau, Ernte und Lagerung landwirtschaftlicher Produkte gehorchen den Gesetzen der Natur und sind an Jahreszeiten und Klima gebunden[552]. Hiervon ist wiederum die Nahrungsmittelindustrie abhängig[553]. Auch im Tourismus spielen die Jahreszeiten und das Klima eine wesentliche Rolle. Hinzu kommt die Abhängigkeit von Urlaubszeiten[554].

Die Saisonbeschäftigung im Sinne des Gesetzes ist nicht auf bestimmte Tätigkeitsbereiche beschränkt, so dass es Sache des Richters ist – unabhängig von einem Tätigkeitsbereich – zu untersuchen, ob die dem Arbeitnehmer übertragenen Aufgaben unter diesen Begriff gefasst werden können[555]. Dazu zählen ganz allgemein „Aufgaben, die sich abhängig vom Wechsel der Jahreszeiten oder von der allgemeinen Lebensweise normalerweise jährlich zu ungefähr festen Terminen wiederholen“[556]. Ist etwa für eine Tätigkeit in der Tourismusbranche eine Steigerung der Besucherzahlen jedes Jahr ungefähr zur gleichen Zeit typisch, ist der Abschluss befristeter Arbeitsverträge für die (fünf oder sechs) Monate des

550 Einen Überblick über die Definitionsversuche in zahlreichen ministeriellen Rundschreiben gibt Corrignan-Carsin, in: Rép. trav. Dalloz, Rn. 92 ff.

551 Lachaise, Anm. zu Soc. v. 12.10.1999, JCP E 2000, 1530, 1531 m. w. N.; Frik, Die missbräuchliche Nutzung von befristeten Arbeitsverträgen, S. 87; Kröger, Die Befristung von Arbeitsverträgen, S. 215.

552 Roy-Loustaunau, RJS 1996, 215, 216, der einen Überblick über die mit Saisonarbeitsverträgen verbundenen Rechtsfragen gibt; Frik, Die missbräuchliche Nutzung von befristeten Arbeitsverträgen, S. 87.

553 Lachaise, Anm. zu Soc. v. 12.10.1999, JCP E 2000, 1530, 1531 m. w. N.

554 Frik, Die missbräuchliche Nutzung von befristeten Arbeitsverträgen, S. 87.

555 Soc. v. 10.1.1990, RJS 1991, 164, Nr. 313.

556 Art. 4 Nr. 1 Fn. 1 des ANI vom 24.3.1990; Soc. v. 12.10.1999, Bull. civ. V, Nr. 373 = Dr. soc. 1999, 1097 (Anm. Roy-Loustaunau); Soc. v. 26.10.2011, RJS 2012, 30, Nr. 12.

Jahres, während derer der Besucherstrom am größten ist, zulässig[557]. Innerhalb ein und derselben Saison können mehrere befristete Verträge mit demselben Arbeitnehmer oder verschiedenen Arbeitnehmern aufeinander folgen[558]. Die Gesetzesformulierung (*emplois à caractère saisonnier*) lässt darauf schließen, dass der befristete Arbeitsvertrag nicht zwingend für die gesamte Saison geschlossen werden muss[559]. Die ganzjährige Beschäftigung eines Arbeitnehmers kann keinen Saisoncharakter haben, so entschieden von der *Cour de cassation* unter anderem im Fall eines Mannequin, das der Arbeitgeber ein Jahr lang buchte[560]. Hier fehlt es an einer jährlichen Wiederholung der Aufgaben zu ungefähr festen Terminen[561]. Der Arbeitgeber trägt die Beweislast für das Vorliegen der Voraussetzungen einer Saisonbeschäftigung[562].

Mitunter schwierig ist die Differenzierung zwischen Saisonverträgen und Verträgen, die auf einer vorübergehenden Steigerung der Unternehmenstätigkeit beruhen[563]. Handelt es sich um Arbeiten für ein Unternehmen, dessen Tätigkeit untrennbar mit einer Saison verbunden ist (z. B. beim Betrieb von Skiliften), ist grundsätzlich jede Beschäftigung eine Saisonbeschäftigung[564]. Ist die ganzjährige Tätigkeit eines Unternehmens lediglich zu bestimmten Zeiten gesteigert (z. B. Geschäfte in Touristengebieten), ist darauf abzustellen, ob die Aufgaben des Arbeitnehmers vom Wechsel der Jahreszeiten oder der allgemeinen Lebensweise abhängig sind[565]. Die Unterscheidung hat erhebliche praktische Bedeutung im Hinblick auf die Möglichkeit einer Zweckbefristung[566], einer Kettenbefristung[567] und den Anspruch auf eine Beendigungsentschädigung[568].

557 Soc. v. 12.10.1999, Bull. civ. V, Nr. 373 = Dr. soc. 1999, 1097 (Anm. Roy-Loustaunau). Im konkreten Fall ging es um die befristete Beschäftigung einer Kassiererin am Eiffelturm.

558 Corrignan-Carsin, in: Rép. trav. Dalloz, Rn. 98. S. auch 2. Kapitel, B. II. 4. e., C. II. 1. und E. II. 2.

559 Corrignan-Carsin, in: Rép. trav. Dalloz, Rn. 97.

560 Soc. v. 7.12.1994, RJS 1995, 17, Nr. 3 = D. 1995, 285, 288 (Schlussfolgerungen Chauvy); in diesem Sinne auch Soc. v. 16.3.1995, RJS 1995, 332, Nr. 491; Frik, Die missbräuchliche Nutzung von befristeten Arbeitsverträgen, S. 85 Fn. 338 m. w. N.

561 Frik, Die missbräuchliche Nutzung von befristeten Arbeitsverträgen, S. 85 Fn. 338 m. w. N.

562 Frik, Die missbräuchliche Nutzung von befristeten Arbeitsverträgen, S. 86 m. w. N.

563 Frik, Die missbräuchliche Nutzung von befristeten Arbeitsverträgen, S. 87.

564 Frik, Die missbräuchliche Nutzung von befristeten Arbeitsverträgen, S. 89.

565 Vgl. Soc. v. 22.6.1994, RJS 1994, 663, Nr. 1121; ausf. Frik, Die missbräuchliche Nutzung von befristeten Arbeitsverträgen, S. 89 f.

566 Dazu 2. Kapitel, A. II.

567 Dazu 2. Kapitel, C. II. 1. und 2. a. aa.

(2) Besonderer Befristungsgrund der Weinlese

Als Spezialfall der Saisonbeschäftigung gesondert geregelt ist, wie bereits erwähnt, der Weinlesevertrag (*contrat vendanges*). Der Befristungsgrund der Art. L. 122-3-18, -19 C. trav. a. F. wurde im Zuge der Reform des *Code du travail*[569] nicht in dessen neuen Gesetzesteil übertragen. Stattdessen wurden durch Art. 8 Nr. 5 der *Ordonnance* vom 12. März 2007 Art. L. 718-4 ff. C. rur. geschaffen, die den Weinlesevertrag dem Sachzusammenhang entsprechend regeln. Nach Art. L. 111-1 Abs. 2 C. rur. müssen Erschließung und Schutz des ländlichen und forstlichen Raumes unter Berücksichtigung seiner wirtschaftlichen, umweltbezogenen und sozialen Funktion erfolgen. Dazu muss die Planungspolitik unter anderem den Bedürfnissen im Bereich der Beschäftigung Rechnung tragen (Art. L. 111-2 Nr. 5 C. rur.).

Der Weinlesevertrag umfasst alle Arbeiten von der Vorbereitung über die Durchführung der Weinlese bis hin zu den Aufräumarbeiten (Art. L. 718-4 C. rur.). Charakteristisch sind seine nicht unerhebliche Verbreitung und äußerst kurzen Laufzeiten von oftmals nur wenigen Tagen[570].

Nach Art. L. 718-6 C. rur. können alle Arbeitnehmer – auch während ihres Erholungsurlaubs – und Angestellte im öffentlichen Dienst (*agents publics*) Weinleseverträge schließen.

Grundsätzlich haben Arbeitnehmer im Erholungsurlaub nicht das Recht zu arbeiten. Der Bürgermeister der betroffenen Gemeinde oder der Präfekt kann den Arbeitnehmer, der während seines Urlaubs einer Arbeit nachgeht, die Arbeitsuchenden hätte übertragen werden können, nach Art. D. 3141-2 C. trav. sogar auf Schadensersatz an die Arbeitslosenversicherung verklagen. Die Klage kann auch gegen den Arbeitgeber erhoben werden, der wissentlich einen Arbeitnehmer im Erholungsurlaub beschäftigt[571].

Nach der mit Art. 24 des Gesetzes vom 2. Februar 2007[572] abgeschafften Regelung des Art. L. 324-1 C. trav. konnten Beamte, Angestellte und Arbeiter im öffentlichen Dienst ihre Beschäftigung nicht mit einer Stelle in der Privat-

568 Dazu 2. Kapitel, E. II. 4. b.; Frik, Die missbräuchliche Nutzung von befristeten Arbeitsverträgen, S. 88.

569 Dazu bereits S. 6 f.

570 Olszak, Dr. soc. 2005, 839.

571 Nach § 8 BUrlG darf ein Arbeitnehmer während seines Urlaubs keine dem Urlaubszweck widersprechende Erwerbstätigkeit leisten. Im Falle eines Verstoßes gegen die Norm dürfte ein Schadensersatzanspruch des Arbeitgebers gegen den Arbeitnehmer allerdings „schwer vorzutragen“ sein (vgl. BAG v. 25.1.1990 – 8 AZR 495/88, n. v.; ErfK-Gallner, § 8 BUrlG Rn. 4).

572 Gesetz Nr. 2007-148 v. 2.2.2007 zur Modernisierung des öffentlichen Dienstes in der konsolidierten Fassung v. 6.2.2007, J.O. Nr. 31 v. 6.2.2007, S. 2160, Text Nr. 2.

wirtschaft kumulieren. Art. 1 i. V. m. Art. 2 Nr. 3 der Verordnung vom 2. Mai 2007[573] bestimmt, dass eine Genehmigung für eine Nebentätigkeit, unter anderem in der Landwirtschaft, erteilt werden kann, sofern diese Nebentätigkeit nicht den normalen Ablauf, die Unabhängigkeit oder die Neutralität der Hauptbeschäftigung beeinträchtigt. Art. L. 718-6 C. rur. normiert die Möglichkeit der Tätigkeitskumulierung für den Weinlesevertrag, wie gesehen, ausdrücklich. Sinn und Zweck dieser wie der anderen Flexibilitätsregeln der Art. L. 718-4 ff. C. rur. ist es, auf den Arbeitskräftemangel bei der Weinlese zu reagieren und zugleich der Schwarzarbeit den Kampf anzusagen[574].

Um die Nettovergütung der Arbeitnehmer zu erhöhen und auf diese Weise Arbeitskräfte für die Weinlese anzuwerben, sind die Arbeitnehmer im Rahmen des Weinlesevertrages von der Verpflichtung zur Zahlung von Sozialversicherungsbeiträgen weitestgehend befreit[575]. Die Regelung ist insofern bemerkenswert, als im Rahmen der Beschäftigungspolitik üblicherweise eine Befreiung von den *Arbeitgeber*beiträgen zur Sozialversicherung erfolgt, um einen Anreiz für Einstellungen zu schaffen[576]; beim Weinlesevertrag bedarf es jedoch, nicht zuletzt angesichts des Arbeitskräftemangels, keines solchen Anreizes auf Arbeitgeberseite[577].

dd. Gewohnheitsmäßige Befristung

Nach Art. L. 1242-2 Nr. 3, 2. Alt. C. trav. kann ein befristeter Arbeitsvertrag für eine Beschäftigung geschlossen werden, „für die es in bestimmten, durch Verordnung, Tarifvertrag oder für allgemeinverbindlich erklärte Kollektivvereinbarung festgelegten Tätigkeitsbereichen ständiger Brauch ist, wegen der Art der ausgeübten Tätigkeit und des naturgemäß vorübergehenden Charakters dieser Beschäftigung nicht auf unbefristete Arbeitsverträge zurückzugreifen“. Die ungewöhnliche Negativformulierung der Vorschrift spiegelt die restriktive Ausrichtung des französischen Befristungsrechts wieder[578]. Der Vertrag wird verkürzt als *contrat à durée déterminée (dit) d'usage*, also als gewohnheitsmäßig

---

573 Verordnung Nr. 2007-658 v. 2.5.2007 zur Kumulierung der Tätigkeiten von Beamten, Angestellten und Arbeitern der staatlichen Industriebetriebe in der konsolidierten Fassung v. 3.5.2007, J.O. Nr. 103 v. 3.5.2007, Text Nr. 41; vgl. hierzu auch das ministerielle Rundschreiben Nr. 2157 v. 11.3.2008.

574 Olszak, Dr. soc. 2005, 839, 840 ff.

575 Olszak, Dr. soc. 2005, 839, 842 f.

576 Dazu 2. Kapitel, B. II. 1. b. ee. (2).

577 Olszak, Dr. soc. 2005, 839, 843.

578 Corrignan-Carsin, in: Rép. trav. Dalloz, Rn. 102.

befristeter Vertrag[579], bezeichnet. Er wurde im Jahre 1982 im Wege der *Ordonnance* in den *Code du travail* eingeführt[580]. Die *Ordonnance* hatte zwar zum Ziel, den Anwendungsbereich befristeter Arbeitsverträge zu beschränken[581]. Ausdrücklich zugelassen wurde die Befristung aber in den Fällen, in denen sie bereits Brauch war, insbesondere im Bereich der Bühne[582]. Einen Verweis auf einen Brauch hatte im Übrigen schon Art. 21 des Ersten Buches des *Code du travail* a. F. enthalten. Dort hatte es geheißen „Die Dauer des Arbeitsvertrages richtet sich vorbehaltlich des Beweises des Gegenteils nach den ortsüblichen Bräuchen oder den Bräuchen des Berufszweiges“[583].

Im Folgenden wird zunächst die Aufzählung der Tätigkeitsbereiche für eine gewohnheitsmäßige Befristung in Art. D. 1242-1 C. trav. betrachtet (1). Sodann geht es um die Zuordnung eines Tätigkeitsbereichs zur Haupttätigkeit des Unternehmens (2), das Erfordernis eines ständigen Brauches (3) und die Anforderungen an die konkrete Beschäftigung des befristet eingestellten Arbeitnehmers (4).

### (1) Tätigkeitsbereiche

Die in Art. D. 1242-1 C. trav. genannten fünfzehn Tätigkeitsbereiche sind die Folgenden: 1. Forstwirtschaft, 2. Schiffsreparatur, 3. Umzugsgewerbe, 4. Hotel- und Gaststättengewerbe, Freizeit- und Urlaubszentren, 5. Profisport, 6. Schauspiel, Kultur, Medien, Filmproduktion, Radio und Fernsehen, 7. Bildungswesen, 8. Information, Recherche- und Umfragetätigkeiten, 9. Lagerung von Fleisch, 10. Bauwirtschaft, soweit Baustellen im Ausland betroffen sind, 11. Aktivitäten der Kooperation und technischen Begleitung sowie des Ingenieurwesens und der Forschung im Ausland, 12. Eingliederungsleistungen durch Vermittler im Sinne des Art. L. 5132-7 C. trav., 13. Einstellung von Arbeitern, um sie gegen Entgelt im Rahmen des Art. L. 7232-6 Nr. 2 C. trav. Dritten zu überlassen, 14. wissenschaftliche Forschung im Rahmen einer internationalen Vereinbarung, eines danach geschlossenen internationalen Verwaltungsabkommens oder durch ausländische Forscher mit vorübergehendem Wohnsitz in Frankreich und 15. Montage und Demontage von Jahrmarktanlagen.

---

579 Zur Übersetzung s. auch Frik, Die missbräuchliche Nutzung von befristeten Arbeitsverträgen, S. 93.

580 Ordonnance Nr. 82-130 v. 5.2.1982, Art. 2, J.O. v. 6.2.1982, S. 482.

581 *Article Execution* der *Ordonannce*; Lévy-Amsallem, Anm. zu Crim. v. 6.5.2008, RDT 2008, 594, 595.

582 *Article Execution* der *Ordonannce*.

583 Poulain, Les contrats de travail à durée déterminée, Rn. 194.

Die vorgenannten Tätigkeitsbereiche sind eng zu verstehen und nicht durch Analogie erweiterbar[584]. Z. B. bleibt der Amateursport ausgenommen[585]. Die Liste des Art. D. 1242-1 C. trav. ist nach ihrem eindeutigen Wortlaut grundsätzlich abschließend[586]. Nur durch Tarifvertrag oder allgemeinverbindliche Kollektivvereinbarung können weitere Tätigkeitsbereiche bestimmt werden.

Der Saisonarbeitsvertrag unterscheidet sich vom gewohnheitsmäßig befristeten Arbeitsvertrag dadurch, dass er Aufgaben betrifft, „die sich abhängig vom Wechsel der Jahreszeiten oder von der allgemeinen Lebensweise normalerweise jährlich zu ungefähr festen Terminen wiederholen"[587]. Eine Saisonbeschäftigung ist zudem in einem Tätigkeitsbereich möglich, der nicht auf der Liste des Art. D. 1242-1 C. trav. steht[588].

Nach der spezialgesetzlichen Regelung des Art. 431-1 C. de la recherche können außerhalb des Regelungskomplexes der Art. L. 1242-1 bis L. 1242-3, L. 1242-5 bis L. 1242-8, L. 1243-13, L. 1244-4 und L. 1246-1 C. trav. Forscher in den Forschungsabteilungen der Behörden, den öffentlichen Forschungseinrichtungen und Hochschulen befristet beschäftigt werden.

(2) Haupttätigkeit des Unternehmens

Die Haupttätigkeit (*activité principale*) des Unternehmens muss in einem der in Art. D. 1242-1 C. trav. aufgezählten Tätigkeitsbereiche bestehen, in denen es ständiger Brauch ist, wegen der Art der ausgeübten Tätigkeit und des naturgemäß vorübergehenden Charakters dieser Beschäftigung nicht auf unbefristete Verträge zurückzugreifen; ob die Tätigkeit des Arbeitnehmers einem dieser Bereiche unterfällt, ist unerheblich[589].

---

584 Poulain, Les contrats de travail à durée déterminée, Rn. 198; Frik, Die missbräuchliche Nutzung von befristeten Arbeitsverträgen, S. 94 m. w. N.

585 Scavello, Dr. soc. 2007, 83, 85; vgl. auch Soc. v. 12.11.1997, Bull. civ. V, Nr. 361 = RJS 1997, 825, Nr. 1341; Soc. v. 16.5.2000, RJS 2000, 622, Nr. 909; Mouly, Dr. soc. 2000, 507; Barthélémy, JCP S 2008, 1430 Rn. 14 ff. zum befristeten Arbeitsvertrag im Profisport.

586 Poulain, Les contrats de travail à durée déterminée, Rn. 198; Frik, Die missbräuchliche Nutzung von befristeten Arbeitsverträgen, S. 94 m. w. N. Nach Soc. v. 24.6.2003, Bull. civ. V, Nr. 203 = Dr. soc. 2003, 1124 (Anm. Roy-Loustaunau), steht das Sammeln und Verwalten von Wetten auf Pferderennbahnen nicht im Zusammenhang mit einem der in Art. D. 1242-1 C. trav. „abschließend aufgezählten" Tätigkeitsbereiche.

587 Soc. v. 17.9.2008, Bull. civ. V, Nr. 163 = RJS 2008, 974, Nr. 1168 = JCP S 2009, 1015 (Anm. Bousez). Dazu bereits Fn. 556.

588 Soc. v. 17.1.1996, Bull. civ. V, Nr. 13 = RJS 1996, 74, Nr. 100.

589 Soc. v. 25.2.1998, Bull. civ. V, Nr. 99 = Dr. soc. 1998, 395 (Anm. Roy-Loustaunau); Soc. v. 2.6.2004, RJS 2004, 613, Nr. 889; Soc. v. 27.9.2006, RJS 2006, 986, Nr. 1329 =

### (3) Ständiger Brauch

In dem betreffenden Tätigkeitsbereich muss es ständiger Brauch sein, für eine bestimmte Beschäftigung keine unbefristeten Arbeitsverträge zu schließen. Der Brauch muss in dem betreffenden Berufsstand bestehen; die Entscheidung oder Praxis eines einzelnen Arbeitgebers reicht insoweit nicht aus[590].

Soweit ein Tätigkeitsbereich für eine gewohnheitsmäßige Befristung in Art. D. 1242-1 C. trav., in einem Tarifvertrag oder einer für allgemein verbindlich erklärten Kollektivvereinbarung genannt ist, besteht eine Vermutung, dass ein ständiger Brauch vorliegt, keine unbefristeten Arbeitsverträge zu schließen; der Arbeitnehmer trägt die Beweislast für das Gegenteil[591].

### (4) Konkrete Beschäftigung

Bis zu einem Rechtsprechungswechsel im Jahre 2003 musste die konkrete Beschäftigung des befristet eingestellten Arbeitnehmers einen naturgemäß vorübergehenden Charakter haben. Daher musste beispielsweise der befristete Vertrag eines TV-Moderators, der nicht nur für ganz bestimmte, nicht dauerhafte Sendungen eines Fernsehsenders eingestellt worden war, in einen unbefristeten Vertrag umgestaltet werden[592]. Die befristeten Verträge von Lehrern mussten darauf überprüft werden, ob diese dauerhaft und ohne eine andere Unterbrechung als die durch die Schulferien Unterricht erteilt hatten[593]. Auch der Cha-

---

RDT 2007, 47 (Anm. Nadal), wonach die Haupttätigkeit des Unternehmens auch in einem, in einem Tarifvertrag oder in einer allgemeinverbindlichen Kollektivvereinbarung genannten Tätigkeitsbereich liegen kann; Poulain, Les contrats de travail à durée déterminée, Rn. 202 f.

590 Ministerielles Rundschreiben DRT Nr. 90-18 v. 30.10.1990 zum befristeten Arbeitsvertrag und Zeitarbeitsvertrag, BOMT Nr. 90/24, Text Nr. 567; Corrignan-Carsin, in: Rép. trav. Dalloz, Rn. 113; Poulain, Les contrats de travail à durée déterminée, Rn. 200 m. w. N.

591 Soc. v. 12.3.1996, Dr. soc. 1996, 528 (Anm. Roy-Loustaunau); Etiennot/Kessler/Moukha, Dr. soc. 1992, 66, 68 m. w. N.; Frik, Die missbräuchliche Nutzung von befristeten Arbeitsverträgen, S. 96; a. A. Poulain, Les contrats de travail à durée déterminée, Rn. 200.

592 Vgl. Soc. v. 10.10.1995, Bull. civ. V, Nr. 263 = Dr. soc. 1995, 1038; vgl. ebenso Soc. v. 21.3.2000, Bull. civ. V, Nr. 108 = Dr. soc. 2000, 767 (Anm. Roy-Loustaunau), zum Vertrag eines Radiomoderators, der nicht mit einer speziellen und vorübergehenden Aufgabe betraut war, sondern über drei Jahre hinweg ununterbrochen in einem bestimmten Zeitfenster alle Sendungen übernahm.

593 Soc. v. 26.6.1991, D. 1991, IR, 197 = Dr. soc. 1991, 731; Soc. v. 25.3.1998, Bull. civ. V, Nr. 172 = RJS 1998, 375, Nr. 575; Corrignan-Carsin, in: Rép. trav. Dalloz, Rn. 109.

rakter der Beschäftigung von Archäologen, die mehrfach an verschiedenen Grabungsstätten eingesetzt worden waren, war problematisch[594].

Die *Cour de cassation* gab das Tatbestandsmerkmal des naturgemäß vorübergehenden Charakters der konkreten Beschäftigung mit mehreren Urteilen vom 26. November 2003 ausdrücklich auf[595]. Die Abschaffung der Voraussetzung des vorübergehenden Charakters der Beschäftigung erleichterte die gewohnheitsmäßige Befristung ungemein[596].

Mit zwei Urteilen vom 23. Januar 2008[597] ist die *Cour de cassation* zu ihrer ursprünglichen Rechtsprechung zurückgekehrt[598]. In den Entscheidungsgründen heißt es, aus Art. L. 1242-1, L. 1242-2, L. 1244-1 (aufeinanderfolgende Verträge mit demselben Arbeitnehmer)[599] und D. 1242-1 C. trav. (Tätigkeitsbereiche im Sinne des Art. L. 1242-2 Nr. 3, 2. Alt. C. trav.) ergebe sich, dass in den durch Verordnung, Tarifvertrag oder allgemeinverbindliche Kollektivvereinbarung festgelegten Tätigkeitsbereichen eine Beschäftigung mit befristetem Vertrag ausgeübt werden könne, weil es ständiger Brauch sei, wegen der Art der ausgeübten Tätigkeit und des naturgemäß vorübergehenden Charakters dieser Beschäftigung nicht auf einen unbefristeten Vertrag zurück zu greifen; in diesem Fall könnten auch aufeinanderfolgende befristete Verträge mit demselben Arbeitnehmer geschlossen werden. Dabei sei zu berücksichtigen, dass die durch die Richtlinie 1999/70/EG durchgeführte Rahmenvereinbarung über befristete Arbeitsverträge ausweislich ihrer §§ 1 und 5 zum Ziel habe, den Missbrauch durch aufeinanderfolgende befristete Arbeitsverträge zu vermeiden. Die Rahmenvereinbarung verlange eine Prüfung, ob die Nutzung aufeinanderfolgender

594 Soc. v. 12.3.1996, Bull. civ. V, Nr. 94 = Dr. soc. 1996, 528 (Anm. Roy-Loustaunau) = JCP E 1996, 595. Vgl. auch Soc. v. 14.11.1990, D. 1990, IR, 281 = RJS 1990, 631, Nr. 950; Soc. v. 9.4.1996, Bull. civ. V, Nr. 143 = Dr. soc. 1996, 634 (Anm. Roy-Loustaunau).

595 Soc. v. 26.11.2003 (vier Urteile), D. 2004, Somm., 376 (Anm. Terroux) = Dr. soc. 2004, 632; vgl. dazu Roy-Loustaunau, Dr. soc. 2004, 629; Bailly, RJS 2004, 7, 10; nachfolgend Soc. v. 25.5.2005, Dr. soc. 2005, 916 (Anm. Roy-Loustaunau) = RJS 2005, 612, Nr. 847; Soc. v. 15.2.2006, Dr. soc. 2006, 794 (Anm. Roy-Loustaunau).

596 Vigneau, Anm. zu Soc. v. 23.1.2008, D. 2008, 1322, 1323. Reynès, D. 2008, 2306, sprach insoweit von einer „Prekarisierung“.

597 Soc. v. 23.1.2008, Bull. civ. V, Nr. 16 = JCP S 2008, 1164 (Anm. Bousez/Martinon) = D. 2008, 1321 (Anm. Vigneau).

598 Einen Überblick über die entsprechende Instanzenrechtsprechung gibt Pelletier, JCP S 2008, 1532, 21, 22.

599 Dazu 2. Kapitel, C. II. 1.

Verträge durch „objektive Gründe" gerechtfertigt sei[600]. „Objektive Gründe" seien konkrete Merkmale, die den naturgemäß vorübergehenden Charakter der Beschäftigung ausmachten[601].

Der Rückgriff auf die Rahmenvereinbarung über befristete Arbeitsverträge scheint auf den ersten Blick den wachsenden Einfluss des europäischen Arbeitsrechts auf das französische Recht[602] zu illustrieren und ein Zeichen für ein stärkeres Bewusstsein der Gerichte für eine Anwendung des europäischen Rechts zu sein[603]. Dass sich die *Cour de cassation* in ihren Entscheidungsgründen auf die Auslegung der Rahmenvereinbarung stützt, ist gleichwohl eine Verlegenheitslösung, da das französische Recht die Anforderungen an die konkrete Beschäftigung des befristet eingestellten Arbeitnehmers ausdrücklich benennt; dem Gericht dürfte bewusst gewesen sein, dass der Rechtsprechungswechsel im Jahre 2003 contra legem erfolgt war[604]: Art. L. 1242-2 Nr. 3, 2. Alt. C. trav. stellt ausdrücklich auf den nur vorübergehenden Charakter der Beschäftigung ab. Nach der generalklauselartigen Vorschrift[605] des Art. L. 1242-1 C. trav. „darf ein befristeter Arbeitsvertrag *gleich aus welchem Grund* weder zum Ziel noch tatsächlich zur Folge haben, dass eine dauerhafte Beschäftigung geschaffen wird"[606], die an die normale und ständige Tätigkeit des Unternehmens geknüpft ist"[607].

Zur Rechtfertigung des vorübergehenden Charakters der Beschäftigung eines Arbeitnehmers reicht die Feststellung, dass die gewohnheitsmäßige Befristung nach dem einschlägigen Tarifvertrag ständiger Brauch in der betreffenden Branche ist, nicht aus[608]. Im Hotel- und Gaststättengewerbe spielt die Einstellung von Aushilfen (*extras*) eine besondere Rolle[609]. Die Aufnahme des Aus-

600 Ziff. 7 der Allgemeinen Erwägungen der Rahmenvereinbarung lautet: „Die aus objektiven Gründen erfolgende Inanspruchnahme befristeter Arbeitsverträge hilft Missbrauch zu vermeiden."

601 Dazu Barthélémy, JCP S 2008, 1430 Rn. 23; Vigneau, Anm. zu Soc. v. 23.1.2008, D. 2008, 1322, 1323, die ausdrücklich auf die den Urteilen zugrunde liegende Auslegung des Begriffs „objektiver Grund" durch den EuGH in der Rs. Adeneler (EuGH v. 4.7.2006 – C-212/04, Slg. 2006, I-6057) verweisen.

602 Dazu im 1. Kapitel, vor A.

603 Vigneau, Anm. zu Soc. v. 23.1.2008, D. 2008, 1322, 1323.

604 Vigneau, Anm. zu Soc. v. 23.1.2008, D. 2008, 1322, 1324.

605 Frik, Die missbräuchliche Nutzung von befristeten Arbeitsverträgen, S. 58: „generalklauselartige Grundregel".

606 Frik, Die missbräuchliche Nutzung von befristeten Arbeitsverträgen, S. 59.

607 Vigneau, Anm. zu Soc. v. 23.1.2008, D. 2008, 1322, 1324.

608 Soc. v. 29.10.2008, Nr. 07-42900, n. v.; Soc. v. 26.5.2010, Bull. civ. V, Nr. 110; Decaudin/Marignier, Le contrat à durée déterminée, Beil. zu Liaisons soc. Nr. 15700 v. 30.9.2010, S. 17.

609 Pelletier, JCP S 2008, 1532.

hilfsvertrages (*contrat d'extra*) in die Tarifverträge des Hotel- und Gaststättengewerbes bedeutet jedoch nicht ohne Weiteres, dass aufeinanderfolgende gewohnheitsmäßig befristete Arbeitsverträge mit Aushilfen für jeden Arbeitsplatz und unter allen Umständen geschlossen werden dürften. Es ist vielmehr Sache des Richters zu überprüfen, ob die konkrete Beschäftigung einen vorübergehenden Charakter hat[610]. Personen, die – dauerhaft – mit Verwaltungsaufgaben im Hotel- und Gaststättengewerbe befasst sind, fallen nicht in den Anwendungsbereich des Befristungsrechts[611]. Im Bereich Schauspiel, Kultur, Medien, Filmproduktion, Radio und Fernsehen werden Künstler, Schauspieler, Sänger, Musiker, Regisseure, Kabarettisten und Choreografen befristet beschäftigt, wohingegen Platzanweiser unbefristet eingestellt werden müssen[612]. Der Grund für die Unterscheidung besteht darin, dass nur die zuerst genannten Arbeitnehmer für eine genau bestimmte und vorübergehende Aufgabe, z. B. eine Aufzeichnung, die Laufzeit eines Stücks oder eine Verfilmung, eingestellt werden[613]. Die befristeten Bühnenengagementverträge unterliegen in Frankreich in hohem Maße tarifvertraglichen Regelungen[614]. Im Bereich der Lehre dürfen befristete Arbeitsverträge nur für den Unterricht als solchen, nicht aber für dessen Organisation, geschlossen werden[615]. Eine Befristung kommt auch nur dann in Betracht, wenn kein dauerhafter Unterricht erteilt wird bzw. der Unterricht auf den Bruchteil eines Schuljahres beschränkt ist[616]. Lehrkräfte, die in einem auf Dauer unterrichteten Fach bzw. für das ganze Schuljahr eingestellt werden, müssen einen unbefristeten Arbeitsvertrag erhalten; eine Unterbrechung der Tätigkeit durch die Schulferien kann den Rückgriff auf einen befristeten Vertrag, wie gesehen, nicht rechtfertigen[617]. Wird eine Lehrkraft (nur) für das ganze Schuljahr eingestellt,

---

610 Soc. v. 24.9.2008, Bull. civ. V, Nr. 174 = JCP S 2009, 1040.

611 Corrignan-Carsin, in: Rép. trav. Dalloz, Rn. 106.

612 Corrignan-Carsin, in: Rép. trav. Dalloz, Rn. 107.

613 Soc. v. 13.6.2007, Bull. civ. V, Nr. 97; Corrignan-Carsin, in: Rép. trav. Dalloz, Rn. 107 m. w. N.

614 Urban, Die Beendigung von Bühnenengagementsverträgen, S. 108 f. Dazu 2. Kapitel, H. II. 3. a.

615 Ziff. 8 des ministeriellen Rundschreibens DRT Nr. 92-14 v. 29.8.1992 zur Anwendung der Vorschriften zum befristeten Arbeitsvertrag und Zeitarbeitsvertrag, BOMT Nr. 92/21, S. 55.

616 Soc. v. 14.11.1990, Bull. civ. V, Nr. 550 = D. 1991, 391 (Anm. Mouly).

617 Soc. v. 26.6.1991, D. 1991, IR, 197 = Dr. soc. 1991, 731; Soc. v. 25.3.1998, Bull. civ. V, Nr. 172 = RJS 1998, 375, Nr. 575; Corrignan-Carsin, Contrat de travail à durée déterminée, in: Rép. trav. Dalloz, Rn. 109.

weil eine zusätzliche Klasse eingerichtet werden muss, kann allerdings ein befristeter Vertrag geschlossen werden[618].

#### ee. Ausbildung, Fortbildung, Beschäftigungsförderung

Im Bereich der Ausbildung, Fortbildung und Beschäftigungsförderung[619] ist zwischen der im Befristungsrecht des *Code du travail* (1. Teil, Buch II, Titel IV) getroffenen allgemeinen Regelung des Befristungsgrundes (Art. L. 1242-3 C. trav.) und den detaillierten Spezialvorschriften zu den einzelnen Vertragstypen des Art. L. 1242-3 C. trav. zu unterscheiden.

##### (1) Die allgemeine Regelung

Art. L. 1242-3 C. trav. lässt Ausbildung, Fortbildung und Beschäftigungsförderung im Rahmen befristeter Arbeitsverträge zu.

Nach Art. L. 1242-3 Nr. 1 C. trav. kann ein befristeter Arbeitsvertrag aufgrund von Regelungen zur Beschäftigungsförderung bestimmter arbeitsloser Personengruppen geschlossen werden.

Der französische Gesetzgeber hat mittels zweier Instrumente vergeblich versucht, die Probleme beim Zugang zum Arbeitsmarkt auf dem Gebiet der *unbefristeten* Arbeitsverträge zu lösen. Zunächst erfolgte mit der Einführung des Vertrages für neue Beschäftigungen (*contrat nouvelles embauches – CNE*) im Jahre 2005 eine Flexibilisierung des Kündigungsschutzes[620]. Es handelte sich dabei um einen unbefristeten Arbeitsvertrag, der für Unternehmen mit maximal zwanzig Arbeitnehmern in den ersten zwei Jahren nach Vertragsschluss flexiblere Kündigungsmöglichkeiten vorsah (vgl. Art. L. 1223-1 ff. C. trav. a. F.). Der Vertrag wurde durch die Internationale Arbeitsorganisation (ILO) wegen seiner unangemessenen faktisch zweijährigen Probezeit am 14. November 2007 für rechtswidrig erklärt[621] und durch Art. 9 des Gesetzes vom 25. Juni 2008 abgeschafft. Die bei Inkrafttreten des Gesetzes bestehenden Verträge wurden in normale unbefristete Arbeitsverträge (*contrats à durée indéterminée de droit commun*) umgestaltet. Die Einführung eines Ersteinstellungsvertrages (*contrat première embauche – CPE*), der Unternehmen unabhängig von ihrer Beschäftig-

618 Soc. v. 9.4.1996, Bull. civ. V, Nr. 143 = Dr. soc. 1996, 634 (Anm. Roy-Loustaunau); Corrignan-Carsin, in: Rép. trav. Dalloz, Rn. 109 m. w. N.

619 Diese Fallgruppe nennt auch Frik, Die missbräuchliche Nutzung von befristeten Arbeitsverträgen, S. 104 ff.

620 Waas, ZAF 2007, 99, 100; dazu Dockès, Dr. soc. 2007, 911, 913, 914. Zum Wechselspiel zwischen CNE und befristetem Arbeitsvertrag Laulom/Vigneau, in: Caruso/Sciarra, Flexibility and Security in Temporary Work, S. 10, 24, 25.

621 Zur Frage der Europarechtskonformität des *contrat nouvelles embauches* vgl. Brose, ZESAR 2008, 221.

tenzahl die Möglichkeit der Einstellung von Arbeitnehmern bis zum Alter von 25 Jahren mit weitreichenden Kündigungsmöglichkeiten in den ersten beiden Jahren eröffnen sollte, musste im Jahre 2006 nach landesweiten Schüler- und Studentenprotesten gestoppt werden[622].

Nach Art. L. 1242-3 Nr. 2 C. trav. kann ein befristeter Arbeitsvertrag auch dann geschlossen werden, wenn sich der Arbeitgeber verpflichtet, dem Arbeitnehmer eine Zusatzausbildung (*complément de formation professionnelle*) zuteil werden zu lassen. Art. D. 1242-3 C. trav. benennt die für den Abschluss eines solchen Vertrages in Betracht kommenden fünf Arbeitnehmergruppen. Im Einzelnen sind dies Bewerber, die ein Praktikum ableisten, um an einer Hochschule (*établissement d'enseignement*) aufgenommen zu werden, z. B. angehende Erzieher, die ein Praktikum absolvieren, um sich auf die Aufnahmeprüfungen einer Schule für Erzieher vorzubereiten, oder (ehemalige) Schüler einer Hochschule, die ein Praktikum (*stage d'application*) in einem Unternehmen absolvieren (vgl. Art. D. 1242-3 Nr. 1 und 2 C. trav.)[623]. Dieses Praktikum muss in der Studienordnung (*cycle d'études*) vorgesehen sein und im Zusammenhang mit dem Studium und Erwerb eines Diploms oder einer Spezialisierung stehen. Als Beispiele seien ein Berufspraktikum zum Erwerb eines Hochschulabschlusses als Notar oder die Praxiserprobung von Medizinstudenten, die ihre Abschlussarbeit (*thèse*) schreiben, im Krankenhaus genannt[624]. Der Schüler oder Student, der während seiner Schul- oder Studienzeit im Rahmen einer Vereinbarung zwischen Hochschule und Unternehmen ein Praktikum im Unternehmen absolviert, hat aber keinen befristeten Arbeitsvertrag[625]. Mit seiner pädagogischen Zielsetzung kann das Praktikum nicht dazu dienen, dauerhaft Beschäftigung zu schaffen; ebenso wenig können dem Praktikanten Aufgaben übertragen werden, die normalerweise im Rahmen eines Leiharbeitsvertrages oder befristeten Arbeitsvertrages erfüllt werden[626]. Ein befristeter Arbeitsvertrag kann gemäß Art. D. 1242-3 Nr. 3 bis 5 C. trav. auch mit Ausländern, die für eine Zusatzausbildung nach Frankreich kommen, Beziehern einer „individuellen finanziellen Unterstützung zur Bildung durch Forschung“ (*aide financière individuelle à la formation par la recherche*) für ein Forschungsvorhaben in ihrem Arbeitsum-

622 Zu *CNE* und *CPE* Le Friant, AuR 2006, 423.

623 Decaudin/Marignier, Le contrat à durée déterminée, Beil. zu Liaisons soc. Nr. 15700 v. 30.9.2010, S. 19.

624 Ministerielles Rundschreiben DRT Nr. 90-18 v. 30.10.1990 zum befristeten Arbeitsvertrag und Zeitarbeitsvertrag, BOMT Nr. 90/24, Text Nr. 567.

625 Soc. v. 3.10.1991, Bull. civ. V, Nr. 388 = RJS 1991, 630, Nr. 1182.

626 Petit, Dr. soc. 2007, 1127, 1130, unter Verweis auf Art. 6 der Verordnung Nr. 2006-1093 v. 29.8.2006 zur Anwendung von Art. 9 des Gesetzes Nr. 2006-396 v. 31.3.2006 für Chancengleichheit.

feld[627] und Arbeitnehmern mit einem Vertrag zur beruflichen Wiedereingliederung (*contrat de réeducation professionnelle*) im Sinne des Art. L. 5213-3 C. trav. oder der Vorschriften zur beruflichen Wiedereingliederung der Opfer von Arbeitsunfällen geschlossen werden.

Die Verträge zur Ausbildung, Fortbildung und Beschäftigungsförderung unterlagen bislang – abhängig von den jeweiligen politischen Mehrheiten und Plänen im Kampf gegen die Arbeitslosigkeit – einem starken Wandel[628]. Frischen Wind haben nicht zuletzt die bereits erwähnten Gesetze vom 1. Dezember 2008 und 28. Juli 2011 gebracht. Mit Gesetz vom 1. Dezember 2008 ist zum 1. Januar 2010 ein einheitlicher Eingliederungsvertrag (*contrat unique d'insertion – CUI*) eingeführt worden. Mit Gesetz vom 28. Juli 2011 ist ein Teil der Regelungen zur Befristung im Bereich der Aus- und Fortbildung geändert bzw. ergänzt worden.

Die Bestrebungen des französischen Gesetzgebers auf dem Gebiet der Ausbildung, Fortbildung und Beschäftigungsförderung stehen im Einklang mit den gemeinsamen Grundsätzen der EU für den *Flexicurity*-Ansatz[629]. Nach Ziff. 4 dieser Grundsätze sollte *Flexicurity* zu offeneren, reaktionsfreudigeren und integrativeren Arbeitsmärkten und damit zur Überwindung der Segmentierung beitragen. Nichterwerbstätige, Arbeitslose, nicht gemeldete Beschäftigte und in prekären Verhältnissen oder am Rande des Arbeitsmarkts Beschäftigte müssten größere Chancen, stärkere wirtschaftliche Anreize und bessere Unterstützungsmaßnahmen für einen erleichterten Zugang zur Arbeit erhalten oder Trittsteine vorfinden, die ihnen den Weg in eine stabile und rechtlich gesicherte Beschäftigung wiesen. Diejenigen, die Arbeit hätten, sollten Unterstützung dabei erfahren, beschäftigungsfähig zu bleiben, sich weiterzuentwickeln und Veränderungen am Arbeitsplatz oder beim Wechsel von einem zu einem anderen Arbeitsplatz zu bewältigen. Nach Ziff. 5 der gemeinsamen Grundsätze sind Arbeitsplätze von hoher Qualität und Produktivität, eine sinnvolle Arbeitsorganisation und eine kontinuierliche Weiterqualifizierung von wesentlicher Bedeutung. Der Sozialschutz müsse zur Mobilität anregen und Übergänge beim Stellenwechsel ebenso wie den Zugang zu einer neuen Beschäftigung erleichtern.

627 Corrignan-Carsin, in: Rép. trav. Dalloz, Rn. 133.

628 Frik, Die missbräuchliche Nutzung von befristeten Arbeitsverträgen, S. 105. Pélissier/Auzero/Dockès, Droit du travail, Rn. 154, bezweifeln die Nachhaltigkeit im Hinblick auf die Schaffung neuer Arbeitsplätze.

629 KOM (2007) 359 endg.

(2) Die Spezialvorschriften

Beschäftigungsförderungsverträge im Sinne des Art. L. 1242-3 Nr. 1 C. trav. sind zunächst in Art. L. 5134-1 ff. C. trav. geregelt[630]. Es handelt sich dabei um den einheitlichen Eingliederungsvertrag (*contrat unique d'insertion - CUI*) und den Überbrückungsvertrag für Erwachsene (*contrat relatif aux activités d'adultes-relais*). Diese Verträge werden im Folgenden unter (a) und (b) dargestellt.

Der Vollständigkeit halber sei erwähnt, dass durch *Ordonnance* vom 13. April 2006[631] probeweise ein spezieller Vertrag für Jobübergänge (*contrat de transition professionnelle – CTP*) eingeführt wurde. Dieser findet bei bevorstehenden betriebsbedingten Kündigungen in Unternehmen mit weniger als 1000 Arbeitnehmern und in Unternehmen, die sich im Insolvenzverfahren befinden bzw. in der Betriebsstilllegung begriffen sind, Anwendung. Der Vertragsinhaber soll durch Arbeits- und Trainingsphasen den Übergang in einen neuen Job bewältigen. Es wird ein befristeter Arbeitsvertrag mit einer Höchstdauer von neun Monaten geschlossen[632]. Der Vertrag für Jobübergänge wird durch den Vertrag zur Verbesserung der beruflichen Sicherheit (*contrat de sécurisation professionnelle – CSP*) ersetzt, der mit Art. 41 des Gesetzes vom 28. Juli 2011 in Art. L. 1233-65 C. trav. eingeführt worden ist. Nach Art. 44 Abs. 4 S. 1 dieses Gesetzes behält der Vertrag für Jobübergänge bis zum Inkrafttreten der tarifvertraglichen Regelungen und Verordnungsbestimmungen zur Anwendung von Art. 41 seine Gültigkeit.

Auch bei dem in Art. D. 1242-2 C. trav. geregelten Vertrag zur Wiedereingliederung älterer Arbeitnehmer (*contrat à durée déterminée senior – CDD senior*) handelt es sich um einen Vertrag im Sinne des Art. L. 1242-3 Nr. 1 C. trav. Dieser wird unter (c) behandelt. Im selben Kontext soll der Tutoratsvertrag nach Art. L. 1242-4 Abs. 2 C. trav. dargestellt werden (d).

Verträge im Sinne des Art. L. 1242-3 Nr. 2 C. trav. sind der in Art. L. 6325-1 ff. C. trav. geregelte Vertrag zur Erlangung beruflicher Kenntnisse (*contrat de professionnalisation*) und der Vertrag zur Beschäftigung und Fortbildung in der Landwirtschaft (*contrat emploi-formation agricole*) nach Art. L. 718-3 C. rur., die unter (e) und (f) dargestellt werden. Der Ausbildungsvertrag (*contrat*

---

630 Zahlen zur Nutzung der verschiedenen Beschäftigungsförderungsverträge bei Bahu, DARES, Analyses Nr. 88, November 2012.

631 Ordonnance Nr. 2006-433 v. 13.4.2006 zur Erprobung des *contrat de transition professionnelle*, J.O. Nr. 89 v. 14.4.2006, S. 5600, Text Nr. 46.

632 Lokiec, in: Blanpain/Nakakubo/Araki, Regulation of Fixed-Term Employment Contracts, A Comparative Overview, S. 71, 75.

*d'apprentissage*) wird aufgrund seines alternierenden Charakters[633] und seines Inhalts im selben Kontext beschrieben (g), obwohl er kein Fall des Art. L. 1242-3 Nr. 2 C. trav. ist.

Die beschäftigungspolitisch motivierten Spezialverträge der Art. L. 5134-1 ff. C. trav. werden vom Gesetzgeber im Hinblick auf ihre staatliche Subventionierung durch Zuschüsse und Befreiung von Sozialabgaben[634] als geförderte Arbeitsverträge (*contrats de travail aidés*) bezeichnet[635]. Arbeitgeber sollen einen Anreiz erhalten, bestimmte Arbeitnehmer einzustellen.

Der Arbeitsvertrag darf nicht mit der diesem zugrunde liegenden Rahmenvereinbarung (*convention*) verwechselt werden. Diese ermöglicht einen Vertragsschluss überhaupt erst.

Die Beschäftigungsförderungsverträge werden teils optional, teils zwingend befristet abgeschlossen. Mit Art. 127 des Gesetzes vom 24. Dezember 2007[636] i. V. m. Art. 2 Abs. 10 des Gesetzes vom 21. Januar 2008[637] wurden die Art. L. 5134-54 bis L. 5134-64 C. trav. betreffend den einzigen ausnahmslos unbefristeten Beschäftigungsförderungsvertrag, den Vertrag für junge Leute im Unternehmen (*contrat jeune en entreprise – CJE*), zum 1. Mai 2008 aufgehoben. Der in Art. L. 5134-1 ff. und D. 5134-1 ff. C. trav. geregelte unbefristete oder nach Art. L. 1242-3 Nr. 1, L. 5134-14 C. trav. befristete Beschäftigungsvertrag für junge Leute (*contrat emploi-jeune – CEJ*) kann seit dem 1. Januar 2003 nicht mehr neu abgeschlossen werden, da das diesem zugrunde liegende Sonderprogramm gegen die Jugendarbeitslosigkeit „Nouveaux services - Emplois jeunes" („Neue Dienstleistungen – Arbeitsplätze für Jugendliche") beendet wurde. Unter Berücksichtigung seiner Höchstdauer von sechzig Monaten (Art. L. 5134-9 C. trav.) gab es daher zunächst keinen befristeten Beschäftigungsvertrag für junge Leute mehr. Mit Gesetz vom 26. Oktober 2012[638] ist jedoch – inspiriert durch

---

633 Vgl. zu dieser Begrifflichkeit im 2. Kapitel, B. II. 1. b. ee. (2) (e).

634 Zu den Ausgaben des französischen Staates auf diesem Gebiet s. Garoche/Roguet, DARES, Analyses Nr. 007, Januar 2013.

635 Auch beim noch vorzustellenden *contrat de professionnalisation* zeigt sich mit der Befreiung von den Sozialabgaben eine „Konstante" der Spezialverträge, die im Rahmen der Beschäftigungspolitik geschlossen werden (Willmann, Dr. soc. 2004, 715, 722).

636 Gesetz Nr. 2007-1822 v. 24.12.2007 zu den Finanzen für 2008, J.O. Nr. 0300 v. 27.12.2007, S. 21211, Text Nr. 2.

637 Gesetz Nr. 2008-67 v. 21.1.2008 zur Ratifikation der Ordonnance Nr. 2007-329 v. 12.3.2007 zum *Code du travail* (Gesetzesteil), J.O. Nr. 0018 v. 22.1.2008, S. 1122, Text Nr. 2.

638 Gesetz Nr. 2012-1189 v. 26.10.2012 zur Schaffung von Beschäftigungen für die Zukunft, J.O. Nr. 0251 v. 27.10.2012, S. 16688, Text Nr. 2. S. dazu die ministeriellen Rundschreiben DGEFP Nr. 2012-18 v. 17.10.2012 und DGEFP Nr. 2012-20 v. 2.11.2012.

das Programm „Nouveaux services – Emplois jeunes“[639] – ein neuer Vertragstyp in Art. L. 5134-110 ff. C. trav. eingeführt worden, der Zukunftsvertrag für junge Leute (*contrat emploi jeune d'avenir*)[640]. Im Verordnungsteil des *Code du travail* sind Art. R. 5134-161 ff. einschlägig. Der Vertrag kann befristet oder unbefristet geschlossen werden (Art. L. 5134-115 C. trav.)[641]. Er richtet sich an junge Leute, die vom Arbeitsmarkt ausgeschlossen sind[642]. Es handelt sich dabei jedoch nicht um einen wirklich neuen *contrat aidé*, sondern um eine „Variation“ zweier bereits bekannter Verträge, des *contrat d'accompagnement dans l'emploi* (*CAE*) und des *contrat initiative-emploi* (*CIE*), die nunmehr eine neue Zielgruppe erreichen sollen[643].

Soweit sie befristet geschlossen werden und die Arbeitnehmer dadurch früher oder später ihre Arbeit verlieren, erscheinen die Beschäftigungsförderungsverträge nach französischer Definition als „prekär“[644], obwohl sie gerade dazu bestimmt sind, Personen mit Schwierigkeiten aus der „prekären“ Situation fehlender Beschäftigung herauszuhelfen[645]. Verwunderlich mag in diesem Zusammenhang erscheinen, dass der Gesetzgeber, der den unbefristeten Arbeitsvertrag als den Normalfall eines Arbeitsverhältnisses ansieht (Art. L. 1221-2 Abs. 1 C. trav.)[646], den befristeten Arbeitsvertrag gar als klassische Form der Beschäftigungsförderungsverträge einsetzt. Louit-Martinod spricht insoweit von Doppeldeutigkeit (*ambiguïté*)[647].

(a) Einheitlicher Eingliederungsvertrag

Mit Gesetz vom 18. Januar 2005[648] hatte es bereits bedeutende Reformen auf dem Gebiet der Beschäftigungsförderungsverträge gegeben. Der Zukunftsvertrag (*contrat d'avenir – CA*)[649] und der *contrat insertion-revenu minimum*

---

639 Willmann, Dr. soc. 2013, 24, 27, 32.

640 Eine Prognose zur Zukunft dieses Vertrages wagen bereits Petit/Gamet, RDT 2013, 76.

641 S. auch Cons. const. v. 24.10.2012, Nr. 2012-656 DC, J.O. v. 27.10.2012, S. 16699.

642 Willmann, Dr. soc, 2013, 24, 25.

643 Willmann, Dr. soc. 2013, 24, 25.

644 Zur Verwendung des Begriffs der Prekarität in Frankreich s. bereits S. 2.

645 Louit-Martinod, L'évolution contemporaine du droit, Rn. 2.

646 Dazu 2. Kapitel, B. II. 1. a.

647 L'évolution contemporaine du droit, Rn. 17.

648 Gesetz Nr. 2005-32 v. 18.1.2005 zur Programmatik für den sozialen Zusammenhalt, J.O. Nr. 15 v. 19.1.2005, S. 864, Text Nr. 1; krit. zu diesem Gesetz Roy-Loustaunau, Dr. soc. 2005, 414.

649 Vgl. auch das ministerielle Rundschreiben DGEFP Nr. 2005/13 v. 21.3.2005 zur Durchführung des *Contrat d'Avenir – CA* (BOMT 2005/5, S. 33) und den ministeriellen Erlass v. 24.3.2005 zu den Modellen einer Rahmenvereinbarung zum Abschluss eines *contrat d'avenir*, J.O. Nr. 83 v. 9.4.2005, S. 6403, Text Nr. 5.

*d'activité* (*CI-RMA*)[650] waren in den *Code du travail* eingeführt worden. Nach der Neukodifikation des *Code du travail* zum 1. Mai 2008[651] waren die beiden Verträge in Art. L. 5134-35 ff., R. 5134-38 ff. und Art. L. 5134-74 ff., D. 5134-105 ff. C. trav. geregelt. Der später in Art. L. 5134-20 ff. und R. 5134-26 ff. C. trav. geregelte Vertrag zur Begleitung in die Beschäftigung (*contrat d'accompagnement dans l'emploi – CAE*) hatte die Voraussetzungen des abgeschafften Solidarbeschäftigungsvertrages (*contrat emploi solidarité – CES*) und konsolidierten Beschäftigungsvertrages (*contrat emploi consolidé – CEC*) aufgegriffen und diese verbessert[652]. Der Beschäftigungsinitiativvertrag (*contrat initiative-emploi – CIE*; heute Art. L. 5134-65 ff. und R. 5134-51 ff. C. trav.) war umfassend reformiert worden[653]. Im Fall des *contrat initiative-emploi* und des *contrat insertion-revenu minimum d'activité* stammten die Arbeitgeber aus der Privatwirtschaft (*secteur marchand*), nicht so im Fall des *contrat d'accompagnement dans l'emploi* und des *contrat d'avenir* (*secteur non marchand*). Beim *contrat d'avenir* und *contrat insertion-revenu minimum d'activité* handelte es sich um Verträge zur sozialen Mindestsicherung[654], deren Ziel die soziale und berufliche Eingliederung von Empfängern eines Mindesteinkommens zur Eingliederung (*revenu minimum d'insertion*), einer Solidaritätssonderhilfe (*allocation de solidarité spécifique*), einer Hilfe für alleinstehende Elternteile (*allocation de parent isolé*) oder einer Hilfe für behinderte Erwachsene (*allocation aux adultes handicapés*) war. So hatte im Mittelpunkt des seinerzeitigen Gesetzgebungsverfahrens zum Zukunftsvertrag die Feststellung gestanden, dass Frankreich einen besonders hohen Anteil an Langzeitarbeitslosen habe und es beispielsweise doppelt so schwer wie in Deutschland sei, aus der Arbeitslosigkeit heraus zu kommen; gesetzgeberische Intention war es daher, mit dem Zukunftsvertrag als Leitmaßnahme (*mesure phare*) durch Umwandlung der so-

650 Vgl. auch das ministerielle Rundschreiben DGEFP Nr. 2005/14 v. 24.3.2005 zur Durchführung des *contrat insertion-revenu minimum d'activité*.

651 Dazu S. 7.

652 Vgl. dazu das ministerielle Rundschreiben DGEFP Nr. 2005/12 v. 21.3.2005 zur Durchführung des *Contrat d'Accompagnement dans l'Emploi (CAE) rénové*, BOMT 2005/5, S. 21. Zur Förderung Jugendlicher im Rahmen des *CAE* vgl. die Dienstanweisung (instruction) DGEFP Nr. 2005-23 v. 27.6.2005 zur Durchführung des *contrat d'accompagnement dans l'emploi* zugunsten der Jugendlichen im Jahre 2005. Die Bestimmungen zu den zugunsten des *contrat d'accompagnement* abgeschafften Verträgen dienten als Auslegungshilfe für die Neuregelung (Verkindt, Dr. soc. 2005, 440, 441).

653 Vgl. dazu das ministerielle Rundschreiben DGEFP Nr. 2005/11 v. 21.3.2005 zur Durchführung des *Contrat Initiative Emploi (CIE) rénové*, BOMT 2005/5, S. 9.

654 Vgl. zur sozialen Mindestsicherung in Frankreich Concialdi, in: Neumann, Welche Zukunft für den Sozialstaat? Reformpolitik in Frankreich und Deutschland, S. 155 ff.

zialen Grundsicherung in „aktive" Vergütung, durch persönliche Begleitung und den Erwerb von Kompetenzen eine neue „Vertragslogik" zu schaffen[655].

Zu den Reformvorhaben für die Jahre 2007 und 2008 auf dem Gebiet des französischen Arbeitsrechts mit dem Ziel, Arbeit zu schaffen[656], zählte die Zusammenführung und Vereinheitlichung aller bis dahin bestehenden Beschäftigungsförderungsverträge der Art. L. 5134-1 ff. C. trav. in einem einzigen Eingliederungsvertrag, dem *contrat unique d'insertion (CUI)*[657]. Dieser Vertrag sollte Personen in einer Situation der Erfolglosigkeit und des Ausgeschlossenseins die soziale und berufliche Wiedereingliederung ermöglichen[658]; Einfachheit durch nur einen Regelungskomplex für alle Beschäftigungsförderungsverträge und eine bessere Lesbarkeit sollten vereint werden[659]. Der *contrat unique d'insertion* sollte unbefristet oder befristet mit einer Mindestdauer von sechs Monaten geschlossen werden können[660]. Seit Ende 2007 wurde der Vertrag in bestimmten *Départements* erprobt. In Art. 1 des *Accord National Interprofessionnel* vom 11. Januar 2008 wurde eine Absichtserklärung aufgenommen, die Politik um eine Vereinfachung und Rationalisierung der bestehenden beschäftigungspolitischen Instrumente zu ersuchen.

Mit Art. 21 des Gesetzes vom 1. Dezember 2008 und Verordnung vom 25. November 2009[661] wurde zum 1. Januar 2010 ein einheitlicher Eingliederungsvertrag (*contrat unique d'insertion* (*CUI*) in den *Code du travail* eingeführt[662].

655 Roy-Loustaunau, Dr. soc. 2005, 414, 420.

656 Die Wettbewerbsfähigkeit der Wirtschaft sollte vorrangig über die Arbeit als „Wert" und als Mittel zur Verbesserung der Kaufkraft wiederhergestellt werden (Service d'information du Gouvernement, Guide des réformes et des mesures 2007-2008, S. 8, veröffentlicht unter http://archives.gouvernement.fr/fillon_version2/sites/default/files/fichiers_joints/GUIDE_des_reformes.pdf, zuletzt abgerufen am 15.5.2013).

657 Service d'information du Gouvernement, Guide des réformes et des mesures 2007-2008, S. 15, veröffentlicht unter http://archives.gouvernement.fr/fillon_version2/sites/default/files/fichiers_joints/GUIDE_des_reformes.pdf, zuletzt abgerufen am 15.5.2013.

658 Vgl. bereits OECD, Etude économique de la France, 2007, Synthèse, Juni 2007, S. 3: „Die Beschäftigung ist das Hauptmittel nicht nur im Kampf gegen die Armut, sondern auch gegen das Gefühl, ausgeschlossen zu sein, denn über die Einkommensfunktion hinaus integriert sie das Individuum in die Gesellschaft, indem sie ihm ermöglicht, Erfahrung und Kompetenzen zu erwerben."

659 Service d'information du Gouvernement, Guide des réformes et des mesures 2007-2008, S. 15, veröffentlicht unter http://archives.gouvernement.fr/fillon_version2/sites/default/files/fichiers_joints/GUIDE_des_reformes.pdf, zuletzt abgerufen am 15.5.2013.

660 Vgl. die Verordnung Nr. 2007-691 v. 4.5.2007, J.O. v. 5.5.2007, und Art. 142 des Gesetzes Nr. 2006-1666 v. 21.12.2006 über die Finanzen für 2007, J.O. v. 27.12.2006.

661 Verordnung Nr. 2009-1442 v. 25.11.2009 zum *contrat unique d'insertion*, J.O. Nr. 0274 v. 26.11.2009, S. 20331, Text Nr. 10.

662 Zum neuen Vertrag s. Molla, JCP S 2009, 1076 Rn. 3 ff.; Willmann, JCP S 2009, 1077.

Dafür wurden Art. L. 5134-19-1 ff. und Art. D. 5134-14 bis D. 5134-25 geschaffen. Der einheitliche Eingliederungsvertrag wird, je nachdem, ob es sich um einen Arbeitgeber aus der Privatwirtschaft handelt oder nicht, als *contrat unique d'insertion-contrat initiative-emploi* (*CUI-CIE*) nach Art. L. 5134-65 ff. C. trav. oder als *contrat unique d'insertion-contrat d'accompagnement dans l'emploi* (*CUI-CAE*) nach Art. L. 5134-20 ff. befristet oder unbefristet geschlossen (Art. L. 5134-19-3 C. trav.). Die vor dem 1. Januar 2010 geschlossenen *contrats initiative-emploi* und *contrats d'accompagnement dans l'emploi* werden bis zum Ablauf der ihnen zugrunde liegenden Rahmenvereinbarung fortgesetzt. Jede Verlängerung muss dann im Rahmen des *contrat unique d'insertion* erfolgen[663]. Die vorerwähnte Probephase in den *Départements* wurde durch Art. 30 Abs. 2 des Gesetzes vom 1. Dezember 2008 beendet. Mit Art. 23 Abs. 1 und 3 des Gesetzes wurden der *contrat d'avenir* und der *contrat insertion-revenu minimum d'activité* zum 1. Januar 2010 abgeschafft. Die vor dem 1. Januar 2010 geschlossenen befristeten Verträge galten bzw. – im Falle des *contrat d'avenir*, der eine Höchstdauer von zwei Jahren, bei den über 50-jährigen oder behinderten Arbeitnehmern sogar von 36 Monaten hat – gelten zunächst noch gemäß Art. 31 Abs. 1 S. 1 des vorgenannten Gesetzes weiter.

Der *contrat unique d'insertion* kommt nach Art. L. 5134-19-1 C. trav. auf der Grundlage einer Individualvereinbarung (*convention individuelle*) zwischen Arbeitgeber, Begünstigtem und einer Institution im Sinne des Art. L. 5312-1 C. trav., einer Einrichtung im Sinne des Art. L. 5311-4 Nr. 1 und 3 C. trav. oder dem Präsidenten des *Conseil général* zustande. Vor Abschluss der Individualvereinbarung unterzeichnet das *Département* eine jährliche Ziel- und Mittelvereinbarung (*convention annuelle d'objectifs et de moyens*) mit dem Staat. Diese Vereinbarung legt unter anderem die Maßnahmen der Begleitung und die anderen Aktionen zur Förderung der dauerhaften Wiedereingliederung der Vertragsinhaber fest. Im Rahmen des *contrat unique d'insertion* besteht gemäß Art. L. 5134-19-1 i. V. m. Art. L. 5134-30 ff. bzw. Art. L. 5134-72 ff. C. trav. ein Anspruch auf staatliche Förderung in Höhe eines von der Verwaltungsbehörde festgelegten Prozentsatzes des *SMIC*. Art. L. 5134-19-4 C. trav. regelt die Modalitäten einer teilweisen oder vollständigen Beteiligung des *Département* an der Förderung.

Ziel sowohl des *CUI-CAE* als auch des *CUI-CIE* ist es, die berufliche Eingliederung von Arbeitslosen mit besonderen sozialen und beruflichen Schwierigkeiten, eine Beschäftigung zu finden, zu erleichtern (Art. L. 5134-20,

663 Zu Einzelheiten vgl. das ministerielle Rundschreiben DGEFP Nr. 2009-42 v. 5.11.2009 zum Inkrafttreten des *contrat unique d'insertion* zum 1. Januar 2010.

Art. L. 5134-65 C. trav.). Daher sehen beide Verträge Maßnahmen der beruflichen Begleitung vor

Die für den Abschluss eines *CUI-CAE* in Betracht kommenden Arbeitgeber sind in Art. L. 5134-21 C. trav. aufgezählt (Art. L. 5134-19-3 Nr. 1 C. trav.). Dabei handelt es sich um Gebietskörperschaften, andere juristische Personen des öffentlichen Rechts, gemeinnützige Einrichtungen des Privatrechts und juristische Personen des Privatrechts, denen die Führung einer öffentlichen Einrichtung übertragen ist. Der *CUI-CAE* ist ein unbefristeter Arbeitsvertrag oder ein befristeter Arbeitsvertrag im Sinne des Art. L. 1242-3 C. trav. und betrifft eine Beschäftigung, die „kollektive Bedürfnisse" befriedigen soll (*besoins collectifs non satisfaits*) (Art. L. 5134-24 C. trav.). Mit der zuletzt genannten Formulierung ist gemeint, dass der Vertrag entsprechend der Rechtsprechung zum abgeschafften *contrat emploi-solidarité*[664] und abweichend vom allgemeinen Befristungsrecht auch für eine Beschäftigung geschlossen werden kann, die an die normale und ständige Tätigkeit des Arbeitgebers geknüpft ist[665].

Die für den Abschluss eines *CUI-CIE* in Betracht kommenden Arbeitgeber sind in Art. L. 5134-66 C. trav. aufgezählt (Art. L. 5134-19-3 Nr. 2 C. trav.). Dabei handelt es sich um die in Art. L. 5422-13 und L. 5424-1 Nr. 3 und 4 C. trav. erwähnten Arbeitgeber, die in Art. L. 1253-1 C. trav. genannten Zusammenschlüsse von Arbeitgebern, die Eingliederungs- und Qualifikationsrunden (*parcours d'insertion et de qualification*) organisieren und die Arbeitgeber in der Meeresfischerei, die nicht unter Art. L. 5422-13, L. 5424-1 Nr. 3 und 4 und L. 1253-1 C. trav. fallen. Der *CUI-CIE* kann, wie der *CUI-CAE*, sowohl unbefristet als auch befristet nach Art. L. 1242-3 C. trav. geschlossen werden (Art. L. 5134-69 C. trav.). Wird der Vertrag befristet geschlossen, kann er abweichend vom allgemeinen Befristungsrecht eine Beschäftigung vorsehen, die mit der normalen und ständigen Tätigkeit des Unternehmens zusammenhängt[666].

Die gesetzgeberische Intention der dauerhaften (Wieder-)Eingliederung in das Arbeitsleben zeigt sich etwa darin, dass der *CUI-CAE* und der *CUI-CIE* während der Probezeit für eine andere Beschäftigung, sei sie befristet oder unbefristet, ruhen und im Falle einer Einstellung nach Ende dieser Probezeit fristlos beendet werden können. Kommt ein befristeter Arbeitsvertrag zustande, muss

---

664 Soc. v. 16.3.1999, Bull. civ. V, Nr. 113 = Dr. soc. 1999, 560 f.; vgl. dazu Roy- Loustaunau, Dr. soc. 1999, 553; vgl. auch Soc. v. 29.6.1999, JCP E 2000, 232 (krit. Anm. Duquesne); ausf. zum Problem de Senga, Dr. ouvr. 1999, 357, 359 ff.

665 Verkindt, Dr. soc. 2005, 440, 444, zum *CAE*; Roy-Loustaunau, Dr. soc. 2002, 304, 305 f.

666 Soc. v. 26.1.2005, Dr. soc. 2005, 467 (Anm. Roy-Loustaunau) = RJS 2005, 298, Nr. 426.

dieser allerdings eine Mindestdauer von sechs Monaten haben (Art. L. 5134-29 Nr. 2, L. 5134-71 Nr. 2 C. trav.).

(b) Überbrückungsvertrag für Erwachsene

In Art. L. 5134-100 ff. und D. 5134-145 ff. C. trav. ist der Überbrückungsvertrag für Erwachsene (*contrat relatif aux activités d'adultes-relais*) geregelt. Dieser Vertrag hat gemäß Art. L. 5134-100 C. trav. das Ziel, in den Problemvierteln und -vororten das Verhältnis zwischen Bewohnern und öffentlichen Einrichtungen sowie die sozialen Verhältnisse an öffentlichen Orten zu verbessern. Der Staat kann hierzu Rahmenvereinbarungen mit bestimmten in Art. L. 5134-101 C. trav. aufgeführten Einrichtungen schließen, die den Abschluss von *contrats relatifs aux activités d'adultes-relais* ermöglichen. Die folgenden Partner kommen in Betracht: Gebietskörperschaften und öffentliche Einrichtungen der interkommunalen Zusammenarbeit, lokale öffentliche Bildungseinrichtungen, öffentliche Gesundheitseinrichtungen, Ämter für Sozialwohnwesen, Ämter für Planung und Bauwesen, gemeinnützige Einrichtungen des Privatrechts und juristische Personen des Privatrechts, denen die Führung einer öffentlichen Einrichtung übertragen ist.

Für die vorliegende Untersuchung des Befristungsrechts von besonderem Interesse sind Art. L. 5134-102 bis -107 C. trav. zum Vertrag selbst. Nach Art. L. 5134-102 C. trav. kann der *contrat de travail relatif à des activités d'adultes-relais* nur mit Personen im Alter von mindestens dreißig Jahren geschlossen werden, die entweder ohne Beschäftigung sind oder einen *contrat d'accompagnement dans l'emploi* oder *contrat d'avenir* geschlossen haben, der nunmehr beendet wird. Darüber hinaus müssen diese Personen in einem Problemviertel im Sinne von Art. 42 Nr. 3 des Gesetzes vom 4. Februar 1995[667] oder in einem anderen Problemvorort wohnen.

Art. L. 5134-103 C. trav. stellt klar, dass es sich beim *contrat de travail relatif aux activités d'adultes-relais* um einen Arbeitsvertrag handelt, der unbefristet oder befristet nach Art. L. 1242-3 Nr. 1 C. trav. geschlossen werden kann. Die Gebietskörperschaften und anderen in Art. L. 5134-101 C. trav. genannten juristischen Personen des öffentlichen Rechts mit Ausnahme öffentlicher Industrie- und Handelsunternehmen können allerdings nur befristete Verträge schließen. Nach Art. L. 5134-108 C. trav. profitieren die in Art. L. 5134-101 C. trav. genannten Arbeitgeber von einer staatlichen Förderung.

667 Gesetz Nr. 95-115 v. 4.2.1995 zur Orientierung hinsichtlich der Einrichtung und Entwicklung des Bezirks, J.O. v. 5.2.1995, S. 1973.

(c) Vertrag zur Wiedereingliederung älterer Arbeitnehmer

Hintergrund der französischen Bemühungen um die berufliche Wiedereingliederung älterer Arbeitnehmer (*seniors*) ist eine schwache Beschäftigungsquote der 55 bis 64-Jährigen. Im Jahre 2011 betrug diese 41,4 % in Frankreich gegenüber 47,4 % in der EU-27[668]. Bereits mit *Accord National Interprofessionnel* vom 13. Oktober 2005 (Zusatzerklärung vom 9. März 2006) zur Beschäftigung älterer Arbeitnehmer mit dem Ziel der Förderung des Verbleibs in der Beschäftigung und der Rückkehr in die Beschäftigung, der durch Erlass vom 12. Juli 2006 für allgemeinverbindlich erklärt wurde[669], hatten die Sozialpartner festgestellt, dass eine Änderung der Vorschriften zum befristeten Arbeitsvertrag die Wiedereingliederung älterer Arbeitnehmer fördern und diesen den Erwerb zusätzlicher Rechte im Hinblick auf die spätere Rente ermöglichen könne. Sie hatten deshalb in Art. 17 des *ANI* als Leitmaßnahme[670] einen befristeten Arbeitsvertrag speziell für ältere Arbeitnehmer vorgesehen, der mit Verordnung vom 28. August 2006[671] in den *Code du travail* aufgenommen wurde.

Nach Art. D. 1242-2 C. trav. kann – außerhalb der Landwirtschaft – jeder Arbeitgeber einen befristeten Arbeitsvertrag im Sinne des Art. L. 1242-3 Nr. 1 C. trav. mit einer über 57-jährigen Person schließen, die seit mehr als drei Monaten arbeitsuchend gemeldet ist oder eine Umschulungsvereinbarung (*convention de reclassement personnalisé*) vorweisen kann.

Die Auswirkungen der Einführung des *CDD senior* dürften eher gering sein. Teilweise wird von einem Misserfolg gesprochen, der auf die Zielgruppe des Vertrages, bestimmte ältere Arbeitnehmer, die auf dem Arbeitsmarkt „besonders verletzlich sind"[672], seine strengen Regeln und daraus resultierende insgesamt beschränkte Anwendbarkeit sowie den Umstand, dass es sich hierbei nicht um einen, Anreize für Arbeitgeber schaffenden *contrat aidé*[673] handelt, zurückgeführt wird[674]. Wenn die Rechtsprechung, wie für den *contrat initiative-emploi*[675],

668 European Commission, Employment and Social Developments in Europe 2012, Luxemburg 2012, S. 403, 414.

669 J.O. v. 22.7.2006.

670 Amauger-Lattes/Espinasse, in: Bourreau-Dubois/Jeandidier, Économie sociale et droit, Bd. 1, S. 49, 55.

671 Verordnung Nr. 2006-1070 v. 28.8.2006, J.O. Nr. 199 v. 29.8.2006, S. 12763, Text Nr. 6.

672 Mazeaud, Dr. soc. 2008, 626, 631 Fn. 52.

673 Zu diesem Begriff 2. Kapitel, B. II. 1. b. ee. (2).

674 Amauger-Lattes/Desbarats/Vicens, Sem. soc. Lamy Nr. 1340 v. 11.2.2008, S. 6, 10. S. auch Amauger-Lattes, RDT 2006, 168, 169 f., die Art. D. 1242-2 C. trav. § 14 Abs. 3 TzBfG a. F. gegenüberstellt und den französischen Vertrag anhand der Mangold-Entscheidung des EuGH auf seine Europarechtskonformität überprüft; ebenso Bousez,

entschiede, dass der *CDD senior* ausnahmsweise auch geschlossen werden kann, um Beschäftigung zu schaffen, die mit der normalen und ständigen Tätigkeit des Unternehmens zusammenhängt, würde dies die Bereitschaft der Arbeitgeber zum Vertragsschluss möglicherweise erhöhen[676].

(d) Tutoratsvertrag

Art. L. 1242-4 Abs. 2 C. trav. regelt den Tutoratsvertrag. Dieser Vertragstyp war vor seiner Kodifikation in der vorgenannten Vorschrift[677] zunächst mit Art. 105 des Gesetzes vom 21. Dezember 2006 zur Finanzierung der Sozialversicherung im Jahre 2007[678] in Art. L. 161-22 des *Code de la sécurité sociale* und sodann als Art. L. 992-9 in den *Code du travail* eingeführt worden.

Nach der Rentenfeststellung (*liquidation de pension*)[679] kann ein Arbeitnehmer einen befristeten Arbeitsvertrag nach Art. L. 1242-3 C. trav. mit seinem ehemaligen Arbeitgeber schließen, um Tutoratstätigkeiten (*activités de tutorat*) im Sinne des Art. L. 161-22 Nr. 8 des *Code de la sécurité sociale* auszuüben (Art. L. 1242-4 Abs. 2 S. 1 C. trav.). Danach können Tutoratstätigkeiten für einen anderen oder mehrere andere Arbeitnehmer ausgeführt werden, wenn es sich hierbei um die einzige Betätigung des Arbeitnehmers handelt und eine Verordnung die Höchstdauer, den Betrag, bis zu dem Rente und Vergütung kumuliert werden dürfen, die Voraussetzungen hinsichtlich der Betriebszugehörigkeit und die maximal zulässige Zeitspanne zwischen dem Verlassen des Unternehmens und der Rückkehr des Arbeitnehmers regelt.

---

JCP S 2006, 1809 Rn. 8 ff.; s. auch Bouquet, Die Auswirkungen der europäischen Regelungen zur Altersdiskriminierung, S. 83 ff. Vgl. zur Mangold-Entscheidung auch Robin-Olivier, RDT 2006, 133.

675 Soc. v. 26.1.2005, Dr. soc. 2005, 467 (Anm. Roy-Loustaunau) = RJS 2005, 298, Nr. 426.

676 Amauger-Lattes, RDT 2006, 168, 170; Bousez, JCP S 2006, 1809 Rn. 13, will die Rechtsprechung zum *contrat initiative-emploi* ohne Weiteres zugrunde legen. Amauger-Lattes/Espinasse, in: Bourreau-Dubois/Jeandidier (Hrsg.), Économie sociale et droit, Bd. 1: Économie et droit du travail, S. 49, 64, schätzen, dass die berufliche Wiedereingliederung älterer Arbeitnehmer, die ihre Arbeit verloren haben, schwierig bleiben könnte, selbst wenn bestimmte Maßnahmen, wie die Einführung des *CDD senior*, eine punktuelle Lösung darstellen könnten.

677 Vgl. zur Kodifikation Art. 3 Nr. 22 des Gesetzes vom 21. Januar 2008 zur Ratifizierung der Ordonnance vom 12. März 2007.

678 Gesetz Nr. 2006-1640 v. 21.12.2006 zur Finanzierung der Sozialversicherung für 2007, J.O. Nr. 296 v. 22.12.2006, S. 19315, Text Nr. 1.

679 Kaufmann, Wörterbuch Arbeits- und Sozialrecht: „liquidation de pension“: „Bei Vorliegen aller beschäftigungs- und versicherungsrechtlichen Voraussetzungen wird eine Sozialversicherungsrente vom zuständigen Sozialversicherungsträger festgestellt.“

Durch die Möglichkeit der Kumulation von Rente und Vergütung wird die Attraktivität des Tutorats gesteigert. Dies gilt insbesondere für Arbeitnehmer, die zum Ende ihrer Berufslaufbahn eine verhältnismäßig geringe Vergütung erzielt haben. Vor dem Hintergrund, dass als Tutoren vorrangig aktive Arbeitnehmer einzusetzen sind, soll die freiwillige Rückkehr der bereits in Rente gegangenen Arbeitnehmer ins Unternehmen ermöglicht werden[680].

Bei der Entwicklung des Tutorats handelt es sich um eine Maßnahme des „Nationalen Aktionsplans zur Beschäftigung Älterer 2006-2010"[681]. Diese beruht auf der in Art. 10 des *Accord National Interprofessionnel* zur Beschäftigung älterer Arbeitnehmer vom 13. Oktober 2005 geäußerten Auffassung der Sozialpartner, dass die Organisation der Weitergabe von Fachwissen und Know-how im Unternehmen ein vorrangiges Ziel der Personalführung sein muss. Das Tutorat könne hierzu beitragen, sofern dieses so konzipiert und durchgeführt werde, dass ein Austausch von Erfahrung und Kenntnissen gewährleistet sei. Die Unternehmen könnten die Aufgabe auf freiwillig zur Verfügung stehende Arbeitnehmer übertragen, die hierfür aus beruflicher Sicht deshalb in Frage kämen, weil sie über anerkannte Erfahrung verfügten. Im Hinblick auf den Gesichtspunkt der Erfahrung sei gegebenenfalls auf die einschlägigen Bestimmungen der Branchentarifverträge zurück zu greifen.

(e) Vertrag zur Erlangung beruflicher Kenntnisse

In den vergangenen Jahren wurden im Rahmen des Art. L. 1242-3 Nr. 2 C. trav. verschiedene Verträge für junge Leute entwickelt, die Arbeit und Ausbildung kombinier(t)en. Diese sogenannte alternierende Ausbildung (*formation en alternance*) zeichnet sich durch einen Wechsel von Phasen des Erwerbs von Know-how im Unternehmen und Phasen theoretischer Ausbildung in Ausbildungszentren oder im Unternehmen selbst aus, sofern es über eine Ausbildungsabteilung verfügt[682].

Die alternierenden Eingliederungsverträge (*contrats d'insertion en alternance*), also der Qualifizierungsvertrag (*contrat de qualification*), der Anpassungsvertrag (*contrat d'adaptation*) und der Orientierungsvertrag (*contrat*

---

680 Art. 54 der Begründung zum Gesetzentwurf zur Finanzierung der Sozialversicherung im Jahre 2007, veröffentlicht unter http://www.assemblee-nationale.fr/12/pdf/projets/pl3362.pdf, zuletzt abgerufen am 15.5.2013.

681 Plan national d'action concertée pour l'emploi des seniors 2006-2010, veröffentlicht unter http://www.travail-emploi-sante.gouv.fr/IMG/pdf/Plan_national_d_action_concerte_pour_l_emploi_des_seniors_2006-2010.pdf, zuletzt abgerufen am 15.5.2013, S. 20, Maßnahme Nr. 25.

682 Zur weiteren Entwicklung der alternierenden Ausbildung s. Kerbourc'h, Dr. soc. 2012, 592.

*d'orientation*)[683], wurden mit Gesetz vom 4. Mai 2004 zum lebenslangen beruflichen Lernen (*formation professionnelle tout au long de la vie*) und zum sozialen Dialog[684] entsprechend dem im *Accord National Interprofessionnel* vom 5. Dezember 2003[685] zum Ausdruck gekommenen Willen der Sozialpartner durch einen einzigen Vertrag, den Vertrag zur Erlangung beruflicher Kenntnisse (*contrat de professionnalisation*), ersetzt[686]. Diesem liegt der Gedanke der „Förderung eines Beschäftigungsverhältnisses zur Erlangung beruflicher Kenntnisse" zugrunde[687]. Ziel der Reform der Jahre 2003/2004 war es, den Branchen die direkte Verantwortung für die Festlegung von Bildungsmaßnahmen und Begleitmaßnahmen zu übertragen, die ihrem Bedarf nach Qualifikationen mittelfristig am nächsten kommen, und im Hinblick auf die Zahl der in Betracht kommenden Verträge eine Vereinfachung herbeizuführen[688]. Bemerkenswert ist, dass Sozialpartner und Gesetzgeber mehr oder minder gemeinsam ein Instrument der Beschäftigungspolitik entwarfen, während der Großteil der Spezialverträge im Rahmen der Beschäftigungspolitik allein durch den Gesetz- und Verordnungsgeber entwickelt worden ist[689].

Der *contrat de professionnalisation* ist in Art. L. 6325-1 ff. und D. 6325-1 ff. C. trav. geregelt. Der Vertrag ist in ein Gesamtkonzept des Zugangs zur (Fort-)Bildung während des Berufslebens eingebettet[690], das etwa in

683 Der Orientierungsvertrag war seinerseits bereits an die Stelle des Praktikums zur Einführung in das Berufsleben (*stage d'initiation à la vie professionnelle*) getreten. Die drei Verträge sollen in der vorliegenden Arbeit mangels Aktualität nicht weiter dargestellt werden. Es sei jedoch auf den Aufsatz von Willmann, Dr. soc. 2004, 715, 717 ff., verwiesen, der die „Neuregelung" ausführlich mit den alten alternierenden Eingliederungsverträgen vergleicht.

684 Gesetz Nr. 2004-391 v. 4.5.2004, J.O. v. 5.5.2004, S. 7983.

685 BO des conventions collectives Nr. 04/13 v. 24.4.2004, S. 35, Allgemeinverbindlicherklärung durch Erlass v. 17.12.2004, J.O. Nr. 299 v. 24.12.2004, S. 21938, Text Nr. 139. Die Sozialpartner fassten darin Bestimmungen des *ANI* vom 3.7.1991 und des ANI vom 20.9.2003 zu einem einheitlichen Text zusammen. Vgl. zum *ANI* Merle, Dr. soc. 2004, 455, 462 f., der auf dessen Entwicklungspotential hinweist; Willems, Dr. soc. 2004, 509.

686 Husmann, ZESAR 2008, 171, 172; vgl. auch das ministerielle Rundschreiben DGEFP Nr. 2007-21 v. 23.7.2007 zur Durchführung des *contrat de professionnalisation*, BOMT 2007/9, Text 3/51, S. 1.

687 Husmann, ZESAR 2008, 171, 172.

688 Willmann, Dr. soc. 2004, 715.

689 Willmann, Dr. soc. 2004, 715, 716.

690 Die einschlägigen Bestimmungen enthält der 6. Teil des *Code du travail* zum „lebenslangen beruflichen Lernen".

Art. L. 6323-1 ff. C. trav. einen Anspruch des Arbeitnehmers auf bezahlte Fortbildung (*droit individuel à la formation – DIF*) vorsieht.

Der *contrat de professionnalisation* richtet sich nach Art. L. 6325-1 C. trav. an Personen zwischen 16 und 25 Jahren, deren erste Ausbildung ergänzt werden soll, und an Arbeitsuchende ab einem Alter von 26 Jahren. Er soll dem Erwerb einer der in Art. L. 6314-1 C. trav. vorgesehenen Qualifikationen dienen und die berufliche Eingliederung oder Wiedereingliederung fördern. Nach Art. L. 6314-1 C. trav. hat jeder Berufstätige und jede Person, die darauf hinarbeitet, im Berufsleben zu stehen, ein Recht auf berufliche Information, Orientierung und Qualifikation. Der Interessierte muss auf seine Initiative hin eine Fortbildung absolvieren können, die ihm – statusunabhängig – den Erwerb einer Qualifikation ermöglicht, die den kurz- oder mittelfristigen Bedürfnissen der Wirtschaft entspricht.

Die Ziele des Vertrages können entsprechend der im *ANI* vom 5. Dezember 2003 und im Gesetz vom 4. Mai 2004 verwendeten Terminologie kurz mit „Eingliederung", „Qualifikation", „Erlangung beruflicher Kenntnisse" (*insertion, qualification, professionnalisation*) wiedergegeben werden. Sie sollen auf der Basis dreier Prinzipien erreicht werden, einer Individualisierung des Bildungsweges abhängig von den jeweiligen Kenntnissen und Erfahrungen, eines Wechsels zwischen Einheiten beruflicher Ausbildung in- oder außerhalb des Unternehmens sowie der Ausübung einer oder mehrerer beruflicher Tätigkeiten im Zusammenhang mit der angestrebten Qualifikation und schließlich einer Zertifizierung der erworbenen Kenntnisse, Kompetenzen und beruflichen Fähigkeiten (vgl. Art. 3-1 des *ANI*)[691].

Der *contrat de professionnalisation* verknüpft allgemeinbildenden Unterricht, Berufsschul- und Fachschulunterricht (*enseignements généraux, professionnels et technologiques*), der in öffentlichen oder privaten Bildungseinrichtungen oder, sofern es über eine Ausbildungsabteilung verfügt, durch das Unternehmen selbst erteilt wird, mit dem Erwerb von Know-how durch Ausübung einer oder mehrerer beruflicher Tätigkeiten im Unternehmen, die im Zusammenhang mit den gesuchten Qualifikationen stehen (Art. L. 6325-2 C. trav.). Gemäß Art. L. 6325-5 C. trav. kann der *contrat de professionnalisation* wahlweise befristet im Sinne des Art. L. 1242-3 C. trav. oder unbefristet abgeschlossen werden. Art. L. 6325-16 ff. betreffen die Befreiung von den Sozialabgaben.

Art. L. 6325-6 C. trav. sorgt für die Gleichbehandlung von Beschäftigten mit *contrat de professionnalisation* und anderen Arbeitnehmern. Es finden dieselben Vorschriften Anwendung, es sei denn, diese sind mit den Anforderungen der Ausbildung unvereinbar.

---

691 Willmann, Dr. soc. 2004, 715, 719 f.

Der *contrat de professionnalisation* hat zunächst eine rasante Entwicklung genommen[692]. Dabei darf aber nicht übersehen werden, dass er im Durchschnitt kürzer als die Verträge ist, die er ersetzt[693]. Ende 2011 absolvierten 599.000 Jugendliche in Frankreich eine alternierende Ausbildung[694]. Die Arbeitslosenquote der unter 25-Jährigen lag im Jahre 2011 in Frankreich gleichwohl bei 23,0 % der gleichaltrigen Erwerbsbevölkerung gegenüber 21,4 % in der EU-27[695]. In ihrem im Januar 2008 vorgelegten Bericht hatte die vom französischen Präsidenten Sarkozy eingesetzte Kommission Attali bereits vorgeschlagen, das Modell des Alternierens noch auszudehnen, um so zum Rückgang der Jugendarbeitslosigkeit beizutragen[696]. Mit Gesetz vom 28. Juli 2011 ist das Alternieren weiterentwickelt worden. Aufgrund von Art. 6 dieses Gesetzes ist in den *Code du travail* ein neuer Art. L. 6325-4-1 eingefügt worden, wonach für Saisontätigkeiten im Sinne von Art. L. 1242-1 Nr. 3 C. trav. zwei Arbeitgeber zusammen einen befristeten *contrat de professionnalisation* mit einem Arbeitnehmer schließen können, damit dieser eine oder, abweichend von Art. L. 6325-1 C. trav., zwei der in Art. L. 6314-1 C. trav. genannten Qualifikationen erwerben kann.

(f) Vertrag zur Beschäftigung und Fortbildung in der Landwirtschaft

Nach Art. L. 718-3 Abs. 1 C. rur. beinhaltet der Vertrag zur Beschäftigung und Fortbildung in der Landwirtschaft (*contrat emploi-formation agricole*) einen Wechsel von Arbeitsphasen und Fortbildungsphasen. Die Modalitäten der Fortbildung werden durch die Sozialpartner festgelegt (Art. L. 718-3 Abs. 1 C. rur.) und in einem Anhang zum Arbeitsvertrag beschrieben (Art. D. 718-8 Abs. 1 C. rur.)[697]. Der *contrat emploi-formation agricole* wird befristet nach Art. L. 1242-3 Nr. 2 C. trav. geschlossen.

Art. D. 718-7 C. rur. bestimmt, dass sich der Vertrag an Arbeitnehmer der in Art. D. 121-1 I C. trav. a. F. (Art. D. 1242-3 C. trav. n. F.) aufgezählten Kategorien[698] und, sofern sie einer zusätzlichen Ausbildung bedürfen, an Langzeitar-

692 Vgl. dazu INSEE, Jeunes de moins de 26 ans dans les dispositifs de politique de l'emploi, veröffentlicht unter http://www.insee.fr/fr/ffc/figure/NATTEF03234.xls, zuletzt abgerufen am 15.5.2013.

693 Willmann, Dr. soc. 2004, 715, 726.

694 INSEE, Jeunes de moins de 26 ans dans les dispositifs de politique de l'emploi, veröffentlicht unter http://www.insee.fr/fr/ffc/figure/NATTEF03234.xls, zuletzt abgerufen am 15.5.2013.

695 European Commission, Employment and Social Developments in Europe 2012, Luxemburg 2012, S. 403, 414.

696 Attali, 300 décisions pour changer la France, S. 113, Entscheidung Nr. 122.

697 Näher zur Form des *contrat emploi-formation agricole* im 2. Kapitel unter D. II. 2. b.

698 Dazu bereits zuvor 2. Kapitel, B. II. 1. b. ee. (1).

beitslose, ehemalige Praktikanten, u. a. im Bereich der landwirtschaftlichen Berufsbildung (*formation professionnelle agricole*), und Bezieher des „Einkommens aktiver Solidarität“ (*revenu de solidarité active*) richtet, deren Mittel unter dem Pauschbetrag des Art. L. 262-2 Nr. 2 des *Code de l'action sociale et des familles* liegen.

Der *contrat emploi-formation agricole* kann nach Art. L. 718-3 C. rur. in landwirtschaftlichen Betrieben, Unternehmen, Einrichtungen und bei Arbeitgeberverbänden (*groupements d'employeurs*) geschlossen werden. Im Einzelnen handelt es sich nach Art. L. 722-1 C. rur. um Anbau- und Zuchtbetriebe jeglicher Art, Dressur- und Trainingsbetriebe, Gestüte, alle Einrichtungen unter der Leitung eines Landwirts, die die Verarbeitung, Verpackung und Vermarktung landwirtschaftlicher Produkte zum Gegenstand haben, touristische Einrichtungen, insbesondere Beherbergung und Gastronomie, auf dem Betriebsgelände (Nr. 1), um landwirtschaftliche Betriebe im Sinne des Art. L. 722-2 C. rur. (Nr. 2), um Forstunternehmen im Sinne des Art. L. 722-3 C. rur. (Nr. 3) und um Einrichtungen auf dem Gebiet der Muschel- und Fischzucht und in ähnlichen Bereichen, wie der professionellen Meeresfischerei (Nr. 4). Nach Art. L. 722-20 Nr. 6 C. rur. kann der *contrat emploi-formation agricole* auch in den dort genannten landwirtschaftlichen Genossenschaften, wie den Kassen für Landwirtschaftskredite (*caisses de crédit agricole mutuel*) und den Landwirtschaftskammern, geschlossen werden.

Die Fortbildungsphasen werden kostenmäßig wie Bildungsurlaub im Sinne des Art. L. 931-13 C. trav. a. F. bzw. Art. L. 6322-25 C. trav. n. F. behandelt (vgl. Art. L. 718-3 Abs. 2 C. rur.). Der Arbeitgeber ist nach Art. L. 981-6 C. trav. a. F. bzw. Art. L. 6325-16 C. trav. n. F. von den Sozialabgaben befreit (Art. L. 718-3 Abs. 4 C. rur.).

#### (g) Ausbildungsvertrag

Beim Ausbildungsvertrag (*contrat d'apprentissage*) handelt es sich um einen besonderen Arbeitsvertrag zwischen einem Auszubildenden und einem Arbeitgeber (Art. L. 6221-1 C. trav.). Obwohl er befristet geschlossen wird, ist der Ausbildungsvertrag gemäß Art. L. 1241-1 C. trav. vom Anwendungsbereich der Vorschriften zum befristeten Arbeitsvertrag ausdrücklich ausgenommen. Er ist gesondert im 2. Buch des 6. Teils des *Code du travail* (*formation professionelle tout au long de la vie*) in Art. L. 6211-1 ff. C. trav. geregelt. Im Verordnungsteil des *Code du travail* greifen aufgrund der Ermächtigung in Art. L. 6225-8 die Art. D. 6222-1 ff.

Das Buch des *Code du travail* über die Ausbildung wird mit den folgenden Worten eingeleitet: „Die Ausbildung trägt zu den Bildungszielen der Nation bei.

Sie soll jungen Menschen, die ihre Schulpflicht erfüllt haben, mit Blick auf den Erwerb einer beruflichen Qualifikation, die zu einem Diplom oder einem im nationalen Verzeichnis (*répertoire national des certifications professionnelles*) registrierten Berufsabschluss führt, eine allgemeine, theoretische und praktische Bildung zuteil werden lassen." (Art. L. 6211-1 C. trav.).

Die Praxis ist lange Zeit hinter den hier formulierten Erwartungen zurück geblieben. Daher wurde im Rahmen des „Plans zum sozialen Zusammenhalt" („plan de cohésion sociale")[699] die Ausbildungsförderungsinitiative „Apprentissage et alternance, un grand plus pour réussir"[700] ins Leben gerufen. Der Titel der Initiative bedeutet so viel wie „Ausbildung und System des Alternierens, ein großer Pluspunkt, um erfolgreich zu sein". Das Gesetz vom 18. Januar 2005 zur Umsetzung des Plans, das den Ausbildungsvertrag zum vierten Mal in weniger als zehn Jahren reformierte[701], beruhte auf der Erkenntnis, dass die Ausbildung „die passende Antwort auf das Bedürfnis junger Menschen nach Bildung und Eintritt in das Berufsleben und zugleich auf den Wunsch der Unternehmen nach qualifizierten, zügig einsetzbaren Arbeitnehmern gebe"[702]. Dementsprechend sollten verschiedene Maßnahmen den Status des Auszubildenden verbessern und so die Zahl der Auszubildenden steigern[703].

Nach Art. L. 6222-1 Abs. 1 C. trav. muss der Auszubildende, von Ausnahmen abgesehen (vgl. dazu Art. L. 6222-1 Abs. 2, L. 6222-2 C. trav.), bei Beginn der Ausbildung zwischen 16 und 25 Jahren alt sein.

---

699 Auf S. 15 des „Plans zum sozialen Zusammenhalt", veröffentlicht unter http://www.cnle.gouv.fr/IMG/pdf/plan_cohesion_sociale_20_programmes.pdf, zuletzt abgerufen am 15.5.2013, heißt es „Die Ausbildung ist eine Notwendigkeit für die Beschäftigung junger Menschen, aber auch für den Wohlstand Frankreichs und die wirtschaftliche Vitalität der Regionen."

700 Veröffentlicht unter http://www.travail-emploi-sante.gouv.fr/IMG/pdf/DP_Apprentissage_2007_VF__2_.pdf, zuletzt abgerufen am 15.5.2013.

701 Kerbourc'h, Dr. soc. 2005, 427 Fn. 1 m. w. N.

702 Begründung des am 15.9.2004 in den Sénat eingebrachten Gesetzentwurfs Nr. 445 (2003-2004), veröffentlicht unter http://www.senat.fr/leg/pjl03-445.html, zuletzt abgerufen am 15.5.2013.

703 Kerbourc'h, Dr. soc. 2005, 427, 439, sieht einen Widerspruch zwischen dem Ziel des Gesetzes, eine Ausbildung von Qualität und hohem Niveau zu fördern, und der Praxis, in der aus der Ausbildung ein Instrument der Beschäftigungspolitik gemacht bzw. diese auf den Rang einer einfachen Maßnahme zur Eingliederung Jugendlicher zurückgestuft worden sei. Zahlen zur Entwicklung der Ausbildung unter INSEE, France, portrait social – Édition 2012, Fiches thématiques: Population, éducation, 2.5 Population scolaire et universitaire, 1. Effectifs d'élèves et d'étudiants, veröffentlicht unter http://www.insee.fr/fr/ffc/docs_ffc/ref/FPORSOC12n_FTLo2pop.pdf, zuletzt abgerufen am 15.5.2013.

Art. L. 6211-2 C. trav. zeigt das Charakteristikum der Ausbildung auf. Diese ist eine Form „alternierender" Bildung[704]. Die Ausbildung in einem oder mehreren Unternehmen wird mit während der Arbeitszeit erteiltem Unterricht in einem Ausbildungszentrum oder einer Ausbildungsabteilung des Unternehmens verknüpft. Die praktische Ausbildung im Unternehmen erfolgt durch Ausübung einer beruflichen Tätigkeit im direkten Zusammenhang mit der Qualifikation, deren Erwerb Ziel des Vertrages zwischen Auszubildendem und Arbeitgeber ist.

Um zu einer ersten Einschätzung des Verlaufs der Ausbildung zu gelangen und diese erforderlichenfalls anzupassen, wird der Auszubildende seitens des Ausbildungszentrums innerhalb der auf den Vertragsschluss folgenden zwei Monate zu einem Beurteilungsgespräch gebeten. An dem Gespräch nehmen der Arbeitgeber, der Lehrmeister (*maître d'apprentissage*), ein Ausbilder des Ausbildungszentrums und gegebenenfalls der gesetzliche Vertreter des Auszubildenden teil (Art. R. 6233-58 C. trav.). Hintergrund der Regelung ist der Wunsch des Gesetzgebers nach einer Stabilisierung der vertraglichen Beziehung bzw. der Vermeidung einer vorzeitigen Vertragsbeendigung[705].

Art. L. 6222-23 C. trav. etabliert eine Gleichbehandlung von Auszubildenden und „normalen" Arbeitnehmern. Es finden dieselben Vorschriften Anwendung, soweit sie nicht den Regelungen widersprechen, die an die Situation als junger Erwerbstätiger in der Ausbildung geknüpft sind.

Um den Auszubildenden zu motivieren, nach Beendigung der Ausbildung bei seinem Ausbilder zu bleiben, sieht Art. L. 6222-16 C. trav. vor, dass in dem Fall, dass auf den Ausbildungsvertrag ein unbefristeter oder befristeter Arbeitsvertrag bzw. ein Leiharbeitsvertrag im selben Unternehmen folgt, vorbehaltlich anderslautender tarifvertraglicher Regelungen keine Probezeit vorgesehen werden kann und dass die Dauer des Ausbildungsvertrages bei der Berechnung der Vergütung und der Dauer der Betriebszugehörigkeit des Arbeitnehmers berücksichtigt werden muss.

Mit Art. 6 des Gesetzes vom 28. Juli 2011 ist in den *Code du travail* ein neuer Art. L. 6222-5-1 eingefügt worden, wonach für Saisontätigkeiten im Sinne von Art. L. 1242-1 Nr. 3 C. trav. zwei Arbeitgeber zusammen einen Ausbildungsvertrag mit einem Auszubildenden schließen können. Abweichend von Art. L. 6211-1 C. trav. kann dieser Vertrag den Erwerb zweier beruflicher Qualifikationen zum Ziel haben, die zu einem Diplom oder einem im nationalen Verzeichnis registrierten Berufsabschluss führen.

---

704 Vgl. zu dieser Begrifflichkeit bereits 2. Kapitel, B. II. 1. b. ee. (2) (e).

705 Kerbourc'h, Dr. soc. 2005, 427, 436 f.

ff. Anschluss an einen Ausbildungsvertrag bei bevorstehendem Militärdienst

Art. L. 1242-4 Abs. 1 C. trav. sieht vor, dass nach dem Ende eines Ausbildungsvertrages ein befristeter Arbeitsvertrag in den Fällen der Art. L. 1242-2 und -3 C. trav. geschlossen werden kann, wenn der Auszubildende weniger als ein Jahr später seinen Militärdienst ableisten muss. Wegen der Abschaffung des Militärdienstes mit Gesetz vom 28. Oktober 1997[706] hat dieser Befristungsgrund keine praktische Relevanz mehr[707].

gg. Projektvertrag

Im französischen Recht gibt es seit geraumer Zeit einen befristeten Projektvertrag. Bereits mit Vorschlag Nr. 19 des Berichts von de Virville vom 15. Januar 2004 hatte eine auf Aufforderung des damaligen Arbeitsministers eingesetzte Kommission aus Praktikern und Experten empfohlen, das Spektrum an Spezialverträgen durch Einführung einer neuen Vertragsform für leitende Angestellte (*cadres*) oder anderes qualifiziertes Personal (Experten) abzurunden. Die Einstellung zur Mitarbeit an einem bestimmten Projekt sollte ermöglicht werden. Hierbei handele es sich, so der Bericht, um ein wirksames Mittel, um „doppeldeutige“ und oftmals „prekäre“ Beschäftigungssituationen zu klären. Gerade angesichts einer hohen Arbeitslosigkeit unter älteren Arbeitnehmern müsse versucht werden, die neue Vertragsform zu etablieren, sofern diese nur mit den nötigen Garantien verbunden sei. Der Vertrag dürfe lediglich vorübergehenden Bedürfnissen der Unternehmen entsprechen und müsse Sicherheiten für die Arbeitnehmer in Sachen Vergütung, Ausbildung und Begleitung bei der Suche nach einer neuen Beschäftigung beinhalten. Die Beschäftigung der Arbeitnehmer sei während des Projekts (*mission*) in derselben Weise garantiert wie beim befristeten Vertrag, wobei die Dauer des Projekts aber variabel sein und achtzehn Monate[708] übersteigen könne[709].

In dem Bericht von de Virville, der als vorweggenommene Begründung der Bestimmungen des *Accord National Interprofessionnel* vom 21. Januar 2008 zum Projektvertrag dient[710], heißt es, Unternehmen organisierten sich zuneh-

706 Gesetz Nr. 97-1019 v. 28.10.1997 zur Reform des Militärdienstes, J.O. Nr. 260 v. 8.11.1997, S. 16251.

707 So auch Frik, Die missbräuchliche Nutzung von befristeten Arbeitsverträgen, S. 106 Fn. 454.

708 Nach Art. L. 1242-8 C. trav. beträgt die Höchstdauer eines befristeten Arbeitsvertrages grundsätzlich achtzehn Monate. Dazu 2. Kapitel, B. II. 3. a.

709 De Virville, Pour un code du travail plus efficace, S. 36 f.; s. zu diesem Vertrag Arseguel/Reynes, D. 2004, 571.

710 Couturier, Dr. soc. 2008, 300.

mend über Projekte, deren Dauer sie nicht immer im Voraus kennen könnten. Sie zögerten daher, Arbeitnehmer mit unbefristeten Verträgen einzustellen. Aber auch der rechtliche Rahmen befristeter Verträge und Leiharbeitsverträge (Anwendungsfälle, Dauer) befriedige die Bedürfnisse der Unternehmen nicht. Diese würden daher externe Arbeitskräfte zu Bedingungen beschäftigen, die im Randbereich des rechtlich Zulässigen angesiedelt seien und zur Entwicklung von Unruhe und „Prekarität" führten. Der neue Vertrag könne über seine Aufgabe, den spezifischen Bedürfnissen der Unternehmen Rechnung zu tragen, hinaus ein „Garant für Ausbildung und den Erhalt gutachterlicher Fähigkeiten" sein[711]. Der Vertrag könne Arbeitsuchenden gar erst ermöglichen, über ein Projekt gutachterliche Fähigkeiten in einem bestimmten Bereich zu erwerben. Er könne zudem die Kompetenzen der Personen mobilisieren, die in der letzten Phase ihres Berufslebens eine bedeutende Berufs- oder Managementerfahrung besäßen[712].

Mit Art. 6 des Gesetzes vom 25. Juni 2008 ist in Umsetzung von Art. 12 b des *Accord National Interprofessionnel* vom 21. Januar 2008[713] ein befristeter Projektvertrag eingeführt worden, für den die Bezeichnung „contrat à durée déterminée à objet défini" gewählt wurde. Der Begriff des „contrat de mission" hätte zur Verwechselung mit dem Leiharbeitsvertrag (Art. L. 1251-1 C. trav.) führen können oder an den „contrat de mission à l'exportation" (Art. L. 1223-5 f., L. 1236-7 C. trav.) erinnert[714]. Der *contrat à durée déterminée à objet défini* unterliegt, abgesehen von den hier beschriebenen Spezialvorschriften, dem allgemeinen Befristungsrecht des *Code du travail.*

Es handelt sich um einen zweckbefristeten Arbeitsvertrag im Sinne des Art. L. 1242-7 C. trav. mit Ingenieuren und leitenden Angestellten, der mit der Realisierung eines bestimmten Projektes (*projet*), spätestens jedoch nach 36

---

711 De Virville, Pour un code du travail plus efficace, Fiche N° 3, S. 11.

712 De Virville, Pour un code du travail plus efficace, S. 37.

713 Der Projektvertrag wurde nicht in Titel I des *ANI* „Den Eintritt ins Unternehmen erleichtern und den Weg in die Beschäftigung verbessern" geregelt, sondern in Art. 12 „Verhandlungslösungen bei der Beendigung des Arbeitsvertrages privilegieren" des Titels II „Die Verträge sichermachen und die Rückkehr in die Beschäftigung verbessern". Die Verankerung im Recht der (einvernehmlichen) Beendigung von Arbeitsverträgen leuchtet mit Blick auf die einleitenden Worte zu Art. 12 des *ANI* ein. Danach handelt es sich beim Projektvertrag um eine „Verhandlungslösung" zur Förderung von Einstellungen und Entwicklung bestehender Beschäftigungsverhältnisse, indem die Rechte der Arbeitnehmer verbessert und garantiert werden sollen. Darüber hinaus soll der Vertrag als Instrument zur Minimierung von Rechtsstreitigkeiten dienen. Auf die einleitenden Worte zu Art. 12 des *ANI* verweist auch Couturier, Dr. soc. 2008, 300, 301. S. auch Mazeaud, Dr. soc. 2008, 626, 630.

714 Mazeaud, Dr. soc. 2008, 626, 630.

Monaten endet. Der Vertrag hat eine Mindestdauer von 18 Monaten. Der Begriff des leitenden Angestellten (*cadre*) wird mit Hilfe von Kriterien aus Tarifverträgen und Rechtsprechung konkretisiert[715]. Die Differenzierung zwischen leitenden Angestellten und Ingenieuren überrascht insofern, als gerade Ingenieure zur Gruppe der leitenden Angestellten gehören[716].

Der Projektvertrag darf dem *Accord National Interprofessionnel* zufolge nicht genutzt werden, um auf eine vorübergehende Tätigkeitssteigerung des Unternehmens zu reagieren[717]. Der Gesetzgeber ermöglicht dem Arbeitgeber, einen Arbeitnehmer befristet einzustellen, um Projekte zu realisieren, die zur normalen Tätigkeit des Unternehmens gehören[718]. Im Unterschied zur gewohnheitsmäßigen Befristung (Art. L. 1242-2 Nr. 3, 2. Alt. C. trav.) ist der Projektvertrag nicht auf bestimmte Tätigkeitsbereiche beschränkt[719].

Vor Abschluss eines Projektvertrages bedarf es, wie bereits im Bericht von de Virville eruiert[720], einer allgemeinverbindlichen Branchenvereinbarung (*accord de branche étendu*) oder, in Ermangelung einer solchen, einer Betriebsvereinbarung (*accord d'entreprise*). Bei den Verhandlungen auf Branchen- oder Betriebsebene müssen dem *Accord National Interprofessionnel* zufolge die Voraussetzungen für die Nutzung befristeter Arbeitsverträge überprüft werden, um diese zu rationalisieren und die „Prekarität" zu reduzieren[721]. Die Inhalte der Kollektivvereinbarung sind gesetzlich festgelegt. So soll diese beispielsweise die wirtschaftlichen Notwendigkeiten benennen, auf die die Projektverträge eine passende Antwort geben können. Hierbei handelt es sich bei genauerem Hinsehen um eine doppelte Regelungsanordnung: Der Abschluss von Projektverträgen muss auf wirtschaftliche Notwendigkeiten, die in der Branche oder im Unternehmen bereits gegeben sind, eine Antwort geben; diese ökonomischen Gegebenheiten müssen explizit in der Kollektivvereinbarung erwähnt werden, die den

715 Marié, JCP S 2008, 1213 Rn. 13. Ausf. zum Begriff des *cadre* Teyssié, JCP E 1995, I., 514.

716 Marié, JCP S 2008, 1213 Rn. 13; Bousez, JCP S 2008, 1362 Rn. 5.

717 Die Begründung des Gesetzesentwurfs greift dieses Verbot auf (Projet de loi portant modernisation du marché du travail, Exposé des motifs, veröffentlicht unter http://www.legifrance.gouv.fr/affichLoiPubliee.do;jsessionid=09EF619CAFFCEA7FD680FB1495F3689D.tpdjo13v_2?idDocument=JORFDOLE000018425474&type=expose, zuletzt abgerufen am 15.5.2013); krit. Mazeaud, Dr. soc. 2008, 626, 630 Fn. 42; vgl. auch Roy-Loustaunau, Dr. soc. 2008, 307, 309.

718 Marié, JCP S 2008, 1213 Rn. 5.

719 Marié, JCP S 2008, 1213 Rn. 13.

720 De Virville, Pour un code du travail plus efficace, S. 36 f.

721 Mazeaud, Dr. soc. 2008, 626, 627 Fn. 11, hält diese „Prekaritätskontrolle" nur dann für sinnvoll, wenn sie in bestimmten Zeitabständen erfolgt.

Projektverträgen zugrunde liegt[722]. In die Kollektivvereinbarung sind auch die Voraussetzungen aufzunehmen, unter denen die Arbeitnehmer Hilfe zur Wiederbeschäftigung (*aide au reclassement*), die Anerkennung von Berufserfahrung (*validation des acquis de l'expérience*), einen Vorrang der Wiedereinstellung (*priorité de réembauchage*) und Zugang zur beruflichen Fortbildung (*formation professionnelle continue*) beanspruchen können und – innerhalb einer Ankündigungsfrist (*délai de prévenance*) – die verfügbaren Mittel mobilisieren können, um ihren weiteren Berufsweg zu organisieren. Die Kollektivvereinbarung legt ferner die Bedingungen fest, zu denen Arbeitnehmer mit Projektvertrag vorrangig Zugang zur unbefristeten Beschäftigung im Unternehmen haben. Die strenge Reglementierung der dem Projektvertrag zugrunde liegenden Kollektivvereinbarung ist Ausdruck des Bestrebens, für die Arbeitsvertragsparteien im Rahmen der *Flexisécurité* ein perfektes Gleichgewicht herzustellen[723].

Der Projektvertrag ist probeweise für einen Zeitraum von fünf Jahren ab Verkündung des Gesetzes vom 25. Juni 2008 eingeführt worden. Danach wird die Regierung dem Parlament einen nach Abstimmung (*concertation*) mit den Sozialpartnern, insbesondere den Unterzeichnerparteien des *ANI*, und Anhörung (*avis*) der Nationalen Kommission für Verhandlungen auf kollektiver Ebene (*Commission nationale de la négociation collective*) erstellten Bericht über die Anwendung des Vertrages und seinen eventuellen Fortbestand präsentieren. Nach der Gesetzesbegründung können die Sozialpartner, die die Umsetzung des *ANI* verfolgen, der Regierung während der Erprobung des Vertrages jede Feststellung oder Untersuchung im Zusammenhang mit der Umsetzung mitteilen[724].

Der Projektvertrag hat massive Kritik erfahren. Diese gilt vor allem seiner Einordnung als befristeter Arbeitsvertrag. Da der Vertrag am Jahrestag seines Abschlusses von der einen oder anderen Partei aus einem tatsächlichen und ernsthaften Grund (*motif réel et sérieux*) beendet werden könne[725], handele es sich im Grunde genommen um einen unbefristeten Vertrag im Mantel eines befristeten Vertrages[726]. Die Zwischenform wird als (*contrat/régime/nature*) *hybride* bezeichnet[727].

---

722 Couturier, Dr. soc. 2008, 300, 304.

723 Roy-Loustaunau, Dr. soc. 2008, 307, 308.

724 Projet de loi portant modernisation du marché du travail, Exposé des motifs, veröffentlicht unter http://www.legifrance.gouv.fr/affichLoiPubliee.do;jsessionid=09EF619CAFFCEA7FD680FB1495F3689D.tpdjo13v_2?idDocument=JORFDOLE000018425474&type=expose, zuletzt abgerufen am 15.5.2013.

725 Ausf. dazu 2. Kapitel, E. II. 3. b. bb.

726 Bélier, Sem. soc. Lamy Nr. 1337 v. 21.1.2008, S. 11.

727 Bousez, JCP S 2008, 1362 Rn. 9; Couturier, Dr. soc. 2008, 300, 305; Mazeaud, Dr. soc. 2008, 626, 632; Olivier, Dr. soc. 2008, 681, 688; Marié, JCP S 2008, 1213 Rn. 18.

Zwar wird vertreten, die im Rahmen eines Projekts gewonnene Erfahrung könne, wenn keine Wettbewerbsklausel entgegenstehe, den Zugang des Arbeitnehmers zu einem unbefristeten Arbeitsvertrag bei einem Kunden oder Konkurrenten erleichtern[728]. Es heißt aber auch, der Projektvertrag habe nur Symbolcharakter und werde den wahren Bedürfnissen der Unternehmen nicht gerecht[729].

Durch Hinzufügung des Projektvertrages zur bestehenden Vielzahl befristeter Arbeitsverträge, ohne diese ihrerseits einer Überprüfung zu unterziehen, wurde Ziff. 4 der gemeinsamen Grundsätze der EU zur *Flexicurity*, wonach diese zu offeneren, reaktionsfreudigeren und integrativeren Arbeitsmärkten und damit zur Überwindung der Segmentierung beitragen soll[730], missachtet[731]. Mit Art. 8 des Gesetzes vom 25. Juni 2008 wurde zudem der *contrat de portage salarial*, ein Vertragstyp für dieselbe Zielgruppe[732], in Art. L. 1251-64 C. trav. aufgenommen. Ein Unternehmen kann einen älteren Ingenieur nunmehr mit klassischem befristetem Vertrag, *CDD senior*, Projektvertrag, über ein Zeitarbeitsunternehmen oder mittels *contrat de portage salarial* einstellen[733]. Ob hierin die mit der Modernisierung des Arbeitsmarktes angestrebte Vereinfachung des Arbeitsrechts liegt, mag bezweifelt werden[734].

Die Kritik an dem neuen Vertrag, der als eine der Leitmaßnahmen des *Accord National Interprofessionnel* vom 21. Januar 2008 gilt, richtet sich nicht zuletzt gegen seine Komplexität, erschwerte Lesbarkeit und verbleibende interpretatorische Unsicherheiten, die früher oder später unweigerlich zu Rechtsstreitigkeiten über Vertragsumgestaltungen und Entschädigungszahlungen führen dürften[735]. Beruht der Projektvertrag auf einer allgemeinverbindlichen Branchenvereinbarung, schafft dies ein gewisses Maß an Sicherheit für den Vertragsinhaber[736]. Allerdings reicht gegebenenfalls eine Betriebsvereinbarung aus, um den Abschluss von Projektverträgen zu ermöglichen. Offen ist, wann genau dies

728 Mazeaud, Dr. soc. 2008, 626, 632.

729 So hat die UPA darauf hingewiesen, dass der Projektvertrag den Zwängen und Charakteristiken der Mehrheit der kleinen Unternehmen nicht entspreche (Liaisons soc. BS Nr. 15035 v. 15.1.2008, S. 5); Mazeaud, Dr. soc. 2008, 626, 630 Fn. 48.

730 KOM (2007) 359 endg.

731 Mazeaud, Dr. soc. 2008, 626, 630.

732 (Ältere) Arbeitnehmer als Sachverständige, Berater mit einem hohen Maß an Fachwissen (Mazeaud, Dr. soc. 2008, 626, 631).

733 Bousez, JCP S 2008, 1362 Rn. 3.

734 Vgl. Bousez, JCP S 2008, 1362 Rn. 3.

735 Roy-Loustaunau, Dr. soc. 2008, 307, der gar den Begriff „Monstrum“ verwendet.

736 Zu der im Hinblick auf den Abschluss entsprechender Branchenvereinbarungen möglicherweise ablehnenden Haltung der Gewerkschaften vgl. Mazeaud, Dr. soc. 2008, 626, 632, der den Projektvertrag ungeachtet aller Kritik als „Vertrag der *Flexisécurité*“ einordnet; Roy-Loustaunau, Dr. soc. 2008, 307, 308 m. w. N.

der Fall ist (Formulierung „à défaut de“), also ob die Verhandlungen auf Branchenebene gescheitert sein müssen oder Verhandlungen auf Betriebsebene unabhängig davon eröffnet werden können[737].

Abzuwarten bleibt, ob die kollektivvertraglichen Garantien den Projektvertrag tatsächlich zu einem Schritt des Arbeitnehmers auf der Karriereleiter[738] machen. Zumindest die Fortbildungsverpflichtung könnte das Interesse der Unternehmen an diesem Vertrag schmälern; nicht übersehen werden darf aber die Tendenz der Rechtsprechung, in der Fortbildungspflicht eine notwendige Bedingung atypischer Arbeitsverträge zu sehen[739]. Diese steht im Einklang mit § 6 Nr. 2 der europäischen Rahmenvereinbarung über befristete Arbeitsverträge, wonach die Arbeitgeber den befristet beschäftigten Arbeitnehmern, soweit möglich, den Zugang zu Ausbildungs- und Weiterbildungsmöglichkeiten, die die Verbesserung ihrer Fähigkeiten, ihr berufliches Fortkommen und ihre berufliche Mobilität fördern, erleichtern sollen. Zudem ist an die beschäftigungspolitischen Leitlinien der EU zu denken, die die Mitgliedstaaten nach Art. 148 Abs. 2 AEUV in ihrer Beschäftigungspolitik berücksichtigen. Rechtlich bindend sind die Leitlinien zwar nicht. Sie üben aber als „soft law“ einen gewissen Druck auf die Beschäftigungspolitik der Mitgliedstaaten aus, haben bereits zu vielfältigen Maßnahmen geführt und die zwischenstaatliche Kommunikation auf diesem Gebiet bedeutend verbessert[740]. In den Leitlinien für beschäftigungspolitische Maßnahmen der Mitgliedstaaten vom 21.10.2010[741] heißt es: „Die Anstrengungen sollten sich vor allem darauf konzentrieren, Personen mit geringem Qualifikationsniveau oder mit nicht mehr benötigten Fähigkeiten zu unterstützen, die Beschäftigungsfähigkeit älterer Arbeitnehmer zu erhöhen und die Weiterbildung, Qualifizierung und Berufserfahrung hochqualifizierter Arbeitskräfte, einschließlich Forscher und Frauen im wissenschaftlichen, mathematischen und technischen Bereich, zu verbessern.“

Im Hinblick auf die Schwächen des Projektvertrages wird vermutet, dass dieser wenig Anklang finden oder allenfalls zu „Miniprojekten“, die die Mindestdauer von achtzehn Monaten kaum übersteigen, führen wird[742]. Der Vertrag werde möglicherweise das Schicksal des *CDD senior* teilen, der im Verborgenen geblieben sei[743]. Jedoch gilt es zu beachten, dass bis zum Jahre 2015 schät-

737 Mazeaud, Dr. soc. 2008, 626, 632 Fn. 60.

738 Vgl. Art. 12 b des *Accord National Interprofessionnel.*

739 Roy-Loustaunau, Dr. soc. 2008, 307, 309 m. w. N.

740 Weiss, GS Heinze, S. 1067, 1075.

741 ABl. EU Nr. L 308 v. 24.11.2010, 46, 49, Leitlinie 8.

742 Mazeaud, Dr. soc. 2008, 626, 632.

743 Roy-Loustaunau, Dr. soc. 2008, 307. Nach Ansicht von Marié, JCP S 2008, 1213 Rn. 18, ist dies vorstellbar, da die Unternehmen möglicherweise weiterhin den unbefris-

zungsweise mehr als 40 % aller neu geschaffenen Stellen mit Angestellten besetzt werden[744]; diese Arbeitsmarktentwicklung wird mit Blick auf den steigenden Bedarf der Unternehmen an Expertisen aller Art, z. B. Marktstudien, Marketing, Wirtschaftsprüfung, juristischer Beratung, Personalmanagement, prognostiziert[745]. Allerdings werden leitende Angestellte bislang nur zu 6 % gegenüber 14 % bei den übrigen Angestellten und 22 % bei den unqualifzierten Arbeitern befristet beschäftigt[746].

## 2. Zeitpunkt der Befristungskontrolle

Für das Vorliegen eines Sachgrundes für die Befristung eines Arbeitsvertrages kommt es auf den Zeitpunkt des Vertragsschlusses an[747]. Ohne Belang ist es, wenn der ursprünglich gegebene Befristungsgrund nachträglich wegfällt[748]. Anders ist dies nur bei einer Zweckbefristung, wenn der Zweck wegfällt; in diesem Fall endet der Vertrag[749].

## 3. Dauer des befristeten Arbeitsvertrages

Im Hinblick auf die Dauer befristeter Arbeitsverträge nach französischem Recht ist zwischen einer mitunter bestehenden Mindestdauer und der Höchstdauer zu unterscheiden. Die Grundsätze hierzu werden unter a. dargestellt, die Besonderheiten bei bestimmten Verträgen unter b.

### *a. Grundsätze*

Der zweckbefristete Arbeitsvertrag wird für eine Mindestdauer geschlossen (Art. L. 1242-7 C. trav.). Wird etwa ein befristeter Vertrag zur Vertretung eines abwesenden Arbeitnehmers ohne genauen Beendigungszeitpunkt geschlossen, bedarf er einer Mindestdauer, um nicht in einen unbefristeten Vertrag umgestal-

---

teten Vertrag bevorzugen würden, um die besonders gefragte Gruppe der *cadres* an sich zu binden.

744 Chardon/Estrade, DARES, Rapport du groupe « Prospective des métiers et qualifications », Les métiers en 2015, Januar 2007, S. 43.

745 Chassard/Kerbourc'h, Dr. soc. 2007, 1095, 1096.

746 Zahlen für 2006 bei Lagarenne/Lamarche, in: INSEE, L'emploi, nouveaux enjeux – Edition 2008, S. 51, 55.

747 Soc. v. 11.4.1991, Bull. civ. V, Nr. 184 = RJS 1991, 368, Nr. 686.

748 Soc. v. 11.4.1991, Bull. civ. V, Nr. 184 = RJS 1991, 368, Nr. 686; a. A. Poulain, Les contrats de travail à durée déterminée, Rn. 249.

749 Vgl. Pélissier/Auzero/Dockès, Droit du travail, Rn. 249; Frik, Die missbräuchliche Nutzung von befristeten Arbeitsverträgen, S. 60 Fn. 213.

tet zu werden[750]. Die Mindestdauer fungiert als Referenzzeitraum für die Regelung des Art. L. 1242-10 Abs. 3 C. trav., wonach die Probezeit eines zweckbefristeten Arbeitsvertrages im Verhältnis zu seiner Mindestdauer berechnet wird[751]. Sie schafft Sicherheit für den Arbeitnehmer, dass er bei vorzeitigem Zweckeintritt oder -fortfall bis zum Ablauf der Mindestfrist weiter vergütet wird[752]. Nur für wenige Vertragstypen ist die Mindestdauer gesetzlich konkret festgelegt. Diese wird zumeist von den Parteien frei bestimmt[753].

Nach Art. L. 1242-8 C. trav. darf die Höchstdauer befristeter Arbeitsverträge, gegebenenfalls einschließlich einer Verlängerung nach Art. L. 1243-13 C. trav.[754], grundsätzlich achtzehn Monate nicht übersteigen. Im Übrigen richtet sich die Dauer nach dem einschlägigen Sachgrund. Grundsätzlich haben nur Zeitbefristungen eine Höchstdauer[755]. Eine Ausnahme gilt für den befristeten Vertrag im Falle des Wartens auf den tatsächlichen Arbeitsantritt eines unbefristet eingestellten Arbeitnehmers und für den Projektvertrag. Bemerkenswert ist, dass die Geltung einer Höchstdauer schon dann entfallen soll, wenn eine Zweckbefristung nur zulässig ist, auch wenn die Option nicht genutzt und statt derer eine Zeitbefristung vereinbart wird[756].

Die im Hinblick auf die Dauer befristeter Arbeitsverträge wesentliche Frage ist, inwieweit diese den späteren Erhalt eines unbefristeten Vertrages fördert oder erschwert. Bei befristeten Verträgen mit einer Dauer von weniger als sechs Monaten ist die Wahrscheinlichkeit, einen unbefristeten Vertrag zu erhalten, gering, so dass die betreffenden Arbeitnehmer zugleich mit hoher Wahrscheinlichkeit in einer „prekären" Situation bleiben[757]. Umgekehrt stellen längere Befristungen ein „Sprungbrett" zum unbefristeten Arbeitsvertrag dar[758].

750 Soc. v. 29.10.1996, D. 1996, IR, 258 = RJS 1996, 805, Nr. 1239.

751 Dazu bereits 2. Kapitel, B. II. 1. a.

752 Pélissier/Auzero/Dockès, Droit du travail, Rn. 249.

753 Pélissier/Auzero/Dockès, Droit du travail, Rn. 249.

754 Dazu 2. Kapitel, C. II. 1.

755 Corrignan-Carsin, in: Rép. trav. Dalloz, Rn. 186.

756 Mouly, Anm. zu Soc. v. 28.10.1997, D. 1998, Jur., 127 m. w. N., auch zur Gegenansicht.; Frik, Die missbräuchliche Nutzung von befristeten Arbeitsverträgen, S. 129 m. w. N.

757 Bunel, CEE, Document de Travail Nr. 82, März 2007, S. 23. S. auch den Bericht der Commission des Finances, de l'Économie générale et du Contrôle budgétaire de l'Assemblée nationale Nr. 3805 v. 12.10.2011, Annex 2 (Rapport d'enquête de la Cour des comptes sur les contrats aides dans la politique de l'emploi), S. 120. Danach erleichtern die *contrat aidés* von kurzer Dauer nicht den Zugang zur dauerhaften Beschäftigung.

758 Bunel, CEE, Document de Travail Nr. 82, März 2007, S. 23.

### *b. Besonderheiten bei bestimmten Verträgen*

Das französische Recht regelt für bestimmte Verträge eine besondere Dauer.

#### aa. Mindestdauer

Wird dem Haupt- oder Subunternehmer ein außergewöhnlicher Exportauftrag erteilt, dessen Wichtigkeit den Einsatz von Mitteln erfordert, die quantitativ oder qualitativ die normalerweise vom Unternehmen verwendeten Mittel übersteigen, beträgt die Mindestdauer des befristeten Arbeitsvertrages (*durée initiale*) sechs Monate; vor Einstellungen muss der Arbeitgeber den Betriebsausschuss, in Ermangelung eines solchen die Personalvertreter, anhören (Art. L. 1242-8 Nr. 3 C. trav.).

Verträge nach Art. L. 1242-3 Nr. 1 C. trav. haben im Hinblick auf ihre staatliche Förderung eine Mindestdauer[759]. *CUI-CAE* und *CUI-CIE* haben grundsätzlich eine Mindestdauer von sechs Monaten (Art. L. 5134-25 und L. 5134-69-2 C. trav.). Der befristete Zukunftsvertrag für junge Leute wird für 36 Monate geschlossen. Unter besonderen Umständen kann der Vertrag zunächst für eine kürzere Dauer geschlossen werden, jedoch nicht für weniger als zwölf Monate (Art. L. 5134-115 C. trav.).

Art. L. 6325-11 C. trav. bestimmt, dass die Phase zur Erlangung beruflicher Kenntnisse (*action de professionnalisation*) eines befristeten *contrat de professionnalisation* eine Mindestdauer von sechs bis zwölf Monaten hat. Nach Art. L. 6325-12 C. trav. kann die Mindestdauer bis auf 24 Monate verlängert werden, insbesondere bei Personen, die ohne anerkannten Berufsabschluss aus dem Schulsystem ausgeschieden sind, oder wenn die Art der angestrebten Qualifikation dies erfordert.

Die Dauer eines Ausbildungsvertrages entspricht zumindest der des Ausbildungszyklus, der Gegenstand des Vertrages ist. Der Vertrag muss wenigstens auf ein Jahr befristet werden (Art. L. 6222-7 C. trav.). In besonderen Fällen reichen sechs Monate (Art. L. 6222-9 C. trav.).

Der Projektvertrag hat eine Mindestdauer von achtzehn Monaten (Art. 6 des Gesetzes vom 25. Juni 2008).

#### bb. Höchstdauer

Art. L. 1242-8 C. trav. normiert für bestimmte Sachgründe Abweichungen von der 18-monatigen Höchstdauer zeitbefristeter Arbeitsverträge. Im Falle des Wartens auf den tatsächlichen Arbeitsantritt eines unbefristet eingestellten Arbeitnehmers oder der Durchführung dringender, aus Sicherheitsgründen erforderli-

759 Corrignan-Carsin, in: Rép. trav. Dalloz, Rn. 174.

cher Arbeiten beträgt die Höchstdauer neun Monate. Hingegen liegt die maximale Vertragsdauer bei 24 Monaten, wenn der Vertrag im Ausland durchgeführt wird, im Rahmen des endgültigen Ausscheidens eines Arbeitnehmers vor Streichung seines Arbeitsplatzes geschlossen wird oder wenn dem Haupt- oder Subunternehmer ein außergewöhnlicher Exportauftrag erteilt wird, dessen Wichtigkeit den Einsatz von Mitteln erfordert, die quantitativ oder qualitativ die normalerweise vom Unternehmen verwendeten Mittel übersteigen.

Die Höchstfrist des Art. L. 1242-8 C. trav. findet ausdrücklich keine Anwendung auf Verträge nach Art. L. 1242-2 Nr. 3 C. trav. (Saisonarbeit, gewohnheitsmäßige Befristung)[760]. Für den Weinlesevertrag bestimmt Art. L. 718-5 Abs. 1 C. rur. eine Höchstdauer von einem Monat. Mehrere aufeinanderfolgende Weinleseverträge dürfen eine Gesamtdauer von zwei Monaten in einem Zeitraum von zwölf Monaten nicht überschreiten (Art. L. 718-5 Abs. 2 C. rur.). Der befristete Arbeitsvertrag mit einem Forscher wird nach Art. L. 431-2 S. 2 C. de la recherche auf maximal drei Jahre befristet.

Art. L. 1242-8 C. trav. nimmt Verträge nach Art. L. 1242-3 C. trav. vom Anwendungsbereich seiner Regelungen zur Höchstdauer zeitbefristeter Arbeitsverträge aus. Der befristete Zukunftsvertrag für junge Leute wird für 36 Monate geschlossen. Wird der Vertrag zunächst für eine kürzere Dauer geschlossen, kann er bis zur Höchstdauer von 36 Monaten verlängert werden (Art. L. 5134-115 C. trav.). Art. L. 5134-25-1 und L. 5134-69-1 C. trav. bestimmen, dass der befristete *CUI-CAE* und der befristete *CUI-CIE* eine Gesamtdauer von 24 Monaten, bei Arbeitnehmern ab einem Alter von fünfzig Jahren, die bestimmte Sozialleistungen beziehen, oder bei Arbeitnehmern mit anerkannter Behinderung von fünf Jahren haben. Im Fall des *CUI*-CAE kommt ausnahmsweise sogar eine Verlängerung über diese Höchstdauer hinaus in Betracht. Der *contrat relatif à des activités d'adultes-relais* hat eine Höchstdauer von drei Jahren (Art. L. 5134-103 C. trav.). Nach Art. D. 1242-7 C. trav. kann der *CDD senior* wie im Grundfall des Art. L. 1242-8 C. trav. für maximal achtzehn Monate geschlossen werden, im Falle der Verlängerung beträgt die Höchstdauer 36 Monate.

Art. D. 1242-6 C. trav. bestimmt, dass die Höchstdauer der Verträge der in Art. D. 1242-3 Nr. 1 bis 3 C. trav. genannten Arbeitnehmer[761] 24 Monate nicht übersteigen darf. Im Falle des Art. D. 1242-3 Nr. 2 C. trav. kann der Vertrag entsprechend der Dauer des Praktikums befristet werden, sofern diese im Verordnungswege festgelegt ist. Bei Ausländern, die den Regelungen des Art. R. 5221-1 C. trav. zur Arbeitsgenehmigung unterliegen, entspricht die Ma-

760 Soc. v. 28.10.1997, Bull. civ. V, Nr. 336 = D. 1998, Jur., 126 (Anm. Mouly) = RJS 1997, 827, Nr. 1343; Pélissier/Auzero/Dockès, Droit du travail, Rn. 248.

761 Zu Einzelheiten bereits 2. Kapitel, B. II. 1. b. ee. (1).

ximaldauer des Vertrages dem Zeitraum, für den die befristete Genehmigung erteilt worden ist. Wenn die Genehmigung verlängert wird, wird die Höchstdauer des Vertrages entsprechend verlängert. Das Vertragsende kann auf diese Weise so oft verschoben werden wie die Genehmigung verlängert wird. Bei den in Art. D. 1242-3 Nr. 4 C. trav. genannten Arbeitnehmern[762] darf die Vertragsdauer den Zeitraum, in dem ein Anspruch auf finanzielle Unterstützung besteht, nicht übersteigen.

Die Höchstdauer eines *contrat emploi-formation agricole* beträgt wie im Grundfall des Art. L. 1242-8 C. trav. achtzehn Monate (Art. D. 718-6 C. rur.).

Die Dauer eines Ausbildungsvertrages kann vorbehaltlich der in Art. L. 6222-11 C. trav. vorgesehenen Fälle einer Verlängerung bis zu drei Jahre betragen und wird abhängig vom angestrebten Beruf und Qualifikationsniveau festgelegt (Art. L. 6222-7 C. trav.). Die Dauer kann an das anfängliche Kompetenzniveau des Auszubildenden angepasst werden (Art. L. 6222-8 C. trav.). In bestimmten Fällen kann die Vertragshöchstdauer abweichend von Art. L. 6222-7 C. trav. ein Jahr betragen (Art. L. 6222-9 C. trav.). Die Möglichkeit, eine verkürzte Vertragslaufzeit auszuhandeln, soll helfen, die – nicht seltene – vorzeitige Beendigung von Ausbildungsverträgen einzudämmen[763].

Der Projektvertrag hat eine Höchstdauer von 36 Monaten (Art. 6 des Gesetzes vom 25. Juni 2008). Die ausnahmsweise Festlegung einer Höchstdauer für diesen zweckbefristeten Vertrag ist problematisch, wenn das Projekt wider Erwarten nicht binnen 36 Monaten realisiert wird[764].

Art. L. 1243-12 C. trav. trifft eine Sonderregelung für Arbeitnehmer mit befristetem Arbeitsvertrag, die ionisierender Strahlung ausgesetzt sind.

## 4. Befristungsverbote

Wesentliches Ziel des französischen Gesetzgebers ist, wie bereits dargestellt, eine Beschränkung des Rückgriffs auf befristete Arbeitsverträge[765]. Daher zählt ein eigener Abschnitt im Gesetzesteil des *Code du travail* (Art. L. 1242-5 f.) Fälle auf, in denen der Abschluss befristeter Arbeitsverträge von vornherein verboten ist. Auch Art. L. 1242-1 C. trav.[766] und Art. L. 1244-3 C. trav. enthalten letztlich Abschlussverbote. Höchstrichterlich entschieden ist, dass die Parteien eines unbefristeten Arbeitsvertrages keinen wirksamen befristeten Vertrag

762 Vgl. auch insoweit bereits 2. Kapitel, B. II. 1. b. ee. (1).

763 Kerbourc'h, Dr. soc. 2005, 427, 435.

764 Couturier, Dr. soc. 2008, 300, 303; Bousez, JCP S 2008, 1362 Rn. 13.

765 Pélissier/Auzero/Dockès, Droit du travail, Rn. 242.

766 Ausf. dazu bereits im 2. Kapitel, B. II. 1. a.

schließen können. Hierin wird ein unzulässiger Verzicht auf die Rechte des Arbeitnehmers im Falle einer Kündigung des unbefristeten Vertrages gesehen[767].

### a. *Befristung im Anschluss an eine betriebsbedingte Kündigung*

Nach Art. L. 1242-5 C. trav. dürfen binnen sechs Monaten nach einer betriebsbedingten Kündigung (*licenciement pour motif économique*) zur Besetzung der davon betroffenen Arbeitsplätze keine Arbeitnehmer mit befristetem Arbeitsvertrag aufgrund einer vorübergehenden Steigerung der Unternehmenstätigkeit eingestellt werden. Dies gilt auch für die Ausführung einer – genau bestimmten, nicht dauerhaften und nicht zur normalen Unternehmenstätigkeit gehörenden – gelegentlichen Aufgabe. Auf diese Weise soll verhindert werden, dass dauerhaft beschäftigtes Personal zum Zwecke der Ersetzung durch Arbeitskräfte mit befristeten Verträgen abgebaut wird[768]. Das Befristungsverbot besteht auf der Ebene des Betriebs (*établissement*), nicht aber des Unternehmens[769]. Es erfasst nur die von der Kündigung betroffenen Arbeitsplätze, d. h. die Arbeitsplätze, die die gleiche berufliche Qualifikation erfordern[770]. Der Sechs-Monats-Zeitraum läuft ab Zugang der Kündigung, bei mehreren Arbeitsplätzen, die die gleiche berufliche Qualifikation erfordern, ab Zugang der letzten Kündigung[771].

Ausnahmen von dem Befristungsverbot bestehen, wenn es sich um einen maximal dreimonatigen, nicht verlängerbaren Vertrag handelt oder wenn der Vertragsschluss im Zusammenhang damit steht, dass dem Unternehmen, sei es Haupt- oder Subunternehmer, ein außergewöhnlicher Exportauftrag erteilt worden ist, dessen Wichtigkeit den Einsatz von Mitteln erfordert, die quantitativ oder qualitativ die normalerweise vom Unternehmen verwendeten Mittel übersteigen. Im zuletzt genannten Fall bedarf die befristete Einstellung allerdings der vorherigen Anhörung des Betriebsausschusses oder, sofern ein solcher nicht besteht, der Personalvertreter (Art. L. 1242-5 C. trav.).

Die in Art. L. 1242-5 C. trav. normierten Ausnahmetatbestände befreien den Arbeitgeber ausdrücklich nicht von seiner Verpflichtung, den in Art. L. 1233-45

767 Soc. v. 25.3.2009, Bull. civ. V, Nr. 87 = RJS 2009, Nr. 497.

768 Corrignan-Carsin, in: Rép. trav. Dalloz, Rn. 149.

769 Poulain, Les contrats de travail à durée déterminée, Rn. 88; Corrignan-Carsin, in: Rép. trav. Dalloz, Rn. 153; Frik, Die missbräuchliche Nutzung von befristeten Arbeitsverträgen, S. 131.

770 Poulain, Les contrats de travail à durée déterminée, Rn. 88; Corrignan-Carsin, in: Rép. trav. Dalloz, Rn. 154; Frik, Die missbräuchliche Nutzung von befristeten Arbeitsverträgen, S. 131.

771 Poulain, Les contrats de travail à durée déterminée, Rn. 87; Corrignan-Carsin, in: Rép. trav. Dalloz, Rn. 151; Frik, Die missbräuchliche Nutzung von befristeten Arbeitsverträgen, S. 131 f.

C. trav. vorgesehenen Vorrang der Wiedereinstellung zu beachten. Jeder betriebsbedingt gekündigte Arbeitnehmer hat innerhalb eines Jahres nach Beendigung seines Vertrages einen Anspruch auf bevorzugte Wiedereinstellung, vorausgesetzt, er macht ihn innerhalb dieses Zeitraums geltend. In diesem Fall informiert der Arbeitgeber den Arbeitnehmer über jede frei gewordene Stelle, die zu seiner Qualifikation passt. Darüber hinaus informiert der Arbeitgeber die Personalvertreter über vakante Posten und hängt eine entsprechende Liste aus. Wenn der Arbeitnehmer eine zusätzliche Qualifikation erwirbt und den Arbeitgeber hierüber unterrichtet, hat er auch insoweit einen Anspruch auf bevorzugte Wiedereinstellung.

Ein Verstoß gegen das Befristungsverbot hat zur Folge, dass die Stellen der gekündigten Arbeitnehmer als noch vorhanden anzusehen sind. Die Kündigungen entbehren eines tatsächlichen und ernsthaften Grundes[772].

### b. *Befristung zur Vertretung eines Arbeitnehmers im Arbeitskampf*

Ein befristeter Arbeitsvertrag darf nicht zur Vertretung eines Arbeitnehmers, dessen Arbeitsvertrag aufgrund eines Arbeitskampfes ruht, geschlossen werden (Art. L. 1242-6 Nr. 1 C. trav.). Das Befristungsverbot soll die Durchsetzungskraft der Streikenden schützen[773]. Die *Cour de cassation* hat betont, dass Art. L. 1242-6 Nr. 1 C. trav. zwingenden Charakter hat[774]. In dem der Entscheidung zugrunde liegenden Fall hatte die französische Post befristete Arbeitsverträge zur Vertretung im Streik befindlicher Beamter geschlossen. Das Befristungsverbot ist im folgenden Kontext zu sehen:

Nach Ziff. 7 der Präambel der Verfassung von 1946 wird das Streikrecht im Rahmen der Gesetze gewährleistet[775]. Abs. 1 der Präambel der Verfassung vom 4. Oktober 1958 bezieht sich auf die Menschen- und Bürgerrechtserklärung von 1789 und die Präambel der Verfassung von 1946. Diese drei Texte bilden zusammen mit den grundlegenden, durch Gesetz anerkannten Prinzipien, auf die die Präambel von 1946 verweist, den sogenannten *bloc de constitutionnalité*[776].

---

772 Soc. v. 12.2.1997, Bull. civ. V, Nr. 58 = RJS 1997, 175, Nr. 265, in einem Fall, in dem eine Gesellschaft nach zwei betriebsbedingten Kündigungen zur Besetzung der davon betroffenen Arbeitsplätze systematisch Lageristen mit befristetem Arbeitsvertrag eingestellt hatte.

773 Golestanian, Dr. ouvr. 2001, 98, 103; Frik, Die missbräuchliche Nutzung von befristeten Arbeitsverträgen, S. 124.

774 Civ. 1re v. 19.5.1998, Bull. civ. I, Nr. 182 = Dr. soc. 1998, 848 (Anm. Prétot); Corrignan-Carsin, in: Rép. trav. Dalloz, Rn. 135; Frik, Die missbräuchliche Nutzung von befristeten Arbeitsverträgen, S. 124.

775 „Le droit de grève s'exerce dans le cadre des lois qui le réglementent."

776 Pélissier/Auzero/Dockès, Droit du travail, Rn. 42.

Art. L. 1132-2 C. trav. bestimmt, dass kein Arbeitnehmer aufgrund der normalen Ausübung des Streikrechts sanktioniert, entlassen oder einer diskriminierenden Maßnahme im Sinne des Art. L. 1132-1 C. trav. unterzogen werden darf. Nach Art. L. 2511-1 C. trav. kann die Ausübung des Streikrechts nur im Falle eines dem Arbeitnehmer zuzurechnenden schweren Fehlers (*faute lourde imputable au salarié*) die Beendigung des Arbeitsvertrages rechtfertigen und darf zu keinerlei diskriminierenden Maßnahme, insbesondere in Vergütungsfragen und bei sozialen Vorteilen, führen. Jede Entlassung ohne das Vorliegen eines schweren Fehlers ist nichtig. Art. R. 3243-4 C. trav. bestimmt, dass die Ausübung des Streikrechts nicht auf dem Gehaltszettel (*bulletin de paie*) vermerkt sein darf.

Die Formulierung des Art. L. 1242-6 Nr. 1 C. trav. („nicht zur Vertretung eines Arbeitnehmers, dessen Arbeitsvertrag aufgrund eines Arbeitskampfes ruht") ist wenig glücklich gewählt, da sie – wörtlich genommen – nicht den Abschluss eines befristeten Arbeitsvertrages zur Vertretung eines Arbeitnehmers verbietet, der zur Verstärkung des Personals bzw. Unterstützung der nicht streikenden Arbeitnehmer in einen bestreikten Betrieb geschickt worden ist[777]. Der Vertrag des vertretenen Arbeitnehmers ruht nicht; die Vertretung ist folglich nicht ausdrücklich durch Art. L. 1242-6 Nr. 1 C. trav. verboten[778]. Gleichwohl soll der befristete Vertrag angesichts des gesetzgeberischen Ziels, durch befristete Verträge Streikbewegungen nicht zu untergraben[779], als unzulässig angesehen werden[780].

### c. *Befristung zur Durchführung besonders gefährlicher Arbeiten*

Nach Art. L. 1242-6 Nr. 2 C. trav. darf ein befristeter Arbeitsvertrag nicht zur Durchführung bestimmter besonders gefährlicher Arbeiten geschlossen werden. Art. L. 1242-6 Nr. 2 und L. 4154-1 C. trav. sehen vor, dass im Verordnungswege eine Liste der Arbeiten, die als besonders gefährlich eingestuft werden, zu erstellen ist. Nach der zuletzt genannten Vorschrift, die sich im vierten Teil des Gesetzesteils des *Code du travail* zur „Gesundheit und Sicherheit bei der Arbeit" findet, handelt es sich um bestimmte Arbeiten, die einer spezialmedizinischen Überwachung im Sinne der Regelungen zur Arbeitsmedizin bedürfen. Art. D. 4154-1 C. trav. enthält die vorerwähnte Liste[781]. Ausnahmsweise kann die Arbeitsverwaltung Abweichungen von dem Abschlussverbot zulassen. Nach Art. D. 1242-5 C. trav. werden diese durch den Direktor für Arbeit, Beschäfti-

---

777 Pélissier/Auzero/Dockès, Droit du travail, Rn. 244.
778 Pélissier/Auzero/Dockès, Droit du travail, Rn. 244.
779 Golestanian, Dr. ouvr. 2001, 98, 103.
780 Pélissier/Auzero/Dockès, Droit du travail, Rn. 244.
781 Vgl. insoweit den Verweis in Art. D. 1242-4 C. trav.

gung und Berufsbildung des *Département* bei Vorliegen der in Art. D. 4154-2 bis D. 4154-6 C. trav. genannten Voraussetzungen genehmigt.

### *d. Dauerhafte, an die normale und ständige Unternehmenstätigkeit geknüpfte Beschäftigung*

Nach der grundlegenden Vorschrift des Art. L. 1242-1 C. trav. „darf ein befristeter Arbeitsvertrag, gleich aus welchem Grund, weder zum Ziel noch tatsächlich zur Folge haben, dass eine dauerhafte Beschäftigung geschaffen wird“[782], die an die normale und ständige Unternehmenstätigkeit geknüpft ist. Im Hinblick auf die Einzelheiten dieser Regelung wird auf die Darstellung im 2. Kapitel unter B. II. 1. a. verwiesen.

### *e. Anschluss an einen befristeten Arbeitsvertrag über denselben Arbeitsplatz*

Art. L. 1244-3 C. trav. bestimmt, dass ein befristeter Arbeitsvertrag im Anschluss an einen ebenfalls befristeten Arbeitsvertrag über denselben Arbeitsplatz nicht vor Ablauf einer Wartezeit geschlossen werden darf, die nach der Vertragsdauer (einschließlich Verlängerung) berechnet wird. Die Wartezeit soll verhindern, dass der Arbeitgeber durch aufeinanderfolgende Befristungen eine „Prekarisierung“ einer dauerhaften oder zumindest längerfristigen Beschäftigung herbeiführt[783].

Die Wartezeit entspricht einem Drittel der Dauer des vorherigen Vertrages, wenn diese (einschließlich Verlängerung) vierzehn oder mehr Tage betragen hat. Eine Wartezeit in Höhe der Hälfte der Dauer des ersten Vertrages ist für den Fall vorgesehen, dass diese (einschließlich Verlängerung) weniger als vierzehn Tage betragen hat. Zur Berechnung der für die Wartezeit maßgeblichen Tage wird auf die Öffnungszeiten des Betriebs oder Unternehmens abgestellt. Mit dieser im Rahmen des Gesetzes vom 17. Januar 2002 in den *Code du travail* aufgenommenen Regelung wurde die bisherige Praxis der Berechnung nach Kalendertagen abgeschafft, die zur Folge hatte, dass manche Arbeitgeber das Wochenende zur Wartezeit rechneten, um aufeinanderfolgende Verträge von jeweils fünf Tagen abzuschließen[784].

Einer Wartezeit bedarf es bei Abschluss eines neuen, wiederum befristeten Arbeitsvertrages über denselben Arbeitsplatz (*poste*). Nicht nur der Arbeitsplatz des ausgeschiedenen Arbeitnehmers wird erfasst, sondern jeder Arbeitsplatz in

782 Frik, Die missbräuchliche Nutzung von befristeten Arbeitsverträgen, S. 59.

783 Pélissier/Auzero/Dockès, Droit du travail, Rn. 244.

784 Roy-Loustaunau, Dr. soc. 2002, 304, 307.

der betreffenden Einheit, der die gleiche berufliche Qualifikation voraussetzt[785]. Soll der Arbeitnehmer im Rahmen aufeinanderfolgender befristeter Verträge die gleiche Arbeit an unterschiedlichen Orten erledigen, befreit dies den Arbeitgeber nicht von seiner Verpflichtung zur Einhaltung einer Wartezeit[786]. Der Arbeitgeber kann die Wartezeit auch nicht dadurch umgehen, dass er die Arbeit nach Beendigung eines befristeten Vertrages demselben Arbeitnehmer über eine andere Konzerngesellschaft erneut mittels eines befristeten Vertrages zuweist, wenn die Gesellschaften ihren Sitz in demselben Gebäude haben und der Arbeitnehmer in denselben Büros mit demselben Vorgesetzten beschäftigt wird[787].

Art. L. 1244-3 C. trav. enthält ein nur relatives Abschlussverbot. Ausnahmen sind in Art. L. 1244-4 C. trav. kodifiziert. Einer Wartezeit bedarf es nicht, wenn der befristete Arbeitsvertrag zur Vertretung eines vorübergehend abwesenden Arbeitnehmers oder eines Arbeitnehmers, dessen Arbeitsvertrag ruht, anlässlich einer erneuten Abwesenheit des vertretenen Arbeitnehmers geschlossen wird. Die *Cour de cassation* lässt die Einschränkung „bei erneuter Abwesenheit des vertretenen Arbeitnehmers" unberücksichtigt; die Wartezeit ist danach auch dann entbehrlich, wenn aufeinanderfolgende Verträge zur Vertretung eines Arbeitnehmers geschlossen werden, der seine Arbeit nicht erst wieder aufgenommen hat[788]. Eine Wartezeit ist weiter nicht erforderlich, wenn der befristete Arbeitsvertrag zur Durchführung dringender, aus Sicherheitsgründen erforderlicher Arbeiten geschlossen wird, ferner bei Saisonarbeit, gewohnheitsmäßiger Befristung[789] und Befristung zur Vertretung der in Art. L. 1242-2 Nr. 4 und 5 C. trav. genannten Personen. Die Ausnahmeregelung des Art. L. 1244-4 C. trav.

---

785 Poulain, Les contrats de travail à durée déterminée, Rn. 55; Corrignan-Carsin, in: Rép. trav. Dalloz, Rn. 490; Frik, Die missbräuchliche Nutzung von befristeten Arbeitsverträgen, S. 133.

786 Soc. v. 31.10.1989, Bull. civ. V, Nr. 641; Poulain, Les contrats de travail à durée déterminée, Rn. 55; Corrignan-Carsin, in: Rép. trav. Dalloz, Rn. 491; Frik, Die missbräuchliche Nutzung von befristeten Arbeitsverträgen, S. 133.

787 Soc. v. 7.4.1998, Bull. civ. V, Nr. 198 = Dr. soc. 1998, 610 (Anm. Roy-Loustaunau); Corrignan-Carsin, in: Rép. trav. Dalloz, Rn. 492; Frik, Die missbräuchliche Nutzung von befristeten Arbeitsverträgen, S. 133 Fn. 565.

788 Soc. v. 26.2.1991, Bull. civ. V, Nr. 96; Pélissier/Auzero/Dockès, Droit du travail, S. 277 Fn. 3.

789 Soc. v. 12.3.1996, Bull. civ. V, Nr. 89 = RJS 1996, 231, Nr. 386 (gewohnheitsmäßige Befristung der Verträge von Archäologen und wissenschaftlichen Hilfskräften bei Grabungen); Soc. v. 10.5.2006, Dr. soc. 2006, 1046 (Anm. Roy-Loustaunau) = JCP S 2006, 1692 (Anm. Bousez) (befristeter Vertrag einer Mitarbeiterin des Bodenpersonals einer Fluggesellschaft für die Sommersaison im Anschluss an einen befristeten Vertrag wegen vorübergehender Steigerung der Unternehmenstätigkeit); Soc. v. 11.10.2006, RJS 2006, 936, Nr. 1254 (Befristung zur Vertretung und gewohnheitsmäßige Befristung).

erfasst auch die Befristungsgründe des Art. L. 1242-3 C. trav. und den Fall, dass der Arbeitnehmer, der den Arbeitsplatz ursprünglich besetzt hat, den Vertrag vorzeitig beendet oder die Verlängerung seines Vertrages verweigert hat. Eine *arbeitgeber*seitige vorzeitige Beendigung eines befristeten Arbeitsvertrages lässt das Erfordernis einer Wartezeit bei Abschluss eines neuen Vertrages nicht entfallen; die Wartezeit beginnt mit dem ursprünglich vorgesehenen Beendigungszeitpunkt des ersten Vertrages[790].

#### *f. Besonderheiten beim CUI-CIE*

Art. L. 5134-68 C. trav. zählt drei Fälle auf, in denen keine Rahmenvereinbarung zum Abschluss eines *CUI-CIE* getroffen werden kann. Der Betrieb darf in den letzten sechs Monaten vor dem Einstellungstermin keine betriebsbedingte Kündigung ausgesprochen haben. Die Einstellung darf nicht auf die Vertretung eines Arbeitnehmers abzielen, der aus einem anderen Grund als dem Vorliegen eines ernsten oder schweren Fehlers (*faute grave ou lourde*) gekündigt wurde. Stellt sich heraus, dass die Einstellung die Kündigung eines anderen Arbeitnehmers zur Folge hatte, kann der Staat oder der Präsident des *Conseil général* die Rahmenvereinbarung kündigen. In diesem Fall ist der Arbeitgeber verpflichtet, alle aufgrund der Rahmenvereinbarung geleisteten Zahlungen zurückzuerstatten. Eine Rahmenvereinbarung zum Abschluss eines *CUI-CIE* kann auch dann nicht getroffen werden, wenn der Arbeitgeber mit der Zahlung seiner Abgaben und Sozialbeiträge in Verzug ist.

## III. Rechtsvergleichende Betrachtung

Beide Gesetzgeber sind durch ihre Regelungen zur Zulässigkeit der Befristung über den Gegenstand der Befristungsrichtlinie, Missbrauch durch *aufeinanderfolgende* befristete Arbeitsverträge zu verhindern, weit hinausgegangen. In Frankreich wurde zwischenzeitlich sogar die Abschaffung aller befristeter Arbeitsverträge zugunsten eines einheitlichen unbefristeten Vertrages (*contrat de travail unique*) lanciert[791]. Letztlich sollte die Befristungsrichtlinie im Blickwinkel bleiben, die ein Bedürfnis nach befristeten Arbeitsverträgen anerkennt (Abs. 2 S. 2 der Präambel der Rahmenvereinbarung, Ziff. 8 der Allgemeinen Erwägungen der Rahmenvereinbarung).

---

790 Soc. v. 19.1.1999, Bull. civ. V, Nr. 30 = Dr. soc. 1999, 399 (Anm. Roy-Loustaunau); Corrignan-Carsin, in: Rép. trav. Dalloz, Rn. 495.

791 Dazu in der Einleitung und im 2. Kapitel, B. II. 1. a.

## 1. Befristungsgründe

Sachliche Gründe für die Befristung eines Arbeitsvertrages sind in § 14 Abs. 1 S. 2 TzBfG beispielhaft[792], in Art. L. 1242-2, -3 und -4 C. trav. grundsätzlich abschließend[793] aufgezählt. Hinzu kommen jeweils vereinzelte spezialgesetzliche, im deutschen Recht auch ungeschriebene Befristungsgründe[794]. Die meisten Sachgründe im deutschen und französischen Recht sind vergleichbar. Jedoch gibt es auch Befristungsgründe ohne Entsprechung.

In Deutschland lässt sich schwerlich ein Sachgrund für die Befristung des Arbeitsvertrages zwischen Verleiher und Arbeitnehmer finden[795]. Zeitarbeitsverhältnisse sind in Frankreich stets befristete Arbeitsverhältnisse[796]. Für das Vorliegen eines Sachgrundes kommt es dort, anders als in Deutschland[797], auf die Verhältnisse im Entleiherbetrieb an[798].

### a. *Vergleichbare Sachgründe*

Der Befristungsgrund der „vorübergehenden Steigerung der Unternehmenstätigkeit“, den Art. L. 1242-2 Nr. 2 C. trav. vorsieht, findet in § 14 Abs. 1 S. 2 Nr. 1 TzBfG eine Entsprechung. Zwar ist im deutschen Recht von einem „vorübergehenden betrieblichen Bedarf an der Arbeitsleistung“ die Rede. Jedoch zieht die vorübergehende Steigerung der Unternehmenstätigkeit letztlich einen erhöhten Bedarf an der Arbeitsleistung nach sich[799]. § 14 Abs. 1 S. 2 Nr. 1 TzBfG erfasst, anders als Art. L. 1242-2 Nr. 2 C. trav.[800], auch den Fall einer bevorstehenden Verringerung des Personalbedarfs[801].

---

792 BT-Drucks. 14/4374, S. 18.

793 Vgl. Soc. v. 31.10.1989, Bull. civ. V, Nr. 625; ebenso Soc. v. 5.12.1989, Bull civ. V, Nr. 694.

794 Dazu 2. Kapitel, B. I. 1.

795 Sievers, TzBfG, § 14 Rn. 348: „Denn der gesetzliche Katalog des § 14 Abs. 1 S. 2 TzBfG ist nicht auf die Besonderheiten des Leiharbeitsverhältnisses zugeschnitten.“; vgl. auch Wank, NZA 2003, 14, 20 f.

796 Ausf. Frik, Die missbräuchliche Nutzung von befristeten Arbeitsverträgen, S. 224, 254; Frik, NZA 2005, 386, 388.

797 Sievers, TzBfG, § 14 Rn. 348; Wank, NZA 2003, 14, 20; Annuß/Thüsing-Kühn, TzBfG, § 23 Rn. 175 m. w. N.; Werthebach, NZA 2005, 1044, 1045.

798 Frik, NZA 2005, 386, 388 m. w. N.

799 So auch Frik, Die missbräuchliche Nutzung von befristeten Arbeitsverträgen, S. 82.

800 Soc. v. 4.3.1992, Bull. civ. V, Nr. 147 = RJS 1992, 334, Nr. 586; Frik, Die missbräuchliche Nutzung von befristeten Arbeitsverträgen, S. 80.

801 BAG v. 10.6.1992 – 7 AZR 346/91, EzA § 620 BGB Nr. 116; BAG v. 31.3.1993 – 7 AZR 536/92, ZTR 1994, 117; Annuß/Thüsing-Maschmann, TzBfG, § 14 Rn. 23.

Die Saisonbeschäftigung ist im französischen Recht ausdrücklich als Sachgrund normiert (Art. L. 1242-2 Nr. 3, 1. Alt. C. trav.). Im deutschen Recht gilt auch insoweit § 14 Abs. 1 S. 2 Nr. 1 TzBfG[802]. In beiden Ländern können durch die Befristungsmöglichkeit betriebsbedingte Kündigungen vermieden werden[803]. Eine Umgehung des Kündigungsschutzrechts liegt darin nicht[804].

§ 14 Abs. 1 S. 2 Nr. 1 TzBfG erfasst unter gewissen Voraussetzungen auch die Mitwirkung an einem bestimmten, zeitlich begrenzten Projekt[805]. In Frankreich ist hierfür in jüngerer Zeit ein eigener Befristungsgrund eingeführt worden (*contrat à durée déterminée à objet défini*), der noch erprobt wird.

Art. L. 1242-2 Nr. 1 C. trav. benennt, anders als § 14 Abs. 1 S. 2 Nr. 3 TzBfG, ausdrücklich und abschließend verschiedene Situationen, in denen eine Befristung zur Vertretung zulässig ist. In beiden Ländern ist eine indirekte Vertretung (*remplacement en cascades*) zulässig[806].

Im deutschen Recht zur Vertretungsbefristung wird nicht zwischen der Abwesenheit eines Arbeitnehmers und dem Ruhen seines Arbeitsvertrages differenziert[807]. Nur der Vollständigkeit halber sei daher erwähnt, dass einige der Fälle eines Ruhens des Arbeitsvertrages nach französischem Recht nicht als Ruhensfälle nach deutschem Recht gelten, so etwa die Fälle der Krankheit oder des

802 Annuß/Thüsing-Maschmann, TzBfG, § 14 Rn. 28. Das deutsche Recht kennt keinen speziellen Weinlesevertrag.

803 BAG v. 20.10.1967 – 3 AZR 467/66, AP Nr. 30 zu § 620 BGB Befristeter Arbeitsvertrag; vgl. auch BAG v. 28.8.1987 – 7 AZR 249/86, ZTR 1988, 101; Annuß/Thüsing-Maschmann, TzBfG, § 14 Rn. 28; Laux/Schlachter-Schlachter, TzBfG, § 14 Rn. 33; Frik, Die missbräuchliche Nutzung von befristeten Arbeitsverträgen, S. 84.

804 BAG v. 20.10.1967 – 3 AZR 467/66, AP Nr. 30 zu § 620 BGB Befristeter Arbeitsvertrag; vgl. auch BAG v. 28.8.1987 – 7 AZR 249/86, ZTR 1988, 101; Laux/Schlachter-Schlachter, TzBfG, § 14 Rn. 33; Poulain, Les contrats de travail à durée déterminée, Rn. 160; Frik, Die missbräuchliche Nutzung von befristeten Arbeitsverträgen, S. 84.

805 BAG v. 7.4.2004 – 7 AZR 441/03, AP Nr. 4 zu § 17 TzBfG; BAG v. 7.11.2007 – 7 AZR 484/06, EzA § 14 TzBfG Nr. 43; Dörner, NZA 2007, 57, 62.

806 BAG v. 30.9.1981 – 7 AZR 789/78, BAGE 36, 229 = AP Nr. 61 zu § 620 BGB Befristeter Arbeitsvertrag; BAG v. 6.6.1984 – 7 AZR 458/82, AP Nr. 83 zu § 620 BGB Befristeter Arbeitsvertrag; BAG v. 21.2.2001 – 7 AZR 107/00, AP Nr. 228 zu § 620 BGB Befristeter Arbeitsvertrag; BAG v. 10.3.2004 – 7 AZR 397/03, AP Nr. 257 zu § 620 BGB Befristeter Arbeitsvertrag; BAG v. 25.8.2004 – 7 AZR 32/04, NZA 2005, 472; BAG v. 18.4.2007 – 7 AZR 255/06, AP Nr. 2 zu § 14 TzBfG Vertretung; Annuß/Thüsing-Maschmann, TzBfG, § 14 Rn. 37; KSchR-Däubler, § 14 TzBfG Rn. 60; Soc. v. 22.11.1995, Bull. civ. V, Nr. 308 = Dr. soc. 1996, 194 (Anm. Savatier) = JCP G 1996, II., 22642 (Anm. Roy-Loustaunau) = JCP G 1996, I., 3923, Nr. 5 (Anm. Chevillard); Soc. v. 15.10.2002, Bull. civ. V, Nr. 305 = RJS 2002, 1014, Nr. 1361; Soc. v. 30.4.2003, Bull. civ. V, Nr. 149 = Dr. soc. 2003, 880 (Anm. Roy-Loustaunau).

807 Frik, Die missbräuchliche Nutzung von befristeten Arbeitsverträgen, S. 71.

Erholungsurlaubs[808]. Die Unterscheidung zwischen der Abwesenheit eines anderen Arbeitnehmers und dem Ruhen seines Arbeitsvertrages ist letztlich auch in Frankreich ohne praktische Relevanz; ein Ruhen des Vertrages fällt, wie gesehen, in aller Regel mit einer Abwesenheit des Arbeitnehmers zusammen[809]. Warum der französische Gesetzgeber die Unterscheidung getroffen hat, ist unklar[810].

Während es in Deutschland für das Vorliegen des Sachgrundes der Vertretung entscheidend auf die Prognose des Arbeitgebers bei der Befristung des Arbeitsvertrages über den voraussichtlichen Wegfall des Vertretungsbedarfs durch die Rückkehr des zu vertretenden Mitarbeiters ankommt[811], wird in Frankreich auch die tatsächliche Entwicklung („Folge“) berücksichtigt[812]. Nach Art. L. 1242-1 C. trav. „darf ein befristeter Arbeitsvertrag, gleich auch welchem Grund, weder zum Ziel noch tatsächlich zur Folge haben, dass eine dauerhafte Beschäftigung geschaffen wird“ [813], die an die normale und ständige Tätigkeit des Unternehmens geknüpft ist.

Wechselt ein Arbeitnehmer vorübergehend von einer Vollzeit- in eine Teilzeitbeschäftigung, können die übrigen Arbeitsstunden aus der Vollzeitbeschäftigung nach Art. L. 1242-2 Nr. 1 b) C. trav. von einem Vertreter in einem befristeten Teilzeitarbeitsverhältnis geleistet werden. Im deutschen Recht ist diese Befristungsmöglichkeit zwar nicht ausdrücklich normiert; letztlich dürften dagegen jedoch keine Bedenken bestehen[814].

Die Befristung eines Arbeitsvertrages auf die Zeit des Wartens auf den tatsächlichen Arbeitsantritt eines bereits unbefristet eingestellten Arbeitnehmers ist im deutschen Recht, anders als im französischen Recht (Art. L. 1242-2 Nr. 1 e) C. trav.), nicht ausdrücklich geregelt. Jedoch liegt nach der Rechtsprechung ein „sonstiger Sachgrund“ im Sinne des § 14 Abs. 1 S. 1 TzBfG vor, wenn der Arbeitgeber einen Arbeitnehmer vorübergehend bis zur endgültigen, dauerhaften Besetzung des Arbeitsplatzes mit einem anderen Arbeitnehmer einstellt, sofern der Arbeitgeber bei Abschluss des befristeten Arbeitsvertrages bereits mit dem als Dauerbesetzung vorgesehenen Arbeitnehmer vertraglich verbunden ist. Dann

808 Frik, Die missbräuchliche Nutzung von befristeten Arbeitsverträgen, S. 71 f.

809 Poulain, Les contrats de travail à durée déterminée, Rn. 134; Corrignan-Carsin, in: Rép. trav. Dalloz, Rn. 38; Frik, Die missbräuchliche Nutzung von befristeten Arbeitsverträgen, S. 62 f.

810 Frik, Die missbräuchliche Nutzung von befristeten Arbeitsverträgen, S. 72.

811 BAG v. 25.3.2009 – 7 AZR 34/08, NZA 2010, 34, 35; Annuß/Thüsing-Maschmann, TzBfG, § 14 Rn. 34.

812 Frik, Die missbräuchliche Nutzung von befristeten Arbeitsverträgen, S. 76.

813 Frik, Die missbräuchliche Nutzung von befristeten Arbeitsverträgen, S. 59.

814 So auch Frik, Die missbräuchliche Nutzung von befristeten Arbeitsverträgen, S. 75.

bestehe – ebenso wie bei dem in § 14 Abs. 1 S. 2 Nr. 3 TzBfG genannten Sachgrund der Vertretung – von vornherein nur ein zeitlich begrenztes Bedürfnis nach einer Beschäftigung des befristet eingestellten Arbeitnehmers[815].

Das deutsche Recht sieht ausdrücklich nur die befristete Vertretung eines anderen *Arbeitnehmers*, nicht aber die vorübergehende Ersetzung anderer Personen vor. Der *Code du travail* enthält hierzu gleich zwei Regelungen (Art. L. 1242-2 Nr. 4 und 5). Nach der Begründung zum TzBfG-Entwurf kann ein befristeter Arbeitsvertrag jedoch auch zur Vertretung eines Beamten geschlossen werden[816]. Ferner kommt die befristete Vertretung eines freien Mitarbeiters in Betracht[817].

Ein nach Art. L. 1242-2 Nr. 1 a) und c), Nr. 4 oder 5 C. trav. befristeter Arbeitsvertrag kann gemäß Art. L. 1242-9 C. trav. bereits vor „Abwesenheit" der zu vertretenden Person wirksam werden. Aus § 21 BEEG wird geschlossen, dass auch der deutsche Sachgrund der Vertretung nicht nur eine Befristung für die Dauer der Abwesenheit des zu vertretenden Arbeitnehmers rechtfertigt, sondern die nötige Einarbeitung des Vertreters einschließt[818].

§ 14 Abs. 1 S. 2 Nr. 4 TzBfG („Eigenart der Arbeitsleistung") ist sehr weit gefasst; die Anforderungen des Art. L. 1242-2 Nr. 3, 2. Alt. C. trav. an den vergleichbaren Sachgrund der gewohnheitsmäßigen Befristung sind weitaus strenger[819]. Der Ansatz, dass ein Brauch oder eine gewisse Üblichkeit eine Befristung rechtfertigen kann, findet sich nicht nur im französischen, sondern auch im deutschen Recht[820]. Die „Üblichkeit im Arbeitsleben" wurde von der früheren Rechtsprechung[821] zur Bestimmung des Begriffs des sachlichen Grundes im Sinne des § 14 Abs. 1 TzBfG herangezogen[822]. Heute spielt die „Üblichkeit im

815 BT-Drucks. 14/4374, S. 18; BAG v. 6.11.1996 – 7 AZR 909/95, AP Nr. 188 zu § 620 BGB Befristeter Arbeitsvertrag; BAG v. 13.10.2004 – 7 AZR 218/04, BAGE 112, 187; BAG v. 17.1.2007 – 7 AZR 20/06, BAGE 121, 18 = AP Nr. 30 zu § 14 TzBfG; BAG v. 9.12.2009 – 7 AZR 399/08, AP Nr. 67 zu § 14 TzBfG; KSchR-Däubler, § 14 TzBfG Rn. 134 m. w. N.

816 BT-Drucks. 14/4374, S. 19.

817 ErfK-Müller-Glöge, § 14 TzBfG Rn. 39; MüKoBGB-Hesse, § 14 TzBfG Rn. 34.

818 ErfK-Müller-Glöge, § 14 TzBfG Rn. 36; APS-Backhaus, § 14 TzBfG Rn. 340; a. A. KR-Lipke, § 14 TzBfG Rn. 142 a.

819 Frik, Die missbräuchliche Nutzung von befristeten Arbeitsverträgen, S. 99.

820 Frik, Die missbräuchliche Nutzung von befristeten Arbeitsverträgen, S. 98.

821 BAG v. 12.10.1960 - GS 1/59, BAGE 10, 65 = AP Nr. 16 zu § 620 BGB Befristeter Arbeitsvertrag; BAG v. 13.5.1982 – 2 AZR 87/80, AP Nr. 68 zu § 620 BGB Befristeter Arbeitsvertrag; BAG v. 22.3.1973 – 2 AZR 274/72, BAGE 25, 125, 133 = AP Nr. 38 zu § 620 BGB Befristeter Arbeitsvertrag; BAG v. 16.6.1976 – 2 AZR 630/74, AP Nr. 40 zu § 620 BGB Befristeter Arbeitsvertrag.

822 Annuß/Thüsing-Maschmann, TzBfG, § 14 Rn. 19; KSchR-Däubler, § 14 TzBfG Rn. 13.

Arbeitsleben" keine entscheidende Rolle mehr; es kommt allein auf die Vorstellungen „verständiger und verantwortungsbewusster Partner" an[823]. Das BAG hat Fallgruppen für eine Befristung entwickelt, die der Gesetzgeber größtenteils in § 14 Abs. 1 S. 2 TzBfG aufgenommen hat[824]. Manche der in Art. D. 1242-2 C. trav. aufgezählten Tätigkeitsbereiche werden nicht von § 14 Abs. 1 S. 2 Nr. 4 TzBfG, sondern von anderen Regelungen erfasst. So kann eine Befristung in der Lehre nur auf andere Sachgründe des § 14 Abs. 1 S. 2 TzBfG (z. B. Vertretung) oder auf die Vorschriften des WissZeitVG gestützt werden[825]. Seit die *Cour de cassation* zu ihrer Judikatur zurückgekehrt ist[826], wonach die konkrete Beschäftigung des befristet eingestellten Arbeitnehmers einen naturgemäß vorübergehenden Charakter haben muss, kommt die Rechtsprechung beider Länder wieder zu gleichen Ergebnissen, wenn es um die Frage geht, ob die Befristung des Vertrages eines Arbeitnehmers zulässig ist, der im Bereich Rundfunk, Fernsehen oder Bühne unabhängig von einer Einflussnahme auf das Programm längerfristig tätig ist[827]. Die Befristung aufgrund der Eigenart der Arbeitsleistung wird aber, anders als die gewohnheitsmäßige Befristung, auf verfassungsrechtliche Erwägungen gestützt[828].

Die beiden Rechtsordnungen unterscheiden sich im Hinblick auf Anzahl und Ausgestaltung der Befristungsmöglichkeiten im Bereich der Ausbildung, Fortbildung und Beschäftigungsförderung. In Frankreich besteht insoweit eine besondere Regelungsdichte. Dies mag nicht zuletzt daran liegen, dass der Berufseinstieg für Berufsanfänger in Frankreich aufgrund des schulischen Charakters des Berufsausbildungssystems schwieriger als in Deutschland und die Jugendarbeitslosigkeit vergleichsweise hoch ist[829]. Die Arbeitslosenquote der unter 25-Jährigen lag im Jahre 2011 in Deutschland bei 8,6 %, in der EU-27 bei 21,4 %

823 BAG v. 10.8.1994 – 7 AZR 695/93, AP Nr. 162 zu § 620 BGB Befristeter Arbeitsvertrag; BAG v. 26.8.1998 – 7 AZR 263/97, BAGE 89, 339, 344 = AP Nr. 53 zu § 611 BGB Bühnenengagementsvertrag; BAG v. 29.10.1998 – 7 AZR 436/97, BAGE 90, 98 = AP Nr. 14 zu § 611 BGB Berufssport; Annuß/Thüsing-Maschmann, TzBfG, § 14 Rn. 19; KSchR-Däubler, § 14 TzBfG Rn. 14.

824 KSchR-Däubler, § 14 TzBfG Rn. 14.

825 Frik, Die missbräuchliche Nutzung von befristeten Arbeitsverträgen, S. 101 f.

826 Soc. v. 23.1.2008, Bull. civ. V, Nr. 16 = JCP S 2008, 1164 (Anm. Bousez/Martinon) = D. 2008, 1321 (Anm. Vigneau).

827 Ebenso Frik, Die missbräuchliche Nutzung von befristeten Arbeitsverträgen, S. 99, zur Lage vor dem Rechtsprechungswechsel im Jahre 2003.

828 Frik, Die missbräuchliche Nutzung von befristeten Arbeitsverträgen, S. 99

829 Albrecht, Arbeitsmärkte in großstädtischen Agglomerationen, S. 59 f. m. w. N.; s. auch Koch, Duale und schulische Berufsausbildung, S. 52, 57.

und in Frankreich sogar bei 23,0 % der gleichaltrigen Erwerbsbevölkerung[830]. Angesichts einer Beschäftigungsquote älterer Erwerbstätiger zwischen 55 und 64 Jahren von 41,4 % in Frankreich gegenüber 47,4 % in der EU-27 und sogar 59,9 % in Deutschland im Jahre 2011[831] ist die Wiedereingliederung Älterer in das Berufsleben, nicht zuletzt mittels befristeter Verträge, in Frankreich besonders dringlich. Doch auch in Deutschland ist auf diesem Gebiet eine Entwicklung zu beobachten. Rolfs meint, die demografisch bedingte Alterung der Gesellschaft[832] und der Einfluss des europäischen Rechts müssten einen „Paradigmenwechsel" in der arbeitsrechtlichen Behandlung älterer Arbeitnehmer herbeiführen. Dieser könne sich unter anderem in der Begründung von Arbeitsverhältnissen manifestieren[833]. Sowohl der deutsche als auch der französische Gesetzgeber haben einen speziellen befristeten Arbeitsvertrag für ältere Arbeitnehmer geschaffen (§ 14 Abs. 3 TzBfG, Art. D. 1242-2 C. trav.). Nicht überhört werden dürfen aber kritische Stimmen zu den Auswirkungen einer Befristung der Arbeitsverträge älterer Menschen[834].

Die französische Gesetzgebung zur Befristung von Arbeitsverträgen auf dem Gebiet der Ausbildung, Fortbildung und Beschäftigungsförderung unterlag bislang, gemessen an anderen Sachgründen, einem starken Wandel[835]. Doch auch in Deutschland werden Maßnahmen erprobt und verworfen. So ist mit Art. 1 des Gesetzes zur Neuorientierung der arbeitsmarktpolitischen Instrumente vom 21. Dezember 2008[836] die Förderung der beruflichen Weiterbildung durch Vertretung im Wege der sogenannten Job-Rotation abgeschafft worden. Wurde ein zuvor arbeitsloser Arbeitnehmer zur Vertretung eines Arbeitnehmers, der sich beruflich weiterbildete, eingestellt, lag gemäß § 231 Abs. 1 SGB III a. F. ein sachlicher Grund vor, der die Befristung des Arbeitsvertrages mit dem Vertreter rechtfertigte. Arbeitgeber konnten einen Zuschuss zum Arbeitsentgelt des Vertreters erhalten (§ 229 S. 1, 2 SGB III a. F.). Die Förderung der beruflichen Weiterbildung durch Vertretung im Wege der Job-Rotation hat die Erwartungen nicht erfüllt. Die Bereitschaft, einen Arbeitslosen für die Zeit der Weiterbildung

830 European Commission, Employment and Social Developments in Europe 2012, Luxemburg 2012, S. 403, 409, 414

831 European Commission, Employment and Social Developments in Europe 2012, Luxemburg 2012, S. 403, 409, 414.

832 Dazu Buchner, NZA-Beil. 2008, 47.

833 Rolfs, NZA-Beil. 2008, 8, 16.

834 Preis, NZA 2008, 922, 923.

835 Frik, Die missbräuchliche Nutzung von befristeten Arbeitsverträgen, S. 105. Pélissier/Auzero/Dockès, Droit du travail, Rn. 154, bezweifeln die Nachhaltigkeit im Hinblick auf die Schaffung neuer Arbeitsplätze. Dazu 2. Kapitel, B. II. 1. b. ee. (1).

836 BGBl. I Nr. 64 v. 29.12.2008, S. 2917 ff.

eines Arbeitnehmers einzustellen, war gering. Die personellen Vakanzen wurden vorrangig durch Stammpersonal gedeckt[837]. Mit Gesetz zur Verbesserung der Eingliederungschancen am Arbeitsmarkt vom 20. Dezember 2011[838] ist die Förderung von Arbeitsbeschaffungsmaßnahmen im Bereich der Arbeitsförderung abgeschafft worden. Die Aufhebung der einschlägigen Vorschriften ist ausweislich der Gesetzesbegründung Folge der stark gesunkenen praktischen Relevanz der ABM. Zudem habe die Arbeitsmarktforschung eine negative Wirkung von ABM in Form eines verzögerten Übergangs in ungeförderte Beschäftigung festgestellt. Der Schwerpunkt der Leistungen der aktiven Arbeitsförderung solle auf der Eingliederung in den allgemeinen Arbeitsmarkt liegen[839].

*b. Nicht vergleichbare Sachgründe*

Das französische Recht sieht, anders als das deutsche Recht (§ 14 Abs. 1 S. 2 Nr. 2 TzBfG), keine Befristung im Anschluss an eine Ausbildung oder ein Studium vor, um den Übergang in eine Anschlussbeschäftigung zu erleichtern. Im französischen Recht besteht lediglich die – wegen der Abschaffung des Militärdienstes mit Gesetz vom 28. Oktober 1997 praktisch leerlaufende – Möglichkeit, einen befristeten Arbeitsvertrag nach Beendigung eines Ausbildungsvertrages zu schließen, wenn der Militärdienst des Arbeitnehmers bevorsteht (Art. L. 1242-4 Abs. 1 C. trav.)[840]. Allerdings ist die praktische Bedeutung von § 14 Abs. 1 S. 2 Nr. 2 TzBfG angesichts der Zulässigkeit einer sachgrundlosen Befristung nach § 14 Abs. 2 TzBfG im Anschluss an einen Ausbildungsvertrag[841] gering.

Eine Befristung zur Erprobung, wie sie § 14 Abs. 1 S. 2 Nr. 5 TzBfG vorsieht, gibt es in Frankreich nicht. Allerdings kann eine Erprobung faktisch mit einer Befristung aus anderem Grund einhergehen oder durch Vereinbarung einer Probezeit erfolgen[842].

In Frankreich ist eine Befristung aus sozialen Gründen, vergleichbar denen des § 14 Abs. 1 S. 2 Nr. 6 TzBfG, nicht möglich, da dort die Auffassung vorherrscht, dass eine Befristung des Arbeitsvertrages für den Arbeitnehmer stets nachteilig ist[843]. Eine Ausnahme hiervon machen die befristeten Verträge zur

837 BT-Drucks. 16/10810, S. 38.

838 BGBl. I Nr. 69 v. 27.12.2011, S. 2854.

839 BT-Drucks. 17/6277, S. 109.

840 Frik, Die missbräuchliche Nutzung von befristeten Arbeitsverträgen, S. 106 Fn. 454.

841 Dazu im 2. Kapitel, B. I. 2. a.

842 Bunel, CEE, Document de Travail Nr. 82, März 2007, S. 5; vgl. Mazeaud, Dr. soc. 2008, 626, 628; Vigneau, in: Ahlberg/Bercusson/Bruun/Kountouros/Vigneau/Zappalà, Transnational Labour Regulation. A Case Study of Temporary Agency Work, S. 85, 89; Frik, Die missbräuchliche Nutzung von befristeten Arbeitsverträgen, S. 118.

843 Frik, Die missbräuchliche Nutzung von befristeten Arbeitsverträgen, S. 119 f. m. w. N.

Ausbildung, Fortbildung und Beschäftigungsförderung. Insbesondere eine Befristung auf Wunsch des Arbeitnehmers erscheint aber undenkbar. Freilich dürfte zumindest insoweit der Unterschied zum deutschen Recht nicht allzu groß zu sein, da eine Befristung nach § 14 Abs. 1 S. 2 Nr. 6 TzBfG auch nur dann in Betracht kommt, wenn der Arbeitnehmer selbst dann einen befristeten Vertrag gewünscht hätte, wenn ihm der Arbeitgeber einen unbefristeten Vertrag angeboten hätte[844]. Umso mehr gilt dies, wenn der Arbeitgeber dem Arbeitnehmer tatsächlich einen unbefristeten Vertrag angeboten hat[845]. Tarifvertragliche Altersgrenzen sind in Frankreich nicht zulässig[846]. Nach Art. L. 1237-5 Abs. 1, 7 bis 9 i. V. m. Art. D. 1237-2-1 C. trav. ist eine zwangsweise Versetzung in den Ruhestand jedoch mit Erreichen einer Altersgrenze von 70 Jahren möglich[847]. Altersgrenzen für Piloten, Copiloten und Bordpersonal sieht der *Code de l'aviation civile* vor (Art. L. 421-9).

Das französische Recht sieht, anders als das deutsche Recht, keine Befristung aus Haushaltsgründen vor. Zwar hat das LAG Köln sein Vorabentscheidungsersuchen vom 13. April 2010[848] zu § 14 Abs. 1 S. 2 Nr. 7 TzBfG zurückgezogen[849]; jedoch wird die Bestimmung künftig aller Voraussicht nach wieder auf dem Prüfstand stehen.

Eine Befristung aufgrund eines gerichtlichen Vergleichs (vgl. § 14 Abs. 1 S. 2 Nr. 8 TzBfG) kommt in Frankreich nicht in Betracht.

## 2. Sachgrundlose Befristung

Der deutsche Gesetzgeber hat den befristeten Arbeitsvertrag im TzBfG unter der Prämisse geregelt, dass dieser *grundsätzlich* eines sachlichen Grundes bedarf. Dies entspricht ständiger Rechtsprechung vor Erlass der Richtlinie

---

844 BAG v. 6.11.1996 – 7 AZR 909/95, AP Nr. 188 zu § 620 BGB Befristeter Arbeitsvertrag; BAG v. 5.12.2002 – 7 AZR 492/01, BAGE 104, 110, 118 = AP Nr. 28 zu § 620 BGB Bedingung; Annuß/Thüsing-Maschmann, TzBfG, § 14 Rn. 57; APS-Backhaus, § 14 TzBfG Rn. 352; Dörner, Der befristete Arbeitsvertrag, Rn. 231.

845 Annuß/Thüsing-Maschmann, TzBfG, § 14 Rn. 57. Nach Angaben des Statistischen Bundesamtes v. 16.3.2010 (veröffentlicht unter https://www.destatis.de/DE/Publikationen/STATmagazin/Arbeitsmarkt/2010_03b/2010_03Beschaeftigung.html, zuletzt abgerufen am 15.5.2013) erklärten nur 2,5 % der im Jahre 2008 befristet Beschäftigten, keine Dauerstellung gewünscht zu haben.

846 Bouquet, Die Auswirkungen der europäischen Regelungen zur Altersdiskriminierung, S. 133.

847 Bouquet, Die Auswirkungen der europäischen Regelungen zur Altersdiskriminierung, S. 122; Pélissier/Auzero/Dockès, Droit du travail, Rn. 412, 414.

848 LAG Köln v. 13.4.2010 – 7 Sa 1224/09 = EuGH, C-313/10.

849 S. dazu EuGH v. 25.10.2011 – C-313/10.

1999/70/EG[850]. § 14 Abs. 2, 2 a und 3 TzBfG enthalten die Möglichkeit einer sachgrundlosen Befristung. Das BAG hat die sachgrundlose Befristung in jüngerer Zeit erleichtert, indem es entschieden hat, dass dieser eine frühere Beschäftigung nicht entgegensteht, die mehr als drei Jahre zurückliegt[851]. Damit hat sich das deutsche vom französischen Befristungsrecht, das gar keine sachgrundlose Befristung kennt, weiter entfernt.

## 3. Zeitpunkt der Befristungskontrolle

In beiden Ländern ist für die Befristungskontrolle der Zeitpunkt der Vereinbarung bzw. des Vertragsschlusses maßgeblich[852]. Ohne Belang ist es, wenn der ursprünglich gegebene Befristungsgrund nachträglich wegfällt[853].

## 4. Dauer des befristeten Arbeitsvertrages

In Frankreich ist, anders als in Deutschland, für den – allein eine Befristung rechtfertigenden – Fall des Vorliegens eines Sachgrundes eine Höchstdauer der Zeitbefristung[854] gesetzlich bestimmt. Abweichend von der Grundfrist des Art. L. 1242-8 C. trav. gibt es eine Vielzahl unterschiedlicher Laufzeiten zeitbefristeter Arbeitsverträge. Bei zweckbefristeten Verträgen setzt der *Code du travail* eine Mindestdauer voraus (Art. L. 1242-7 C. trav.). Im deutschen Recht finden sich Bestimmungen zur Höchstdauer befristeter Arbeitsverträge nur im Hinblick auf eine sachgrundlose Befristung (§ 14 Abs. 2, 2 a, 3 TzBfG). Gleichwohl gibt es auch bei der Sachgrundbefristung zeitliche Grenzen. Besteht zwischen dem Befristungsgrund und der Dauer ein Widerspruch, ist dies ein

850 BT-Drucks. 14/4374, S. 13.

851 BAG v. 6.4.2011 – 7 AZR 716/09, NZA 2011, 905.

852 BAG GS v. 12.10.1960 - GS 1/59, BAGE 10, 65 = AP Nr. 16 zu § 620 BGB Befristeter Arbeitsvertrag; BAG v. 4.6.2003 – 7 AZR 523/02, AP Nr. 252 zu § 620 BGB Befristeter Arbeitsvertrag; Annuß/Thüsing-Maschmann, TzBfG, § 14 Rn. 8 m. w. N.; ErfK-Müller-Glöge, § 14 TzBfG Rn. 16; Maschmann, BB 2002, 1650, 1651; KSchR-Däubler, § 14 TzBfG Rn. 27; Soc. v. 11.4.1991, Bull. civ. V, Nr. 184 = RJS 1991, 368, Nr. 686.

853 BAG GS v. 12.10.1960 - GS 1/59, BAGE 10, 65 = AP Nr. 16 zu § 620 BGB Befristeter Arbeitsvertrag; BAG v. 4.6.2003 – 7 AZR 523/02, AP Nr. 252 zu § 620 BGB Befristeter Arbeitsvertrag; Annuß/Thüsing-Maschmann, TzBfG, § 14 Rn. 8 m. w. N.; ErfK-Müller-Glöge, § 14 TzBfG Rn. 16; Maschmann, BB 2002, 1650, 1651; KSchR-Däubler, § 14 TzBfG Rn. 27; Soc. v. 11.4.1991, Bull. civ. V, Nr. 184 = RJS 1991, 368, Nr. 686; a. A. Poulain, Les contrats de travail à durée déterminée, Rn. 249.

854 Corrignan-Carsin, in: Rép. trav. Dalloz, Rn. 186.

wichtiges Indiz dafür, dass der sachliche Grund gar nicht besteht[855]. Eine Mindestdauer ist im deutschen Recht nicht vorgesehen. Die schriftliche Unterrichtung nach § 15 Abs. 2 TzBfG über den Zeitpunkt der Zweckerreichung[856] hat jedoch für einen Zeitraum von zwei Wochen ab Zugang der Unterrichtung dieselbe Wirkung[857].

## 5. Befristungsverbote

Im französischen, nicht aber im deutschen Recht gibt es ausdrückliche Befristungsverbote. Darin manifestiert sich erneut die Sorge des französischen Gesetzgebers um den Schutz des Arbeitnehmers. Aber auch die Vermeidung einer allgemeinen „Prekarisierung" der Beschäftigung dürfte zu den tragenden Gründen gehören[858]. Im deutschen Recht lässt sich allein das – durch die Rechtsprechung noch beschränkte[859] – Vorbeschäftigungsverbot des § 14 Abs. 2 S. 2 TzBfG[860] als Befristungsverbot verstehen.

Während nach deutschem Recht die nachträgliche Befristung eines zunächst unbefristet geschlossenen Arbeitsvertrages zulässig ist, sofern ein Sachgrund hierfür vorliegt[861], können die Parteien eines unbefristeten Arbeitsvertrages nach französischer Rechtsprechung keinen wirksamen befristeten Vertrag schließen[862]. Ob ein Aufhebungsvertrag, bei dem der Beendigungszeitpunkt hinausgeschoben ist, eine nachträgliche Befristung eines zunächst unbefristet geschlossenen Arbeitsvertrages darstellt, wird allein in Deutschland diskutiert[863]. In Frank-

---

855 BAG v. 26.8.1988 – 7 AZR 101/88, BAGE 59, 265 = AP Nr. 124 zu § 620 BGB Befristeter Arbeitsvertrag; KSchR-Däubler, § 14 TzBfG Rn. 10; Annuß/Thüsing-Maschmann, TzBfG, § 14 Rn. 9; Dörner, Der befristete Arbeitsvertrag, Rn. 152 f.; ErfK-Müller-Glöge, § 14 TzBfG Rn. 19; Schaub, Arbeitsrechts-Handbuch, § 40 Rn. 5.

856 Dazu 2. Kapitel, E. I. 1.

857 Vgl. Frik, Die missbräuchliche Nutzung von befristeten Arbeitsverträgen, S. 135.

858 So Pélissier/Auzero/Dockès, Droit du travail, Rn. 244, zu Art. L. 1244-3 C. trav.

859 BAG v. 6.4.2011 – 7 AZR 716/09, NZA 2011, 905.

860 Dazu 2. Kapitel, B. I. 2. a.

861 BAG v. 24.1.1996 – 7 AZR 496/95, BAGE 82, 101 = AP Nr. 179 zu § 620 BGB Befristeter Arbeitsvertrag; BAG v. 8.7.1998 – 7 AZR 245/97, BAGE 89, 216 = AP Nr. 201 zu § 620 BGB Befristeter Arbeitsvertrag; BAG v. 26.8.1998 – 7 AZR 349/97, BAGE 89, 345 = AP Nr. 203 zu § 620 BGB Befristeter Arbeitsvertrag; Annuß/Thüsing-Maschmann, TzBfG, § 14 Rn. 12 m. w. N.; a. A. Wisskirchen, GS Heinze, S. 1081, 1092 (Vertragsfreiheit); Preis/Bender, NZA-RR 2005, 337, 344 f. (nur Kontrolle nach §§ 305 ff. BGB).

862 Soc. v. 25.3.2009, Bull. civ. V, Nr. 87 = RJS 2009, Nr. 497.

863 BAG v. 12.1.2000 – 7 AZR 48/99, BAGE 93, 162 = AP Nr. 16 zu § 620 BGB Aufhebungsvertrag; BAG v. 15.2.2007 – 6 AZR 286/06, BAGE 121, 257 = AP Nr. 35 zu

reich scheint die Problematik im Kontext der vorzeitigen Vertragsbeendigung aufgrund einer Parteivereinbarung[864] unbekannt zu sein.

# C. Mehrfachbefristung

Zu den zentralen Inhalten der Richtlinie 1999/70/EG zählen die Vorgaben zur Vermeidung von Missbrauch durch aufeinanderfolgende befristete Arbeitsverträge oder -verhältnisse (§ 5 Nr. 1 der Rahmenvereinbarung). Als geeignete Maßnahmen werden die Festlegung sachlicher Gründe, die die Verlängerung solcher Verträge oder Verhältnisse rechtfertigen, und die Bestimmung der insgesamt maximal zulässigen Dauer sowie der zulässigen Zahl der Verlängerungen aufeinanderfolgender Arbeitsverträge oder -verhältnisse genannt. Die Mitgliedstaaten, nach Anhörung der Sozialpartner, und/oder die Sozialpartner sollen gegebenenfalls festlegen, unter welchen Bedingungen befristete Arbeitsverträge oder Beschäftigungsverhältnisse als „aufeinanderfolgend“ zu betrachten sind (§ 5 Nr. 2 a) der Rahmenvereinbarung). Nicht zuletzt vor diesem Hintergrund verdient die Behandlung der Mehrfachbefristung im deutschen und französischen Recht besondere Beachtung[865]. Angesichts der Ausführungen zu den sachlichen Gründen und zur (Gesamt-)Dauer befristeter Arbeitsverträge im Abschnitt zur Zulässigkeit der (erstmaligen) Befristung[866] kann die folgende Darstellung jedoch im Wesentlichen auf die sonstigen Maßgaben für eine Mehrfachbefristung beschränkt werden.

## I. Deutsches Recht

Die Voraussetzungen einer wirksamen Mehrfachbefristung bestimmen sich danach, ob die Befristung mit oder ohne Sachgrund erfolgt.

---

§ 620 BGB Aufhebungsvertrag; BAG v. 28.11.2007 – 6 AZR 1108/06, BAGE 125, 70 = AP Nr. 36 zu § 620 BGB Aufhebungsvertrag; ErfK-Müller-Glöge, § 14 TzBfG Rn. 15; Laux/Schlachter-Schlachter, TzBfG, § 14 Rn. 12.

864 Dazu 2. Kapitel, E. II. 3. a. aa.

865 Kuchenbuch, Zur Problematik der Mehrfachbefristung, bezeichnet auf S. 54 „in Anlehnung an Hunold“ (NZA 1997, 741) die Verlängerung eines befristeten Arbeitsverhältnisses mit oder ohne Sachgrund und den Neuabschluss eines weiteren befristeten Arbeitsverhältnisses („Kettenarbeitsverhältnis“) als „Mehrfachbefristung“. Dieser Begriffsbestimmung wird hier gefolgt.

866 2. Kapitel, B. I. 1., 4. und B. II. 1., 3.

## 1. Mehrfachbefristung mit Sachgrund

Ein sogenannter unselbständiger Annexvertrag, durch den die Parteien lediglich die Laufzeit des Vertrages wieder mit dem Befristungsgrund in Einklang bringen wollen[867], ist nicht der Befristungskontrolle unterworfen; diese betrifft vielmehr den durch Annex verlängerten Vertrag[868].

Eine – erstmalige – Befristung mit Sachgrund im Anschluss an eine Befristung ohne Sachgrund ist ohne Weiteres zulässig[869].

Im Falle der Aneinanderreihung selbständiger jeweils mit Sachgrund befristeter Arbeitsverträge prüft die Rechtsprechung nur die sachliche Rechtfertigung des zuletzt geschlossenen Vertrages[870]. Dabei nahm sie zunächst an, dass die Anforderungen an das Vorliegen des sachlichen Grundes mit zunehmender Dauer der Beschäftigung steigen[871]. Nach einem Urteil des BAG aus dem Jahre 2009 zur Vertretungsbefristung führt jedoch allein die große Anzahl der mit einem Arbeitnehmer abgeschlossenen befristeten Arbeitsverträge nicht dazu, dass an die Prüfung, ob der Sachgrund vorliegt, strengere Anforderungen zu stellen sind[872]. Der Sachgrund der Vertretung sollte danach immer dann vorliegen, wenn ein Arbeitnehmer zur Deckung eines Beschäftigungsbedarfs eingestellt wurde, der durch die vorübergehende Arbeitsverhinderung eines anderen Arbeitnehmers verursacht wurde; unerheblich war, ob der befristet eingestellte Arbeitnehmer bereits zuvor im Rahmen befristeter Arbeitsverträge bei dem Arbeitgeber beschäftigt gewesen war oder nicht.

In seiner Vorlage vom 13. April 2010 an den EuGH[873] fragte das LAG Köln sodann:

---

867 BAG v. 13.10.2004 – 7 AZR 654/03, AP Nr. 13 zu § 14 TzBfG; BAG v. 7.11.2007 – 7 AZR 484/06, AP Nr. 42 zu § 14 TzBfG.

868 BAG v. 16.3.2005 – 7 AZR 289/04, BAGE 114, 146, 148 = AP Nr. 16 zu § 14 TzBfG; KR-Lipke, § 14 TzBfG Rn. 78a.

869 BT-Drucks. 14/4374, S. 14.

870 BAG v. 22.4.1998 – 5 AZR 92/97, AP Nr. 25 zu § 611 BGB Rundfunk; BAG v. 5.6.2002 – 7 AZR 205/01, AP Nr. 236 zu § 620 BGB Befristeter Arbeitsvertrag; BAG v. 27.7.2005 – 7 AZR 486/04, BAGE 115, 274 = AP Nr. 6 zu § 307 BGB; BAG v. 17.1.2007 – 7 AZR 20/06, BAGE 121, 18 = AP Nr. 30 zu § 14 TzBfG; BAG v. 18.6.2008 – 7 AZR 214/07, AP Nr. 50 zu § 14 TzBfG; BAG v. 25.3.2009 – 7 AZR 34/08, NZA 2010, 34, st. Rspr. Erläuternd dazu BAG v. 24.8.2011 – 7 AZR 228/10, NZA 2012, 385, 390

871 BAG v. 30.11.1977 – 5 AZR 561/76, AP Nr. 44 zu § 620 BGB Befristeter Arbeitsvertrag; BAG v. 21.1.1987 – 7 AZR 265/85, AP Nr. 4 zu § 620 BGB Hochschule; BAG v. 21.4.1993 – 7 AZR 376/92, AP Nr. 149 zu § 620 BGB Befristeter Arbeitsvertrag.

872 BAG v. 25.3.2009 – 7 AZR 34/08, NZA 2010, 34, 37.

873 LAG Köln v. 13.4.2010 – 7 Sa 1224/09 = EuGH, C-313/10.

„a) Ist es mit Sinn und Zweck von § 5 Nr. 1 der Rahmenvereinbarung über befristete Arbeitsverträge im Anhang der Richtlinie 1999/70/EG des Rates vom 28. Juni 1999 zu vereinbaren, bei der rechtlichen Überprüfung, ob im Einzelfall ein befristeter Verlängerungsvertrag durch sachliche Gründe im Sinne von § 5 Nr. 1 a) der Rahmenvereinbarung gerechtfertigt ist, ausschließlich auf die Verhältnisse im Zeitpunkt des Abschlusses dieses Verlängerungsvertrages abzustellen, ohne zu berücksichtigen, wie viele befristete Verträge diesem Vertrage bereits vorangegangen waren, oder

b) gebietet es der Sinn und Zweck von § 5 Nr. 1 a) der Rahmenvereinbarung, der darin besteht, missbräuchliche Kettenarbeitsverträge zu verhindern, um so strengere Anforderungen an den „sachlichen Grund" zu stellen, je mehr aufeinanderfolgende befristete Arbeitsverträge dem jetzt zu überprüfenden bereits vorangegangen waren bzw. je länger der Zeitraum war, während dessen der betroffene Arbeitnehmer bereits zuvor aufgrund aufeinanderfolgender befristeter Verträge beschäftigt wurde?"

In der Sache kam es nicht zu einem Urteil des EuGH. Der Ausgangsrechtsstreit erledigte sich; daher zog das LAG Köln sein Vorabentscheidungsersuchen zurück[874].

Das BAG ersuchte den EuGH schließlich mit Beschluss vom 17.11.2010[875] um Vorabentscheidung zu der Frage, ob es mit § 5 Nr. 1 der Rahmenvereinbarung über befristete Arbeitsverträge im Anhang der europäischen Befristungsrichtlinie vereinbar ist, die wiederholte Befristung eines Arbeitsvertrages auch dann auf den in § 14 Abs. 1 S. 2 Nr. 3 TzBfG vorgesehenen Sachgrund der Vertretung zu stützen, wenn bei dem Arbeitgeber ein ständiger Vertretungsbedarf besteht, der auch durch eine unbefristete Einstellung des Arbeitnehmers gedeckt werden könnte. Die Klägerin des Ausgangsrechtsstreits, Frau Kücük, war aufgrund von dreizehn befristeten Arbeitsverträgen von Juli 1996 bis Dezember 2007 als Justizangestellte im Geschäftsstellenbereich des Amtsgerichts Köln beschäftigt gewesen. Die befristete Beschäftigung hatte jeweils der Vertretung von Justizangestellten, die sich in Elternzeit oder im Sonderurlaub befanden, gedient.

Der EuGH antwortete mit Urteil vom 26. Januar 2012[876], der Umstand, dass ein Arbeitgeber wiederholt oder sogar dauerhaft auf befristete Vertretungen zurückgreife, stehe weder der Annahme eines sachlichen Grundes im Sinne des § 5 Nr. 1 lit. a der Rahmenvereinbarung entgegen, noch folge daraus das Vorliegen eines Missbrauchs im Sinne dieser Bestimmung. Die nationalen staatlichen Stellen müssten aber auch bei Vorliegen eines sachlichen Grundes alle mit der Verlängerung der befristeten Verträge verbundenen Umstände berücksichtigen, da

874 S. dazu EuGH v. 25.10.2011 – C-313/10.

875 BAG v. 17.11.2010 – 7 AZR 443/09 (A), NZA 2011, 34.

876 EuGH v. 26.1.2012 – C-586/10, NZA 2012, 135.

sie einen Hinweis auf Missbrauch geben könnten, den § 5 Nr. 1 der Rahmenvereinbarung verhindern solle. Bei dieser Prüfung könnten sich die Zahl und Dauer der mit demselben Arbeitgeber geschlossenen aufeinander folgenden Verträge als relevant erweisen.

Das BAG hat daraufhin mit Urteil vom 18. Juli 2012[877] entschieden, das Vorliegen eines ständigen Vertretungsbedarfs stehe der Annahme des Sachgrunds der Vertretung nicht entgegen; an den Grundsätzen der Sachgrundprüfung könne uneingeschränkt festgehalten werden. Allerdings könne unter besonderen Umständen die Befristung eines Arbeitsvertrages trotz Vorliegens eines sachlichen Grundes wegen rechtsmissbräuchlicher Ausnutzung der an sich eröffneten rechtlichen Gestaltungsmöglichkeit unwirksam sein. Dies entspreche den sich aus Treu und Glauben (§ 242 BGB) ergebenden Grundsätzen des institutionellen Rechtsmissbrauchs. An einen solchen nur ausnahmsweise anzunehmenden Rechtsmissbrauch seien hohe Anforderungen zu stellen. Es seien dabei alle Umstände des Einzelfalls, insbesondere aber Gesamtdauer und Anzahl der in der Vergangenheit mit demselben Arbeitgeber geschlossenen aufeinander folgenden befristeten Verträge zu berücksichtigen. Für die Befristung des letzten Vertrages der Klägerin habe zwar der Sachgrund der Vertretung vorgelegen. Die Gesamtdauer von mehr als elf Jahren und die Anzahl von dreizehn Befristungen sprächen aber dafür, dass das beklagte Land die an sich eröffnete Möglichkeit der Vertretungsbefristung rechtsmissbräuchlich ausgenutzt habe. Der Rechtsstreit wurde an das LAG zurückverwiesen, um dem beklagten Land Gelegenheit zu geben, noch besondere Umstände vorzutragen, die der Annahme des an sich indizierten Rechtsmissbrauchs entgegenstehen.

Das BAG hat eine weitere Befristungskontrollklage am 18. Juli 2012 abgewiesen[878]. Die Klägerin war vom 1. März 2002 bis 30. November 2009 aufgrund von vier jeweils befristeten Arbeitsverträgen bei einem Einzelhandelsunternehmen beschäftigt gewesen. Die letzte Befristung war zur Vertretung eines in Elternzeit befindlichen Arbeitnehmers erfolgt. Die Befristung war nach § 14 Abs. 1 S. 2 Nr. 3 TzBfG gerechtfertigt. Angesichts der Gesamtdauer von sieben Jahren und neun Monaten sowie der Anzahl von vier Befristungen gab es keine Anhaltspunkte für das Vorliegen eines Rechtsmissbrauchs.

Das BAG hat in seinen Urteilen vom 18. Juli 2012 näher ausgeführt, längere zeitliche Unterbrechungen könnten gegen die Annahme von „aufeinanderfolgenden Arbeitsverhältnissen“ oder „Befristungsketten“ sprechen. Von Bedeutung könne ferner sein, ob der Arbeitnehmer stets auf demselben Arbeitsplatz mit denselben Aufgaben beschäftigt werde. Auch wenn ein ständiger Vertre-

877 BAG v. 18.7.2012 – 7 AZR 443/09, NZA 2012, 1351.
878 BAG v. 18.7.2012 – 7 AZR 783/10, NZA 2012, 1359.

tungsbedarf der Annahme des Sachgrunds der Vertretung nicht entgegenstehe und daher geeignet sei, die Befristung des Arbeitsverhältnisses mit dem Vertreter zu rechtfertigen, könne er dennoch im Rahmen einer umfassenden Missbrauchskontrolle in die Gesamtwürdigung einbezogen werden. Bei zunehmender Anzahl und Dauer der jeweils befristeten Beschäftigung eines Arbeitnehmers könne es eine missbräuchliche Ausnutzung der dem Arbeitgeber an sich rechtlich eröffneten Befristungsmöglichkeit darstellen, wenn er gegenüber einem bereits langjährig beschäftigten Arbeitnehmer trotz der tatsächlich vorhandenen Möglichkeit einer dauerhaften Einstellung immer wieder auf befristete Verträge zurückgreife. Zu berücksichtigen sei ferner die Laufzeit der einzelnen befristeten Verträge sowie die Frage, ob und in welchem Maße die vereinbarte Befristungsdauer zeitlich hinter dem zu erwartenden Vertretungsbedarf zurückbleibe. Bei der Gesamtwürdigung könnten daneben zahlreiche weitere Gesichtspunkte eine Rolle spielen. Zu denken sei dabei insbesondere an branchenspezifische Besonderheiten etwa bei Saisonbetrieben. Auch könnten bei der Gesamtbeurteilung grundrechtlich gewährleistete Freiheiten von beträchtlicher Bedeutung sein, insbesondere die Pressefreiheit und die Freiheit der Berichterstattung durch Rundfunk und Film, aber auch die Freiheit von Kunst und Wissenschaft, Forschung und Lehre.

Das BAG hat weiter ausgeführt, genaue quantitative Vorgaben hinsichtlich Gesamtdauer und/oder Anzahl der befristeten Verträge, nach denen ein Missbrauch anzunehmen ist, würden dem Gebot, im Einzelfall alle Umstände in eine Gesamtwürdigung einzubeziehen, nicht gerecht. Für die gebotene Rechtsmissbrauchskontrolle könnten aber in quantitativer Hinsicht grobe Orientierungshilfen gegeben werden, die im Laufe der weiteren Entwicklung der Rechtsprechung aus Gründen der Rechtssicherheit ggf. noch weiter zu konkretisieren seien. Zur Bestimmung der Schwelle einer rechtsmissbräuchlichen Gestaltung von Sachgrundbefristungen könne – wie vom Schrifttum angeregt – an die gesetzlichen Wertungen in § 14 Abs. 2 S. 1 TzBfG angeknüpft werden. Die Vorschrift kennzeichne den nach Auffassung des Gesetzgebers unter allen Umständen unproblematischen Bereich[879]. Würden die in § 14 Abs. 2 S. 1 TzBfG genannten Grenzen alternativ oder insbesondere kumulativ in besonders gravierendem Ausmaß überschritten, könne eine missbräuchliche Ausnutzung der an sich eröffneten Möglichkeit zur Sachgrundbefristung indiziert sein. In einem solchen Fall habe allerdings der Arbeitgeber regelmäßig die Möglichkeit, die Annahme

879 So auch Gooren, ZESAR 2012, 225, 228, 229.

des indizierten Gestaltungsmissbrauchs durch den Vortrag besonderer Umstände zu entkräften[880].

## 2. Mehrfachbefristung ohne Sachgrund

Ein kalendermäßig sachgrundlos befristeter Arbeitsvertrag kann nach § 14 Abs. 2 S. 1 TzBfG bis zu einer Gesamtdauer von zwei Jahren maximal dreimal verlängert werden. Die Rechtsprechung hält in diesem Zusammenhang gleich mehrere Fallstricke bereit:

Eine Verlängerung im Sinne der Vorschrift liegt nach der Rechtsprechung nur vor, wenn sie noch vor Ablauf des Ursprungsvertrages schriftlich vereinbart wird[881] und der Vertragsinhalt unverändert bleibt[882]. Eine spätere Vereinbarung oder eine Änderung der Vertragsbedingungen im Zusammenhang mit der Verlängerung bedeutet danach den Abschluss eines neuen Vertrages. Nicht ein einziger Tag darf zwischen dem Ablauf des Ursprungsvertrages und der Vereinbarung einer Verlängerung liegen[883]. Schwer zu vermitteln ist dieser „Rigorismus" nicht zuletzt vor dem Hintergrund, dass die Zwänge des TzBfG für alle Arbeitgeber unabhängig von der Zahl der Beschäftigten und ab Beginn des Arbeitsverhältnisses gelten[884]. In den ersten sechs Monaten eines unbefristeten Arbeitsverhältnisses sind die Risiken für den Arbeitgeber geringer[885]: Hier gibt es keinerlei Vorbeschäftigungsverbot. Die Wartezeit des § 1 Abs. 1 KSchG läuft, von Ausnahmen abgesehen, bei Abschluss eines neuen Arbeitsvertrages erneut. Einzelvertraglich kann gemäß § 622 Abs. 5 S. 1 Nr. 1 BGB eine kürzere als die

---

880 Zu den Grenzen einer Mehrfachbefristung, u.a. Rechtsmissbrauch und unzulässiger Rechtsausübung, äußert sich auch Kuchenbuch, Zur Problematik der Mehrfachbefristung, S. 66 ff.

881 BAG v. 26.7.2000 – 7 AZR 51/99, BAGE 95, 255 = AP Nr. 4 zu § 1 BeschFG 1996; BAG v. 25.10.2000 – 7 AZR 483/99, AP Nr. 6 zu § 1 BeschFG 1996; BAG v. 1.12.2004 – 7 AZR 198/04, BAGE 113, 75 = AP Nr. 15 zu § 14 TzBfG; BAG v. 20.2.2008 – 7 AZR 786/06, AP Nr. 43 zu § 14 TzBfG. Einen Überblick über die zustimmende Lit. gibt KSchR-Däubler, § 14 TzBfG Rn. 163.

882 BAG v. 26.7.2000 – 7 AZR 51/99, BAGE 95, 255 = AP Nr. 4 zu § 1 BeschFG 1996; BAG v. 25.10.2000 – 7 AZR 483/99, AP Nr. 6 zu § 1 BeschFG 1996; BAG v. 23.8.2006 – 7 AZR 12/06, BAGE 119, 212 = AP Nr. 1 zu § 14 TzBfG Verlängerung, mit einem Überblick über die zustimmende Lit.; BAG v. 20.2.2008 – 7 AZR 786/06, AP Nr. 43 zu § 14 TzBfG.

883 Bauer, BB 2001, 2473, 2475; ErfK-Müller-Glöge, § 14 TzBfG Rn. 88; Dörner, Der befristete Arbeitsvertrag, Rn. 483; KSchR-Däubler, § 14 TzBfG Rn. 163; Annuß/Thüsing-Maschmann, TzBfG, § 14 Rn. 64 m. w. N.

884 Preis, NZA 2005, 714, 716.

885 Preis, NZA 2005, 714, 716.

vierwöchige Kündigungsfrist des § 622 Abs. 1 BGB oder gar die Möglichkeit einer sofortigen Kündigung vereinbart werden, wenn ein Arbeitnehmer zur vorübergehenden Aushilfe bis zu einer Dauer von drei Monaten eingestellt wird[886]. Auch die Vereinbarung von aus Sicht des Arbeitnehmers verbesserten Arbeitsbedingungen, so etwa eine Erhöhung der Vergütung aus Anlass der Verlängerung, soll zum Abschluss eines (unbefristeten) Arbeitsvertrages führen[887]. Dies ist schwer nachzuvollziehen, zumal die Herausforderung des Befristungsrechts doch darin besteht, einen angemessenen Ausgleich zwischen den Flexibilitätsinteressen des Arbeitgebers und dem Sicherheitsinteresse des Arbeitnehmers zu schaffen[888]. Hier wird der Arbeitnehmer nicht etwa seines Schutzes beraubt, sondern er steht sich im Zusammenhang mit der Vertragsverlängerung sogar besser[889].

Nach § 14 Abs. 2 a S. 1 TzBfG ist im Falle der kalendermäßigen sachgrundlosen Befristung eines Arbeitsvertrages in den ersten vier Jahren nach der Gründung eines Unternehmens bis zu einer Gesamtdauer von vier Jahren die mehrfache Verlängerung des Arbeitsvertrages zulässig. Bei einer kalendermäßigen sachgrundlosen Befristung nach § 14 Abs. 3 TzBfG ist die mehrfache Verlängerung des Arbeitsvertrages bis zu einer Gesamtdauer von fünf Jahren zulässig.

Bestehen Auszubildende die Abschlussprüfung nicht, so verlängert sich das Berufsausbildungsverhältnis auf ihr Verlangen bis zur nächstmöglichen Wiederholungsprüfung, höchstens aber um ein Jahr (§ 21 Abs. 3 BBiG).

## II. Französisches Recht

Die Grundsätze einer Mehrfachbefristung nach französischem Recht werden unter 1. dargestellt, die Besonderheiten bei bestimmten Verträgen unter 2.

### 1. Grundsätze

Die Grundnorm zur Mehrfachbefristung im französischen Recht ist Art. L. 1243-13 C. trav. Danach kann ein befristeter Arbeitsvertrag einmalig befristet verlängert werden (Abs. 1). Der Verlängerungszeitraum darf zusammen

886 Preis, NZA 2005, 714, 716.

887 BAG v. 23.8.2006 – 7 AZR 12/06, BAGE 119, 212 = AP Nr. 1 zu § 14 TzBfG Verlängerung, mit einem Überblick über die zustimmende Lit., aber auch in Auseinandersetzung mit krit. Stimmen.

888 Dazu bereits 1. Kapitel, A. II.

889 Bauer, NZA 2011, 241, 242 m. w. N.

mit der Dauer des Ursprungsvertrages die in Art. L. 1242-8 C. trav. vorgesehene Höchstdauer[890] nicht übersteigen (Abs. 2).

Die Parteien können die Modalitäten einer Verlängerung bereits bei Vertragsschluss festlegen. Sie können diese aber auch erst zu einem späteren Zeitpunkt regeln. In diesem Fall bedarf es einer Zusatzerklärung zum Arbeitsvertrag, die dem Arbeitnehmer vor dem ursprünglich vorgesehenen Beendigungszeitpunkt zu übermitteln ist (Art. L. 1243-13 Abs. 3 C. trav.). Nach dem Gesetzeswortlaut ist nicht klar, ob eine Verlängerung nur zulässig ist, wenn zumindest die Möglichkeit dazu schon im Arbeitsvertrag vorgesehen ist[891]. Enthält der Arbeitsvertrag bereits die einzelnen Voraussetzungen einer Verlängerung, tritt diese bei deren Vorliegen automatisch ein[892].

Nach dem Willen des Gesetzgebers kann nur der (zwingend) zeitbefristete Arbeitsvertrag verlängert werden[893]. Art. L. 1242-12 Nr. 2 C. trav.[894] bestimmt, dass ein befristeter Arbeitsvertrag eine Verlängerungsklausel (*clause de renouvellement*) enthalten kann, sofern ein genauer Beendigungszeitpunkt vorgesehen ist, der Vertrag also zeitbefristet ist.

Für das Vorliegen eines Sachgrundes ist der Zeitpunkt der Verlängerung und nicht der des Vertragsschlusses entscheidend[895].

Grundsätzlich kann der Arbeitgeber mit demselben Arbeitnehmer nicht mehrere aufeinander folgende Arbeitsverträge schließen. Geschieht dies gleichwohl, besteht zwischen den Parteien ein unbefristeter Vertrag (Art. L. 1243-11 Abs. 1 C. trav.)[896]. Dies gilt jedoch nicht für aufeinander folgende befristete Arbeitsverträge mit demselben Arbeitnehmer, wenn der Vertrag zur Vertretung eines abwesenden Arbeitnehmers, eines Arbeitnehmers, dessen Arbeitsvertrag ruht, oder einer der in Art. L. 1242-2 Nr. 4 und 5 C. trav. genannten Personen geschlossen wird, ferner wenn es sich um eine Saisonbeschäftigung oder gewohnheitsmäßige Befristung handelt (Art. L. 1244-1 C. trav.). Denkbar ist etwa, dass der Arbeitgeber den Arbeitnehmer nach der Rückkehr des Vertretenen zur

---

890 Dazu bereits 2. Kapitel, B. II. 3.

891 Poulain, Les contrats de travail à durée déterminée, Rn. 94; Frik, Die missbräuchliche Nutzung von befristeten Arbeitsverträgen, S. 127 Fn. 543.

892 Frik, Die missbräuchliche Nutzung von befristeten Arbeitsverträgen, S. 127 f.

893 Corrignan-Carsin, in: Rép. trav. Dalloz, Rn. 210 f.

894 Ausf. zu Art. L. 1242-12 C. trav. im 2. Kapitel, D. II. 1. a.

895 Soc. v. 1.2.2000, Bull. civ. V, Nr. 46 = Dr. soc. 2000, 435 (Anm. Roy-Loustaunau) = CSB 2000, 506, A. 18 (Anm. Pansier).

896 Ausf. dazu im 2. Kapitel, E. II. 2.

Vertretung eines anderen Arbeitnehmers befristet einsetzt[897]. Dabei sind allerdings die Grenzen des Art. L. 1242-1 C. trav. zu beachten[898].

Nach Art. L. 1242-1 C. trav. „darf ein befristeter Arbeitsvertrag, gleich aus welchem Grund, weder zum Ziel noch tatsächlich zur Folge haben, dass eine dauerhafte Beschäftigung geschaffen wird“[899], die an die normale und ständige Unternehmenstätigkeit geknüpft ist. Die Einhaltung von Art. L. 1242-1 C. trav. unterliegt einer strengen gerichtlichen Kontrolle. Es reicht nicht aus, für jeden einzelnen Vertrag festzustellen, ob die Vorschriften zum Abschluss befristeter Arbeitsverträge gewahrt worden sind; es muss auch überprüft werden, ob nicht die Häufigkeit des Rückgriffs auf diese Verträge im Unternehmen die tragenden Grundsätze des Gesetzes verletzt, so dass Sanktionen erforderlich werden[900]. So darf ein Arbeitgeber nicht systematisch auf befristete Verträge zur Vertretung zurückgreifen, um einen strukturellen Arbeitskräftebedarf auszugleichen[901]. In einem von der *Cour de cassation* in diesem Sinne entschiedenen Fall hatte die Société des Autoroutes du Sud de la France mit einer Kassiererin von Autobahngebühren in gut zwei Jahren 104 aufeinanderfolgende befristete Arbeitsverträge zur Vertretung geschlossen. Zu den Entscheidungsgründen zählte, dass die Arbeitnehmerin in diesem Zeitraum unabhängig von den zugrunde liegenden Vertretungsfällen dieselbe Tätigkeit für sehr begrenzte Dauer, aber in kurzen Abständen erneut ausgeübt hatte, dass die Anzahl der befristeten Verträge im Verhältnis zur Beschäftigtenzahl des Unternehmens erheblich war und dass der befristete Vertrag als normales Instrument der Personalführung eingesetzt worden war[902].

---

897 Roy-Loustaunau, Anm. zu Soc. v. 24.2.1998, Dr. soc. 1998, 608, 609; Frik, Die missbräuchliche Nutzung von befristeten Arbeitsverträgen, S. 133 f..

898 Dazu bereits 2. Kapitel, B. II. 1. a.

899 Frik, Die missbräuchliche Nutzung von befristeten Arbeitsverträgen, S. 59.

900 Pélissier/Auzero/Dockès, Droit du travail, Rn. 244.

901 Pélissier/Auzero/Dockès, Droit du travail, S. 278 Fn. 1 m. w. N.

902 Soc. v. 26.1.2005, Dr. soc. 2005, 573 (Anm. Roy-Loustaunau); Pélissier, D. 2005, Pan., 2499; vgl. bereits Soc. v. 29.9.2004, Bull. civ. V, Nr. 232 = Dr. soc. 2004, 1139 (Anm. Roy-Loustaunau): Eine Arbeitnehmerin war im Rahmen von 22 aufeinanderfolgenden befristeten Arbeitsverträgen über einen Zeitraum von gut einem Jahr bei der Société des Autoroutes du Sud de la France beschäftigt, um abwesende Arbeitnehmer an sechs Mautstationen zu vertreten; Soc. v. 11.10.2006, RJS 2006, 936, Nr. 1253 = Dr. soc. 2007, 642 (Anm. Roy-Loustaunau): Eine Kassiererin war im Rahmen von 41 aufeinanderfolgenden befristeten Arbeitsverträgen innerhalb von 2 ¼ Jahren beim Unternehmen Carrefour zur Vertretung abwesender Arbeitnehmer und in einem Fall vorübergehender Steigerung der Unternehmenstätigkeit beschäftigt; Soc. v. 8.1.1997, CSB 1997, 69, A. 13: Ein Arbeitnehmer war bei einem Fernsehsender zur Mitwirkung an der Produkti-

Wie bereits dargestellt[903], darf ein befristeter Arbeitsvertrag im Anschluss an einen ebenfalls befristeten Arbeitsvertrag über denselben Arbeitsplatz nach Art. L. 1244-3 C. trav. nicht vor Ablauf einer Wartezeit geschlossen werden. Ausnahmen sind in Art. L. 1244-4 C. trav. kodifiziert.

## 2. Besonderheiten bei bestimmen Verträgen

Bei bestimmten Verträgen sieht das französische Recht Besonderheiten einer Mehrfachbefristung vor.

### *a. Saisonbeschäftigung*

Bei einer Mehrfachbefristung im Bereich der Saisonbeschäftigung sind Art. L. 1244-2 C. trav. sowie Art. L. 718-5 und -6 C. rur. zu berücksichtigen.

#### aa. Allgemeiner Sachgrund der Saisonbeschäftigung

Die Möglichkeit, mit demselben Arbeitnehmer aufeinander folgende befristete Arbeitsverträge für eine Saisonbeschäftigung zu schließen, unterliegt grundsätzlich keiner Grenze, bei deren Überschreiten zwischen den Parteien ein unbefristetes Globalarbeitsverhältnis (*relation de travail globale à durée indéterminée*) entstünde[904].

Wenn allerdings im Falle eines nur einen Teil des Jahres tätigen Betriebes ein Arbeitnehmer jedes Jahr während der gesamte Öffnungs- oder Betriebszeiten eingestellt wird, entsteht ein unbefristetes Arbeitsverhältnis[905]. Damit ist die Sichtweise, dass es keine Umgestaltung der aufeinander folgenden befristeten Verträge in einen unbefristeten Vertrag geben kann, weil jeder Vertrag selbständig ist und isoliert betrachtet werden muss[906], hinfällig[907].

Nach Art. L. 1244-2 Abs. 1 C. trav. können Saisonarbeitsverträge eine Fortsetzungsklausel (*clause de reconduction*) für die Folgesaison enthalten. Eine

---

on von TV-Journalen befristet beschäftigt, wobei sein Vertrag über einen längeren Zeitraum ununterbrochen verlängert wurde.

903 2. Kapitel, B. II. 4. e.

904 Soc. v. 26.10.2011, RJS 2012, 30, Nr. 12; Soc. v. 15.10.2002, RJS 2002, 1015, Nr. 1362; Soc. v. 16.11.2004, RJS 2005, 104, Nr. 130.

905 Soc. v. 15.10.2002, RJS 2002, 1015, Nr. 1362; Soc. v. 28.9.2011, Nr. 10-10.971 n. v. Vgl. auch Soc. v. 26.10.2011, RJS 2012, 30, Nr. 12. In diesem Fall war eine Arbeitnehmerin sechzehn Jahre lang jedes Jahr von Mitte Juli bis Mitte September zur Verpackung von Mais eingestellt worden, hatte die Voraussetzungen für eine Umgestaltung ihres Vertrages aber nicht dargelegt.

906 Soc. v. 12.3.1987, Bull. civ. V, Nr. 142; Soc. v. 13.12.2000, Nr. 98-46.322, n. v.

907 Lhernould, RJS 2012, 263, 264.

Fortsetzungsklausel darf lediglich eine bevorzugte Beschäftigung (*priorité d'emploi*) des Arbeitnehmers, nicht aber die automatische Fortsetzung seines Arbeitsverhältnisses bewirken[908].

Ein Tarifvertrag oder eine Kollektivvereinbarung kann eine Verpflichtung des Arbeitgebers, der einen Arbeitnehmer in einem Saisonarbeitsverhältnis beschäftigt hat, festschreiben, diesem eine Beschäftigung der gleichen Art in der gleichen Saison des Folgejahres anzubieten, wenn nicht ein wichtiger Grund (*motif réel et sérieux*) entgegensteht (Art. L. 1244-2 Abs. 2 S. 1 C. trav.)[909].

Bei der Berechnung der Dauer der Betriebszugehörigkeit des Arbeitnehmers wird die Dauer der aufeinanderfolgenden Saisonarbeitsverträge im selben Unternehmen addiert (Art. L. 1244-2 Abs. 3 C. trav.).

#### bb. Besonderer Sachgrund der Weinlese

Der einzelne Weinlesevertrag hat gemäß Art. L. 718-5 Abs. 1 C. rur. eine Höchstdauer von einem Monat. Mehrere aufeinanderfolgende Weinleseverträge dürfen eine Gesamtdauer von zwei Monaten in einem Zeitraum von zwölf Monaten nicht überschreiten (Art. L. 718-5 Abs. 2 C. rur.)[910]. Die Weinlese dauert allerdings kaum je länger als einen Monat. Die Zweimonatsgrenze wird daher außer bei einer Spätlese besonderer Weine, die aber nicht mehr Massen von Erntehelfern anzieht, praktisch nie ausgeschöpft[911]. Nach Art. 718-6 C. rur. finden die Bestimmungen des Art. L. 1244-2 C. trav. zur Fortsetzungsklausel und zur Berechnung der Betriebszugehörigkeit auf den Weinlesevertrag keine Anwendung.

### *b. Gewohnheitsmäßige Befristung*

Bei aufeinanderfolgenden gewohnheitsmäßig befristeten Verträgen ist insbesondere auf das Erfordernis des naturgemäß vorübergehenden Charakters der Beschäftigung[912] zu achten[913]. Damit wird immerhin eine der Maßnahmen umgesetzt, die § 5 der europäischen Rahmenvereinbarung über befristete Arbeitsverträge zur Vermeidung von Missbrauch durch aufeinanderfolgende befristete Ar-

---

908 Vgl. Soc. v. 30.5.2000, Bull. civ. V, Nr. 205 = Dr. soc. 2000, 768 (Anm. Roy-Loustaunau) = RJS 2000, 544, Nr. 775.

909 Zu Einzelheiten 2. Kapitel, H. II. 2. f.

910 Dazu bereits 2. Kapitel, B. II. 3. b. bb.

911 Olszak, Dr. soc. 2005, 839, 842.

912 Dazu 2. Kapitel, B. II. 1. b. dd. (4).

913 Vgl. Soc. v. 21.5.2008, Nr. 07-41287, n. v.; Decaudin/Marignier, Le contrat à durée déterminée, Beil. zu Liaisons soc. Nr. 15700 v. 30.9.2010, S. 16; vgl. bereits Etiennot/Kessler/Moukha, Dr. soc. 1992, 66, 70.

beitsverträge vorgibt[914]. Wie bereits ausgeführt[915], gilt für die gewohnheitsmäßige Befristung – anders als in großen Teilen des sonstigen Befristungsrechts – weder eine Höchstdauer noch eine Höchstzahl der Verlängerungen aufeinanderfolgender befristeter Verträge bzw. Arbeitsverhältnisse. Ohnehin unterliegt die gewohnheitsmäßige Befristung, die als Zweckbefristung mit Mindestdauer vereinbart werden kann (Art. L. 1242-7 C. trav.), mangels Wartezeit bei Arbeitsverträgen über denselben Arbeitsplatz (Art. L. 1244-4 Nr. 3 C. trav.)[916] und Verpflichtung des Arbeitgebers zur Zahlung einer Beendigungsentschädigung (Art. L. 1243-10 Nr. 1 C. trav.)[917] keinen strengen Anforderungen[918].

Der auf der Grundlage der spezialgesetzlichen Bestimmung des Art. L. 431-1 C. de la recherche geschlossene befristete Arbeitsvertrag mit einem Forscher kann nach Art. L. 431-2 S. 2 desselben Gesetzbuchs einmal verlängert werden.

### c. *Ausbildung, Fortbildung, Beschäftigungsförderung*

Art. L. 1243-13 Abs. 4 C. trav. nimmt nach Art. L. 1242-3 C. trav. geschlossene Arbeitsverträge vom Anwendungsbereich des Art. L. 1243-13 aus. Art. L. 5134-25 C. trav. zum *CUI-CAE* und Art. L. 5134-69 Abs. 2 C. trav. zum *CUI-CIE* bestätigen die Regelung ausdrücklich. Art. L. 5134-103 Abs. 1 C. trav. sieht innerhalb der Höchstdauer des *contrat relatif aux activités d'adultes-relais* von drei Jahren eine einmalige Verlängerungsmöglichkeit vor.

Der *CDD senior* kann einmal befristet verlängert werden. Verlängerungszeitraum und Dauer des Ursprungsvertrages dürfen zusammen nicht mehr als 36 Monate betragen (Art. D. 1242-7 C. trav.).

Der befristete *contrat de professionnalisation* kann einmal verlängert werden, wenn der Arbeitnehmer die angestrebte Qualifikation erlangt hat und eine höhere oder zusätzliche Qualifikation vorbereitet, oder wenn der Arbeitnehmer die angestrebte Qualifikation wegen Nichtbestehens der Prüfungen, Mutterschaft, (Beruf-)Krankheit, Arbeitsunfalls oder eines Problems auf Seiten der Ausbildungseinrichtung nicht erwirbt (Art. L. 6325-7 C. trav.).

Eine Ausbildung kann bei Nichtbestehen der Prüfung höchstens um ein Jahr verlängert werden. Insoweit kann auch ein neuer Vertrag mit einem anderen Arbeitgeber geschlossen werden (Art. L. 6222-11 C. trav.). Nach Art. L. 6222-15

---

914 Pelletier, JCP S 2008, 1532, 21, 22. Nach Ziff. 7 der Allgemeinen Erwägungen der Rahmenvereinbarung hilft die aus objektiven Gründen erfolgende Inanspruchnahme befristeter Arbeitsverträge Missbrauch zu vermeiden.

915 2. Kapitel, B. II. 3. b. bb., C. II. 1.

916 2. Kapitel, B. II. 4. e.

917 2. Kapitel, E. II. 4. b.

918 Vigneau, Anm. zu Soc. v. 23.1.2008, D. 2008, 1322, 1323.

C. trav. können aufeinanderfolgende Ausbildungsverträge geschlossen werden, um den Erwerb von Diplomen oder Titeln für unterschiedliche Qualifikationen vorzubereiten.

#### *d. Projektvertrag*

Der Projektvertrag kann nach Art. 6 des Gesetzes vom 25. Juni 2008 ausdrücklich nicht verlängert werden. Dies stellt insofern keine Überraschung dar, als nur der (zwingend) zeitbefristete Vertrag verlängert werden kann (vgl. Art. L. 1242-12 Nr. 2 C. trav.)[919]. Die Parteien können aber mehrere Projektverträge hintereinander schließen. Dies ergibt sich aus der Regelung in Art. 6 des Gesetzes vom 25. Juni 2008, wonach in die dem Projektvertrag zugrunde liegende Kollektivvereinbarung Bestimmungen zum Vorrang der Wiedereinstellung aufzunehmen sind[920].

## III. Rechtsvergleichende Betrachtung

Im Bereich der Mehrfachbefristung wird einmal mehr die besondere Regelungsdichte des französischen Befristungsrechts deutlich. Schon die Erstbefristung, umso mehr jedoch die Mehrfachbefristung, wird – im Einklang mit der Befristungsrichtlinie – grundsätzlich restriktiver als im deutschen Recht gehandhabt.

So ist in Deutschland eine – erstmalige – Befristung mit Sachgrund im Anschluss an eine Befristung ohne Sachgrund ohne Weiteres zulässig[921]. Die Verlängerung oder Aneinanderreihung zeitbefristeter Arbeitsverträge mit Sachgrund ist auf den ersten Blick, anders als im französischen Recht (Art. L. 1243-13 C. trav.), unproblematisch. Der deutsche Gesetzgeber gibt weder eine Höchstzahl der Verlängerungen noch eine Gesamtdauer des Vertrages einschließlich Verlängerungen vor. Eine Entwicklung ist indes mit der Entscheidung des EuGH in Sachen Kücük[922] in Gang gesetzt worden. Das BAG hat in der Folge entschieden, das Vorliegen eines ständigen Vertretungsbedarfs stehe der Annahme des Sachgrunds der Vertretung nicht entgegen. Allerdings könne unter besonderen Umständen die Befristung eines Arbeitsvertrags trotz Vorliegens eines sachlichen Grundes wegen rechtsmissbräuchlicher Ausnutzung der an sich eröffneten rechtlichen Gestaltungsmöglichkeit unwirksam sein. Dies entspreche den sich aus Treu und Glauben (§ 242 BGB) ergebenden Grundsätzen des insti-

919 Corrignan-Carsin, in: Rép. trav. Dalloz, Rn. 210 f. Dazu bereits 2. Kapitel, C. II. 1.; ausf. zu Art. L. 1242-12 C. trav. 2. Kapitel, D. II. 1. a.

920 Pélissier/Auzero/Dockès, Droit du travail, Rn. 243.

921 BT-Drucks. 14/4374, S. 14.

922 EuGH v. 26.1.2012 – C-586/10, NZA 2012, 135.

tutionellen Rechtsmissbrauchs. An einen solchen nur ausnahmsweise anzunehmenden Rechtsmissbrauch seien hohe Anforderungen zu stellen. Es seien dabei alle Umstände des Einzelfalls, insbesondere aber Gesamtdauer und Anzahl der in der Vergangenheit mit demselben Arbeitgeber geschlossenen aufeinander folgenden befristeten Verträge, zu berücksichtigen[923].

Im französischen Recht sind aufeinanderfolgende befristete Arbeitsverträge mit demselben Arbeitnehmer grundsätzlich unzulässig (vgl. Art. 1243-11 Abs. 1 C. trav.)[924]. Es gelten allerdings Ausnahmen (Art. L. 1244-1 C. trav.).

An dieser Stelle ist auf Art. L. 1242-1 C. trav. zurückzukommen, wonach ein befristeter Arbeitsvertrag, „gleich aus welchem Grund, weder zum Ziel noch tatsächlich zur Folge haben darf, dass eine dauerhafte Beschäftigung geschaffen wird“[925], die an die normale und ständige Unternehmenstätigkeit geknüpft ist. Ein Arbeitgeber darf nicht systematisch auf befristete Verträge zur Vertretung zurückgreifen, um einen strukturellen Arbeitskräftebedarf auszugleichen[926]. Diese Grundsätze stehen in deutlichem Kontrast zur Entscheidung des EuGH in Sachen Kücük[927]. Die Ausführungen des EuGH, wonach es in einer Verwaltung mit einer großen Zahl von Mitarbeitern unvermeidlich ist, dass insbesondere aufgrund von Krankheits-, Mutterschafts- oder Elternurlaub häufig vorübergehende Vertretungen erforderlich sind und dass unter diesen Umständen die vorübergehende Vertretung von Arbeitnehmern einen sachlichen Grund im Sinne des § 5 Nr. 1 lit. a der Rahmenvereinbarung über befristete Verträge bilden kann, haben in Frankreich überrascht[928]. Es wird diskutiert, ob die Rechtsprechung der *Cour de cassation* zu vielfachen aufeinander folgenden befristeten Arbeitsverträgen (“multi-CDD successifs“)[929] hierdurch in Frage gestellt wird[930]. Die französischen Richter betrachten zweifelsohne, ob jeder befristete Vertrag für sich genommen den gesetzlichen Anforderungen entspricht, aber sie analysieren das Arbeitsverhältnis in seiner Gesamtheit im Hinblick auf den Arbeitskräftebedarf[931].

923 BAG v. 18.7.2012 – 7 AZR 443/09, NZA 2012, 1351; BAG v. 18.7.2012 – 7 AZR 783/10, NZA 2012, 1359..

924 Ausf. zu Art. L. 1243-11 C. trav. im 2. Kapitel, E. II. 2.

925 Frik, Die missbräuchliche Nutzung von befristeten Arbeitsverträgen, S. 59.

926 Pélissier/Auzero/Dockès, Droit du travail, S. 278 Fn. 1 m. w. N.

927 Robin-Olivier/Rémy, RDT 2012, 645, 653.

928 Lhernould, RJS 2012, 263.

929 Soc. v. 26.1.2005, RJS 2005, 258, Nr. 350; s. auch Soc.v. 29.9.2004, RJS 2004, 888, Nr. 1251; Soc. v. 11.10.2006, RJS 2006, 936, Nr. 1253; Soc. v. 23.6.2010, Nr. 08-45.241 n. v.

930 Lhernould, RJS 2012, 263 m. w. N.

931 Lhernould, RJS 2012, 263 m. w. N.

Für die Aufrechterhaltung des status quo in der französischen Rechtsprechung werden verschiedene Argumente angeführt[932]:

Die Erwägungen des EuGH seien insoweit „wirr“ als nach Aufstellung des Grundsatzes, dass der wiederholte oder sogar dauerhafte Rückgriff eines Arbeitgebers auf befristete Vertretungen nicht zum Entstehen eines unbefristeten Arbeitsvertrages führt, der nationale Richter aufgefordert werde, in eine fallbezogene Untersuchung einzusteigen. Wenn der EuGH davon ausgehe, dass der vorübergehende Bedarf an Personal zur Vertretung grundsätzlich einen sachlichen Grund im Sinne des § 5 Nr. 1 lit. a der Rahmenvereinbarung darstellen kann, stelle sich doch die Frage, ob der Gerichtshof nicht auch annehmen müsse, dass ein struktureller Arbeitskräftebedarf die Aufeinanderfolge befristeter Verträge ausschließt, weil der sachliche Grund fehlt. Die Mitgliedstaaten kämen im Übrigen, wie auch der EuGH ausführe, über § 5 Nr. 1 der Rahmenvereinbarung in den Genuss eines Wertungsspielraum in Bezug auf die Erreichung des mit dieser Vorschrift angestrebten Ziels. Man könne den Standpunkt einnehmen, dass sich die aktuelle Rechtsprechung der *Cour de cassation* im Rahmen dieses Spielraums bewege und mit den Zielen der Richtlinie in Einklang stehe. Schließlich stelle sich die Frage, ob eine Änderung der französischen Rechtsprechung nicht § 8 Ziff. 3 der Rahmenvereinbarung über befristete Arbeitsverträge verletzen würde. Danach darf die Umsetzung dieser Vereinbarung nicht als Rechtfertigung für die Senkung des allgemeinen Niveaus des Arbeitnehmerschutzes in dem von dieser Vereinbarung erfassten Bereich dienen. Das Risiko des Rückschritts könne die französischen Richter in der Absicht bestärken, nicht mit ihrer Rechtsprechung zu brechen. Alles in allem solle man es nicht mit einer schnellen Lektüre des Urteils bewenden lassen.

Zwar scheint der EuGH das Arbeitgeberinteresse auf den ersten Blick stärker zu gewichten als die *Cour de cassation*. Mit seinen Vorgaben zur Missbrauchsprüfung im Einzelfall nähert er sich ihrer Rechtsprechung im Ergebnis jedoch wieder an. Im Rahmen des für die Missbrauchskontrolle relevanten Indizienbündels soll es auch darauf ankommen können, ob der Arbeitsgeber systematisch auf Vertretungskräfte zurückgreift[933]. Ein Umdenken in der französischen Rechtsprechung erscheint daher nicht geboten.

Im französischen Recht sind Verträge über denselben Arbeitsplatz ohne Einhaltung einer Wartezeit grundsätzlich unzulässig (Art. L. 1244-3 C. trav.)[934]. Dabei steht nicht nur der Schutz des einzelnen Arbeitnehmers, sondern auch das Gesamtinteresse der Vermeidung einer „Prekarisierung“ der Beschäftigung im

---

932 Lhernould, RJS 2012, 263 m. w. N.

933 Gooren, ZESAR 2012, 225, 229.

934 Dazu bereits 2. Kapitel, B. II. 4. e.

Vordergrund[935]. Es gelten allerdings Ausnahmen (Art. L. 1244-4 C. trav.). Im deutschen Recht findet sich ein – durch die Rechtsprechung beschränktes[936] – Vorbeschäftigungsverbot nur bei der sachgrundlosen Befristung (§ 14 Abs. 2 S. 2, § 14 Abs. 2 a S. 4 i. V. m. § 14 Abs. 2 S. 2 TzBfG)[937]. Dieses gilt allerdings auch dann, wenn zuvor ein unbefristetes Arbeitsverhältnis zwischen den Parteien bestanden hat. Bei der Verlängerung eines sachgrundlos befristeten Arbeitsvertrages sind weitere Hürden zu nehmen (Begriff der „Verlängerung", Anzahl der Verlängerungen, Höchstdauer). Ein arbeitsplatzbezogenes Befristungsverbot gibt es im deutschen Recht nicht.

Während das französische Recht, anders als das deutsche Recht, ausdrücklich die Möglichkeit vorsieht, eine Fortsetzungsklausel in den Saisonarbeitsvertrag aufzunehmen, die eine bevorzugte Wiederbeschäftigung des Arbeitnehmers verspricht (Art. L. 1244-2 Abs. 1 C. trav.)[938], kann der Arbeitnehmer nach deutscher Rechtsprechung aus Vertrauensschutzgründen sogar einen Anspruch auf Wiedereinstellung haben, wenn Jahr für Jahr alle Arbeitnehmer in der Saison wiedereingestellt werden, die dies verlangen, der Arbeitgeber den Beginn der Saison ohne Vorbehalt am Schwarzen Brett bekannt gibt und sogar Arbeitnehmer neu einstellt[939].

## D. Formerfordernisse

Sowohl im deutschen als auch im französischen Befristungsrecht gibt es Formerfordernisse.

### I. Deutsches Recht

Die Befristung eines Arbeitsvertrages bedarf gemäß § 14 Abs. 4 TzBfG zu ihrer Wirksamkeit der Schriftform. § 126 BGB regelt die gesetzliche Schriftform.

935 Pélissier/Auzero/Dockès, Droit du travail, Rn. 244.

936 BAG v. 6.4.2011 – 7 AZR 716/09, NZA 2011, 905.

937 Dazu 2. Kapitel, B. I. 2. a.

938 Vgl. Soc. v. 30.5.2000, Bull. civ. V, Nr. 205 = Dr. soc. 2000, 768 (Anm. Roy-Loustaunau) = RJS 2000, 544, Nr. 775.

939 BAG v. 29.1.1987 – 2 AZR 109/86, AP Nr. 1 zu § 620 BGB Saisonarbeit; Laux/Schlachter-Schlachter, TzBfG, § 14 Rn. 34 f.; Annuß/Thüsing-Maschmann, TzBfG, § 14 Rn. 28; KSchR-Däubler, § 14 TzBfG Rn. 51.

### 1. Schriftformerfordernis

§ 14 Abs. 4 TzBfG stellt ein Schriftform- und zugleich Wirksamkeitserfordernis auf. Die Formbedürftigkeit, die Klarstellungs-, Beweis- und Warnfunktion hat, betrifft allein die Befristungsabrede, nicht den Vertragsschluss als solchen[940].

Die schriftliche Befristungsabrede muss vor Arbeitsaufnahme getroffen werden[941]. Im Rahmen der Darstellung der Folgen unwirksamer Befristung (2. Kapitel, F. I.) ist diese Regel kritisch zu hinterfragen.

Bei kalendermäßigen Befristungen reicht es aus, den Beendigungszeitpunkt oder die Vertragsdauer schriftlich niederzulegen[942]. Ein Befristungsgrund muss grundsätzlich nicht genannt werden[943]. Wird ein Grund angegeben, der die Befristung nicht rechtfertigt, kann daher ein anderer Sachgrund „nachgeschoben" werden[944]. Spezialgesetzliche oder tarifvertragliche Zitiergebote für den Sachgrund sind zulässig[945]. Bei Zweckbefristungen ist der Befristungszweck schriftlich festzuhalten[946].

§ 14 Abs. 4 TzBfG gilt für alle Arten von befristeten Arbeitsverträgen, auch soweit sie auf spezialgesetzlichen Regelungen beruhen[947]. Der Ausbildungsvertrag ist gemäß § 21 BBiG kraft Gesetzes befristet[948]. Im Hinblick auf die Vertragsniederschrift gilt § 11 BBiG. Das Schriftformerfordernis gilt auch im Falle eines auf die rechtskräftige Entscheidung in einem Kündigungsschutzverfahren befristeten Prozessarbeitsverhältnisses[949].

Die nachträgliche Befristung eines bereits unbefristet bestehenden Arbeitsvertrages muss schriftlich vorgenommen werden[950]. Auch die Verlängerung eines befristeten Arbeitsvertrages nach § 14 Abs. 2 S. 1 TzBfG bedarf zu ihrer Wirksamkeit der Schriftform[951]. Ebenso verhält es sich beim Abschluss eines sogenannten unselbständigen Annexvertrages, mit dem ein neuer Beendigungs-

---

940 BAG v. 23.6.2004 – 7 AZR 636/03, AP Nr. 12 zu § 14 TzBfG; BAG v. 26.7.2006 – 7 AZR 515/05, BAGE 119, 157, 159 f. = AP Nr. 1 zu § 5 AVR Diakonisches Werk.

941 Rolfs, TzBfG, § 14 Rn. 118.

942 MüKoBGB-Hesse, § 14 TzBfG Rn. 110.

943 BAG v. 23.6.2004 -7 AZR 636/03, AP Nr. 12 zu § 14 TzBfG.

944 Laux/Schlachter-Schlachter, TzBfG, § 14 Rn. 19.

945 MüKoBGB-Hesse, § 14 TzBfG Rn. 115 m. w. N.

946 Hromadka, BB 2001, 674; Preis/Gotthardt, NZA 2000, 348, 359; MüKoBGB-Hesse, § 14 TzBfG Rn. 110 m. w. N.

947 ErfK-Müller-Glöge, § 14 TzBfG Rn. 114; MüKoBGB-Hesse, § 14 TzBfG Rn. 107.

948 Annuß/Thüsing-Kühn, TzBfG, § 23 Rn. 238.

949 BAG v. 22.10.2003 – 7 AZR 113/03, BAGE 108, 191, 194 = AP Nr. 6 zu § 14 TzBfG.

950 Laux/Schlachter-Schlachter, TzBfG, § 14 Rn. 163.

951 BAG v. 26.7.2006 – 7 AZR 494/05, AP Nr. 2 zu § 14 TzBfG Verlängerung; Laux/Schlachter-Schlachter, TzBfG, § 14 Rn. 163.

termin vereinbart wird[952]. Dabei handelt es sich um eine Befristung, die nach § 14 Abs. 4 TzBfG der Schriftform bedarf[953].

### 2. Gesetzliche Schriftform

§ 126 Abs. 1 und 2 BGB bestimmen die Anforderungen an die gesetzliche Schriftform. Die Parteien müssen auf derselben Urkunde unterzeichnen. Liegen mehrere gleichlautende Ausfertigungen vor, so genügt es, wenn jede Partei die für die andere Partei bestimmte Ausfertigung unterzeichnet. Ein Austausch jeweils unterschriebener Erklärungen per Brief genügt nicht[954]. Ausreichend ist es aber, wenn der Arbeitgeber in einem von ihm unterschriebenen Schreiben an den Arbeitnehmer diesem den Abschluss eines befristeten Arbeitsvertrages anbietet und der Arbeitnehmer das Angebot durch Unterzeichnung des Schreibens annimmt[955].

§ 126 Abs. 3 BGB gestattet die Ersetzung der Schriftform durch die elektronische Form. Allerdings ist der Nachweis der wesentlichen Vertragsbedingungen, so auch der vorhersehbaren Dauer des befristeten Arbeitsverhältnisses (§ 2 Abs. 1 S. 2 Nr. 3 NachwG), in elektronischer Form ausgeschlossen (§ 2 Abs. 1 S. 3 NachwG).

## II. Französisches Recht

Die Grundsätze zu den Formerfordernissen im französischen Befristungsrecht werden unter 1. dargestellt, die Besonderheiten bei bestimmten Verträgen unter 2.

### 1. Grundsätze

Die zentrale Norm zur Form eines befristeten Arbeitsvertrages ist Art. L. 1242-12 C. trav. Art. L. 1242-13 C. trav. enthält eine flankierende Regelung zur Übermittlung des Vertrages. Art. L. 1243-13 Abs. 3 C. trav. beschäftigt sich mit den Formerfordernissen bei der Verlängerung eines befristeten Arbeitsvertrages.

---

952 BAG v. 13.10.2004 – 7 AZR 654/03, AP Nr. 13 zu § 14 TzBfG; BAG v. 7.11.2007 – 7 AZR 484/06, AP Nr. 42 zu § 14 TzBfG. Dazu bereits 2. Kapitel, C. I. 1.

953 BAG v. 16.3.2005 – 7 AZR 289/04, BAGE 114, 146, 148 = AP Nr. 16 zu § 14 TzBfG.

954 BGH v. 14.7.2004 - XII ZR 68/02, BGHZ 160, 97 = NJW 2004, 2962.

955 BAG v. 26.7.2006 – 7 AZR 514/05, BAGE 119, 149 = AP Nr. 24 zu § 14 TzBfG; ErfK-Müller-Glöge, § 14 TzBfG Rn. 121.

### a. *Schriftformerfordernis*

Nach Art. L. 1242-12 Abs. 1 C. trav. muss ein befristeter Arbeitsvertrag schriftlich geschlossen werden[956]. Ohne die Unterschrift des Arbeitnehmers ist die Schriftform nicht gewahrt[957]. Art. L. 1242-12 C. trav. findet jedoch keine Anwendung, wenn der Arbeitnehmer bewusst – bösgläubig oder in betrügerischer Absicht – die Unterschrift verweigert[958]. Der Arbeitgeber darf wesentliche Vertragsbestandteile nicht einseitig modifizieren. Hierzu bedarf es vielmehr einer schriftlichen, von beiden Parteien unterzeichneten Vereinbarung[959].

Der Sachgrund für eine Befristung ist gemäß Art. L. 1242-12 Abs. 1 C. trav. im Arbeitsvertrag genau zu benennen. Dies begrenzt den Streit über die rechtliche Einordnung des Vertrages. Der Richter kann sich nicht auf einen anderen als den im Vertrag genannten Sachgrund stützen, um die Nutzung eines befristeten Arbeitsvertrages zu rechtfertigen[960]. Die *Cour de cassation* hat klargestellt, dass auch die gewohnheitsmäßige Befristung einen schriftlichen Arbeitsvertrag voraussetzt, in dem der Sachgrund genau benannt ist[961].

Über die bloße Bezeichnung des einschlägigen Sachgrundes hinaus müssen die Parteien das Vertragsverhältnis näher beschreiben. So sind beispielsweise Ausführungen zu den Aufgaben erforderlich, für deren Erfüllung ein Arbeitnehmer zusätzlich eingestellt werden muss. In den Vertrag müssen alle Angaben aufgenommen werden, die ein Urteil darüber erlauben, ob der betreffende Sachgrund vorliegt[962].

Zwingende Vertragsinhalte sind der Beendigungszeitpunkt und gegebenenfalls eine Verlängerungsklausel, sofern der Vertrag zeitbefristet ist, die Mindestdauer, sofern der Vertrag zweckbefristet ist, die Bezeichnung des Arbeitsplatzes, gegebenenfalls die Angabe, ob dieser auf der Liste der Arbeitsplätze nach Art. L. 4154-2 C. trav. steht, die mit besonderen Risiken für die Gesundheit oder Sicherheit der Arbeitnehmer behaftet sind, und die Bezeichnung der übertragenen Beschäftigung (Art. L. 1242-12 Abs. 2 Nr. 2 bis 4, 1. und 2. Alt. C. trav.). Zu den zwingenden Vertragsinhalten gehören des Weiteren die Nennung des

---

956 Zur Zahl der Vertragsurkunden s. Art. 1325 C. civ.

957 Soc. v. 22.10.1996, RJS 1996, 804, Nr. 1238; Soc. v. 26.10.1999, Bull. civ. V, Nr. 401 = RJS 1999, 842, Nr. 1444, 3. Fall; Soc. v. 31.5.2006, RDT 2006, 170 (Anm. Auzero) = Dr. soc. 2006, 921 (Anm. Roy-Loustaunau) = JCP S 2006, 1691 (Anm. Bousez).

958 Soc. v. 7.3.2012, RDT 2012, 284 (Anm. Reynès).

959 Soc. v. 20.3.1990, RJS 1990, 331, Nr. 462.

960 Soc. v. 4.12.1996, Bull. civ. V, Nr. 415 = Dr. soc. 1997, 90 (Anm. Roy-Loustaunau).

961 Soc. v. 28.11.2006, Bull civ. V, Nr. 352; Soc. v. 16.12.2009, Nr. 08-43634, n. v.

962 Soc. v. 29.11.2007, Nr. 06-41847, n. v.; dazu Marié, JCP S 2008, 1349 Rn. 2; Corrignan-Carsin, in: Rép. trav. Dalloz, Rn. 231 f., mit einem Überblick über die bisherige Rechtsprechung.

anwendbaren Tarifvertrages, die Dauer einer eventuellen Probezeit, die Höhe der Vergütung und ihrer Bestandteile einschließlich etwaiger Prämien und Gehaltszulagen und Name und Adresse der Zusatzrentenkasse sowie gegebenenfalls der Altersvorsorgeeinrichtung (Art. L. 1242-12 Abs. 2 Nr. 5 bis 8 C. trav.). Die Angaben ermöglichen erst eine Überprüfung, ob der „prekäre" Vertrag mit dem Gesetz vereinbar ist[963].

### b. *Übermittlung des befristeten Arbeitsvertrages*

Art. L. 1242-13 C. trav. bestimmt, dass der befristete Arbeitsvertrag dem Arbeitnehmer spätestens innerhalb von zwei Werktagen nach der Einstellung übermittelt werden muss. Die Frist beginnt erst einen Tag nach der Einstellung zu laufen[964]. Der Vertrag kann dem Arbeitnehmer persönlich übergeben oder als Einschreiben mit Rückschein zugeschickt werden. Im zuletzt genannten Fall muss der Zugang wohl nicht innerhalb der Zwei-Tages-Frist erfolgen[965].

Die kurze Frist des Art. L. 1242-13 C. trav. wird kritisiert, da sie nicht die Zwänge, denen die Unternehmen unterlägen, oder den Eintritt unvorhergesehener Ereignisse, die die Übermittlung verzögern könnten, berücksichtige[966]. Dem wird entgegengehalten, das Übermittlungserfordernis schütze sowohl den Arbeitnehmer, dessen Status frühestmöglich, schon bei der Einstellung, festgestellt werden müsse, als auch den Arbeitgeber, da der Arbeitnehmer, solange er nichts Schriftliches in den Händen halte, ohne Weiteres die Umgestaltung seines befristeten Vertrages in einen unbefristeten Vertrag geltend machen könne[967].

### c. *Verlängerung des befristeten Arbeitsvertrages*

Die Modalitäten der Verlängerung eines befristeten Arbeitsvertrages werden arbeitsvertraglich festgelegt oder sind Gegenstand einer Zusatzvereinbarung, die dem Arbeitnehmer vor dem ursprünglichen Beendigungszeitpunkt übergeben wird (Art. L. 1243-13 Abs. 3 C. trav.). Nach dem Gesetzeswortlaut ist, wie ge-

963 Crim. v. 25.2.1986, Bull. crim. Nr. 78 = Dr. soc. 1987, 411; dazu Savatier, Dr. soc. 1987, 407, 408.

964 Soc. v. 22.10.2008, D. 2008, AJ, 2876 = RJS 2009, 43, Nr. 17 = JCP S 2009, 1016 (Anm. Bousez).

965 Corrignan-Carsin, in: Rép. trav. Dalloz, Rn. 241.

966 Zu dieser Kritik s. Corrignan-Carsin, in: Rép. trav. Dalloz, Rn. 242 m. w. N.

967 Corrignan-Carsin, in: Rép. trav. Dalloz, Rn. 242 m. w. N.

sehen[968], nicht klar, ob eine Verlängerung nur zulässig ist, wenn zumindest die Möglichkeit dazu schon im Arbeitsvertrag vorgesehen ist[969].

## 2. Besonderheiten bei bestimmten Verträgen

Bei bestimmten Verträgen sieht das französische Recht Besonderheiten hinsichtlich der Formerfordernisse vor.

### *a. Vertretung*

Name und berufliche Qualifikation des nach Art. L. 1242-2 Nr. 1, 4 oder 5 C. trav. Vertretenen gehören zu den zwingenden Inhalten eines befristeten Vertrages zur Vertretung (Art. L. 1242-12 Abs. 2 Nr. 1 C. trav.).

Wird ein befristeter Arbeitsvertrag geschlossen, um einen Arbeitnehmer in Erwartung des Arbeitsantritts seines bereits unbefristet eingestellten Stellennachfolgers zu vertreten, müssen Name und Qualifikation des Arbeitnehmers, der das Unternehmen endgültig verlassen hat oder endgültig unternehmensintern versetzt worden ist[970], zitiert werden[971].

Bei der indirekten Vertretung, dem *remplacement en cascades*, müssen Name und berufliche Qualifikation des abwesenden Arbeitnehmers und nicht des direkt vertretenen Arbeitnehmers in den Vertrag aufgenommen werden[972]. Jedoch hat die *Cour de cassation* mit Urteil vom 30. Januar 2002 die Umgestaltung eines befristeten Arbeitsvertrages, der die Qualifikation des direkt vertretenen und nicht die des abwesenden Arbeitnehmers nannte, in einen unbefristeten Arbeitsvertrag abgelehnt[973]. Zumindest solange insoweit keine gefestigte Rechtsprechung vorliegt, empfiehlt es sich, Name und berufliche Qualifikation sowohl des direkt vertretenen als auch des abwesenden Arbeitnehmers in den Vertrag aufzunehmen[974]. Zudem müssen die Modalitäten des *remplacement en*

968 2. Kapitel, C. II. 1.

969 Poulain, Les contrats de travail à durée déterminée, Rn. 94; Frik, Die missbräuchliche Nutzung von befristeten Arbeitsverträgen, S. 127 Fn. 543.

970 Corrignan-Carsin, in: Rép. trav. Dalloz, Rn. 57 f.

971 Ziff. 39 des ministeriellen Rundschreibens DRT Nr. 92-14 v. 29.8.1992 zur Anwendung der Vorschriften zum befristeten Arbeitsvertrag und Zeitarbeitsvertrag, BOMT Nr. 92/21, S. 55.

972 Ziff. 38 des ministeriellen Rundschreibens DRT Nr. 92-14 v. 29.8.1992 zur Anwendung der Vorschriften zum befristeten Arbeitsvertrag und Zeitarbeitsvertrag, BOMT Nr. 92/21, S. 55.

973 Soc. v. 30.1.2002, RJS 2002, 324, Nr. 402; vgl. auch Soc. v. 30.4.2003, Bull. civ. V, Nr. 149 = Dr. soc. 2003, 880 (Anm. Roy-Loustaunau) = RJS 2003, 571, Nr. 854.

974 Corrignan-Carsin, in: Rép. trav. Dalloz, Rn. 235.

*cascades* präzisiert werden, damit der Richter das Vorliegen der Vertretung überprüfen und die Vertretungkette nachvollziehen kann[975].

Der EuGH hält eine italienische Regelung für zulässig, die die Verpflichtung des Arbeitgebers abgeschafft hat, in befristeten Verträgen zur Vertretung abwesender Arbeitnehmer die Namen der betreffenden Arbeitnehmer und den Grund für deren Vertretung anzugeben, und die für derartige befristete Verträge lediglich die Schriftform und Angabe der Gründe für die Befristung vorschreibt, sofern diese neuen Bedingungen durch andere Garantien oder Schutzmaßnahmen ausgeglichen werden oder nur eine begrenzte Kategorie von Arbeitnehmern mit einem befristeten Arbeitsvertrag betreffen[976].

### *b. Ausbildung, Fortbildung, Beschäftigungsförderung*

Nach Art. R. 5134-17 C. trav. enthält die Individualvereinbarung zum Abschluss eines *contrat unique d'insertion* Informationen zur Person des Begünstigten und seiner Beschäftigungssituation, zur Unterstützung (*allocations*), die er bezieht, und zu seiner Qualifikation. Hinzu kommen Informationen zum Arbeitgeber, zu Natur, Charakteristiken und Inhalt des mit dem Arbeitnehmer geschlossenen Arbeitsvertrages und zu den Modalitäten der Durchführung der Individualvereinbarung. Zu Letzteren zählt unter anderem die Art der Maßnahmen zur Orientierung, beruflichen Begleitung und beruflichen Bildung, die während der Vertragslaufzeit vorgesehen sind.

Wird nach Art. L. 1242-3 Nr. 2 C. trav. ein befristeter Arbeitsvertrag für eine zusätzliche Aus- oder Fortbildung des Arbeitnehmers geschlossen, muss die Art der Aktivitäten, an denen der Arbeitnehmer im Unternehmen teilnimmt, im Vertrag genannt werden (Art. L. 1242-12 Abs. 2 Nr. 4, 3. Alt. C. trav.).

Der *contrat de professionnalisation* bedarf gemäß Art. L. 6325-5 C. trav. nicht nur der Schriftform, sondern auch der behördlichen Registrierung. Art. D. 6325-1 ff. C. trav. regeln die Einzelheiten. Art. R. 6325-2 C. trav. bestimmt, dass der Direktor für Arbeit, Beschäftigung und Berufsbildung des *Département* den Vertrag registriert, wenn dieser mit den einschlägigen gesetzlichen und tarifvertraglichen Regelungen vereinbar ist. Sein Schweigen über einen Zeitraum von mehr als einem Monat nach Vorlage des Vertrages wird als Entscheidung für die Registrierung gewertet. Art. D. 6325-3 C. trav. regelt den Widerspruch gegen eine ablehnende Entscheidung. Im Falle der vorzeitigen Beendigung eines *contrat de professionnalisation* bedarf es nach Art. D. 6325-5 C. trav. weiterer Formalitäten. Der *contrat de professionnalisation* mit zwei Ar-

975 Crim. v. 9.10.1995, Bull. crim., Nr. 298; Corrignan-Carsin, in: Rép. trav. Dalloz, Rn. 235.

976 EuGH v. 24.6.2010 – C-98/09 (Sorge), AP Nr. 7 zu Richtlinie 99/70/EG.

beitgebern für Saisontätigkeiten (Art. L. 6325-4-1 C. trav.) bedarf einer dreiseitigen Rahmenvereinbarung (*convention tripartite*), die von beiden Arbeitgebern und dem Arbeitnehmer unterschrieben und als Anlage zum Vertrag genommen werden muss. In der Vereinbarung wird die Zuweisung des Arbeitnehmers zu dem einen oder anderen Unternehmen während der Vertragslaufzeit kalendermäßig festgelegt, und es wird der Arbeitgeber bestimmt, der während der Ausbildungsphasen zur Zahlung der Vergütung an den Arbeitnehmer verpflichtet ist. Zudem werden die Voraussetzungen der Einrichtung eines Tutorats definiert.

Nach Art. D. 718-8 C. rur. enthält der *contrat emploi-formation agricole* einen Annex zu den Fortbildungsmodalitäten. Die Anzeige der Einstellung (*déclaration préalable à l'embauche*)[977] gegenüber der Landwirtschaftssozialversicherung (*caisse de mutualité sociale agricole*) weist auf den spezifischen Charakter dieses Vertrages hin.

Art. L. 6222-4 ff. C. trav. regeln die formellen Anforderungen an den Ausbildungsvertrag. Nach Art. L. 6222-4 C. trav. wird dieser schriftlich geschlossen und durch beide Vertragsparteien vor Ausbildungsbeginn unterschrieben. Der Vertrag enthält das Datum des Ausbildungsbeginns. Nach Leistung der Unterschriften wird der Vertrag der zuständigen Kammer zur Registrierung übermittelt (Art. L. 6224-1 C. trav.). Art. R. 6224-1 ff. C. trav. regeln die Einzelheiten zur Form des Antrags. Die Ablehnung einer Registrierung steht der (weiteren) Durchführung des Vertrages entgegen (Art. L. 6224-3 C. trav.). Der Ausbildungsvertrag mit zwei Arbeitgebern für Saisontätigkeiten (Art. L. 6222-5-1 C. trav.) bedarf einer dreiseitigen Rahmenvereinbarung (*convention tripartite*), die von beiden Arbeitgebern und dem Auszubildenden unterschrieben und als Anlage zum Ausbildungsvertrag genommen werden muss. In der Vereinbarung wird die Zuweisung zu dem einen oder anderen Unternehmen während der Vertragslaufzeit kalendermäßig festgelegt und die Anzahl der Arbeitsstunden in jedem Unternehmen bestimmt. Zudem werden die Voraussetzungen der Einrichtung eines Tutorats zwischen den beiden Unternehmen definiert und der Arbeitgeber bestimmt, der während der theoretischen Ausbildung des Auszubildenden zur Zahlung der Vergütung an diesen verpflichtet ist.

Art. L. 1243-13 C. trav., wonach die Voraussetzungen der Verlängerung eines befristeten Arbeitsvertrages arbeitsvertraglich festgelegt werden oder Gegenstand einer Zusatzvereinbarung sind, die dem Arbeitnehmer vor dem ursprünglichen Beendigungszeitpunkt übergeben wird, gilt nach Absatz 4 der Bestimmung nicht für befristete Arbeitsverträge im Sinne des Art. L. 1242-3 C. trav.

---

977 Vor der Einstellung eines Arbeitnehmers hat der Arbeitgeber die Beitragseinzugsstelle hiervon in Kenntnis zu setzen (Art. L. 1221-10 C. trav.).

### c. *Projektvertrag*

Der Projektvertrag bedarf nach Art. 6 des Gesetzes vom 25. Juni 2008 der Schriftform. Er enthält die zwingenden Klauseln befristeter Arbeitsverträge[978], die allerdings seinem spezifischen Charakter angepasst werden müssen. Das Gesetz sieht folgende Ergänzungen vor: Der Vertrag muss als *contrat à durée déterminée à objet défini* bezeichnet werden. Er zitiert den Titel der zugrunde liegenden Kollektivvereinbarung. Der Vertrag enthält eine Klausel, die das Projekt beschreibt und seine voraussichtliche Dauer benennt, eine Definition der Aufgaben, zu deren Erfüllung der Vertrag geschlossen wird, das Ereignis oder objektive Ergebnis, das das Ende der Vertragsbeziehung herbeiführt, die Frist zur Unterrichtung (*délai de prévenance*) vor Vertragsende und gegebenenfalls für einen Vorschlag zur Fortsetzung des Arbeitsverhältnisses mit unbefristetem Vertrag. Des Weiteren ist eine Klausel vorgesehen, die die Möglichkeit der Beendigung des Vertrages zum Jahrestag des Vertragsschlusses durch eine der Parteien aus einem tatsächlichen und ernsthaften Grund (*motif réel et sérieux*) und den Anspruch des Arbeitnehmers auf eine Beendigungsentschädigung in Höhe von 10 % der Gesamtbruttovergütung im Falle einer solchen arbeitgeberseitigen Beendigung regelt.

## III. Rechtsvergleichende Betrachtung

Die Formerfordernisse im deutschen und französischen Befristungsrecht finden keinerlei Grundlage in der Befristungsrichtlinie[979]. Die französischen Formvorschriften sind weitaus strenger als die deutschen Formvorschriften. Dies zeigt sich nicht zuletzt an der Reichweite des Schriftformerfordernisses. Nach deutschem Recht bedarf allein die Befristungsabrede, nicht aber der ganze Arbeitsvertrag der Schriftform[980]. Der Sachgrund muss außerhalb spezialgesetzlicher oder tarifvertraglicher Zitiergebote[981] nicht schriftlich fixiert werden[982]. Dementsprechend ist der Richter, anders als in Frankreich[983], nicht an einen im Vertrag genannten Sachgrund gebunden. Zwingende Vertragsinhalte sind im deutschen,

978 Dazu 2. Kapitel, D. II. 1. a.

979 Diese Feststellung trifft für § 14 Abs. 4 TzBfG Wisskirchen, GS Heinze, S. 1081, 1090.

980 BAG v. 23.6.2004 – 7 AZR 636/03, AP Nr. 12 zu § 14 TzBfG; BAG v. 26.7.2006 – 7 AZR 515/05, BAGE 119, 157, 159 f. = AP Nr. 1 zu § 5 AVR Diakonisches Werk. So aber Art. L. 1242-12 Abs. 1 C. trav.

981 Dazu MüKoBGB-Hesse, § 14 TzBfG Rn. 115 m. w. N.

982 BAG v. 23.6.2004 – 7 AZR 636/03, AP Nr. 12 zu § 14 TzBfG; Laux/Schlachter-Schlachter, TzBfG, § 14 Rn. 19.

983 Soc. v. 4.12.1996, Bull. civ. V, Nr. 415 = Dr. soc. 1997, 90 (Anm. Roy-Loustaunau).

anders als im französischen Befristungsrecht (Art. L. 1242-12 C. trav.), nicht vorgesehen. Sie ergeben sich allenfalls aus dem NachwG. Nach § 2 Abs. 1 S. 2 Nr. 5 i. V. m. Abs. 4 NachwG ist in die Niederschrift der wesentlichen Vertragsbedingungen oder in den schriftlichen Arbeitsvertrag, sei dieser befristet oder unbefristet, eine kurze Charakterisierung oder Beschreibung der vom Arbeitnehmer zu leistenden Tätigkeit aufzunehmen. Des Weiteren sind die Zusammensetzung und die Höhe des Arbeitsentgelts einschließlich der Zuschläge, Zulagen, Prämien und Sonderzahlungen sowie anderer Bestandteile des Arbeitsentgelts und deren Fälligkeit zu nennen und ein in allgemeiner Form gehaltener Hinweis auf die Tarifverträge, Betriebs- oder Dienstvereinbarungen, die auf das Arbeitsverhältnis anzuwenden sind, zu geben (§ 2 Abs. 1 S. 2 Nr. 6 und 10 NachwG). Das deutsche Befristungsrecht kennt keine fristgebundene Übermittlung der Befristungsabrede (vgl. aber § 2 Abs. 1 S. 1 NachwG). Weitaus mehr als das deutsche Befristungsrecht sucht das französische Befristungsrecht dem Arbeitnehmer über die Formerfordernisse Rechtssicherheit zu geben[984].

# E. Beendigung des befristeten Arbeitsvertrages

Die Vorschriften zur Beendigung des befristeten Arbeitsvertrages spielen in der Praxis eine große Rolle. Arbeitnehmer wie Arbeitgeber benötigen insoweit Rechts- und Planungssicherheit.

## I. Deutsches Recht

§ 15 TzBfG regelt den Beendigungszeitpunkt eines befristeten Arbeitsvertrages, die Folgen einer Fortsetzung des Arbeitsverhältnisses nach Vertragsende und die Möglichkeiten einer vorzeitigen Beendigung des befristeten Arbeitsvertrages.

### 1. Beendigungszeitpunkt

Ein kalendermäßig befristeter Arbeitsvertrag endet mit Ablauf der vereinbarten Zeit, ein zweckbefristeter Arbeitsvertrag mit Erreichen des Zwecks, frühestens jedoch zwei Wochen nach Zugang der schriftlichen Unterrichtung des Arbeitnehmers durch den Arbeitgeber über den Zeitpunkt der Zweckerreichung (§ 15 Abs. 1 und 2 TzBfG). Die Unterrichtungsfrist bei der Zweckbefristung soll dem

984 Vgl. Corrignan-Carsin, in: Rép. trav. Dalloz, Rn. 226. S. aber Laux/Schlachter-Schlachter, TzBfG, § 14 Rn. 163.

Arbeitnehmer, der den genauen Zeitpunkt der Zweckerreichung und damit das Ende seines befristeten Arbeitsverhältnisses regelmäßig nicht kennt, die Möglichkeit geben, sich auf das nahende Ende seines Arbeitsverhältnisses einzustellen, insbesondere sich einen neuen Arbeitsplatz zu suchen[985]. Für die Zweckerreichung und deren Zeitpunkt trägt der Arbeitgeber die Darlegungs- und Beweislast[986]. Problematisch ist die Unterrichtungspflicht des Arbeitgebers, wenn dieser von der Zweckerreichung – bei Umständen in der Person des Arbeitnehmers – selbst nichts weiß[987]. Hier muss für die Beendigung des Vertrages der Zeitpunkt der Zweckerreichung maßgeblich sein; das Arbeitsverhältnis besteht bis zur Kenntniserlangung des Arbeitgebers faktisch fort[988]. Umstritten ist, ob § 15 Abs. 2 TzBfG auch für den Zweckfortfall gilt[989]. Eine solche Lösung ist zumindest vom Wortlaut des § 15 Abs. 2 TzBfG nicht gedeckt.

Das Berufsausbildungsverhältnis endet nach § 21 Abs. 1 BBiG mit Ablauf der Ausbildungszeit, im Falle der Stufenausbildung mit Ablauf der letzten Stufe. Es handelt sich insoweit um eine Befristung kraft Gesetzes[990].

## 2. Fortsetzung des Arbeitsverhältnisses nach Vertragsende

Wird das Arbeitsverhältnis nach Zeitablauf oder Zweckerreichung mit Wissen des Arbeitgebers fortgesetzt, gilt es nach § 15 Abs. 5 TzBfG als auf unbestimmte Zeit verlängert, wenn der Arbeitgeber nicht unverzüglich widerspricht oder dem Arbeitnehmer die Zweckerreichung nicht unverzüglich mitteilt.

§ 15 Abs. 5 TzBfG betrifft den Fall, dass die Parteien das Arbeitsverhältnis nach Befristungsende ohne neue rechtliche Grundlage weiter durchführen. Wollen die Parteien das Arbeitsverhältnis dagegen erkennbar fortsetzen, ist also von einem neuen Vertragsschluss auszugehen, greift die Fiktion nicht[991]. Hat das Arbeitsverhältnis infolge Zweckerreichung geendet, ist seine Fortsetzung kaum vorstellbar. In diesem Fall dürfte eine neue vertragliche Regelung zwingend erforderlich sein[992].

---

985 BT-Drucks. 14/4374, S. 20.

986 Laux/Schlachter-Schlachter, TzBfG, § 15 Rn. 5.

987 Laux/Schlachter-Schlachter, TzBfG, § 15 Rn. 6.

988 Laux/Schlachter-Schlachter, TzBfG, § 15 Rn. 6.

989 So MHH-Meinel, TzBfG, § 15 Rn. 10; KR-Lipke, § 15 TzBfG Rn. 6; a. A. Sievers, TzBfG, § 15 Rn. 5.

990 Annuß/Thüsing-Kühn, TzBfG, § 23 Rn. 238.

991 BAG v. 18.10.2006 – 7 AZR 749/05, AP Nr. 28 zu § 14 TzBfG; BAG v. 26.7.2000 – 7 AZR 256/99, AP Nr. 3 zu § 1 BeschFG 1996; Laux/Schlachter-Schlachter, TzBfG, § 15 Rn. 24.

992 ErfK-Müller-Glöge, § 15 TzBfG Rn. 27.

Nach h. M. kommt es für eine Fortsetzung des Arbeitsverhältnisses im Sinne des § 15 Abs. 5 TzBfG darauf an, dass der Arbeitnehmer seine Arbeitsleistung nach Befristungsende tatsächlich weiter erbringt[993]. Selbst kurze Unterbrechungen stehen der Fortsetzung entgegen[994].

Streitig ist, ob eine Fortsetzung mit Wissen des Arbeitgebers voraussetzt, dass der Arbeitgeber die Vertragsbeendigung kennt[995]. Wortlaut und Zweck des § 15 Abs. 5 TzBfG sprechen dagegen[996]. Die fehlende Kenntnis des Arbeitgebers von der Vertragsbeendigung sollte vielmehr bei der Voraussetzung des „unverzüglichen" Widerspruchs bzw. der „unverzüglichen" Mitteilung der Zweckerreichung zu berücksichtigen sein[997].

Ein Widerspruch des Arbeitgebers kann vorliegen, wenn dieser dem Arbeitnehmer den Abschluss eines weiteren befristeten Arbeitsvertrages anbietet[998]. Eine Mitteilung der Zweckerreichung nach § 15 Abs. 5 TzBfG kommt nur in Betracht, wenn die Unterrichtung gemäß § 15 Abs. 2 TzBfG fehlt oder formunwirksam ist[999]. Streitig ist, ob die Mitteilung selbst der Schriftform bedarf[1000]. § 15 Abs. 5 TzBfG sieht diese, anders als § 15 Abs. 2 TzBfG für die Unterrichtung, nicht ausdrücklich vor. Dies lässt darauf schließen, dass der Gesetzgeber eine mündliche Mitteilung als ausreichend erachtet[1001]. Daran ändert auch der Umstand, dass letztlich die Unterrichtung nach § 15 Abs. 2 TzBfG nachgeholt wird, nichts[1002].

Werden Auszubildende im Anschluss an das Berufsausbildungsverhältnis beschäftigt, ohne dass hierüber ausdrücklich etwas vereinbart worden ist, so gilt ein Arbeitsverhältnis auf unbestimmte Zeit als begründet (§ 24 BBiG).

---

993 BAG v. 2.12.1998 – 7 AZR 508/97, AP Nr. 8 zu § 625 BGB; BAG v. 24.10.2001 – 7 AZR 620/00, AP Nr. 9 zu § 57c HRG; ErfK-Müller-Glöge, § 15 TzBfG Rn. 27.

994 BAG v. 2.12.1998 – 7 AZR 508/97, AP Nr. 8 zu § 625 BGB (unmittelbarer Anschluss an das Ende der Befristung); ErfK-Müller-Glöge, § 15 TzBfG Rn. 27.

995 So ErfK-Müller-Glöge, § 15 TzBfG Rn. 28, unter Berufung auf BAG v. 1.12.1960 – 3 AZR 588/58, AP Nr. 1 zu § 625 BGB, und BAG v. 30.11.1984 – 7 AZR 539/83, AP Nr. 1 zu § 22 MTV Ausbildung; a. A. LAG Düsseldorf v. 26.9.2002 – 5 Sa 748/02, LAGE § 15 TzBfG Nr. 1; APS-Backhaus, § 15 TzBfG Rn. 67; Laux/Schlachter-Schlachter, TzBfG, § 15 Rn. 28.

996 LAG Düsseldorf v. 26.9.2002 – 5 Sa 748/02, LAGE § 15 TzBfG Nr. 1; APS-Backhaus, § 15 TzBfG Rn. 67; Laux/Schlachter-Schlachter, TzBfG, § 15 Rn. 28.

997 APS-Backhaus, § 15 TzBfG Rn. 67.

998 BAG v. 26.7.2000 – 7 AZR 256/99, AP Nr. 3 zu § 1 BeschFG 1996; BAG v. 14.8.2002 – 7 AZR 372/01, AP Nr. 1 zu § 90 LPVG Brandenburg.

999 Laux/Schlachter-Schlachter, TzBfG, § 15 Rn. 33.

1000 Laux/Schlachter-Schlachter, TzBfG, § 15 Rn. 34 m. w. N.

1001 ErfK-Müller-Glöge, § 15 TzBfG Rn. 29.

1002 So aber Laux/Schlachter-Schlachter, TzBfG, § 15 Rn. 34 m. w. N.

### 3. Vorzeitige Beendigung des Vertrages

Ein befristetes Arbeitsverhältnis unterliegt nur dann der ordentlichen Kündigung, wenn dies einzelvertraglich oder im anwendbaren Tarifvertrag vereinbart ist (§ 15 Abs. 3 TzBfG). In diesem Fall gelten alle Kündigungsvorschriften, so auch § 1 KSchG (Erfordernis einer sozialen Rechtfertigung) und § 102 BetrVG (Voraussetzung der Betriebsratsanhörung). Der Arbeitsvertrag kann gemäß § 16 S. 2 TzBfG auch dann vor dem vereinbarten Ende ordentlich gekündigt werden, wenn die Befristung (nur) mangels Schriftform unwirksam ist. Stets zulässig ist die außerordentliche Kündigung aus wichtigem Grund (§ 626 BGB).

Die Vereinbarung der ordentlichen Kündbarkeit unterliegt nicht der Schriftform; sie kann im Wege der Auslegung festgestellt werden[1003]. So kann eine Probezeitabrede die stillschweigende Vereinbarung enthalten, das befristete Arbeitsverhältnis sei ordentlich mit der gesetzlichen oder tarifvertraglichen Mindestkündigungsfrist kündbar[1004].

§ 15 Abs. 4 TzBfG enthält eine Sonderregelung für langfristige Arbeitsverhältnisse. Danach kann ein Arbeitsverhältnis, das auf Lebenszeit oder auf mehr als fünf Jahre abgeschlossen wird, vom Arbeitnehmer nach Ablauf von fünf Jahren mit einer Kündigungsfrist von sechs Monaten gekündigt werden.

Bestehen Auszubildende vor Ablauf der Ausbildungszeit die Abschlussprüfung, so endet das Berufsausbildungsverhältnis mit Bekanntgabe des Ergebnisses durch den Prüfungsausschuss (§ 21 Abs. 2 BBiG). § 22 BBiG enthält Kündigungsmöglichkeiten. Wird das Berufsausbildungsverhältnis nach der Probezeit vorzeitig gelöst, können Ausbildende oder Auszubildende nach § 23 Abs. 1 S. 1 BBiG grundsätzlich Ersatz des Schadens verlangen, wenn die andere Person den Grund für die Auflösung zu vertreten hat.

## II. Französisches Recht

Im Folgenden werden die französischen Bestimmungen zum Beendigungszeitpunkt eines befristeten Arbeitsvertrages, zur Fortsetzung des Arbeitsverhältnisses nach Vertragsende und zur vorzeitigen Beendigung des befristeten Vertrages erläutert. Weiter geht es um die bereits zu Beginn der Arbeit[1005] erwähnte Beendigungsentschädigung.

---

1003 ErfK-Müller-Glöge, § 15 TzBfG Rn. 12; MüKoBGB-Hesse, § 15 TzBfG Rn. 28.

1004 BAG v. 4.7.2001 – 2 AZR 88/00, EzA § 620 BGB Kündigung Nr. 4; ErfK-Müller-Glöge, § 15 TzBfG Rn. 12.

1005 S. 2.

### 1. Beendigungszeitpunkt

Die Grundsätze zum Beendigungszeitpunkt im französischen Befristungsrecht werden unter a. dargestellt, die Besonderheiten bei bestimmten Verträgen unter b.

#### *a. Grundsätze*

Bei der Beendigung der Vertragsbeziehung zeigt sich besonders deutlich der Unterschied zwischen befristetem und unbefristetem Arbeitsvertrag[1006]. Nach Art. L. 1242-14 C. trav. gelten alle gesetzlichen, tarifvertraglichen und auf Bräuchen beruhenden Bestimmungen, die auf die Arbeitnehmer mit unbefristetem Arbeitsvertrag anwendbar sind, zwar grundsätzlich auch für die Arbeitnehmer mit befristetem Arbeitsvertrag. Hiervon sind jedoch die Vorschriften zur Beendigung des Vertrages ausdrücklich ausgenommen. Der befristete Arbeitsvertrag endet gemäß Art. L. 1243-5 Abs. 1 C. trav. automatisch mit Eintritt seines Beendigungszeitpunktes (*échéance du terme*), sei es mit Zeitablauf, sei es mit Erreichen des Zwecks, zu dem er geschlossen wurde (Art. L. 1242-7 C. trav.).

#### *b. Besonderheiten bei bestimmten Verträgen*

Bei bestimmten Verträgen sieht das französische Recht Besonderheiten hinsichtlich des Beendigungszeitpunktes vor.

##### aa. Vertretung

Ein zweckbefristeter Arbeitsvertrag zur Vertretung eines abwesenden Arbeitnehmers endet mit dem tatsächlichen Ende der Abwesenheit des Vertretenen (Art. L. 1242-7 C. trav.). Nicht maßgeblich ist der bloße Wegfall des im Vertrag genannten Grundes für die Abwesenheit. Dieselben Grundsätze gelten für das Ende eines zweckbefristeten Vertrages zur Vertretung eines Arbeitnehmers, dessen Arbeitsvertrag ruht. In einem von der *Cour de cassation* in diesem Sinne entschiedenen Fall hatte sich die – zunächst krankheitsbedingte – Abwesenheit einer Arbeitnehmerin durch einen Mutterschaftsurlaub verlängert[1007]. In einem anderen Fall wurde ein zur Vertretung einer Arbeitnehmerin im Mutterschaftsurlaub befristeter Arbeitsvertrag für die Dauer eines Erziehungsurlaubs fortgesetzt[1008]. Die Zweckbefristung erweist sich als nachteilig für den Arbeitgeber, wenn der befristet eingestellte Arbeitnehmer die in ihn gesetzten Erwartungen

1006 Corrignan-Carsin, in: Rép. trav. Dalloz, Rn. 351.

1007 Soc. v. 24.3.2004, RJS 2004, 613, Nr. 890.

1008 Soc. v. 9.3.2005, Bull civ. V, Nr. 81 = RJS 2005, 350, Nr. 487.

nicht erfüllt; eine Zeitbefristung hätte seinen Vertrag zu einem bestimmten Termin ohne Rücksicht auf die Situation des Vertretenen beendet[1009].

Der befristete Vertrag zur Vertretung eines abwesenden Arbeitnehmers endet, wenn dieser seine Tätigkeit endgültig aufgibt[1010], etwa wenn dieser wegen endgültiger Betriebsstilllegung (*liquidation judiciaire*) betriebsbedingt gekündigt wird[1011] oder wenn er verstirbt[1012].

Wird ein befristeter Vertrag zur Vertretung eines abwesenden Arbeitnehmers ohne genauen Beendigungszeitpunkt geschlossen, obliegt dem Arbeitgeber die Beweislast für das das Ende des Vertrages herbeiführende Ereignis und den Zeitpunkt seines Eintritts[1013].

Der Beendigungszeitpunkt eines befristeten Arbeitsvertrages zur Vertretung eines abwesenden Arbeitnehmers kann so gewählt werden, dass er zeitlich vor der Wiederaufnahme der Arbeit durch den Vertretenen liegt[1014].

Wird ein befristeter Arbeitsvertrag geschlossen, um einen Arbeitnehmer zu vertreten, der vorübergehend abwesend ist oder dessen Arbeitsvertrag ruht, oder liegen die Vertretungsfälle der Art. L. 1242-2 Nr. 4 und 5 C. trav. vor, kann das ursprünglich vorgesehene Vertragsende bis auf den übernächsten Tag nach dem Tag verschoben werden, an dem der Vertretene seine Beschäftigung wieder aufgenommen hat (Art. L. 1243-7 C. trav.). Diese Regelung dürfte dazu dienen, einen reibungslosen Wechsel der Arbeitnehmer und damit eine effektive Arbeit sicherzustellen[1015].

bb. Projektvertrag

Der Projektvertrag endet nach dem ausdrücklichen Wortlaut von Art. 6 des Gesetzes vom 25. Juni 2008 grundsätzlich mit Erreichen seines Zwecks nach Ablauf einer Unterrichtungsfrist von mindestens zwei Monaten. Das Erreichen des Zwecks ist nicht zwingend gleichbedeutend mit dem Erfolg des Projekts[1016].

---

1009 Pélissier/Auzero/Dockès, Droit du travail, Rn. 249.

1010 Soc. v. 17.12.1997, Bull. civ. V, Nr. 447 = Dr. soc. 1998, 225; vgl. dazu Roy-Loustaunau, Dr. soc. 1998, 223.

1011 Soc. v. 20.4.2005, Bull. civ. V, Nr. 146 = Dr. soc. 2005, 814 (Anm. Roy-Loustaunau).

1012 Soc. v. 4.2.2009, Bull. civ. V, Nr. 30 = RJS 2009, 282, Nr. 321 = JCP S 2009, 1250 (Anm. Bousez) unter der Voraussetzung einer Mitteilung durch den Arbeitgeber binnen angemessener Frist.

1013 Soc. v. 13.5.2003, D. 2003, IR, 1479 = RJS 2003, 572, Nr. 855.

1014 Soc. v. 26.2.1991, Bull civ. V, Nr. 96.

1015 Corrignan-Carsin, in: Rép. trav. Dalloz, Rn. 204; Frik, Die missbräuchliche Nutzung von befristeten Arbeitsverträgen, S. 130.

1016 Couturier, Dr. soc. 2008, 300, 305.

## 2. Fortsetzung des Arbeitsverhältnisses nach Vertragsende

Wird das Arbeitsverhältnis nach Ablauf der Zeit, für die es eingegangen ist, oder nach Zweckerreichung fortgesetzt, wird aus dem ursprünglich befristeten automatisch[1017] ein unbefristeter Vertrag (Art. L. 1243-11 Abs. 1 C. trav.). Dies gilt grundsätzlich unabhängig von der Art der ausgeübten Beschäftigung[1018] und unabhängig davon, ob die Beschäftigung nach Befristungsende lediglich faktisch fortgeführt wird oder ob dafür ein neuer befristeter oder unbefristeter Arbeitsvertrag geschlossen wird[1019]. Auch wenn ein Arbeitnehmer seine befristete Tätigkeit nach Vertragsende fortsetzt, ohne dass eine vertraglich vorgesehene Zusatzvereinbarung zur Vertragsverlängerung unterzeichnet worden ist, wird aus dem befristeten ein unbefristeter Vertrag[1020].

Dem Arbeitnehmer bleiben im Falle der Umwandlung seines befristeten Arbeitsvertrages in einen unbefristeten Vertrag die Betriebszugehörigkeitszeiten aus seinem befristeten Arbeitsverhältnis erhalten (Art. L. 1243-11 Abs. 2 C. trav.). Die Dauer des befristeten Arbeitsvertrages wird von einer etwaigen Probezeit im neuen Arbeitsvertrag abgezogen (Art. L. 1243-11 Abs. 3 C. trav.).

Sofern nicht eine anderslautende Parteivereinbarung vorliegt, bleiben die – nicht an die Natur des Vertrages geknüpften – Bedingungen des befristeten Ausgangsvertrages auch nach seiner Umwandlung nach Art. L. 1243-11 C. trav. in einen unbefristeten Vertrag anwendbar[1021]. So muss eine Wettbewerbsklausel des Ausgangsvertrages eingehalten werden[1022]. Es bleibt auch bei den bisherigen Arbeitszeiten. Daraus folgt, dass ein Arbeitnehmer, der einer Stundenreduzierung im fortgesetzten Arbeitsverhältnis nicht widerspricht, diese nicht etwa wirksam annimmt[1023]. Eine Regelung zur Vergütung von Sonntagsarbeit gilt fort[1024]. Auf den im Wege der Umwandlung entstandenen unbefristeten Arbeits-

---

1017 Poulain, Les contrats de travail à durée déterminée, Rn. 39; Corrignan-Carsin, in: Rép. trav. Dalloz, Rn. 464.

1018 Soc. v. 14.6.2000, Bull. civ. V, Nr. 226 = Dr. soc. 2000, 911 (Anm. Roy-Loustaunau); Soc. 20.9.2006, RJS 2006, 863, Nr. 1157 = Dr. soc. 2006, 1184 (Anm. Roy-Loustaunau).

1019 Soc. v. 30.3.2005, Bull. civ. V, Nr. 106 = RJS 2005, 439, Nr. 606; Soc. 20.9.2006, RJS 2006, 863, Nr. 1157 = Dr. soc. 2006, 1184 (Anm. Roy-Loustaunau); Frik, Die missbräuchliche Nutzung von befristeten Arbeitsverträgen, S. 142.

1020 Soc. v. 15.1.1997, RJS 1997, 90, Nr. 125.

1021 Corrignan-Carsin, in: Rép. trav. Dalloz, Rn. 464.

1022 Soc. v. 5.1.1995, Bull. civ. V, Nr. 4 = Dr. soc. 1995, 191 = JCP E 1995, II., 670 (Anm. Corrignan-Carsin); Corrignan-Carsin, in: Rép. trav. Dalloz, Rn. 464..

1023 Soc. v. 22.10.1996, RJS 1996, 812, Nr. 1254.

1024 Soc. v. 7.7.1998, Bull. civ. V, Nr. 362 = RJS 1998, 721, Nr. 1183.

vertrag finden die Regelungen zur Beendigung unbefristeter Arbeitsverträge Anwendung[1025].

In der Rechtssache Huet[1026] hatte sich der EuGH mit dem Arbeitsvertrag eines Arbeitnehmers mit der Universität der Westbretagne zu befassen. Dieser war auf Grund mehrerer aufeinander folgender befristeter Arbeitsverträge zwischen dem 1. März 2002 und dem 15. März 2008 ohne Unterbrechung als wissenschaftlicher Mitarbeiter beschäftigt gewesen. In den Verträgen waren seine Aufgaben als wissenschaftlicher Mitarbeiter jeweils erwähnt. Als der letzte befristete Arbeitsvertrag auslief, bot die Universität dem Arbeitnehmer auf seinen Antrag nach Art. 13 des Gesetzes vom 26. Juli 2005[1027] einen unbefristeten Arbeitsvertrag an. Der sodann unterzeichnete unbefristete Arbeitsvertrag sah zum einen vor, dass der Arbeitnehmer als Forschungsingenieur beschäftigt würde, d. h. mit einer anderen Einstufung als der des wissenschaftlichen Mitarbeiters, und zum anderen, dass seine Dienstbezüge niedriger sein würden als jene, die er zuvor auf der Grundlage der befristeten Verträge erhalten hatte. Der Arbeitnehmer war der Ansicht, der unbefristete Vertrag nehme zwar auf andere Aufgaben Bezug als jene, die er vorher erledigt habe; seine Aufgaben seien jedoch in der Praxis unverändert geblieben. Er beantragte daher bei der Universität die Änderung seines unbefristeten Arbeitsvertrags mit der Begründung, dieser stufe seine Aufgaben zurück und bringe eine Verringerung seiner Dienstbezüge mit sich. Nach Auffassung des Arbeitnehmers impliziert Art. 13 des Gesetzes vom 26. Juli 2005 bei der Umwandlung des letzten befristeten Arbeitsvertrages in einen unbefristeten Vertrag notwendigerweise die unveränderte Übernahme der wesentlichen Bestimmungen dieses letzten befristeten Arbeitsvertrages.

Der EuGH entschied daraufhin, dass § 5 der Rahmenvereinbarung dahin auszulegen zu ist, dass ein Mitgliedstaat, der in seinen nationalen Rechtsvorschriften die Umwandlung befristeter Arbeitsverträge in einen unbefristeten Arbeitsvertrag vorsieht, wenn die befristeten Arbeitsverträge eine bestimmte Dauer erreicht haben, nicht verpflichtet ist vorzuschreiben, dass die wesentlichen Bestimmungen des vorherigen Vertrages in den unbefristeten Arbeitsvertrag übernommen werden. Um jedoch die mit der Richtlinie 1999/70/EG verfolgten Ziele nicht zu vereiteln und ihr nicht die praktische Wirksamkeit zu nehmen, habe dieser Mitgliedstaat darauf zu achten, dass die Umwandlung befristeter Arbeitsverträge in einen unbefristeten Arbeitsvertrag nicht mit tiefgreifenden Änderun-

1025 Soc. v. 13.12.2007, Bull. civ. V, Nr. 207 = RJS 2008, 118, Nr. 147 = RDT 2008, 97 (Anm. Auzero).

1026 EuGH v. 8.3.2012 – C-251/11 (Huet), NZA 2012, 441.

1027 Gesetz Nr. 2005-843 v. 26.7.2005 zur Ergreifung verschiedener Maßnahmen zur Umsetzung des Unionsrecht im öffentlichen Dienst, J.O. Nr.°173 v. 27.7.2005, S. 12183, Text Nr. 3.

gen der Bestimmungen des vorherigen Vertrags einhergeht, die für den Betroffenen insgesamt zu einer Verschlechterung führen, wenn der Gegenstand seiner Tätigkeit und die Art seiner Aufgaben gleich bleiben.

Art. L. 1244-1 C. trav. sieht für bestimmte Sachgrundbefristungen Ausnahmen von der Umwandlung nach Art. L. 1243-11 Abs. 1 C. trav. in einen unbefristeten Vertrag vor. Danach steht Art. L. 1243-11 C. trav. dem Abschluss aufeinanderfolgender befristeter Arbeitsverträge mit demselben Arbeitnehmer nicht entgegen, wenn der Vertrag zur Vertretung eines abwesenden Arbeitnehmers, eines Arbeitnehmers, dessen Arbeitsvertrag ruht, oder einer der in Art. L. 1242-2 Nr. 4 und 5 C. trav. genannten Personen geschlossen wird, zudem wenn es sich um eine Saisonbeschäftigung oder eine gewohnheitsmäßige Befristung handelt[1028].

### 3. Vorzeitige Beendigung des Vertrages

Im Folgenden wird der Frage nachgegangen, unter welchen Voraussetzungen sich Arbeitnehmer oder Arbeitgeber vorzeitig vom befristeten Vertrag lösen können. Eine vorzeitige Beendigung des zeitbefristeten Arbeitsvertrages ist anzunehmen, wenn sein Beendigungszeitpunkt noch nicht eingetreten ist. Ein zweckbefristeter Arbeitsvertrag endet vorzeitig, wenn seine Mindestdauer nicht abgelaufen oder der Zweck noch nicht erreicht ist[1029].

#### *a. Grundsätze*

Nach Art. L. 1243-1 C. trav. kann der befristete Arbeitsvertrag nicht vorzeitig beendet werden, es sei denn, es liegt eine Parteivereinbarung hierüber, ein schwerwiegender Fehler (*faute grave*) einer der Parteien, höhere Gewalt (*force majeure*) oder eine vom Betriebsarzt festgestellte fehlende Eignung (*inaptitude*) des Arbeitnehmers vor. Art. L. 1243-2 C. trav. normiert die vorzeitige Beendigung des befristeten Arbeitsvertrages bei Abschluss eines unbefristeten Vertrages.

Damit die vorzeitige Beendigung des befristeten Vertrages die Ausnahme bleibt, werden die Beendigungsformen, die für den unbefristeten Arbeitsvertrag gelten, ausgeklammert[1030]. Der befristete Arbeitsvertrag, der nach französischer Auffassung zur „Prekarität“ der Beschäftigung beiträgt, schafft auf diese Weise

---

1028 Dazu bereits 2. Kapitel, C. II. 1. Vgl. auch 2. Kapitel, B. II. 4. e. zu Art. L. 1244-4 C. trav.

1029 Corrignan-Carsin, in: Rép. trav. Dalloz, Rn. 355 f.

1030 Blaise, Dr. soc. 1993, 41; dazu bereits 2. Kapitel, E. II. 1. a. Ausf. zur vorzeitigen Vertragsbeendigung Karaquillo, D. 1997, Chron., 345.

eine Stabilität der Beschäftigung, die der Arbeitnehmer mit unbefristetem Vertrag nicht kennt[1031].

Während einer Probezeit können Arbeitgeber wie Arbeitnehmer den Vertrag jederzeit beenden, ohne dem Vertragspartner eine Entschädigung zahlen zu müssen[1032]. Etwas anderes gilt nur im Falle der missbräuchlichen Nutzung des Rechts zur Beendigung[1033]. Eine bei der Probezeitkündigung einzuhaltende Kündigungsfrist muss gesondert vereinbart werden[1034].

Art. L. 1243-3 und L. 1243-4 C. trav. regeln Schadensersatzansprüche in bestimmten Fällen vorzeitiger Vertragsbeendigung.

aa. Parteivereinbarung

Die Parteivereinbarung (*accord des parties*) im Sinne des Art. L. 1243-1 C. trav. ist nicht mit dem Aufhebungsvertrag (*rupture amiable*) zu verwechseln, der mit Gesetz vom 25. Juni 2008 in Art. L. 1237-11 ff. C. trav. eingeführt worden ist. Dieser kann nur zur Beendigung eines unbefristeten Arbeitsvertrages geschlossen werden[1035].

Die vorzeitige Beendigung eines befristeten Vertrages durch Parteivereinbarung im Sinne des Art. L. 1243-1 C. trav. muss auf dem klaren und unzweideutigen Willen der Parteien beruhen[1036]. Die Zustimmung der Parteien zur Beendigung muss frei von Zwängen sein[1037]. Die Vereinbarung hat allein das Ziel, die Vertragsbeziehung der Parteien vorzeitig zu beenden. Sie darf unabhängig von ihrem Wortlaut nicht zur Folge haben, dass der Arbeitnehmer Ansprüche verliert, die während der Vertragslaufzeit entstanden sind[1038].

Nicht selten wird eine Kündigungsklausel in den befristeten Arbeitsvertrag aufgenommen. Eine *clause de résiliation unilatérale* ermächtigt unabhängig vom Eintritt eines bestimmten Ereignisses eine Partei oder beide Parteien zur vorzeitigen Beendigung des befristeten Vertrages[1039]. Die frühere Rechtsprechung gestaltete befristete Arbeitsverträge, die eine *clause de résiliation unila-*

1031 Auzero, Dr. soc. 2001, 17.

1032 Pélissier/Auzero/Dockès, Droit du travail, Rn. 251.

1033 Pélissier/Auzero/Dockès, Droit du travail, Rn. 251.

1034 Soc. v. 9.5.1979, Bull civ. V, Nr. 393.

1035 Decaudin/Marignier, Le contrat à durée déterminée, Beil. zu Liaisons soc. Nr. 15700 v. 30.9.2010, S. 59.

1036 Soc. v. 21.3.1996, RJS 1996, 334, Nr. 522.

1037 Vgl. Soc. v. 3.10.1980, Bull. civ. V, Nr. 703.

1038 Soc. v. 16.5.2000, Bull. civ. V, Nr. 179 = D. 2001, Jur., 273 (Anm. Puigelier) = Dr. soc. 2000, 913 (Anm. Roy-Loustaunau).

1039 Auzero, Dr. soc. 2001, 17, 18; Frik, Die missbräuchliche Nutzung von befristeten Arbeitsverträgen, S. 202.

*térale* enthielten, davon ausgehend, dass eine solche Klausel dem im Vertrag genannten Beendigungszeitpunkt seinen Sinn nehme, in unbefristete Verträge um[1040]. Heute erklärt die Rechtsprechung eine *clause de résiliation unilatérale* im befristeten Arbeitsvertrag für nichtig[1041]. Die *Cour de cassation* hat allerdings die Frage, ob eine Kündigungsklausel *zugunsten des Arbeitnehmers* zulässig ist, bislang nicht beantwortet. Stellt man allein auf den Wortlaut des Art. L. 1243-1 C. trav. ab, ist diese zu verneinen. Jedoch handelt es sich dabei um eine Bestimmung, von der zugunsten des Arbeitnehmers abgewichen werden kann[1042]. Daher dürften Kündigungsklauseln für den Arbeitnehmer zulässig sein[1043].

#### bb. Schwerwiegender Fehler

Ein Verstoß gegen die Bestimmungen des *ordre public*[1044] in Art. L. 1243-1 C. trav. liegt vor, wenn der befristete Vertrag die Möglichkeit zur sofortigen Beendigung in dem Fall vorsieht, dass der Arbeitnehmer einen irgendwie gearteten Fehler begeht. Art. L. 1243-1 C. trav. erfasst die vorzeitige Beendigung des befristeten Arbeitsvertrages bei Vorliegen eines schwerwiegenden Fehlers und nicht bereits bei jeglicher Pflichtverletzung[1045]. Ein schwerwiegender Fehler macht den Parteien die Aufrechterhaltung ihrer Vertragsbeziehung unmöglich[1046]. Die *Cour de cassation* hat sich unter anderem mit den Fällen der Arbeitsverweigerung, untragbarer Äußerungen des Arbeitnehmers, der Vorenthaltung von Arbeitsvergütung und Entgeltabrechnungen durch den Arbeitgeber und der Ausübung von Gewalt gegenüber dem Arbeitnehmer befasst[1047].

Beendet der Arbeitgeber den Arbeitsvertrag vorzeitig aufgrund eines schwerwiegenden Fehlers des Arbeitnehmers, macht er zugleich von seinem Disziplinarrecht Gebrauch. Er muss daher das Verfahren des Art. L. 1332-2

---

1040 Soc. v. 27.10.1976, Bull. civ. V, Nr. 529; Soc. v. 27.3.1991, Bull. civ. V, Nr. 154; Pélissier/Auzero/Dockès, Droit du travail, Rn. 248.

1041 Soc. v. 16.12.1998, Bull. civ. V, Nr. 552 = Dr. soc. 1999, 285 (Anm. Roy-Loustaunau), Dr. soc. 1999, 397 (Anm. Karaquillo); Soc. v. 24.10.2000, RJS 2001, 17, Nr. 18; Pélissier/Auzero/Dockès, Droit du travail, Rn. 248.

1042 Fn. 1299. Ausf. zur Tarifdispositivität im französischen Recht 2. Kapitel, H. II. 2.

1043 Auzero, Dr. soc. 2001, 17, 20; Corrignan-Carsin, in: Rép. trav. Dalloz, Rn. 360.

1044 Zum Begriff des ordre public 2. Kapitel, H. II. 2.

1045 Soc. v. 11.5.1988, Bull. civ. V, Nr. 283 = D. 1988, IR, 155.

1046 Soc. v. 31.1.1980, Bull civ. V, Nr. 95; Soc. v. 27.9.2007, Bull. civ. V, Nr. 146 = RJS 2007, 1014, Nr. 1261 = JCP G 2007, II, 10188 (Anm. Corrignan-Carsin) = JCP S 2007, 1934 (Anm. Bugada).

1047 Pélissier/Auzero/Dockès, Droit du travail, S. 285 Fn. 2 m. w. N.

C. trav. einhalten[1048]. Danach bedarf es zunächst einer Anhörung des Arbeitnehmers zu dem schwerwiegenden Fehler, der eine Vertragsbeendigung nach sich ziehen soll. Das Kündigungsschreiben, das eine Begründung enthalten muss, darf erst einen Tag nach dem Anhörungstermin und nicht mehr als einen Monat später versandt werden. Der Arbeitgeber, der sich auf einen schwerwiegenden Fehler des Arbeitnehmers beruft, muss diesen gegebenenfalls beweisen[1049].

cc. Höhere Gewalt

Als höhere Gewalt wird ein von außen kommendes, bei Vertragsschluss unvorhersehbares und unabwendbares Ereignis angesehen, das zur Unmöglichkeit führt, den Vertrag durchzuführen[1050]. Die Rechtsprechung legt den Begriff der höheren Gewalt im Zusammenhang mit der vorzeitigen Beendigung eines befristeten Arbeitsvertrages eng aus[1051]. So stellen wirtschaftliche Schwierigkeiten eines Unternehmens[1052] oder Betriebsstilllegungen[1053] keine höhere Gewalt dar, die die vorzeitige Beendigung eines befristeten Vertrages rechtfertigen könnte. Der Arbeitgeber muss die befristeten Arbeitsverträge auf die Gefahr hin aufrechterhalten, dass Arbeitnehmern mit unbefristeten Verträgen gekündigt werden muss[1054]. Das Vorliegen höherer Gewalt wird auch bei Krankheit[1055] oder Haft[1056] des Arbeitnehmers verneint. Die vorzeitige Rückkehr des vertretenen Arbeitnehmers aus dem Elternurlaub stellt keinen Fall höherer Gewalt dar, der die vorzeitige Beendigung des befristeten Vertrages des Vertreters rechtfertigen könnte[1057].

dd. Fehlende Eignung des Arbeitnehmers

Mit Art. 49 des Gesetzes vom 17. Mai 2011[1058] ist die vom Betriebsarzt festgestellte fehlende Eignung (*inaptitude*) des Arbeitnehmers als Grund für eine vor-

---

1048 Pélissier/Auzero/Dockès, Droit du travail, Rn. 251.

1049 Soc. v. 29.11.1978, Bull. civ. V, Nr. 805; Soc. v. 12.5.1982, D. 1982, IR, 370.

1050 Corrignan-Carsin, in: Rép. trav. Dalloz, Rn. 363.

1051 Corrignan-Carsin, in: Rép. trav. Dalloz, Rn. 363.

1052 Soc. v. 28.4.1986, Bull. civ. V, Nr. 179.

1053 Soc. v. 20.10.1993, Bull. civ. V, Nr. 240; Soc. v. 16.10.2002, RJS 2003, Nr. 16.

1054 Corrignan-Carsin, in: Rép. trav. Dalloz, Rn. 363.

1055 Soc. v. 15.2.1995, RJS 1995, 247, Nr. 357.

1056 Soc. v. 25.3.1998, CSB 1998, 190, S. 95.

1057 Soc. v. 8.11.1995, Bull. civ. Nr. 293 = JCP E 1996, II., 827 (Anm. Lachaise) = Dr. soc. 1996, 144; dazu Savatier, Dr. soc. 1996, 141.

1058 Gesetz Nr. 2011-525 v. 17.5.2011 zur Vereinfachung und Verbesserung der Qualität des Rechts, J.O. Nr.°0121 v. 25.5.2011, S. 8993, Text Nr. 4.

zeitige Beendigung des befristeten Arbeitsvertrages in Art. L. 1243-1 C. trav. eingeführt worden. Der Arbeitgeber muss zuvor versucht haben, den Arbeitnehmer anderweitig zu beschäftigen. Ist dieser Versuch gescheitert oder lehnt der Arbeitnehmer die ihm angebotenen Arbeitsplätze ab, ist die Beendigung des Vertrages gerechtfertigt[1059].

### ee. Abschluss eines unbefristeten Arbeitsvertrages

Abweichend von den vorstehenden Grundsätzen kann der befristete Arbeitsvertrag vorzeitig seitens des Arbeitnehmers beendet werden, wenn er den Abschluss eines unbefristeten Vertrages nachweisen kann (Art. L. 1243-2 C. trav.). Dafür genügt die Vorlage eines Einstellungsschreibens, in dem der Einstellungstermin genannt wird, oder des Arbeitsvertrages, wenn der unbefristete Charakter des Vertrages deutlich wird, nicht aber eine einfache Absichtserklärung, die keinerlei Verpflichtung des künftigen Arbeitgebers enthält[1060]. Wenn keine anderweitige Parteivereinbarung vorliegt, muss der Arbeitnehmer nach Art. L. 1243-2 C. trav. eine Kündigungsfrist einhalten, die einen Tag je Woche der Gesamtdauer des Vertrages einschließlich Verlängerung beträgt, sofern es sich um einen zeitbefristeten Vertrag handelt, oder einen Tag je Woche der tatsächlich verstrichenen Dauer, sofern es sich um einen zweckbefristeten Vertrag handelt. Die Kündigungsfrist beträgt höchstens zwei Wochen.

### ff. Schadensersatzansprüche bei vorzeitiger Vertragsbeendigung

Eine vorzeitige Vertragsbeendigung durch den Arbeitnehmer außerhalb der in Art. L. 1243-1 und L. 1243-2 C. trav. genannten Fälle führt zu einem Schadensersatzanspruch des Arbeitgebers (Art. L. 1243-3 C. trav.). Die Höhe des Schadensersatzanspruchs richtet sich nach dem tatsächlich erlittenen Schaden, den der Arbeitgeber nachzuweisen hat[1061]. Maßgeblich hierfür sind die Umstände der Beendigung und die daraus resultierenden Schwierigkeiten für die Unternehmenstätigkeit[1062].

Der Arbeitnehmer hat einen Anspruch auf Schadensersatz gegen den Arbeitgeber, wenn dieser den befristeten Arbeitsvertrag vorzeitig beendet, ohne dass ein schwerwiegender Fehler, höhere Gewalt oder eine vom Betriebsarzt festgestellte fehlende Eignung vorliegt. Die Höhe des Schadensersatzes ent-

---

1059 Pélissier/Auzero/Dockès, Droit du travail, Rn. 251.

1060 Ministerielles Rundschreiben DRT Nr. 2002/08 v. 2.5.2002 zur Durchführung des Gesetzes zur sozialen Modernisierung, Bestimmungen zum Kampf gegen die Prekarität der Beschäftigung, 3.1.1.

1061 Corrignan-Carsin, in: Rép. trav. Dalloz, Rn. 404.

1062 Corrignan-Carsin, in: Rép. trav. Dalloz, Rn. 404.

spricht zumindest der Vergütung, die der Arbeitnehmer bis Vertragsende erhalten hätte, ohne dass hierdurch die in Art. L. 1243-8 C. trav. vorgesehene Beendigungsentschädigung[1063] angetastet würde (Art. L. 1243-4 Abs. 1 C. trav.). Dies gilt selbst dann, wenn der Schaden des Arbeitnehmers gering ist[1064]. Bei einem zweckbefristeten Arbeitsvertrag kann der Richter auf die voraussichtliche Dauer des Vertrages abstellen[1065]. Berechnungsgrundlage ist die Bruttovergütung[1066] einschließlich Prämien und Entschädigungszahlungen, z. B. im Zusammenhang mit einem Auslandsaufenthalt des Arbeitnehmers[1067]. Der Arbeitnehmer hat auch dann einen Anspruch auf Schadensersatz in Höhe der Vergütung, die er bis Vertragsende erhalten hätte, wenn die vereinbarte Vertragsdauer die gesetzliche Höchstdauer übersteigt[1068].

Einen Anspruch auf Wiedereinstellung hat der Arbeitnehmer bei unzulässiger vorzeitiger Vertragsbeendigung nicht. Dies wird mit Art. 1142 C. civ., wonach jeder Verstoß gegen eine Pflicht, etwas zu tun oder zu unterlassen, (allein) zu einem Schadensersatzanspruch führt, aber auch mit praktischen Schwierigkeiten bei der Durchführung erklärt[1069].

Die *Cour de cassation* stellt die Beendigung eines befristeten Arbeitsvertrages noch vor Beginn seiner Durchführung einer unzulässigen vorzeitigen Beendigung nach Beginn gleich. Sie bekräftigt, dass die Beendigung eines befristeten Vertrages durch den Arbeitgeber außerhalb der Fälle des Art. L. 1243-1 C. trav. zu einem Schadensersatzanspruch des Arbeitnehmers zumindest in Höhe der Vergütung, die er bis Vertragsende erhalten hätte, führe, unabhängig davon, ob mit der Durchführung des Vertrages bereits begonnen worden sei[1070].

Zahlt der Arbeitgeber keine Vergütung mehr, verstößt er gegen seine Hauptpflicht aus dem Arbeitsvertrag. Ihm ist die vorzeitige Beendigung des befristeten Vertrages durch den Arbeitnehmer zuzurechnen mit der Folge, dass der

1063 Dazu 2. Kapitel, E. II. 4.

1064 Soc. v. 31.3.1993, Bull. civ. V, Nr. 103 = Dr. soc. 1993, 596.

1065 Soc. v. 13.5.1992, RJS 1992, 397, Nr. 721.

1066 Soc. v. 7.10.1992, Bull. civ. V, Nr. 497 = D. 1993, Somm. 257 (Anm. Escande-Varniol).

1067 Vgl. Soc. v. 1.7.1998, Bull. civ. V, Nr. 355 = Dr. soc. 1998, 943 (Anm. Roy-Loustaunau) = D. 1999, Somm., 171 (Anm. Baudson).

1068 Soc. v. 18.10.2007, Bull. civ. V, Nr. 162 = Dr. soc. 2008, 742 (Anm. Roy-Loustaunau).

1069 Corrignan-Carsin, in: Rép. trav. Dalloz, Rn. 390.

1070 Soc. v. 12.3.2002, Bull. civ. V, Nr. 86 = RJS 2002, 527, Nr. 659; Soc. v. 26.9.2002, Bull. civ. V, Nr. 281 = D. 2003, 1223 (Anm. Omarjee); Corrignan-Carsin, in: Rép. trav. Dalloz, Rn. 391; vgl. aber Soc. v. 1.7.2009, Bull. civ. V, Nr. 165 = RJS 2009, 745, Nr. 840.

Arbeitnehmer gegen ihn einen Anspruch auf Schadensersatz nach Art. L. 1243-4 Abs. 1 C. trav. hat[1071].

Die einseitige Änderung des Arbeitsvertrages durch den Arbeitgeber nach einer Weigerung des Arbeitnehmers, einen wesentlichen Vertragsbestandteil zu modifizieren, wird dem Arbeitgeber als zum Schadensersatz verpflichtende missbräuchliche vorzeitige Beendigung zugerechnet[1072].

Wird der Arbeitsvertrag vorzeitig wegen eines Schadens infolge höherer Gewalt beendet, hat der Arbeitnehmer gegen den Arbeitgeber einen Anspruch auf Entschädigung, ebenfalls in Höhe der bis Vertragsende geschuldeten Vergütung (Art. L. 1243-4 Abs. 2 C. trav.). Zum Schadensbegriff verweist ein ministerielles Rundschreiben vom 2. Mai 2002 auf die Definition im Versicherungsrecht, wonach es auf die Verwirklichung eines vertraglich vorgesehenen Risikos, die zu einer Eintrittspflicht des Versicherers führt, ankommt[1073].

#### *b. Besonderheiten bei bestimmten Verträgen*

Bei der vorzeitigen Beendigung bestimmter befristeter Verträge sieht das französische Recht Besonderheiten vor.

##### aa. Ausbildung, Fortbildung, Beschäftigungsförderung

Nach Art. L. 5134-28 und L. 5134-70 C. trav. können *CUI-CAE* und *CUI-CIE* abweichend von den Regelungen in Art. L. 1243-2 C. trav. seitens des Arbeitnehmers vorzeitig beendet werden, wenn ihm die Beendigung ermöglichen soll, mit unbefristetem Arbeitsvertrag oder befristetem Arbeitsvertrag mit einer Mindestdauer von sechs Monaten eingestellt zu werden oder eine Fortbildung zu absolvieren, die zu einer Qualifikation nach Art. L. 6314-1 C. trav.[1074] führt.

Nach Art. L. 5134-104 C. trav. kann der *contrat de travail relatif à des activités d'adultes-relais* unbeschadet der Regelungen in Art. L. 1243-1 und -2 C. trav. mit Ablauf jedes Jahres seiner Durchführung seitens des Arbeitnehmers unter Einhaltung einer Frist von zwei Wochen oder seitens des Arbeitgebers bei Vorliegen eines tatsächlichen und ernsthaften Grundes (*cause réelle et sérieuse*) beendet werden. Im zuletzt genannten Fall finden die Bestimmungen zum Ge-

---

1071 Soc. v. 6.12.1994, RJS 1995, 19, Nr. 5; ebenso Soc. v. 8.10.1996, RJS 1996, 748, Nr. 1155 (Nichtzahlung von Urlaubsgeld); Soc. v. 18.7.2001, RJS 2001, 867, Nr. 1264 (Nichtzahlung von Fahrtkosten und Lohnzuschlag bei Arbeitsunfähigkeit).

1072 Soc. v. 22.5.1996, Dr. soc. 1996, 981 (Anm. Couturier); vgl. auch Soc. v. 31.10.1996, Dr. soc. 1997, 92 (Anm. Blaise).

1073 Ministerielles Rundschreiben DRT Nr. 2002/08 v. 2.5.2002 zur Durchführung des Gesetzes zur sozialen Modernisierung, Bestimmungen zum Kampf gegen die Prekarität der Beschäftigung, 3.4.

1074 Vgl. zu Art. L. 6314-1 C. trav. bereits 2. Kapitel, B. II. 1. b. ee. (2) (e).

spräch vor Ausspruch der Kündigung eines unbefristeten Arbeitsvertrages (Art. L. 1232-2 bis L. 1232-4, L. 1233-11 bis L. 1233-13 und L. 1233-38 C. trav.) und zur Kündigungsfrist beim unbefristeten Arbeitsvertrag (Art. L. 1234-1 C. trav.) Anwendung. Zudem muss der Arbeitgeber dem Arbeitnehmer eine solche Beendigung per Einschreiben mit Rückschein eröffnen, welches nicht vor Ablauf eines Tages nach dem für das Gespräch bestimmten Termin abgeschickt werden darf. Das Datum des Zugangs des Einschreibens ist Ausgangspunkt für den Lauf der Kündigungsfrist (Art. L. 5134-105 C. trav.). Bei einer Beendigung durch den Arbeitgeber aus einem tatsächlichen und ernsthaften Grund hat der Arbeitnehmer nach Art. L. 5134-106 C. trav. Anspruch auf eine Entschädigung in Höhe von 10 % seiner Bruttovergütung, wobei maximal die Vergütung der letzten achtzehn Monate der Vertragsdurchführung angesetzt wird. Die Nichteinhaltung der Regeln zur vorzeitigen Beendigung des *contrat de travail relatif à des activités d'adultes-relais* durch den Arbeitgeber führt zu einem Schadensersatzanspruch des Arbeitnehmers; dasselbe gilt bei einer Beendigung des Vertrages infolge Kündigung der dem Vertrag zugrunde liegenden Rahmenvereinbarung, weil der Arbeitgeber gegen diese verstoßen hat (Art. L. 5134-107 C. trav.).

Unbeschadet der Regelungen in Art. L. 1243-1 C. trav. kann der Zukunftsvertrag für junge Leute mit Ablauf jedes Jahres seiner Durchführung seitens des Arbeitnehmers unter Einhaltung einer Frist von zwei Wochen oder seitens des Arbeitgebers bei Vorliegen eines tatsächlichen und ernsthaften Grundes (*cause réelle et sérieuse*) unter Einhaltung einer Frist von einem Monat und des Verfahrens nach Art. L. 1232-2 C. trav. beendet werden.

Der *contrat de professionnalisation* mit zwei Arbeitgebern für Saisontätigkeiten kann unter denselben Voraussetzungen vorzeitig beendet werden wie jeder andere befristete Arbeitsvertrag. Die den Vertrag beendende Partei trägt etwaige finanzielle Folgen dieser Beendigung (Art. L. 6325-4-1 C. trav.).

Der Ausbildungsvertrag kann in den ersten beiden Monaten der Ausbildung durch eine der Parteien formlos aufgelöst werden (Art. L. 6222-18 Abs. 1 C. trav.). In diesem Fall besteht mangels anderslautender vertraglicher Vereinbarung kein Anspruch auf eine Entschädigung (Art. L. 6222-21 C. trav.). Danach kann es zu einer Auflösung nur noch aufgrund einer schriftlichen, von beiden Parteien unterzeichneten Vereinbarung kommen. Fehlt eine solche, kann die Auflösung nur durch das Arbeitsgericht im Falle eines schwerwiegenden Fehlers, bei wiederholten Verstößen einer der Parteien gegen ihre Pflichten oder aufgrund der mangelnden Eignung des Auszubildenden für den angestrebten Beruf festgestellt werden (Art. L. 6222-18 Abs. 2 C. trav.). Im Falle des Ausbildungsvertrages mit zwei Arbeitgebern für Saisontätigkeiten kann der Vertrag unter den Voraussetzungen des Art. L. 6222-18 C. trav. seitens beider Arbeitgeber oder seitens eines der Arbeitgeber beendet werden. Die finanziellen Folgen einer nicht gerechtfertigten Beendigung treffen den Arbeitgeber, der diese vorgenommen hat. (Art. L. 6222-5-1 C. trav.). Nach Art. L. 6222-19 C. trav. kann der Ausbildungsvertrag bei Erwerb des angestrebten Diploms oder Titels durch den Auszubildenden vor dem ursprünglich vereinbarten Zeitpunkt beendet werden, sofern der Arbeitgeber hierüber unterrichtet worden ist.

#### bb. Projektvertrag

Der Projektvertrag kann nach Art. 6 des Gesetzes vom 25. Juni 2008 durch eine der Vertragsparteien aus einem tatsächlichen und ernsthaften Grund (*motif réel et sérieux*) nach achtzehn Monaten (Mindestdauer des Vertrages) oder am Jahrestag des Vertragsschlusses, d. h. unter Berücksichtigung der Mindestdauer nach 24 Monaten, aufgelöst werden. Beendigungsgründe für den Arbeitnehmer können beispielsweise das Fehlen ausreichender Mittel für die Durchführung des Projekts und Unstimmigkeiten im Team oder mit der Geschäftsführung über die Modalitäten der Durchführung sein[1075].

Die vorgenannte Beendigungsregelung stellt ein Korrektiv zu der für den Projektvertrag gewählten befristeten Vertragsform dar. Da der Vertrag für eine verhältnismäßig lange Zeit geschlossen wird, sollte es nicht allein bei der Möglichkeit der vorzeitigen Vertragsbeendigung nach Art. L. 1243-1 C. trav. bleiben[1076]. Die Regelung der Beendigung aus einem tatsächlichen und ernsthaften Grund ist dem Kündigungsrecht für unbefristete Arbeitsverträge entnommen[1077]. So erklärt sich die bereits vorgenommene Einordnung des Projektvertrages als Zwischenform eines befristeten wie unbefristeten Vertrages (*contrat/régime/nature hybride*)[1078].

Die Beendigung zum Jahrestag des Vertragsschlusses als Beendigung sui generis hat einen, mit dem Erfordernis eines Vorgesprächs und einer Kündigungsfrist strengeren, Vorläufer in den Regeln zum *contrat emploi-jeune*[1079] (Art. L. 5134-15 ff. C. trav.) und, wie gesehen, *contrat de travail relatif à des activités d'adultes-relais* (Art. L. 5134-104 ff. C. trav.). Die hierzu ergangene Rechtsprechung[1080] lässt sich auf den Projektvertrag übertragen[1081].

---

1075 Mazeaud, Dr. soc. 2008, 626, 632 Fn. 64.

1076 Couturier, Dr. soc. 2008, 300, 305.

1077 Art. L. 1231-1 ff. C. trav.

1078 Bousez, JCP S 2008, 1362 Rn. 9; Couturier, Dr. soc. 2008, 300, 305; Mazeaud, Dr. soc. 2008, 626, 632; Olivier, Dr. soc. 2008, 681, 688; Marié, JCP S 2008, 1213 Rn. 18. Dazu bereits 2. Kapitel, B. II. 1. b. gg.

1079 Couturier, Dr. soc. 2008, 300, 305 f.

1080 Soc. v. 10.3.2004, Dr. soc. 2004, 662 (Anm. Roy-Loustaunau); Soc. v. 30.5.2007, JCP S 2007, 1933 (Anm. Willmann).

Der Arbeitnehmer hat bei einer Kündigung des Projektvertrages durch den Arbeitgeber aus einem tatsächlichen und ernsthaften Grund am Jahrestag des Vertragsschlusses Anspruch auf eine Entschädigung in Höhe von 10 % der Gesamtbruttovergütung. Nicht geregelt ist, welche Rechte der Arbeitnehmer hat, wenn der Arbeitgeber kündigt, ohne dass ein solcher Grund vorliegt. Ein Anspruch auf das gesamte noch ausstehende Gehalt entsprechend Art. L. 1243-4 Abs. 1 C. trav. wird teilweise angesichts des ungewissen Beendigungszeitpunkts eines Projektvertrages abgelehnt[1082].

## 4. Beendigungsentschädigung

Setzt sich das Arbeitsverhältnis nach dem Ende eines befristeten Arbeitsvertrages nicht in Form eines unbefristeten Vertrages fort, hat der Arbeitnehmer nach dem bereits mehrfach zitierten Art. L. 1243-8 C. trav. Anspruch auf eine Beendigungsentschädigung. Die Entschädigung soll nach dem ausdrücklichen Gesetzeswortlaut die „Prekarität" der Situation des Arbeitnehmers ausgleichen.

### *a. Grundsätze*

Bei der Beendigungsentschädigung handelt es sich im Gegensatz zur Kündigungsentschädigung beim unbefristeten Arbeitsvertrag um eine Gehaltszulage, die zu versteuern ist[1083]. Nach Art. 79 Abs. 1, 80 duodecies Nr. 1 des *Code général des impôts* ist grundsätzlich jede Entschädigung, die anlässlich der Beendigung eines Arbeitsvertrages gezahlt wird, zu versteuern. Eine Ausnahme gilt gemäß Art. 80 duodecies Nr. 1, 1° C. général des impôts für die Entschädigungen nach Art. L. 1235-2 (Nichteinhaltung des Kündigungsverfahrens), L. 1235-3 (Kündigung ohne tatsächlichen und ernsthaften Grund) und L. 1235-11 bis 1235-13 C. trav. (weitere Fälle missbräuchlicher Kündigung).

Die Beendigungsentschädigung beträgt 10 % der dem Arbeitnehmer gezahlten Gesamtbruttovergütung. Berechnungsgrundlage sind neben dem Gehalt die während der Vertragslaufzeit bezogenen Entschädigungen, Prämien und zusätz-

---

1081 Couturier, Dr. soc. 2008, 300, 305. Willmann, Anm. zu Soc. v. 30.5.2007, JCP S 2007, 1933, hatte betont, dass die für den *contrat emploi-jeune* gefundene Lösung nicht für die anderen *contrats aidés* gelte, deren Dauer einschließlich Verlängerung viel kürzer sei.

1082 Mazeaud, Dr. soc. 2008, 626, 632 Fn. 64. Vgl. insoweit aber Soc. v. 13.5.1992, RJS 1992, 397, Nr. 721.

1083 Ziff. 45 des ministeriellen Rundschreibens DRT Nr. 92-14 v. 29.8.1992 zur Anwendung der Vorschriften zum befristeten Arbeitsvertrag und Zeitarbeitsvertrag, BOMT Nr. 92/21, S. 55; Corrignan-Carsin, in: Rép. trav. Dalloz, Rn. 451.

lichen Leistungen, nicht aber Spesen oder eine Urlaubsabgeltung[1084]. Nach Art. D. 1243-1 C. trav. wird die Beendigungsentschädigung in dem Fall, dass der Arbeitnehmer seinen befristeten Arbeitsvertrag vorzeitig gemäß Art. L. 1243-2 C. trav. beendet, auf der Basis der bereits erhaltenen Vergütung und der Vergütung, die er bis Vertragsende erhalten hätte, berechnet. Die Entschädigung wird nach Art. L. 1243-8 C. trav. zu Vertragsende zusammen mit dem letzten Gehalt ausgezahlt und in der Entgeltabrechnung ausgewiesen. Folgen mehrere befristete Verträge aufeinander, besteht ein Anspruch auf Entschädigung nach Beendigung eines jeden Vertrages[1085]. Unschädlich ist es, wenn nach der Beendigung eines befristeten Vertrages doch noch ein Angebot auf Abschluss eines unbefristeten Vertrages abgegeben wird[1086].

Eine Beendigungsentschädigung ist auch bei einer Umwandlung des befristeten Arbeitsvertrages in einen unbefristeten Vertrag aufgrund einer Fortsetzung des Arbeitsverhältnisses nach Vertragsende (Art. L. 1243-11 C. trav.) zu zahlen, sofern kein Vertragsangebot des Arbeitgebers vorgelegen hat[1087].

Art. 6 des Gesetzes vom 25. Juni 2008 stellt klar, dass auch in dem Fall, dass sich das Arbeitsverhältnis nach Beendigung eines Projektvertrages nicht in Form eines unbefristeten Vertrages fortsetzt, eine Entschädigung in Höhe von 10 % der Gesamtbruttovergütung geschuldet ist. In Art. 12 b) des dem Gesetz zugrunde liegenden *Accord National Interprofessionnel* war vorgesehen, die Entschädigung von Sozialabgaben und Steuern zu befreien. Diese Abweichung von Art. L. 1243-8 C. trav. wurde zu Recht als Ungleichbehandlung kritisiert[1088] und nicht in das Umsetzungsgesetz aufgenommen.

Die Beendigungsentschädigung kann nach Art. L. 1243-9 C. trav. durch Tarifvertrag, allgemeinverbindliche Kollektivvereinbarung auf Branchenebene, Haustarifvertrag, Unternehmens- oder Betriebsvereinbarung auf 6 % der Gesamtbruttovergütung gesenkt werden, wenn zugleich Maßnahmen zur Verbesserung der beruflichen Bildung befristet Beschäftigter getroffen werden[1089].

#### *b. Ausnahmen*

Ausnahmen von der Verpflichtung zur Zahlung einer Beendigungsentschädigung bestehen, wenn sich die Situation des Arbeitnehmers nur für kurze Zeit

---

1084 Corrignan-Carsin, in: Rép. trav. Dalloz, Rn. 447.
1085 Soc. v. 21.7.1993, Sem. soc. Lamy Nr. 662 v. 13.9.1993, S. 16.
1086 Soc. v. 3.12.1997, RJS 1998, 14, Nr. 9.
1087 Soc. v. 3.10.2007 (2 Urteile), Bull. civ. V, Nr. 148 = RJS 2007, 1011, Nr. 1254 = RDT 2007, 721 (Anm. Reynès).
1088 Couturier, Dr. soc. 2008, 300, 305.
1089 Näher dazu 2. Kapitel, H. II. 2. e.

oder überhaupt nicht als „prekär“ erweist, so dass ein finanzieller Ausgleich hierfür nicht angemessen wäre.

Kein Anspruch auf eine Beendigungsentschädigung besteht demnach, wenn der Vertrag nach Art. L. 1242-2 Nr. 3 C. trav. für eine Saisonbeschäftigung oder gewohnheitsmäßig befristet geschlossen wird und keine günstigeren tarifvertraglichen Bestimmungen vorliegen[1090] (Art. L. 1243-10 Nr. 1, 1. Alt. C. trav.). Auch im Rahmen eines Weinlesevertrages ist eine Beendigungsentschädigung nicht geschuldet (Art. L. 718-3 Abs. 3 C. rur.).

Vor dem Hintergrund, dass eine Beendigungsentschädigung bei einer Befristung wegen vorübergehender Steigerung der Unternehmenstätigkeit, nicht aber bei einer Befristung für eine Saisonbeschäftigung gezahlt wird, ist die – mitunter problematische – Unterscheidung zwischen den beiden Sachgründen[1091] für die Arbeitsvertragsparteien besonders interessant[1092].

Der Bericht von Michel de Virville vom 15. Januar 2004 an den Minister für Soziales, Arbeit und Solidarität enthielt den Vorschlag, allen Arbeitnehmern mit gewohnheitsmäßig befristeten Arbeitsverträgen einen Anspruch auf eine Beendigungsentschädigung einzuräumen[1093]. Diesen hat der Gesetzgeber nicht umgesetzt.

Eine Beendigungsentschädigung ist nicht zu zahlen, wenn ein Vertrag nach Art. L. 1242-3 C. trav. zur Ausbildung, Fortbildung oder Beschäftigungsförderung geschlossen wird und keine günstigeren tarifvertraglichen Bestimmungen vorliegen[1094] (Art. L. 1243-10 Nr. 1, 2. Alt. C. trav.).

Eine Ausnahme von Art. L. 1243-8 C. trav. ist auch dann zu machen, wenn ein befristeter Vertrag mit jungen Leuten in den Schul- oder Semesterferien geschlossen wird (Art. L. 1243-10 Nr. 2 C. trav.). Der Ausschluss der Verträge mit jungen Leuten in den Schulferien betrifft namentlich Schüler über vierzehn Jahren, die nach Art. L. 4153-3 C. trav. während der Schulferien einer Arbeit nachgehen können, wenn ihnen die Hälfte der Ferien zur Erholung bleibt[1095].

Ein Anspruch auf eine Beendigungsentschädigung besteht nicht, wenn sich der Arbeitnehmer weigert, einen unbefristeten Arbeitsvertrag für dieselbe oder eine vergleichbare Beschäftigung mit einer mindestens gleichwertigen Vergütung zu schließen, bei vorzeitiger Beendigung des Vertrages durch den Arbeitnehmer, bei einem schwerwiegenden Fehler des Arbeitnehmers oder bei höherer Gewalt (Art. L. 1243-10 Nr. 3 und 4 C. trav.). Die einvernehmliche vorzeitige

1090 Dazu 2. Kapitel, H. II. 2. d.

1091 Dazu bereits 2. Kapitel, B. II. 1. b. cc. (1).

1092 So auch Frik, Die missbräuchliche Nutzung von befristeten Arbeitsverträgen, S. 88.

1093 De Virville, Pour un code du travail plus efficace, S. 35, Synthèse, S. 10.

1094 Dazu 2. Kapitel, H. II. 2. d.

1095 Corrignan-Carsin, in: Rép. trav. Dalloz, Rn. 438 m. w. N.

Beendigung des Vertrages oder die vorzeitige Beendigung durch den Arbeitgeber, ohne dass ein schwerwiegender Fehler des Arbeitnehmers oder höhere Gewalt vorliegt[1096], kann hingegen den Anspruch des Arbeitnehmers auf Zahlung einer Beendigungsentschädigung nicht beseitigen[1097].

Nach Art. L. 1242-11 Nr. 4 C. trav. finden die Bestimmungen zur Beendigungsentschädigung während der Probezeit keine Anwendung. Bei der Beendigung eines befristeten Arbeitsvertrages während der Probezeit ist also keine Beendigungsentschädigung zu zahlen.

### 5. Urlaubsabgeltung

Nach Art. L. 1242-16 i. V. m. Art. L. 3141-5 C. trav. hat der Arbeitnehmer mit befristetem Arbeitsvertrag unabhängig von der Vertragsdauer Anspruch auf Urlaubsabgeltung, sofern ihm die im Unternehmen geltende Urlaubsregelung nicht erlaubt hat, seinen Urlaub bis zur Beendigung des Vertrages vollständig zu nehmen. Der Abgeltungsbetrag darf nicht unter einem Zehntel der Gesamtbruttovergütung des Arbeitnehmers während der Vertragslaufzeit liegen. Die Abgeltung wird zu Vertragsende gezahlt, es sei denn, der befristete Vertrag wird durch einen unbefristeten Arbeitsvertrag abgelöst. Die *Cour de cassation* legt den Gesetzeswortlaut eng aus und lehnt eine Urlaubsabgeltung für die restliche Vertragsdauer eines vorzeitig beendeten Vertrages ab. Die Phase, in der tatsächlich gearbeitet worden sei und für die ein Urlaubsanspruch entstanden sei, sei der Phase, in der wegen vorzeitiger Vertragsbeendigung nicht gearbeitet werde, nicht gleichzustellen[1098].

## III. Rechtsvergleichende Betrachtung

Wie in allen bislang betrachteten Teilen des französischen Befristungsrechts sind auch hinsichtlich der Beendigung des befristeten Arbeitsvertrages Anzahl und Umfang der Regelungen weitaus bedeutender als im deutschen Recht. Eine Ausnahme hiervon machen die Regelungen zur Unterrichtungsfrist bei der Zweckbefristung. Nach § 15 Abs. 2 TzBfG endet *jeder* zweckbefristete Arbeitsvertrag frühestens zwei Wochen nach Zugang der schriftlichen Unterrichtung des Arbeitnehmers durch den Arbeitgeber über den Zeitpunkt der Zweckerreichung. In Frankreich gilt eine Unterrichtungsfrist nur für die Beendigung des

---

1096 Vgl. Art. L. 1243-4 Abs. 1 C. trav.

1097 Corrignan-Carsin, in: Rép. trav. Dalloz, Rn. 439.

1098 Soc. v. 7.10.1992, RJS 1992, 676, Nr. 1232; Soc. v. 16.11.1993, Bull. civ. V, Nr. 270 = Dr. soc. 1994, 45; Soc. v. 8.11.1994, Nr. 92-42783.

Projektvertrages (Art. 6 des Gesetzes vom 25. Juni 2008). Zwar war im Jahre 1979 eine der Kündigungsfrist nachempfundene, vom Sachgrund unabhängige Unterrichtungsfrist eingeführt worden[1099]. Diese war jedoch implizit mit Gesetz vom 25. Juli 1985[1100] wieder abgeschafft worden[1101]. Hierbei dürfte die Komplexität des Verfahrens eine wichtige Rolle gespielt haben[1102]. Die *Ordonnance* vom 11. August 1986[1103] und das Gesetz vom 12. Juli 1990[1104] bestätigten die geänderte Rechtslage[1105]. Die Vereinbarung einer Mindestdauer (Art. L. 1242-7 C. trav.) schafft immerhin Sicherheit für den Arbeitnehmer, dass er bei vorzeitigem Zweckeintritt oder -fortfall für eine gewisse Zeit weiter vergütet wird[1106]. Eine Mindestdauer ist im deutschen Recht nicht vorgesehen[1107].

Der Automatismus der Vertragsbeendigung nach französischem Recht (Art. L. 1243-5 Abs. 1 C. trav.) wird ausnahmsweise im Falle eines Arbeitnehmers, der einem Vertretungsorgan angehört, durchbrochen[1108]. Erst nach der Feststellung des Arbeitsinspektors (*inspecteur du travail*), dass der Arbeitnehmer keiner diskriminierenden Maßnahme unterzogen wird, kommt es tatsächlich zur Beendigung der Vertragsbeziehung. Einen Monat vor Vertragsende muss der Arbeitgeber den Arbeitsinspektor konsultieren, der seinerseits noch vor Vertragsende entscheiden muss (Art. L. 1243-5 Abs. 2 Nr. 2, L. 2421-8 C. trav.)[1109].

Der befristete Vertrag zur Vertretung eines abwesenden Arbeitnehmers endet nach französischer Rechtsprechung automatisch, wenn dieser seine Tätigkeit endgültig aufgibt[1110]. Hierzulande ist Folge eines endgültigen Ausscheidens des Vertretenen aus dem Arbeitsverhältnis regelmäßig gerade nicht die automatische

---

1099 Corrignan-Carsin, in: Rép. trav. Dalloz, Rn. 354, 422.

1100 Gesetz Nr. 85-772 v. 25.7.1985 über diverse Bestimmungen des *ordre social*, J.O. v. 26.7.1985, S. 8471.

1101 Corrignan-Carsin, in: Rép. trav. Dalloz, Rn. 354, 424.

1102 Corrignan-Carsin, in: Rép. trav. Dalloz, Rn. 424, 425 ff. m. krit Anm.

1103 Ordonnance Nr. 86-948 v. 11.8.1986, Art. 1, J.O. v. 12.8.1986, S. 9906.

1104 Gesetz Nr. 90-613 v. 12.7.1990, konsolidierte Fassung v. 14.7.1990, J.O. Nr. 162 v. 14.7.1990, S. 8322.

1105 Corrignan-Carsin, in: Rép. trav. Dalloz, Rn. 354.

1106 Pélissier/Auzero/Dockès, Droit du travail, Rn. 249.

1107 Dazu 2. Kapitel, B. III. 4.

1108 Corrignan-Carsin, in: Rép. trav. Dalloz, Rn. 426.

1109 Dazu Soc. v. 21.9.1993, Bull. civ. V, Nr. 218 = D. 1993, IR, 221.

1110 S. z. B. Soc. v. 17.12.1997, Bull. civ. V, Nr. 447 = Dr. soc. 1998, 225; vgl. dazu Roy-Loustaunau, Dr. soc. 1998, 223; Soc. v. 20.4.2005, Bull. civ. V, Nr. 146 = Dr. soc. 2005, 814 (Anm. Roy-Loustaunau); Soc. v. 4.2.2009, Bull. civ. V, Nr. 30 = RJS 2009, 282, Nr. 321 = JCP S 2009, 1250 (Anm. Bousez). Dazu 2. Kapitel, E. II. 1. b. aa.

Beendigung des Arbeitsverhältnisses des Vertreters, da der Personalmehrbedarf des Betriebes bestehen bleibt[1111].

Nach Art. L. 1243-11 Abs. 1 C. trav. wird der befristete Arbeitsvertrag im Falle der Weiterarbeit nach Vertragsende automatisch[1112] in einen unbefristeten Vertrag umgewandelt. Dies gilt sowohl dann, wenn die Beschäftigung rein faktisch fortgeführt wird, als auch dann, wenn hierfür ein neuer Vertrag geschlossen wird[1113]. Art. L. 1243-11 C. trav. steht dem Abschluss aufeinanderfolgender befristeter Arbeitsverträge mit demselben Arbeitnehmer aber nicht entgegen, wenn der Vertrag zur Vertretung eines abwesenden Arbeitnehmers, eines Arbeitnehmers, dessen Arbeitsvertrag ruht, oder einer der in Art. L. 1242-2 Nr. 4 und 5 C. trav. genannten Personen geschlossen wird, zudem wenn es sich um eine Saisonbeschäftigung oder eine gewohnheitsmäßige Befristung handelt. In diesen Fällen kommt es bei einer Weiterarbeit nach Vertragsende nicht zu einer Umwandlung des befristeten Arbeitsvertrages in einen unbefristeten Vertrag (Art. L. 1244-1 C. trav.). Nach § 15 Abs. 5 TzBfG wird das befristete Arbeitsverhältnis nur dann automatisch in eine unbefristetes Arbeitsverhältnis umgewandelt, wenn die Beschäftigung nach Zeitablauf oder Zweckerreichung faktisch, nicht aber durch Abschluss eines neuen Vertrages fortgeführt wird[1114]. Der Arbeitgeber kann die Wirkung des § 15 Abs. 5 TzBfG nach dessen Wortlaut durch unverzüglichen Widerspruch oder unverzügliche Mitteilung der Zweckerreichung ausschließen. Auch in Frankreich können die Parteien die Umwandlung in einen unbefristeten Vertrag durch ausdrücklichen Widerspruch ausschließen[1115].

Ein befristetes Arbeitsverhältnis unterliegt nach § 15 Abs. 3 TzBfG (nur) dann der ordentlichen Kündigung, wenn dies einzelvertraglich oder im anwend-

---

1111 BAG v. 26.6.1996 – 7 AZR 674/95, AP Nr. 23 zu § 620 BGB Bedingung; BAG v. 24.9.1997 – 7 AZR 669/96, AP Nr. 192 zu § 620 BGB Befristeter Arbeitsvertrag; BAG v. 5.6.2002 – 7 AZR 201/01, BAGE 101, 257 = AP Nr. 235 zu § 620 BGB Befristeter Arbeitsvertrag (Anm. Maschmann, BB 2002, 2180, 2181); KR-Lipke, § 14 TzBfG Rn. 150; ErfK-Müller-Glöge, § 14 TzBfG Rn. 43; Laux/Schlachter-Schlachter, TzBfG, § 14 Rn. 53 m. w. N.

1112 Poulain, Les contrats de travail à durée déterminée, Rn. 39; Corrignan-Carsin, in: Rép. trav. Dalloz, Rn. 464.

1113 Soc. v. 30.3.2005, Bull. civ. V, Nr. 106 = RJS 2005, 439, Nr. 606; Soc. 20.9.2006, RJS 2006, 863, Nr. 1157 = Dr. soc. 2006, 1184 (Anm. Roy-Loustaunau); Frik, Die missbräuchliche Nutzung von befristeten Arbeitsverträgen, S. 142.

1114 BAG v. 18.10.2006 – 7 AZR 749/05, AP Nr. 28 zu § 14 TzBfG; BAG v. 26.7.2000 – 7 AZR 256/99, AP Nr. 3 zu § 1 BeschFG 1996; Laux/Schlachter-Schlachter, TzBfG, § 15 Rn. 24.

1115 Frik, Die missbräuchliche Nutzung von befristeten Arbeitsverträgen, S. 146 m. w. N.; vgl. Roy-Loustaunau, Anm. zu Soc. v. 7.11.2001, Dr. soc. 2002, 458.

baren Tarifvertrag vereinbart ist. Die Möglichkeit, einen Aufhebungsvertrag zu schließen, bleibt unberührt. Der *Code du travail* normiert als Gründe für eine vorzeitige Vertragsbeendigung eine entsprechende Parteivereinbarung, das Vorliegen eines schwerwiegenden Fehlers oder höherer Gewalt, die fehlende Eignung des Arbeitnehmers und den Abschluss eines unbefristeten Arbeitsvertrages (Art. L. 1243-1 und L. 1243-2 C. trav.). In einigen Fällen vorzeitiger Vertragsbeendigung bestehen Schadensersatzpflichten (Art. L. 1243-3 und L. 1243-4 C. trav.). Eine Kündigungsklausel im befristeten Arbeitsvertrag (*clause de résiliation unilatérale*) ist nichtig[1116]. Ein Anderes dürfte nur dann anzunehmen sein, wenn allein der Arbeitnehmer befugt ist, hiervon Gebrauch zu machen[1117]. Eine vorzeitige Beendigung des befristeten Arbeitsverhältnisses während einer vereinbarten Probezeit ist den Vertragsparteien in beiden Ländern möglich[1118]. In Frankreich ist dabei nur dann eine Frist einzuhalten, wenn die Parteien diese gesondert vereinbart haben[1119].

Ein gravierender Unterschied zwischen dem deutschen und französischen Befristungsrecht besteht darin, dass nach französischem Recht eine Entschädigung zu zahlen ist, wenn sich das Arbeitsverhältnis nach Beendigung eines befristeten Vertrages nicht in Form eines unbefristeten Vertrages fortsetzt (Art. L. 1243-8 C. trav.). Allerdings sind Ausnahmen zu beachten (Art. L. 1243-10, L. 1242-11 Nr. 4 C. trav., Art. L. 718-3 Abs. 3 C. rur.). Die Verpflichtung zur Zahlung einer Beendigungsentschädigung macht die Beendigung eines befristeten Vertrages für den Arbeitgeber in den meisten Fällen „teurer" als die Kündigung eines unbefristeten Vertrages, so dass ihrer abschreckenden Wirkung beim Abschluss eines befristeten Arbeitsvertrages eine noch größere Bedeutung zukommen dürfte als ihrer Funktion des Ausgleichs für den Verlust des Arbeitsplatzes[1120].

Eine Urlaubsabgeltungsregelung speziell für befristete Arbeitsverträge gibt es im deutschen, anders als im französischen Recht (Art. L. 1242-16 i. V. m. L. 3141-5 C. trav.), nicht. § 7 Abs. 4 BUrlG sieht allgemein vor, dass Urlaub, der wegen Beendigung des Arbeitsverhältnisses ganz oder teilweise nicht mehr gewährt werden kann, abzugelten ist.

---

1116 Soc. v. 16.12.1998, Bull. civ. V, Nr. 552 = Dr. soc. 1999, 285 (Anm. Roy-Loustaunau), Dr. soc. 1999, 397 (Anm. Karaquillo); Soc. v. 24.10.2000, RJS 2001, 17, Nr. 18; Pélissier/Auzero/Dockès, Droit du travail, Rn. 248.

1117 Auzero, Dr. soc. 2001, 17, 20; Corrignan-Carsin, in: Rép. trav. Dalloz, Rn. 360.

1118 BAG v. 4.7.2001 – 2 AZR 88/00, EzA § 620 BGB Kündigung Nr. 4; ErfK-Müller-Glöge, § 15 TzBfG Rn. 12; Pélissier/Auzero/Dockès, Droit du travail, Rn. 251.

1119 Soc. v. 9.5.1979, Bull civ. V, Nr. 393.

1120 Corrignan-Carsin, in: Rép. trav. Dalloz, Rn. 444; Poulain, Dr. soc. 1982, 356, 364.

# F. Folgen unwirksamer Befristung

Die Richtlinie 1999/70/EG gibt keine Folgen unwirksamer Befristung vor[1121]. § 5 Nr. 2 b) der durch die Richtlinie durchgeführten Rahmenvereinbarung bestimmt lediglich, dass die Mitgliedstaaten, nach Anhörung der Sozialpartner, und/oder die Sozialpartner gegebenenfalls festlegen, unter welchen Bedingungen befristete Arbeitsverträge oder Beschäftigungsverhältnisse als unbefristete Verträge oder Verhältnisse zu gelten haben. Danach ist die Begründung unbefristeter Arbeitsverträge eine „mögliche, aber keineswegs von der Richtlinie vorgeschriebene Umsetzungsmaßnahme“[1122]. Andere oder zusätzliche Sanktionen sind denkbar[1123]. Das deutsche und französische Befristungsrecht enthält – teilweise übereinstimmende – Regelungen zu den Folgen unwirksamer Befristung.

## I. Deutsches Recht

Nach § 16 S. 1 TzBfG gilt der befristete Arbeitsvertrag im Falle einer rechtsunwirksamen Befristung als auf unbestimmte Zeit geschlossen; er kann vom Arbeitgeber frühestens zum vereinbarten Ende ordentlich gekündigt werden, es sei denn, die ordentliche Kündigung ist gemäß § 15 Abs. 3 TzBfG aufgrund einzelvertraglicher oder tarifvertraglicher Vereinbarung zu einem früherem Zeitpunkt möglich.

§ 16 TzBfG bezieht sich nach seinem Wortlaut auf alle Fälle einer rechtsunwirksamen Befristung. Gleichwohl wird – unter Berufung auf die Normentwicklung – mitunter die Auffassung vertreten, die Norm erfasse allein die Unwirksamkeit einer Befristung nach den Bestimmungen des § 14 TzBfG[1124]. Im Übrigen komme allenfalls eine entsprechende Anwendung des § 16 TzBfG in Betracht[1125].

§ 16 S. 1, 2. Hs. TzBfG regelt ausdrücklich nur die ordentliche Kündigung durch den Arbeitgeber. Daher ist davon auszugehen, dass der Arbeitnehmer oh-

1121 Laux/Schlachter-Schlachter, TzBfG, Einf. B., Rn. 12.

1122 Laux/Schlachter-Schlachter, TzBfG, Einf. B., Rn. 12.

1123 Rolfs, in: Oetker/Preis, EAS B 3200, Rn. 25; Kröger, Die Befristung von Arbeitsverträgen, S. 122 f.

1124 ErfK-Müller-Glöge, § 16 TzBfG Rn. 1; APS-Backhaus, § 16 TzBfG Rn. 1; Rolfs, TzBfG, § 16 Rn. 1; a. A. Dörner, Der befristete Arbeitsvertrag, Rn. 779; Boecken/Joussen-Joussen, TzBfG, § 16 Rn. 6; MHH-Meinel, TzBfG, § 16 Rn. 8.

1125 ErfK-Müller-Glöge, § 16 TzBfG Rn. 1; vgl. zum Ganzen MüArbR-Wank, § 116 Erg.Bd. Rn. 275 ff.

ne Einschränkungen ordentlich kündigen kann[1126]. Auf den ersten Blick scheint die Regelung den Arbeitgeber zusätzlich zur Entfristung zu sanktionieren; jedoch hat der Arbeitgeber die Möglichkeit, die ordentliche Kündigung zu einem früheren Zeitpunkt zu vereinbaren[1127].

Beruht die Rechtsunwirksamkeit der Befristung auf der fehlenden Bestimmbarkeit des Beendigungszeitpunktes, liegt zwar ein von Anfang an unbefristeter Arbeitsvertrag vor. In diesem Fall gilt jedoch § 16 S. 1, 2. Hs. TzBfG nicht; beide Parteien können den Arbeitsvertrag jederzeit kündigen[1128].

Das BAG nimmt in dem Fall, dass eine schriftliche Befristungsabrede vor Arbeitsaufnahme nicht getroffen wird[1129], die Geltung eines unbefristeten Vertrages an[1130]. Nach Ansicht des Gerichts führt eine schriftliche Befristungsabrede nach Arbeitsaufnahme weder dazu, dass die zunächst formnichtige Befristung nach § 141 BGB rückwirkend wirksam wird, noch wird dadurch das unbefristete Arbeitsverhältnis nachträglich wirksam befristet. Dem Arbeitnehmer ist es in diesem Fall auch nicht nach Treu und Glauben (§ 242 BGB) versagt, sich auf die Unwirksamkeit der Befristung zu berufen.

In der Literatur wird unter Verweis auf § 2 Abs. 1 S. 1 NachwG[1131] und § 128 Abs. 2 S. 2 des Diskussionsentwurfs eines Arbeitsvertragsgesetzes[1132] eine zeitlich befristete Nachholung der Schriftform befürwortet. In § 2 Abs. 1 S. 1 NachwG heißt es: „Der Arbeitgeber hat spätestens *einen Monat nach dem vereinbarten Beginn des Arbeitsverhältnisses* die wesentlichen Vertragsbedingungen schriftlich niederzulegen, die Niederschrift zu unterzeichnen und dem Arbeitnehmer auszuhändigen." § 128 Abs. 2 S. 2 des Diskussionsentwurfs eines Arbeitsvertragsgesetzes lautet: „Wird die Schriftform *innerhalb eines Monats nach Abschluss des Vertrages* nachgeholt, so gilt die Befristung als von Beginn

1126 ErfK-Müller-Glöge, § 16 TzBfG Rn. 3; Laux/Schlachter-Schlachter, TzBfG, § 16 Rn. 9.

1127 APS-Backhaus, § 16 TzBfG Rn. 11; Laux/Schlachter-Schlachter, TzBfG, § 16 Rn. 10; MHH-Meinel, TzBfG, § 16 Rn. 7.

1128 BAG v. 23.4.2009 – 6 AZR 533/08, AP Nr. 2 zu § 16 TzBfG; Laux/Schlachter-Schlachter, TzBfG, § 16 Rn. 3.

1129 Zum Erfordernis der schriftliche Befristungsabrede vor Arbeitsaufnahme s. Rolfs, TzBfG, § 14 Rn. 118.

1130 BAG v. 1.12.2004 – 7 AZR 198/04, BAGE 113, 75 = AP Nr. 15 zu § 14 TzBfG; BAG v. 16.3.2005 – 7 AZR 289/04, BAGE 114, 146 = AP Nr. 16 zu § 14 TzBfG.

1131 Preis, NZA 2005, 714, 718; Bauer, NZA 2011, 241, 247.

1132 Bauer, NZA 2011, 241, 247, 249. S. Henssler/Preis, Diskussionsentwurf eines Arbeitsvertragsgesetzes (ArbVG), 3. Fassung, Stand Oktober 2007, veröffentlicht unter http://www.bertelsmann-stiftung.de/cps/rde/xbcr/SID-7BC8B1B7-D43D3918/bst/Diskussionsentwurf%20ArbVG%20-%20DIN%20A4%20ARIAL%20Druck%20November%202007%20-%20Endfassung.pdf, zuletzt abgerufen am 15.5.2013.

an wirksam.“ Preis[1133] empfiehlt auch einen Blick über das Arbeitsrecht hinaus. Bei vergleichbarer Rechtslage im Mietrecht werde eine Heilung angenommen. Dort habe der BGH[1134] entschieden, dass die Parteien die Beurkundung eines zunächst formlos geschlossenen (Nachtrags-)Vertrages jederzeit nachholen könnten; der Vertrag gelte dann als von Anfang an in der gesetzlich vorgeschriebenen Form abgeschlossen.

Die Rechtsfolge des § 16 TzBfG erscheint zumindest dann als nicht sachgerecht bzw. als bloße Förmelei, wenn das Versäumnis der Schriftform zeitnah nachgeholt wird. Gerade bei kurzfristigen Einstellungen bleibt oftmals bis zur Arbeitsaufnahme kaum Zeit für eine schriftliche Befristungsabrede[1135]. Eine § 2 Abs. 1 S. 1 NachwG entsprechende Heilungsmöglichkeit für Formverstöße bei der Befristungsabrede würde daher manch einem Unternehmen aus einer misslichen Lage helfen, ohne dass der Arbeitnehmer schutzlos gestellt würde[1136]. In Art. 3 der dem NachwG zugrunde liegenden Richtlinie 91/533/EWG[1137] wird für die Aushändigung der betreffenden Schriftstücke sogar noch ein Zeitraum von maximal *zwei* Monaten nach Aufnahme der Arbeit als ausreichend erachtet.

Richtigerweise stellen mündliche Erklärungen der Parteien vor Arbeitsaufnahme, etwa im Vorstellungsgespräch, noch keine wirksamen Vertragserklärungen dar; eine wirksame (schriftliche) Befristungsabrede muss noch möglich sein[1138].

Die Schriftform wird auch nach der Rechtsprechung des BAG gewahrt, wenn der Arbeitgeber dem Arbeitnehmer vor Vertragsbeginn einen unterschriebenen Arbeitsvertrag mit der Bitte um baldige Rücksendung einer unterzeichneten Ausfertigung zuschickt und der Arbeitnehmer dem Arbeitgeber die unterzeichnete Ausfertigung kurz nach Arbeitsaufnahme übergibt[1139]. Dann begründet die Arbeitsaufnahme nur ein faktisches Arbeitsverhältnis, da der Arbeitgeber sein Angebot auf Abschluss eines befristeten Arbeitsvertrages an die Bedingung der Rückgabe des unterzeichneten Vertrages geknüpft hat[1140]. Fraglich ist allerdings, ob das faktische Arbeitsverhältnis als „Vorbeschäftigung“ dem Abschluss

---

1133 NZA 2005, 714, 717.

1134 BGH v. 14.7.2004 - XII ZR 68/02, NJW 2004, 2693.

1135 Preis, NZA 2005, 714, 716 m. w. N.

1136 So auch Preis, NZA 2005, 714, 718; Bauer, NZA 2011, 241, 247.

1137 Richtlinie 91/533/EWG des Rates vom 14. Oktober 1991 über die Pflicht des Arbeitgebers zur Unterrichtung des Arbeitnehmers über die für seinen Arbeitsvertrag oder sein Arbeitsverhältnis geltenden Bedingungen (ABl. EG Nr. L 288 v. 18.10.1991, S. 32).

1138 Laux/Schlachter-Schlachter, TzBfG, § 14 Rn. 164; Preis, NZA 2005, 714, 717.

1139 BAG v. 16.4.2008 – 7 AZR 1048/06, AP Nr. 46 zu § 14 TzBfG.

1140 Dazu Bauer, NZA 2011, 241, 247.

eines sachgrundlos befristeten Arbeitsvertrages entgegenstehen würde (§ 14 Abs. 2 S. 2 TzBfG)[1141]. Überzeugender scheint es zu sein, eine Vorbeschäftigung nur bei Vorliegen eines rechtlich begründeten Arbeitsverhältnisses anzunehmen[1142].

Ist die Befristung nur wegen eines Mangels der Schriftform unwirksam, kann der Arbeitsvertrag auch vor dem vereinbarten Ende ordentlich gekündigt werden (§ 16 S. 2 TzBfG)[1143]. Dies gilt unabhängig von einer Vereinbarung nach § 15 Abs. 3 TzBfG. Der Formunwirksamkeit scheint insoweit eine geringere Bedeutung zuzukommen als der materiellen Unwirksamkeit[1144]. Die Parteien können im Arbeitsvertrag allerdings eine von § 16 S. 2 TzBfG abweichende Regelung treffen[1145].

## II. Französisches Recht

Art. L. 1245-1, L. 1242-12 Abs. 1 und L. 1248-1 ff. C. trav. regeln die Folgen unwirksamer Befristung im französischen Recht.

### 1. Zivilrechtliche Folgen

Nach Art. L. 1245-1 C. trav. gilt jeder Arbeitsvertrag als unbefristet, der unter Verstoß gegen Art. L. 1242-1 bis L. 1242-4, L. 1242-6 bis L. 1242-8, L. 1242-12 Abs. 1, L. 1243-11 Abs. 1, L. 1243-13, L. 1244-3 und L. 1244-4 C. trav. geschlossen wird. Der unbefristete Arbeitsvertrag entsteht in diesen Fällen – anders als im Fall der Weiterarbeit nach Ablauf der Befristung[1146] – nicht automatisch, sondern erst aufgrund eines gerichtlichen Gestaltungsakts mit Wirkung ex tunc[1147]. Bei der Umgestaltung (*requalification*)[1148] ist das Ermessen des

1141 Bauer, NZA 2011, 241, 247 m. w. N.

1142 Bauer, NZA 2011, 241, 247 m. w. N.

1143 Dazu bereits 2. Kapitel, E. I. 3.

1144 Laux/Schlachter-Schlachter, TzBfG, § 16 Rn. 13.

1145 BAG v. 23.4.2009 – 6 AZR 533/08, AP Nr. 2 zu § 16 TzBfG; ErfK-Müller-Glöge, § 16 TzBfG Rn. 2.

1146 Poulain, Les contrats de travail à durée déterminée, Rn. 39; Corrignan-Carsin, in: Rép. trav. Dalloz, Rn. 464. Dazu bereits 2. Kapitel, E. II. 2.

1147 Frik, Die missbräuchliche Nutzung von befristeten Arbeitsverträgen, S. 157, 191, 254; Poulain, Les contrats de travail à durée déterminée, Rn. 244.

1148 Ausf. dazu Waquet, Dr. ouvr. 1997, 122. Zum Ablauf des Umgestaltungsverfahrens 2. Kapitel, G. II. 2.

Richters auf Null reduziert[1149]. Art. L. 1245-1 C. trav. enthält eine unwiderlegliche Vermutung des Abschlusses eines unbefristeten Vertrages, wenn ein Arbeitgeber die genannten, vom Gesetzgeber für besonders wichtig erachteten, ureigenen Regeln zum befristeten Arbeitsvertrag verletzt; ein Gegenbeweis ist ausgeschlossen[1150]. Der Richter prüft lediglich, ob der Arbeitgeber die Rechtsverletzung, die ihm vorgeworfen wird, tatsächlich begangen hat, subsumiert also die vertragliche Situation unter die gesetzlichen Vorgaben[1151].

Art. L. 1245-1 C. trav. bezieht sich auch auf Art. L. 1242-3 C. trav. Bei den Ausbildungs-, Fortbildungs- und Beschäftigungsförderungsverträgen, deren Einzelheiten außerhalb der allgemeinen Befristungsvorschriften des *Code du travail* geregelt sind, kann aber wohl nicht angenommen werden, dass die Missachtung jeder Detailvorschrift ohne Weiteres zu einer Umgestaltung führt[1152]. Soweit eine solche Vorschrift nicht bestimmend für das Wesen des Vertrages ist, bestehen hiergegen keine Bedenken.

Dass der befristete Arbeitsvertrag bei einem Verstoß gegen das Schriftformerfordernis und die Voraussetzung der genauen Bezeichnung des Sachgrundes für eine Befristung im Arbeitsvertrag als unbefristet geschlossen gilt, ergibt sich bereits unmittelbar aus Art. L. 1242-12 Abs. 1 C. trav. Der Arbeitgeber kann sich nicht darauf berufen, der Arbeitnehmer habe von der Befristung gewusst und den Befristungsgrund gekannt, oder geltend machen, es habe ein anderer als der schriftlich niedergelegte, zulässiger Befristungsgrund vorgelegen[1153].

Der befristete Arbeitsvertrag muss dem Arbeitnehmer spätestens zwei Werktage nach der Einstellung übermittelt werden (Art. L. 1242-13 C. trav.). Nach Ansicht der *Cour de cassation* entspricht die verspätete Übermittlung des Vertrages fehlender Schriftform und führt daher zur Umgestaltung in einen unbefristeten Vertrag[1154].

---

1149 Roy-Loustaunau, JCP E 1991, 513, 515; Roy-Loustaunau, Dr. soc. 2003, 465, 466; Frik, Die missbräuchliche Nutzung von befristeten Arbeitsverträgen, S. 170.

1150 Decaudin/Marignier, Le contrat à durée déterminée, Beil. zu Liaisons soc. Nr. 15700 v. 30.9.2010, S. 76; Roy-Loustaunau, JCP E 1991, 513, 516 f.

1151 Poulain, Les contrats de travail à durée déterminée, Rn. 246; Roy-Loustaunau, JCP E 1991, 513, 515 f.

1152 Frik, Die missbräuchliche Nutzung von befristeten Arbeitsverträgen, S. 152 f. m. w. N.; Louit-Martinod, L'évolution contemporaine du droit, Rn. 362 ff.

1153 Soc. v. 31.5.2006, RDT 2006, 170 (Anm. Auzero) = Dr. soc. 2006, 921 (Anm. Roy-Loustaunau) = JCP S 2006, 1691 (Anm. Bousez); Soc. v. 4.12.1996, Dr. soc. 1997, 90 (Anm. Roy-Loustaunau); Soc. v. 27.2.2001, Bull. civ. V, Nr. 58 = Dr. soc. 2001, 540 (Anm. Roy-Loustaunau); Pélissier/Auzero/Dockès, Droit du travail, Rn. 247 m. w. N.

1154 Soc. v. 17.7.2005, Sem. soc. Lamy Nr. 1221 v. 27.6.2005, S. 11 = RJS 2005, 595, Nr. 810; Soc. v. 17.7.2007, Nr. 06-42298, n. v.

Art. L. 1245-1 C. trav. bezieht sich ausdrücklich nur auf einen Verstoß gegen Art. L. 1242-12 Abs. 1 C. trav., nicht aber gegen Absatz 2 der Vorschrift. Die *Cour de cassation* setzt sich jedoch über den Wortlaut des Art. L. 1245-1 C. trav. hinweg und nimmt eine Umgestaltung des befristeten Vertrages in einen unbefristeten Vertrag an, wenn bestimmte der in Art. L. 1242-12 Abs. 2 C. trav. aufgezählten Vertragsinhalte fehlen[1155]. Enthält etwa ein befristeter Arbeitsvertrag zur Vertretung eines anderen Arbeitnehmers nicht den Namen und die Qualifikation des Vertretenen, gilt er als auf unbestimmte Zeit geschlossen; der Arbeitgeber kann sich nicht darauf berufen, der Vertreter habe die Angaben gekannt[1156].

Fehlen Vertragsinhalte, die in keinem Zusammenhang mit dem Wesen des Vertrages stehen und rein informativen Charakter haben, also nicht erforderlich sind, um die Rechtmäßigkeit der Befristung zu überprüfen, kommt es nicht ohne Weiteres zu einer Umgestaltung in einen unbefristeten Vertrag[1157]. Dies ist etwa der Fall, wenn der anwendbare Tarifvertrag[1158], Name und Adresse der Zusatzrentenkasse sowie gegebenenfalls der Vorsorgeeinrichtung oder die Höhe der Vergütung und ihrer Bestandteile im Vertrag unerwähnt bleiben[1159]. Hier kann der Arbeitgeber beweisen, dass der Arbeitnehmer die Informationen kannte. Es liegt nur eine einfache, widerlegliche Vermutung des Abschlusses eines unbefristeten Vertrages vor. Der Richter entscheidet über die Umgestaltung nach Würdigung des Parteivortrags[1160].

Auf den ersten Blick verwunderlich ist der Verweis in Art. L. 1245-1 C. trav. auf Art. L. 1243-11 Abs. 1 C. trav., da diese Vorschrift als Rechtsfolge einer Weiterarbeit nach Ablauf der Befristung bereits die automatische[1161] Entstehung eines unbefristeten Arbeitsverhältnisses vorsieht. Auch in diesem Fall dürfte aber ein Rechtsschutzbedürfnis bestehen, wenn zwischen den Parteien

---

1155 Pélissier/Auzero/Dockès, Droit du travail, Rn. 247.

1156 Soc. v. 6.5.1997, Bull. civ. V, Nr. 160 = Dr. soc. 1997, 924; vgl. dazu Roy-Loustaunau, Dr. soc. 1997, 922; Soc. v. 1.6.1999, Bull. civ. V, Nr. 249 = RJS 1999 Nr. 898; Soc. v. 26.10.1999, RJS 1999, 842, Nr. 1444; Soc. v. 30.4.2003, Dr. soc. 2003, 716.

1157 Vgl. Roy-Loustaunau, Anm. zu Soc. v. 6.5.1997, Dr. soc. 1997, 922, 923; Roy-Loustaunau, JCP E 1991, 513, 518; zum Problem vgl. Lyon-Caen, Dr. soc. 2003, 712; Corrignan-Carsin, in: Rép. trav. Dalloz, Rn. 524 f.

1158 Soc. v. 26.10.1999, Bull. civ. V, Nr. 399 = Dr. soc. 2000, 202 (Anm. Roy-Loustaunau).

1159 Corrignan-Carsin, in: Rép. trav. Dalloz, Rn. 524.

1160 Decaudin/Marignier, Le contrat à durée déterminée, Beil. zu Liaisons soc. Nr. 15700 v. 30.9.2010, S. 77.

1161 Poulain, Les contrats de travail à durée déterminée, Rn. 39; Corrignan-Carsin, in: Rép. trav. Dalloz, Rn. 464. Dazu 2. Kapitel, E. II. 2.

streitig ist, ob durch eine Fortsetzung des Arbeitsverhältnisses nach Ablauf der Zeit, für die es eingegangen ist, oder nach Zweckerreichung ein unbefristeter Vertrag zustande gekommen ist[1162].

Nach Art. L. 1246-1 C. trav. greift in den Bereichen des Schauspiels, der Kultur, der Medien, der Filmproduktion und der Musikproduktion ein besonderer Kontrollmechanismus ein. Auf diesen Gebieten kommunizieren die zuständigen Stellen einander auf schriftliche Anfrage alle für die Untersuchung und Feststellung von Verstößen gegen Art. L. 1242-2 Nr. 3 C. trav. erforderlichen Informationen und Dokumente. Ziel dieser Regelung ist der Kampf gegen die illegale Beschäftigung, die die Wettbewerbsbedingungen zum Nachteil der Unternehmen, die die Sozialgesetze einhalten, erheblich verschlechtert und die Rechtssicherheit und soziale Sicherheit der Beschäftigten beeinträchtigt[1163].

## 2. Strafrechtliche Folgen

Art. L. 1248-1 bis -11 C. trav. regeln strafrechtliche Folgen bestimmter Verstöße gegen das Befristungsrecht[1164]. Die Vorschriften wurden seinerzeit im Hinblick auf die Bedeutung der festgestellten Missbrauchsfälle eingeführt[1165]. Der Strafrahmen ist in allen Fällen identisch. Zunächst wird eine Geldstrafe von 3.750,- € verhängt. Im Wiederholungsfall beträgt die Geldstrafe 7.500,- €; zudem wird eine Haftstrafe von sechs Monaten verhängt.

Eine Besonderheit gilt im Hinblick auf das Befristungsverbot des Art. L. 1242-5 C. trav. binnen sechs Monaten nach einer betriebsbedingten Kündigung. Seine Verletzung hat zwar strafrechtliche Folgen. Eine zivilrechtliche Folge, d. h. eine Umgestaltung des befristeten Arbeitsvertrages in einen unbefristeten Vertrag, ist aber nicht vorgesehen. Eine solche würde mit den Bestimmungen zum Vorrang der Wiedereinstellung des betriebsbedingt gekündigten Arbeitnehmers (Art. L. 1233-45 C. trav.)[1166] kollidieren[1167].

---

1162 Ausf. Frik, Die missbräuchliche Nutzung von befristeten Arbeitsverträgen, S. 177 f.

1163 Begründung des Gesetzes Nr. 2005-882 v. 2.8.2005 zugunsten der kleinen und mittleren Unternehmen, veröffentlicht unter http://www.legifrance.gouv.fr/affichLoiPubliee.do;jsessionid=23C7F48E2A2B34DD48181733C4D15709.tpdjo04v_2?idDocument=JORFDOLE000017758692&type=expose, zuletzt abgerufen am 15.5.2013.

1164 Aus der neueren Rspr. zu Art. L. 1248-1 ff. C. trav. s. Crim. v. 6.5.2008, Bull crim., Nr. 105 = Dr. soc. 2008, 1125 (Anm. Duquesne) = RDT 2008, 594 (Anm. Lévy-Amsallem).

1165 Corrignan-Carsin, in: Rép. trav. Dalloz, Rn. 548.

1166 Vgl. dazu 2. Kapitel, B. II. 4. a.

1167 Corrignan-Carsin, in: Rép. trav. Dalloz, Rn. 527.

Der *Code du travail* enthält außerhalb des Katalogs der Art. L. 1248-1 bis -11 C. trav. weitere strafrechtliche Sanktionen im Anwendungsbereich des Befristungsrechts, so etwa in dem Fall, dass der Arbeitgeber seiner Verpflichtung nicht nachkommt, die Beschäftigungsentwicklung im Unternehmen im Hinblick auf die Anzahl befristeter Arbeitsverträge zu überprüfen (Art. L. 2243-2 i. V. m. Art. L. 2242-9 C. trav.).

## III. Rechtsvergleichende Betrachtung

§ 16 TzBfG und Art. L. 1245-1, L. 1242-12 C. trav. beinhalten einen der wichtigsten Schutzmechanismen des Befristungsrechts. Der Arbeitnehmer, der ohnehin nur einen befristeten Arbeitsvertrag erhält, soll davor geschützt werden, dass die Befristung auch noch rechtsunwirksam ist[1168]. Daraus folgt, dass sich § 16 TzBfG auf alle Fälle einer rechtsunwirksamen Befristung beziehen muss[1169]. Eine Beschränkung auf die Rechtsunwirksamkeit nach § 14 TzBfG ist schon vom Wortlaut des § 16 TzBfG nicht gedeckt[1170]. Die Regelung des § 23 TzBfG bestätigt diese Sichtweise[1171].

Zahlreiche Verstöße gegen das französische Befristungsrecht führen zum Entstehen eines unbefristeten Arbeitsvertrages. Anders als in Deutschland bedarf es hierfür eines Gestaltungsakts des Gerichts[1172]. Art. L. 1245-1 C. trav. zählt Normen auf, deren Missachtung die unwiderlegliche Vermutung des Abschlusses eines unbefristeten Arbeitsvertrages begründet[1173]. Dazu gehört auch die Verletzung des Schriftformerfordernisses nach Art. L. 1242-12 Abs. 1 C. trav. Nach Ansicht der *Cour de cassation* entspricht die verspätete Übermittlung des Vertrages (mehr als zwei Werktage nach der Einstellung) fehlender Schriftform und führt daher zur Umgestaltung in einen unbefristeten Vertrag[1174]. Eine der deutschen Diskussion vergleichbare wissenschaftliche Auseinandersetzung mit der Frage, ob ein Verstoß gegen das Schriftformerfordernis geheilt

1168 Boecken/Joussen-Joussen, TzBfG, § 16 Rn. 5; vgl. Corrignan-Carsin, in: Rép. trav. Dalloz, Rn. 520.

1169 Boecken/Joussen-Joussen, TzBfG, § 16 Rn. 6.

1170 Boecken/Joussen-Joussen, TzBfG, § 16 Rn. 6.

1171 Boecken/Joussen-Joussen, TzBfG, § 16 Rn. 6.

1172 Frik, Die missbräuchliche Nutzung von befristeten Arbeitsverträgen, S. 157, 254; Poulain, Les contrats de travail à durée déterminée, Rn. 244.

1173 Decaudin/Marignier, Le contrat à durée déterminée, Beil. zu Liaisons soc. Nr. 15700 v. 30.9.2010, S. 76; Roy-Loustaunau, JCP E 1991, 513, 516 f.

1174 Soc. v. 17.7.2005, Sem. soc. Lamy Nr. 1221 v. 27.6.2005, S. 11 = RJS 2005, 595, Nr. 810; Soc. v. 17.7.2007, Nr. 06-42298, n. v.

werden kann[1175], findet in Frankreich nicht statt. Dort bedarf sogar der ganze befristete Arbeitsvertrag der Schriftform (Art. L. 1242-12 Abs. 1 C. trav.), nicht nur die Befristungsabrede[1176].

Die Nichtaufnahme bestimmter Inhalte in den befristeten Arbeitsvertrag hat in Deutschland überhaupt keine befristungsrechtlichen Folgen. In Frankreich löst sie zumindest eine widerlegliche, in einigen Fällen sogar eine unwiderlegliche Vermutung des Abschlusses eines unbefristeten Vertrages aus[1177].

Eine § 16 S. 1, 2. Hs. TzBfG entsprechende Einschränkung der Kündigungsmöglichkeit des Arbeitgebers im nunmehr unbefristeten Arbeitsverhältnis ist im französischen Recht unbekannt. Für den Arbeitnehmer hat sie den Vorteil, den Antrag auf Feststellung der Rechtsunwirksamkeit der Befristung noch während des Laufs des Arbeitsverhältnisses ohne Risiko stellen zu können, es sei denn die Befristung ist nur wegen des Mangels der Schriftform unwirksam (Fall der sofortigen Kündbarkeit nach § 16 S. 2 TzBfG)[1178].

Das französische Recht sieht im Unterschied zum deutschen Recht sogar strafrechtliche Folgen bei Verstößen gegen das Befristungsrecht vor (Art. L. 1248-1 ff. C. trav.).

# G. Anrufung des Arbeitsgerichts

Der folgende Abschnitt beschäftigt sich mit der Anrufung des Arbeitsgerichts auf dem Gebiet des Befristungsrechts.

## I. Deutsches Recht

Will ein Arbeitnehmer geltend machen, dass die Befristung seines Arbeitsvertrages rechtsunwirksam ist, so muss er nach § 17 S. 1 TzBfG spätestens[1179] innerhalb von drei Wochen nach dem vereinbarten Ende des befristeten Arbeitsvertrages Klage beim Arbeitsgericht auf Feststellung erheben, dass das Arbeitsverhältnis aufgrund der Befristung nicht beendet ist.

1175 Preis, NZA 2005, 714, 718; Bauer, NZA 2011, 241, 247, 249.

1176 BAG v. 23.6.2004 – 7 AZR 636/03, AP Nr. 12 zu § 14 TzBfG; BAG v. 26.7.2006 – 7 AZR 515/05, BAGE 119, 157, 159 f. = AP Nr. 1 zu § 5 AVR Diakonisches Werk.

1177 Decaudin/Marignier, Le contrat à durée déterminée, Beil. zu Liaisons soc. Nr. 15700 v. 30.9.2010, S. 76 f.; Pélissier/Auzero/Dockès, Droit du travail, Rn. 247 m. w. N.

1178 Frik, Die missbräuchliche Nutzung von befristeten Arbeitsverträgen, S. 193.

1179 BAG v. 15.8.2001 – 7 AZR 274/00, EzA Nr. 184 zu § 620 BGB; Annuß/Thüsing-Maschmann, TzBfG, § 17 Rn. 3; APS-Backhaus, § 17 TzBfG Rn. 53 m. w. N.

Die Klagefrist des § 17 TzBfG ist selbst in jeweils auf einen Tag befristeten Arbeitsverhältnissen aufgrund einer Rahmenvereinbarung für jeden einzelnen Arbeitsvertrag zu wahren[1180]. Die Klagefrist gilt auch für Verträge auf spezialgesetzlicher Grundlage[1181]. Sie gilt nicht, wenn streitig ist, ob überhaupt eine Befristung vereinbart ist, also nicht die Wirksamkeit der Befristung eines Arbeitsvertrages, sondern deren Existenz in Frage steht[1182]. In diesem Fall können die Parteien eine allgemeine Feststellungsklage nach § 256 ZPO erheben[1183]. Im Klageverfahren wird dann im Wege der Auslegung festgestellt, ob eine Befristung des Arbeitsvertrages gewollt war[1184]. § 256 ZPO greift auch, wenn streitig ist, ob der befristete Arbeitsvertrag beendet ist, insbesondere ob der vereinbarte Zweck erreicht worden ist[1185]. Die Vorschrift ist ferner einschlägig, wenn das Entstehen eines unbefristeten Arbeitsverhältnisses gemäß § 15 Abs. 5 TzBfG streitig ist[1186].

§§ 5 bis 7 KSchG (Zulassung verspäteter Klagen, verlängerte Anrufungsfrist, Präklusion) gelten entsprechend für die Befristungskontrollklage (§ 17 S. 2 TzBfG). Wird die Rechtsunwirksamkeit einer Befristung nicht rechtzeitig geltend gemacht, gilt die Befristung als von Anfang an rechtswirksam (§ 7 KSchG). Die Drei-Wochen-Frist schafft damit Rechtssicherheit[1187].

Wird das Arbeitsverhältnis nach dem vereinbarten Ende ohne weitere vertragliche Grundlage[1188] fortgesetzt, beginnt die Klagefrist gemäß § 17 S. 3 TzBfG mit dem Zugang der schriftlichen Erklärung des Arbeitgebers, dass das Arbeitsverhältnis auf Grund der Befristung beendet sei.

---

1180 BAG v. 31.7.2002 – 7 AZR 181/01, AP Nr. 1 zu § 12 TzBfG; Laux/Schlachter-Schlachter, TzBfG, § 17 Rn. 4.

1181 ErfK-Müller-Glöge, § 17 TzBfG Rn. 3.

1182 BAG v. 16.4.2008 – 7 AZR 132/07, AP Nr. 10 zu § 305 c BGB; BAG v. 20.2.2002 – 7 AZR 622/00, EzA § 17 TzBfG Nr. 1 = NZA 2002, 1304; KR-Bader, § 17 TzBfG Rn. 5; MüKoBGB-Hesse, § 17 TzBfG Rn. 3; ErfK-Müller-Glöge, § 17 TzBfG Rn. 4.

1183 BAG v. 16.4.2008 – 7 AZR 132/07, AP Nr. 10 zu § 305 c BGB; BAG v. 20.2.2002 – 7 AZR 622/00, EzA § 17 TzBfG Nr. 1 = NZA 2002, 1304; KR-Bader, § 17 TzBfG Rn. 5; MüKoBGB-Hesse, § 17 TzBfG Rn. 3.

1184 KR-Bader, § 3 TzBfG Rn. 6; Frik, Die missbräuchliche Nutzung von befristeten Arbeitsverträgen, S. 200.

1185 MüKoBGB-Hesse, § 17 TzBfG Rn. 4.

1186 BAG v. 18.10.2006 – 7 AZR 749/05, AP Nr. 28 zu § 14 TzBfG; MüKoBGB-Hesse, § 17 TzBfG Rn. 4; APS-Backhaus, § 17 TzBfG Rn. 75; MHH-Meinel, TzBfG, § 17 Rn. 14; a. A. KSchR-Däubler, § 17 TzBfG Rn. 6.

1187 BT-Drucks. 13/4612, S. 13.

1188 KR-Bader, § 17 TzBfG Rn. 26; APS-Backhaus, § 17 TzBfG Rn. 29; Laux/Schlachter-Schlachter, TzBfG, § 17 Rn. 19. Dazu bereits 2. Kapitel, E. I. 2.

Vereinbaren die Parteien in einem gerichtlichen Vergleich zur Beilegung eines Streits über die Wirksamkeit einer Befristung den Abschluss eines weiteren befristeten Arbeitsvertrages, liegt in dem Vergleichsschluss nicht gleichzeitig ein Verzicht des Arbeitnehmers, die Unwirksamkeit der in dem Vergleich vereinbarten Befristung geltend zu machen[1189]. Der Arbeitnehmer kann weder vor noch bei der Befristungsabrede wirksam auf eine spätere Befristungskontrollklage verzichten[1190].

## II. Französisches Recht

Im französischen Recht gibt es keine besondere Frist zur Geltendmachung einer rechtsunwirksamen Befristung. Es gelten die allgemeinen Bestimmungen zum Klageverfahren[1191]. Besonderheiten bestehen beim Antragsrecht und im Hinblick auf den Ablauf des Umgestaltungsverfahrens. Eine wichtige Rolle spielt die dem Arbeitnehmer im Umgestaltungsverfahren gewährte Entschädigung.

### 1. Antragsrecht

Die Rechtsprechung hat sich wiederholt mit dem Antragsrecht des Arbeitnehmers nach Art. L. 1245-2 Abs. 2 C. trav. und der *AGS* (*Association pour la Gestion du régime d'assurance des créances des Salariés)*, einer gemeinsamen Einrichtung der nationalen Arbeitgeberverbände zur Sicherung der Vergütung der Arbeitnehmer im Falle der Insolvenz des Arbeitgebers[1192], beschäftigt. Art. L. 1247-1 C. trav. sieht ein Antragsrecht der Gewerkschaften vor.

#### *a. Arbeitnehmer*

Art. L. 1245-2 Abs. 2 C. trav. erwähnt lediglich den Antrag des Arbeitnehmers. Dieser und nicht der Arbeitgeber ist berechtigt, die Umgestaltung des befristeten Arbeitsvertrages in einen unbefristeten Vertrag zu beantragen. Art. L. 1242-1 ff. C. trav. sind zum Schutze des Arbeitnehmers geschaffen worden; er allein kann sich auf ihre Nichteinhaltung berufen[1193]. Der Arbeitnehmer kann hiervon abse-

1189 BAG v. 13.6.2007 – 7 AZR 287/06, AP Nr. 7 zu § 17 TzBfG.

1190 BAG v. 19.1.2005 – 7 AZR 115/04, AP Nr. 260 zu § 620 BGB Befristeter Arbeitsvertrag; Bauer, NZA 2011, 241, 248.

1191 S. dazu Pélissier/Auzero/Dockès, Droit du travail, Rn. 115 ff.

1192 Zur AGS s. Art. L. 3253-14 ff. C. trav.; Pélissier/Auzero/Dockès, Droit du travail, Rn. 916 ff.

1193 Soc. v. 16.7.1987, Bull. civ. V, Nr. 481 = D. 1988, Somm., 97 (Anm. Béraud) = Dr. soc. 1989, 366; dazu Poulain, Dr. soc. 1989, 361; Soc. v. 16.1.1991, Bull. civ. V,

hen, wenn die Anwendung des Befristungsrechts im konkreten Fall günstiger für ihn ist[1194]. Aus dem Schutzzweck der Befristungsvorschriften folgt zugleich, dass der Richter eine Umgestaltung nicht von Amts wegen vornehmen darf[1195].

### *b. AGS*

Aus dem Umstand, dass die Art. L. 1242-1 ff. C. trav. zum Schutze des Arbeitnehmers geschaffen worden sind, der allein sich auf ihre Nichteinhaltung berufen kann[1196], folgt weiter, dass die *AGS* außer in den von ihr aufzuzeigenden Betrugsfällen nicht berechtigt ist, die Umgestaltung eines befristeten Arbeitsvertrages in einen unbefristeten Vertrag geltend zu machen[1197].

### *c. Gewerkschaften*

Art. L. 1247-1 C. trav. bestimmt, dass die im Unternehmen vertretenen Gewerkschaften alle Klagen auf dem Gebiet des Befristungsrechts des *Code du travail* zugunsten eines Arbeitnehmers erheben können, ohne von diesem bevollmächtigt zu sein. Nach dem Gesetzeswortlaut wird eine Gewerkschaftszugehörigkeit des Arbeitnehmers nicht vorausgesetzt[1198]. Der Arbeitnehmer darf sich allerdings nicht binnen vierzehn Tagen, nachdem ihm die Gewerkschaft ihre Absicht eines gerichtlichen Vorgehens mitgeteilt hat, gegen eine Klage aussprechen. Darüber hinaus kann er in das von der Gewerkschaft angestrengte Verfahren jederzeit eingreifen und dieses beenden.

---

Nr. 13 = D. 1991, IR, 45; Soc. v. 13.2.1991, Bull. civ. V, Nr. 70 = Dr. soc. 1991, 418; dazu Savatier, Dr. soc. 1991, 413, 414; Soc. v. 17.1.1996, RJS 1996, 150, Nr. 252. Dazu bereits 2. Kapitel, B. II. vor 1.

1194 Savatier, Dr. soc. 1987, 407; Corrignan-Carsin, in: Rép. trav. Dalloz, Rn. 528; Roy-Loustaunau, R.R.J. 1992, 861, 865.

1195 Soc. v. 30.10.2002, Bull. civ. V, Nr. 332 = Dr. soc. 2003, 473; dazu Roy-Loustaunau, Dr. soc. 2003, 465, 466.

1196 Soc. v. 16.7.1987, Bull. civ. V, Nr. 481 = D. 1988, Somm., 97 (Anm. Béraud) = Dr. soc. 1989, 366; dazu Poulain, Dr. soc. 1989, 361; Soc. v. 16.1.1991, Bull. civ. V, Nr. 13 = D. 1991, IR, 45; Soc. v. 13.2.1991, Bull. civ. V, Nr. 70 = Dr. soc. 1991, 418; dazu Savatier, Dr. soc. 1991, 413, 414; Soc. v. 17.1.1996, RJS 1996, 150, Nr. 252. Dazu bereits 2. Kapitel, B. II. vor 1.

1197 Soc. v. 11.12.2002, RJS 2003, 117, Nr. 161; Soc. v. 7.4.2004, Bull. civ. V, Nr. 106 = RJS 2004, 460, Nr. 659; Soc. v. 18.10.2007, Bull. civ. V, Nr. 162 = D. 2007, AJ, 2733 = RJS 2007, 1010, Nr. 1251. Nach früherer Rspr. war die AGS grundsätzlich antragsberechtigt, s. Soc. v. 1.12.1993, RJS 1994, 28, Nr. 8; Soc. v. 1.3.1994, RJS 1994, 253, Nr. 381 = D. 1994, Jur., 577 (Anm. Roy-Loustaunau); Soc. v. 12.4.1995, Bull. civ. V, Nr. 130 = D. 1995, Jur., 461 (Anm. Roy-Loustaunau) = Dr. soc. 1995, 601 (Anm. Blaise); Soc. v. 12.11.1997, RJS 1997, 825, Nr. 1341.

1198 So auch Frik, Die missbräuchliche Nutzung von befristeten Arbeitsverträgen, S. 160.

Näheres regelt Art. D. 1247-1 C. trav. Danach unterrichtet die Gewerkschaft den Arbeitnehmer über eine beabsichtigte Klage per Einschreiben mit Rückschein. Das Schreiben nennt Art und Ziel der Klage. Es enthält den Hinweis, dass das Verfahren durch die Gewerkschaft geführt wird, die selbst auch Rechtsmittel gegen das Urteil einlegen kann, dass der Arbeitnehmer jederzeit in das von der Gewerkschaft angestrengte Verfahren eingreifen und dieses beenden kann und dass der Arbeitnehmer der Gewerkschaft binnen vierzehn Tagen ab Zugang ihres Schreibens mitteilen kann, wenn er mit der beabsichtigten Klage nicht einverstanden ist. Nach Ablauf der Frist von vierzehn Tagen, ohne dass sich der Arbeitnehmer geäußert hat, gilt seine Zustimmung zur Klage als stillschweigend erteilt (Art. D. 1247-2 C. trav.). Der Umstand, dass ein Arbeitnehmer von der Gewerkschaft erst am Tage der Klageerhebung hierüber in der vorgeschriebenen Form informiert wird, führt nicht zur Unzulässigkeit der Klage, sofern ein Zeitraum von vierzehn Tagen zwischen der Unterrichtung des Arbeitnehmers und der richterlichen Entscheidung liegt, innerhalb dessen der Arbeitnehmer nicht widerspricht[1199].

Die hier beschriebene Ersetzungsklage (*action de substitution*) ist eine eigene Klage der Gewerkschaft (*action personnelle au syndicat*) und nicht etwa eine Klage, bei der die Gewerkschaft die Arbeitnehmer nur vertritt (*action en représentation des salariés*)[1200]. Der Gesetzgeber hatte bei der Regelung des Art. L. 1247-1 C. trav. vor Augen, dass Arbeitnehmer zögern könnten, selbst gegen ihren Arbeitgeber vorzugehen[1201]. Dabei hat er allerdings übersehen, dass es, soweit sich die Arbeitnehmer nicht gegen eine Klage der Gewerkschaft aussprechen oder zumindest in das von der Gewerkschaft angestrengte Verfahren eingreifen und dieses beenden, ebenfalls zu Problemen im laufenden Arbeitsverhältnis kommen kann[1202].

Ein Widerspruch des Arbeitnehmers gegen die Ersetzungsklage der Gewerkschaft bedeutet keinen Verzicht auf sein eigenes Recht, die Umgestaltung seines befristeten Arbeitsvertrages in einen unbefristeten Vertrag zu beantragen. Der Grundsatz der Einheit des Verfahrens (Art. R. 1452-6 C. trav.) kann dem Arbeitnehmer nicht entgegengehalten werden, sofern er nicht bereits Beteiligter in einem von der Gewerkschaft angestrengten Verfahren war[1203].

Eine Ersetzungsbefugnis der Gewerkschaft besteht auch, wenn es um die Einhaltung bestimmter anderer Vorschriften des *Code du travail*, z. B. der Rege-

---

1199 Soc. v. 1.2.2000, Bull. civ. V, Nr. 52 = JCP G 2001, II., 10451, 1. Fall (Anm. Jeuland) = Dr. soc. 2000, 519; vgl. dazu Roy-Loustaunau, Dr. soc. 2000, 516, 517.

1200 Pélissier/Auzero/Dockès, Droit du travail, Rn. 116, Rn. 1001.

1201 Poulain, Les contrats de travail à durée déterminée, Rn. 259.

1202 So auch Frik, Die missbräuchliche Nutzung von befristeten Arbeitsverträgen, S. 161.

1203 Soc. v. 12.2.2008, Bull. civ. V, Nr. 36 = RJS 2008, 298, Nr. 374.

lungen zur Gleichbehandlung von Frauen und Männern im Beruf[1204], geht[1205]. Eine Vertretungsbefugnis kann hingegen in einem Gerichtsverfahren, in dem der Arbeitnehmer Partei ist, bestehen, wenn das Allgemeininteresse der Berufsgruppe, die die Gewerkschaft repräsentiert, betroffen ist (Art. L. 2132-3 C. trav.)[1206].

## 2. Ablauf des Umgestaltungsverfahrens

Wird beim Arbeitsgericht (*conseil de prud'hommes*) ein Antrag auf Umgestaltung des befristeten Arbeitsvertrages in eine unbefristeten Vertrag gestellt, wird die Sache unmittelbar vor die Kammer (*bureau de jugement*)[1207] gebracht, die innerhalb eines Monats nach Anrufung des Gerichts entscheidet (Art. L. 1245-2 Abs. 1 C. trav.). Wird die Frist zur Entscheidung nicht gewahrt, führt dies jedoch nicht zur Abweisung der Klage oder Nichtigkeit der Entscheidung[1208]. Im Umgestaltungsverfahren ist das Ermessen des Richters in den Fällen der unwiderleglichen Vermutung des Abschlusses eines unbefristeten Vertrages auf Null reduziert[1209].

Art. L. 1245-2 C. trav. regelt ein beschleunigtes Verfahren. Von einem Gütetermin wird abgesehen[1210]. Die Regelung wurde eingeführt, nachdem sich herausgestellt hatte, dass das langwierige Umgestaltungsverfahren angesichts der kurzen Dauer der Verträge nur selten durchgeführt wurde[1211]. Die Entscheidung des Arbeitsgerichts ist vorläufig vollstreckbar (Art. R. 1245-1 C. trav.).

Der Vollständigkeit halber sei erwähnt, dass es neben der in Art. L. 1245-2 C. trav. geregelten, den Arbeitgeber für seinen Verstoß gegen das Befristungsrecht „sanktionierenden Umgestaltung“ (*requalification-sanction*) eine „auslegende Umgestaltung“ (*requalification-interprétation*) gibt. Die begriffliche Unterscheidung geht auf Roy-Loustaunau zurück[1212]. Bei der *requalification-*

---

1204 S. Art. L. 1144-2 C. trav. zur Lohngleichheit.

1205 Pélissier/Auzero/Dockès, Droit du travail, Rn. 1001.

1206 Pélissier/Auzero/Dockès, Droit du travail, Rn. 116, 1002.

1207 Art. L. 1423-12 C. trav. regelt die Besetzung der Kammer.

1208 Soc. v. 8.12.2004, Bull. civ. V, Nr. 323 = RJS 2005, 168, Nr. 241 zu Art. L. 124-7-1 C. trav. a. F. bzw. Art. L. 1251-41 C. trav. n. F.

1209 Roy-Loustaunau, JCP E 1991, 513, 515; Roy-Loustaunau, Dr. soc. 2003, 465, 466; Frik, Die missbräuchliche Nutzung von befristeten Arbeitsverträgen, S. 170. Dazu bereits 2. Kapitel, F. II. 1.

1210 Vgl. zum Ablauf des normalen arbeitsgerichtlichen Verfahrens Art. R. 1451-1 ff. C. trav.

1211 Corrignan-Carsin, in: Rép. trav. Dalloz, Rn. 532; Poulain, Les contrats de travail à durée déterminée, Rn. 259; Roy-Loustaunau, JCP E 1991, 513, 518.

1212 Roy-Loustaunau, JCP E 1991, 513; Roy-Loustaunau, R.R.J. 1992, 861, 862 f.; vgl. Louit-Martinod, L'évolution contemporaine du droit, Rn. 360.

*interprétation* handelt es sich um eine richterliche Auslegung der Willenserklärungen der Parteien gemäß Art. 12 C. de procédure civile[1213], die erforderlich wird, wenn streitig ist, ob überhaupt eine Befristung vereinbart ist und nicht vielmehr ein unbefristeter Arbeitsvertrag vorliegt[1214]. Die *requalification-interprétation* kann von beiden Parteien beantragt werden[1215]. Der Richter stellt das Auslegungsergebnis fest und wendet sodann die einschlägigen Vorschriften des *Code du travail* an[1216].

### 3. Umgestaltungsentschädigung

Art. L. 1245-1 C. trav. regelt nicht eindeutig, ob der Arbeitnehmer wiedereinzugliedern und weiterzubeschäftigen ist, wenn sein befristeter Arbeitsvertrag in einen unbefristeten Vertrag umgestaltet wird[1217]. Die *Cour de cassation* lehnt eine Weiterbeschäftigungspflicht grundsätzlich ab[1218]. Anders ist dies, wenn die Ablehnung einer Weiterbeschäftigung eine diskriminierende Maßnahme darstellen[1219] oder eine Grundfreiheit verletzen würde[1220]. Diese Lösung steht im Einklang mit der Rechtslage im Falle der unwirksamen Kündigung eines unbefristeten Arbeitsvertrages[1221]. Auch hier kommt es in der Regel nicht zu einer Weiterbeschäftigung, sondern zu einer Entschädigungszahlung[1222].

---

1213 „Le juge tranche le litige conformément aux règles de droit qui lui sont applicables.
Il doit donner ou restituer leur exacte qualification aux faits et actes litigieux sans s'arrêter à la dénomination que les parties en auraient proposée.
Toutefois, il ne peut changer la dénomination ou le fondement juridique lorsque les parties, en vertu d'un accord exprès et pour les droits dont elles ont la libre disposition, l'ont lié par les qualifications et points de droit auxquels elles entendent limiter le débat [...].“

1214 Roy-Loustaunau, R.R.J. 1992, 861, 862 f., 867; Roy-Loustaunau, JCP E 1991, 513; Alaphilippe, Anm. zu Soc. v. 16.12.1998, D. 2000, Jur., 30, 31 f.; Frik, Die missbräuchliche Nutzung von befristeten Arbeitsverträgen, S. 198 f.

1215 Roy-Loustaunau, R.R.J. 1992, 861, 862.

1216 Frik, Die missbräuchliche Nutzung von befristeten Arbeitsverträgen, S. 198.

1217 Frik, Die missbräuchliche Nutzung von befristeten Arbeitsverträgen, S. 182 m. w. N.

1218 Soc. v. 30.10.2002, Bull. civ. V, Nr. 331 = Dr. soc. 2003, 134 (Anm. Roy-Loustaunau) = RJS 2003, 29, Nr. 24; Sov. v. 13.3.2001, Bull. civ. V, Nr. 87 = Dr. soc. 2001, 2117 (Anm. Roy-Loustaunau); Soc. v. 14.6.2000, Nr. 99-41344.

1219 Soc. v. 1.6.1999, Dr. soc. 1999, 838 (Anm. Roy-Loustaunau).

1220 Soc. v. 30.10.2002, Bull. civ. V, Nr. 331 = Dr. soc. 2003, 134 (Anm. Roy-Loustaunau); Soc. v. 13.3.2001, Bull. civ. V, Nr. 87 = Dr. soc. 2001, 2117 (Anm. Roy-Loustaunau).

1221 Frik, Die missbräuchliche Nutzung von befristeten Arbeitsverträgen, S. 185.

1222 Frik, Die missbräuchliche Nutzung von befristeten Arbeitsverträgen, S.185; Welter/Caron, in: Henssler/Braun, Arbeitsrecht in Europa, S. 337, 360 Rn. 108.

Gibt das Arbeitsgericht dem Antrag des Arbeitnehmers auf Umgestaltung seines befristeten Arbeitsvertrages in einen unbefristeten Vertrag statt, spricht es ihm zugleich von Amts wegen, d. h. ohne dass es eines weiteren Antrags bedürfte[1223], eine Entschädigung durch den Arbeitgeber zu, die nicht unter einem Monatsgehalt liegen darf (Art. L. 1245-2 Abs. 2 S. 1 C. trav.). Maßgeblich ist das letzte Monatsgehalt des Arbeitnehmers vor Anrufung des Arbeitsgerichts[1224]. Die Umgestaltungsentschädigung muss vom Arbeitnehmer geleistete Überstunden berücksichtigen[1225]. Der Arbeitgeber wird durch die Verpflichtung zur Zahlung einer Entschädigung zusätzlich zur Umgestaltung des Vertrages bestraft (*requalification-sanction*).

Der Anspruch auf eine Umgestaltungsentschädigung entsteht bereits bei Vertragsschluss unter Verstoß gegen die gesetzlichen Bestimmungen und richtet sich auch im Falle eines Betriebsübergangs gegen den vertragschließenden Arbeitgeber[1226]. Die Umgestaltungsentschädigung unterliegt einer Verjährungsfrist von dreißig Jahren[1227]. Normalerweise gilt für Forderungen des Arbeitnehmers gegen den Arbeitgeber eine fünfjährige Verjährungsfrist (Art. L. 3245-1 C. trav., Art. 2224 C. civ.).

Schließen die Parteien im Anschluss an einen befristeten Arbeitsvertrag oder auch erst während des Umgestaltungsverfahrens nach Vertragsende einen unbefristeten Arbeitsvertrag, kann gleichwohl eine Umgestaltung, die zu einer Entschädigung führt, vorgenommen werden[1228]. Gestaltet der Richter mehrere aufeinanderfolgende befristete Verträge mit demselben Arbeitnehmer in einen unbefristeten Vertrag um, darf er nur eine einzige Umgestaltungsentschädigung zusprechen[1229]. Die Rechtsprechung verbietet zwar eine Kumulation der Umgestaltungsentschädigungen. Eine Höchstgrenze für die Entschädigung legt sie jedoch nicht fest. Das Gesetz regelt nur eine Mindestentschädigung des Arbeitnehmers, mit der das Verhalten des Arbeitgebers geahndet wird; der Richter

1223 Soc. v. 19.1.1999, Bull. civ. V, Nr. 27 = Dr. soc. 1999, 401 (Anm. Savatier); Soc. v. 28.11.2000, Bull. civ. V, Nr. 390 = Dr. soc. 2001, 194 (Anm. Roy-Loustaunau).

1224 Soc. v. 17.6.2005, Sem. soc. Lamy Nr. 1221 v. 27.6.2005, S. 11 = RJS 2005, 595, Nr. 812.

1225 Soc. v. 10.6.2003, Bull. civ. V, Nr. 190 = RJS 2003, 695, Nr. 1023.

1226 Soc. v. 7.11.2006, Bull. civ. V, Nr. 324 = Dr. soc. 2007, 246 (Anm. Mazeaud) = JCP S 2007, 1101 (Anm. Bousez).

1227 Soc. v. 18.5.2004, RJS 2004, 544, Nr. 795.

1228 Soc. v. 1.2.2000, Dr. soc. 2000, 519 (Anm. Roy-Loustaunau) = RJS 2000, 275, Nr. 381; vgl. Soc. v. 25.10.1995, RJS 1995, 786, Nr. 1229; Frik, Die missbräuchliche Nutzung von befristeten Arbeitsverträgen, S. 165 m. w. N.

1229 Soc. (avis) v. 24.1.2005, RJS 2005, 351, Nr. 488; Soc. v. 25.5.2005, D. 2005, 2861 (Anm. Boucris-Maitral) = RJS 2005, 596, Nr. 813; Soc. v. 30.3.2005, D. 2005, IR, 985.

kann eine höhere Entschädigung festlegen, wenn er der Ansicht ist, dass der Schaden des Arbeitnehmers dies rechtfertigt[1230].

Der Antrag auf Umgestaltung des befristeten Arbeitsvertrages in einen unbefristeten Vertrag schließt andere Anträge, die sich auf Ansprüche aus dem Arbeitsverhältnis beziehen, nicht aus[1231]. Die Beendigungsentschädigung des Art. L. 1243-8 C. trav. ist auch im Falle der Umgestaltung des befristeten Arbeitsvertrages zu zahlen[1232]. Zwar wird aus dem befristeten Arbeitsverhältnis durch die Umgestaltung mit ex tunc-Wirkung ein unbefristetes Arbeitsverhältnis[1233], so dass der Arbeitnehmer nunmehr entsprechende Sicherheit hat und damit zumindest auf den ersten Blick eine Beendigungsentschädigung entbehrlich sein könnte. Dies würde jedoch nicht berücksichtigen, dass die Entschädigung vorrangig nicht die Situation nach Beendigung des Arbeitsverhältnisses, sondern die während dessen Bestand gegebene Unsicherheit ausgleichen soll. Diese kann selbst bei einer Umgestaltung nicht im Nachhinein entfallen[1234].

Auch bei einer Fortsetzung des befristeten Arbeitsverhältnisses nach Vertragsende wurde dem Arbeitnehmer früher eine Umgestaltungsentschädigung gewährt[1235]. Nach neuerer Rechtsprechung der *Cour de cassation* folgt jedoch aus der Kombination der Art. L. 1243-11 Abs. 1 und L. 1245-2 C. trav., dass der Arbeitnehmer keine Umgestaltungsentschädigung beanspruchen kann, wenn die Umwandlung in einen unbefristeten Vertrag allein auf einer Fortsetzung des Arbeitsverhältnisses nach Vertragsende beruht. Die Zahlung einer Umgestaltungsentschädigung setze voraus, dass sich der Arbeitnehmer auf eine Unregelmäßigkeit des Ausgangsvertrages oder der Folgeverträge stützen könne[1236].

---

1230 Corrignan-Carsin, in: Rép. trav. Dalloz, Rn. 537.

1231 Soc. v. 4.12.2002, Bull. civ. V, Nr. 369 = Dr. soc. 2003, 529 (Anm. Roy-Loustaunau) = JCP E 2003, 496 (Anm. Boulmier).

1232 Soc. v. 9.5.2001 (2 Urteile), Bull. civ. V, Nr. 153 = Dr. soc. 2001, 928 f.; vgl. dazu Roy-Loustaunau, Dr. soc. 2001, 925; Soc. v. 24.6.2003, Bull. civ. V, Nr. 203 = RJS 2003, 773, Nr. 1124; Soc. v. 30.3.2005, Bull. civ. V, Nr. 106 = RJS 2005, 439, Nr. 606; a. A. Poulain, Les contrats de travail à durée déterminée, Rn. 246.

1233 Roy-Loustaunau, JCP E 1991, 513, 521; Frik, Die missbräuchliche Nutzung von befristeten Arbeitsverträgen, S. 157, 191, 254; Poulain, Les contrats de travail à durée déterminée, Rn. 244.

1234 Roy-Loustaunau, Dr. soc. 2001, 925, 927; Frik, Die missbräuchliche Nutzung von befristeten Arbeitsverträgen, S. 192.

1235 Soc. v. 9.3.1999, Bull. civ. V, Nr. 102; Soc. v. 28.11.2000, Bull. civ. V, Nr. 390 = Dr. soc. 2001, 194 (Anm. Roy-Loustaunau).

1236 Soc. v. 22.3.2006, Bull. civ. V, Nr. 118 (2 Urteile) = Dr. soc. 2006, 796 (Anm. Roy-Loustaunau) = RDT 2006, 21 (Anm. Pélissier) = JCP S 2006, 1470 (Anm. Bousez); Soc. v. 27.9.2007, Bull. civ. V, Nr. 144 = D. 2007, AJ, 2609 = RJS 2007, 1050,

Nach Art. L. 1245-2 Abs. 2 S. 2 C. trav. gilt die Regelung, wonach das Arbeitsgericht dem Arbeitnehmer eine Umgestaltungsentschädigung zuspricht, unbeschadet der Vorschriften zur Beendigung eines unbefristeten Arbeitsvertrages. Die faktische Beendigung des rechtsunwirksam befristeten Arbeitsverhältnisses wird regelmäßig zugleich als Kündigung des umgestalteten unbefristeten Vertrages durch den Arbeitgeber angesehen, so dass auch insoweit eine Pflicht des Arbeitgebers zur Entschädigung besteht[1237]. So hat die *Cour de cassation* betont, das Umgestaltungsverfahren beschränke sich nicht auf eine Entschädigung als Folge der Umgestaltung, sondern erstrecke sich auch auf etwaige Entschädigungen im Zusammenhang mit der Beendigung des (unbefristeten) Arbeitsvertrages[1238]. Der Abschluss rechtsunwirksam befristeter Arbeitsverträge kann also zu einer erheblichen finanziellen Belastung des Arbeitgebers führen[1239].

Nach Art. 79 Abs. 1, 80 duodecies Nr. 1 C. général des impôts ist grundsätzlich jede Entschädigung, die anlässlich der Beendigung eines Arbeitsvertrages gezahlt wird, zu versteuern[1240]. Die Umgestaltungsentschädigung nach Art. L. 1245-2 Abs. 2 S. 1 C. trav. hat den Charakter eines Schadensersatzanspruchs und ist daher steuerfrei[1241].

## III. Rechtsvergleichende Betrachtung

Die Umgestaltung des befristeten Arbeitsvertrages in einen unbefristeten Vertrag setzt nach Art. L. 1245-2 Abs. 2, L. 1247-1 C. trav. einen Antrag des betroffenen Arbeitnehmers oder einer Gewerkschaft voraus. Die *AGS* ist außer in

---

Nr. 1312. S. auch Soc. v. 29.6.2011, Dr. soc. 2012, 197 (Anm. Roy-Loustaunau); Pélissier/Auzero/Dockès, Droit du travail, S. 280 Fn. 2.

1237 Soc. v. 3.6.2009, Nr. 08-41037, n. v.; Frik, Die missbräuchliche Nutzung von befristeten Arbeitsverträgen, S. 189; Louit-Martinod, L'évolution contemporaine du droit, Rn. 456.

1238 Soc. v. 7.4.1998, Bull. civ. V, Nr. 199 = Dr. soc. 1998, 802; dazu Roy-Loustaunau, Dr. soc. 1998, 799, 800; Soc. v. 2.5.2000, RJS 2000, 546, Nr. 776; vgl. auch Boucris-Maitral, Anm. zu Soc. v. 25.5.2005, D. 2005, 2861, 2863. Zu den verschiedenen Entschädigungen bei der Kündigung eines unbefristeten Arbeitsvertrages durch den Arbeitgeber s. Welter/Caron, in: Henssler/Braun, Arbeitsrecht in Europa, S. 337, 375 f.

1239 S. dazu Alaphilippe, Anm. zu Soc. v. 16.12.1998, D. 2000, Jur., 30, 32.

1240 Dazu bereits 2. Kapitel, E. II. 4. a.

1241 Ziff. 75 des ministeriellen Rundschreibens DRT Nr. 92-14 v. 29.8.1992 zur Anwendung der Vorschriften zum befristeten Arbeitsvertrag und Zeitarbeitsvertrag, BOMT Nr. 92/21, S. 55; Louit-Martinod, L'évolution contemporaine du droit, Rn. 433.

Betrugsfällen nicht berechtigt, die Umgestaltung geltend zu machen[1242]. Auch in Deutschland kann der Arbeitnehmer, nicht aber der Arbeitgeber entscheiden, ob er sich auf die Rechtsunwirksamkeit einer Befristungsabrede berufen will[1243]. Weitere Antragsberechtigte gibt es nicht. Nach § 11 Abs. 2 S. 2 Nr. 4 ArbGG können Gewerkschaften lediglich ihre Mitglieder vor dem Arbeitsgericht vertreten, sind aber nicht selbst klagebefugt.

Im Rahmen einer Entfristungsklage nach § 17 TzBfG stellt der Richter fest, dass das Arbeitsverhältnis auf Grund der Befristung nicht beendet ist. Die Umwandlung in ein unbefristetes Arbeitsverhältnis erfolgt automatisch gemäß § 16 TzBfG[1244]. In Frankreich entsteht dagegen bei unwirksamer Befristung nur aufgrund eines gerichtlichen Gestaltungsakts ein unbefristeter Arbeitsvertrag[1245]. Das Ermessen des Richters ist sowohl bei der Entfristungsklage nach § 17 TzBfG als auch, von Ausnahmen abgesehen, bei der Umgestaltungsklage nach Art. L. 1245-1 C. trav.[1246] auf Null reduziert[1247]. Sowohl in Deutschland als auch in Frankreich hat der Richter aber das Vorliegen der Tatbestandsvoraussetzungen zu prüfen und, soweit erforderlich, eine Auslegung vorzunehmen[1248]. Dabei ist der Richter in Deutschland, anders als in Frankreich[1249], nicht an einen im Vertrag genannten Sachgrund gebunden[1250]. Der deutsche Gesetzgeber hat die sachlichen Gründe für die Befristung eines Arbeitsvertrages zudem nicht abschließend aufgezählt[1251], so dass den Umständen des Einzelfalls eine hohe Be-

---

1242 Soc. v. 11.12.2002, RJS 2003, 117, Nr. 161; Soc. v. 7.4.2004, Bull. civ. V, Nr. 106 = RJS 2004, 460, Nr. 659; Soc. v. 18.10.2007, Bull. civ. V, Nr. 162 = D. 2007, AJ, 2733 = RJS 2007, 1010, Nr. 1251. Nach früherer Rspr. war die *AGS* grundsätzlich antragsberechtigt, s. Soc. v. 1.12.1993, RJS 1994, 28, Nr. 8; Soc. v. 1.3.1994, RJS 1994, 253, Nr. 381 = D. 1994, Jur., 577 (Anm. Roy-Loustaunau); Soc. v. 12.4.1995, Bull. civ. V, Nr. 130 = D. 1995, Jur., 461 (Anm. Roy-Loustaunau) = Dr. soc. 1995, 601 (Anm. Blaise); Soc. v. 12.11.1997, RJS 1997, 825, Nr. 1341.

1243 Annuß/Thüsing-Maschmann, TzBfG, § 16 Rn. 1; Rolfs, TzBfG, § 16 Rn. 13; MHH-Meinel, TzBfG, § 16 Rn. 14; KSchR-Däubler, § 16 TzBfG Rn. 7.

1244 KSchR-Däubler, Überschrift zu § 16 TzBfG Rn. 1.

1245 Frik, Die missbräuchliche Nutzung von befristeten Arbeitsverträgen, S. 157, 254; Poulain, Les contrats de travail à durée déterminée, Rn. 244.

1246 Roy-Loustaunau, JCP E 1991, 513, 515; Roy-Loustaunau, Dr. soc. 2003, 465, 466; Frik, Die missbräuchliche Nutzung von befristeten Arbeitsverträgen, S. 170.

1247 Frik, Die missbräuchliche Nutzung von befristeten Arbeitsverträgen, S. 172.

1248 Frik, Die missbräuchliche Nutzung von befristeten Arbeitsverträgen, S. 172; Poulain, Les contrats de travail à durée déterminée, Rn. 246; Roy-Loustaunau, JCP E 1991, 513, 515 f.

1249 Soc. v. 4.12.1996, Bull. civ. V, Nr. 415 = Dr. soc. 1997, 90 (Anm. Roy-Loustaunau).

1250 Dazu bereits 2. Kapitel, D. III.

1251 BT-Drucks. 14/4374, S. 18.

deutung zukommen kann[1252]. Das BAG nimmt nur dann eine Rechtsverletzung durch die Tatsachengerichte an, „wenn der Begriff des sachlichen Grundes selbst verkannt, Denkgesetze und allgemeine Erfahrungssätze verletzt oder wesentliche Umstände übersehen worden sind“[1253].

Zwar findet im Entfristungsklageverfahren nach § 17 TzBfG, anders als im Klageverfahren nach Art. L. 1245-2 C. trav., ein Gütetermin statt. Verfahren in Rechtsstreitigkeiten über das Bestehen, das Nichtbestehen oder die Kündigung eines Arbeitsverhältnisses sind jedoch nach Maßgabe des § 61 a ArbGG vorrangig zu erledigen. Zu diesen Verfahren zählt das Entfristungsklageverfahren[1254]. Das ArbGG sieht allerdings keine Rechtsfolgen für den Fall vor, dass der Vorsitzende gegen § 61 a verstößt[1255].

Die Entscheidung des Arbeitsgerichts im Befristungskontrollklageverfahren ist nach Art. R. 1245-1 C. trav. vorläufig vollstreckbar. Nach § 62 ArbGG sind sogar *alle* Urteile der Arbeitsgerichte, gegen die Einspruch oder Berufung zulässig ist, vorläufig vollstreckbar.

Der Antrag auf Umgestaltung des befristeten Arbeitsvertrages in einen unbefristeten Vertrag schließt in Frankreich andere Anträge, die sich auf Ansprüche aus dem Arbeitsverhältnis beziehen, nicht aus[1256]. Auch nach § 46 Abs. 2 S. 1 ArbGG i. V. m. § 260 ZPO können mehrere Ansprüche des Klägers gegen denselben Beklagten, auch wenn sie auf verschiedenen Gründen beruhen, in einer Klage verbunden werden.

Ist streitig, ob überhaupt eine Befristung vereinbart ist, greift in Frankreich die „auslegende Umgestaltung“[1257]. In Deutschland wird insoweit im Rahmen des § 256 ZPO eine Auslegung vorgenommen[1258].

Während Arbeitnehmer in Deutschland im Falle des Obsiegens im Befristungskontrollklageverfahren im unbefristeten Arbeitsverhältnis weiterarbeiten

---

1252 ErfK-Müller-Glöge, § 17 TzBfG Rn. 18.

1253 BAG v. 22.3.1985 – 7 AZR 487/84, AP Nr. 89 zu § 620 BGB Befristeter Arbeitsvertrag; ErfK-Müller-Glöge, § 17 TzBfG Rn. 18.

1254 Schwab/Weth-Berscheid/Korinth, ArbGG, § 61 a Rn. 2.

1255 Germelmann u.a.-Germelmann, ArbGG, § 61 a Rn. 21; ErfK-Koch, § 61 a ArbGG Rn. 1.

1256 Soc. v. 4.12.2002, Bull. civ. V, Nr. 369 = Dr. soc. 2003, 529 (Anm. Roy-Loustaunau) = JCP E 2003, 496 (Anm. Boulmier).

1257 Roy-Loustaunau, JCP E 1991, 513; Roy-Loustaunau, R.R.J. 1992, 861, 862 f., 867; Alaphilippe, Anm. zu Soc. v. 16.12.1998, D. 2000, Jur., 30, 31 f.; Frik, Die missbräuchliche Nutzung von befristeten Arbeitsverträgen, S. 198 f.

1258 BAG v. 16.4.2008 – 7 AZR 132/07, AP Nr. 10 zu § 305 c BGB; BAG v. 20.2.2002 – 7 AZR 622/00, EzA § 17 TzBfG Nr. 1 = NZA 2002, 1304; KR-Bader, § 3 TzBfG Rn. 6, § 17 TzBfG Rn. 5; MüKoBGB-Hesse, § 17 TzBfG Rn. 3; ErfK-Müller-Glöge, § 17 TzBfG Rn. 4.

können, wird die faktische Beendigung des rechtsunwirksam befristeten Arbeitsvertrages in Frankreich regelmäßig zugleich als Kündigung des umgestalteten unbefristeten Vertrages durch den Arbeitgeber angesehen[1259]. Sowohl aufgrund der Umgestaltung des befristeten Vertrages als auch aufgrund der Kündigung des nunmehr unbefristeten Arbeitsvertrages sind nach Art. L. 1245-2 Abs. 2 C. trav. spezielle Entschädigungen zu zahlen[1260]. Diese finden im deutschen Recht keine Entsprechung.

Die Klagefrist des § 17 S. 1 TzBfG und die Fiktion der Wirksamkeit der Befristung bei deren Verstreichen (§ 17 S. 2 i. V. m. § 7 KSchG) führt zu einer Rechtssicherheit für den Arbeitgeber[1261], die das französische Recht nicht kennt[1262].

Schließen die Parteien im Anschluss an einen befristeten Arbeitsvertrag einen unbefristeten Arbeitsvertrag, kann nach französischer Rechtslage gleichwohl eine Umgestaltung, die zu einer Entschädigung führt, vorgenommen werden[1263]. In Deutschland fehlt es in diesem Fall an einem Rechtsschutzbedürfnis für die Entfristungsklage, es sei denn, die Arbeitsbedingungen haben sich verschlechtert[1264].

---

1259 Soc. v. 3.6.2009, Nr. 08-41037, n. v.; Frik, Die missbräuchliche Nutzung von befristeten Arbeitsverträgen, S. 187, 189; Louit-Martinod, L'évolution contemporaine du droit, Rn. 456.

1260 Soc. v. 7.4.1998, Bull. civ. V, Nr. 199 = Dr. soc. 1998, 802; dazu Roy-Loustaunau, Dr. soc. 1998, 799, 800; Soc. v. 2.5.2000, RJS 2000, 546, Nr. 776; vgl. auch Boucris-Maitral, Anm. zu Soc. v. 25.5.2005, D. 2005, 2861, 2863. Zu den verschiedenen Entschädigungen bei der Kündigung eines unbefristeten Arbeitsvertrages durch den Arbeitgeber s. Welter/Caron, in: Henssler/Braun, Arbeitsrecht in Europa, S. 337, 375 f.

1261 BT-Drucks. 13/4612, S. 13.

1262 Frik, Die missbräuchliche Nutzung von befristeten Arbeitsverträgen, S. 167.

1263 Soc. v. 1.2.2000, Dr. soc. 2000, 519 (Anm. Roy-Loustaunau) = RJS 2000, 275, Nr. 381; vgl. Soc. v. 25.10.1995, RJS 1995, 786, Nr. 1229; Frik, Die missbräuchliche Nutzung von befristeten Arbeitsverträgen, S. 165.

1264 Frik, Die missbräuchliche Nutzung von befristeten Arbeitsverträgen, S. 167 f. m. w. N.

# H. Tarifdispositivität

Nach der – rechtsvergleichenden – Darstellung des deutschen und französischen Gesetzesrechts zur Befristung von Arbeitsverhältnissen wird der Frage nachgegangen, inwieweit dieses tarifdispositiv ist, also auch zulasten des Arbeitnehmers Abweichungen durch Tarifvertrag zulässt[1265].

## I. Deutsches Recht

Zunächst wird ein Überblick über das für die Befristung von Arbeitsverträgen wesentliche Tarifvertragsrecht gegeben. Sodann werden die Regelungsspielräume der Tarifvertragsparteien nach dem Befristungsrecht des TzBfG untersucht.

### 1. Überblick über das Tarifvertragsrecht

Das Tarifvertragsgesetz kennt Rechtsnormen, die den Inhalt, den Abschluss und die Beendigung von Arbeitsverhältnissen sowie betriebliche und betriebsverfassungsrechtliche Fragen regeln (§ 1 Abs. 1 TVG). Befristungsregelungen in Tarifverträgen bedürfen der Auslegung[1266]. Zumeist handelt es sich um Abschlussnormen, keine Beendigungsnormen[1267]. Die tarifvertraglichen Befristungsregelungen beschränken von vornherein die Dauer des Arbeitsverhältnisses[1268]. Das BAG sieht auflösende Bedingungen als Beendigungsnormen an. Dies hängt mit der Ungewissheit des Eintritts der Bedingungen zusammen[1269]. Tarifvertragliche Befristungsregelungen[1270] und tarifvertraglich geregelte auflösende Bedingungen[1271] unterliegen im Einzelfall der gerichtlichen Befristungskontrolle[1272].

1265 Ausf. zum tarifdispositiven Gesetzesrecht Waas, FS Birk, S. 899.

1266 ErfK-Müller-Glöge, § 22 TzBfG Rn. 4.

1267 BAG v. 14.2.1990 – 7 AZR 68/89, BAGE 64, 164, 167 f. = AP Nr. 12 zu § 1 BeschFG 1985; Dörner, Der befristete Arbeitsvertrag, Rn. 485; ErfK-Müller-Glöge, § 22 TzBfG Rn. 4.

1268 ErfK-Müller-Glöge, § 22 TzBfG Rn. 4.

1269 BAG v. 28.6.1995 – 7 AZR 555/94, AP Nr. 6 zu § 59 BAT; ErfK-Müller-Glöge, § 22 TzBfG Rn. 4; a. A. KR-Bader, § 22 TzBfG Rn. 4.

1270 BAG v. 31.7.2002 – 7 AZR 140/01, BAGE 102, 65, 67 = AP Nr. 14 zu § 1 TVG Tarifverträge: Luftfahrt; BAG v. 16.11.2005 – 7 AZR 86/05, AP Nr. 2 zu § 8 ATG; BAG v. 18. 6. 2008 – 7 AZR 116/07, AP Nr. 48 zu § 14 TzBfG.

1271 BAG v. 31.7.2002 – 7 AZR 140/01, BAGE 102, 65, 67 = AP Nr. 14 zu § 1 TVG Tarifverträge: Luftfahrt; BAG v. 16.10.2008 – 7 AZR 185/07, n. v..

1272 ErfK-Müller-Glöge, § 22 TzBfG Rn. 4.

Nach § 4 Abs. 1 S. 1 TVG gelten die Rechtsnormen des Tarifvertrages, die den Inhalt, den Abschluss oder die Beendigung von Arbeitsverhältnissen ordnen, unmittelbar und zwingend zwischen den beiderseits Tarifgebundenen, die unter den Geltungsbereich des Tarifvertrages fallen. Tarifgebunden sind gemäß § 3 Abs. 1 TVG auf Arbeitnehmerseite die Mitglieder der tarifschließenden Gewerkschaft, auf Arbeitgeberseite der tarifschließende Arbeitgeber oder die Mitglieder des tarifschließenden Arbeitgeberverbandes. Ein Tarifvertrag kann für allgemeinverbindlich erklärt werden (§ 5 TVG). Oftmals sehen arbeitsvertragliche Bezugnahmeklauseln die Anwendung der normativen Tarifvertragsbestimmungen vor[1273].

Von den Rechtsnormen des Tarifvertrages abweichende Abmachungen sind nur zulässig, soweit sie durch den Tarifvertrag gestattet sind oder eine Änderung der Regelungen zugunsten des Arbeitnehmers enthalten (§ 4 Abs. 3 TVG).

## 2. Tarifdispositives Gesetzesrecht

Durch Tarifvertrag kann die Anzahl der Verlängerungen oder die Höchstdauer einer sachgrundlosen Befristung abweichend von § 14 Abs. 2 S. 1 TzBfG festgelegt werden. Im Geltungsbereich eines solchen Tarifvertrages können nicht tarifgebundene Arbeitgeber und Arbeitnehmer die Anwendung der tariflichen Regelungen vereinbaren (§ 14 Abs. 2 S. 3 und 4 TzBfG). Auf die Befristung eines Arbeitsvertrages nach § 14 Abs. 2 a S. 1 TzBfG finden die vorstehenden Bestimmungen entsprechende Anwendung (§ 14 Abs. 2 a S. 4 TzBfG). Ungeachtet des Wortlauts des § 14 Abs. 2 S. 3 TzBfG („oder“) können die Tarifvertragsparteien abweichende Regelungen zur Verlängerung und/oder zur Höchstdauer treffen[1274]. Allerdings ist diese Befugnis im Hinblick auf den systematischen Gesamtzusammenhang und den Zweck des TzBfG sowie aus verfassungs- und unionsrechtlichen Gründen nicht völlig schrankenlos[1275]. Jedenfalls die Festlegung einer Höchstdauer von 42 Monaten für die kalendermäßige Befristung eines Arbeitsvertrages ohne Vorliegen eines sachlichen Grundes und die in diesem Rahmen vorgegebene höchstens viermalige Vertragsverlängerung sind danach aber unbedenklich[1276].

Nach § 22 Abs. 1 TzBfG kann außer im Falle des § 14 Abs. 2 S. 3 und 4 TzBfG von den Vorschriften des TzBfG nicht zuungunsten des Arbeitnehmers

---

1273 BeckOK-Waas/Giesen, § 1 TVG, Überblick über das Tarifvertragsrecht.

1274 MüKoBGB-Hesse, § 14 TzBfG Rn. 87; APS-Backhaus, § 14 TzBfG Rn. 403; KR-Lipke, § 14 TzBfG Rn. 434; ErfK-Müller-Glöge, § 14 TzBfG Rn. 101; BAG v. 15.8.2012 – 7 AZR 184/11, NZA 2013, 45, 46 f.

1275 BAG v. 15.8.2012 – 7 AZR 184/11, NZA 2013, 45, 47.

1276 BAG v. 15.8.2012 – 7 AZR 184/11, NZA 2013, 45, 49.

abgewichen werden. Daraus folgt, dass die Tarifvertragsparteien keine weiteren Sachgründe entwickeln können[1277]. Aus demselben Grund reicht es für eine Befristung aufgrund der Eigenart der Arbeitsleistung nach § 14 Abs. 1 S. 2 Nr. 4 TzBfG nicht aus, wenn Tarifverträge den befristeten Vertrag zum üblichen Vertrag von Arbeitnehmern, die im Bühnenbereich „individualisierbare künstlerische Leistungen" erbringen, erklären. Etwas anderes gilt nur, soweit konkret „Einfluss auf die künstlerische Zielsetzung der Aufführungen genommen werden kann", so dass das Grundrecht der Kunstfreiheit die Befristung rechtfertigt[1278].

In Tarifverträgen zur Bühnenarbeit ist geregelt, dass der befristete Arbeitsvertrag automatisch und ohne besondere Vereinbarung verlängert wird, wenn zum maßgeblichen Zeitpunkt keine der Vertragsparteien eine Nichtverlängerungsmitteilung gemacht hat. Das Schriftformerfordernis des § 14 Abs. 4 TzBfG wird dabei außer Acht gelassen. Dies wird damit begründet, dass keine Befristungsabrede getroffen werde, sondern durch Unterlassen eines Gestaltungsakts eine erneute Befristung erfolge[1279].

§ 15 Abs. 3 TzBfG, wonach die ordentliche Kündbarkeit eines befristeten Arbeitsvertrages nicht nur einzelvertraglich, sondern auch im anwendbaren Tarifvertrag vereinbart werden kann, enthält kein zwingendes Arbeitnehmerschutzrecht[1280]. § 17 TzBfG ist zweiseitig zwingend[1281].

Enthält ein Tarifvertrag für den öffentlichen Dienst Bestimmungen im Sinne des § 14 Abs. 2 S. 3 und 4 oder § 15 Abs. 3 TzBfG, so gelten diese Bestimmungen auch zwischen nicht tarifgebundenen Arbeitgebern und Arbeitnehmern außerhalb des öffentlichen Dienstes, wenn die Anwendung der für den öffentlichen Dienst geltenden tarifvertraglichen Bestimmungen zwischen ihnen vereinbart ist und die Arbeitgeber die Kosten des Betriebes überwiegend mit Zuwendungen im Sinne des Haushaltsrechts decken (§ 22 Abs. 2 TzBfG).

---

1277 Laux/Schlachter-Schlachter, TzBfG, § 14 Rn. 97.

1278 Laux/Schlachter-Schlachter, TzBfG, § 14 Rn. 57 m. w. N.; APS-Backhaus, § 14 TzBfG Rn. 176, 190.

1279 LAG Köln v. 21.1.2008 – 2 Sa 1046/07, LAGE § 14 TzBfG Nr. 42; krit. Laux/Schlachter-Schlachter, TzBfG, § 14 Rn. 59.

1280 ErfK-Müller-Glöge, § 22 TzBfG Rn. 3.

1281 KR-Bader, § 22 TzBfG Rn. 2; MüKoBGB-Hesse, § 22 TzBfG Rn. 4; Annuß/Thüsing-Thüsing, TzBfG, § 22 Rn. 22; ErfK-Müller-Glöge, § 22 TzBfG Rn. 1 m. w. N., auch zur Gegenansicht.

## II. Französisches Recht

Nach einem Überblick über das für die Befristung von Arbeitsverträgen wesentliche Tarifvertragsrecht werden die Regelungsspielräume der Tarifvertragsparteien nach dem Befristungsrecht des *Code du travail* untersucht.

### 1. Überblick über das Tarifvertragsrecht

Nach Art. L. 2254-1 C. trav. erfasst die normative unmittelbare und zwingende Wirkung des Tarifvertrages alle Arbeitsverträge eines tarifgebundenen Arbeitgebers, es sei denn, diese enthalten günstigere Bestimmungen[1282]. Die Arbeitnehmer müssen dazu keine Gewerkschaftsmitglieder sein[1283]. Ein Tarifvertrag kann nach Art. L. 2261-15 ff. C. trav. für allgemeinverbindlich erklärt werden (*arrêté d'extension*).

Es gibt Branchentarifverträge und Firmentarifverträge. Ein besonderer Tarifvertrag ist der bereits erwähnte branchenübergreifende landesweite Tarifvertrag (*Accord National Interprofessionnel*)[1284]. Dieser stellt regelmäßig keinen unmittelbar anwendbaren normativen Tarifvertrag dar. Vielmehr ist er meist „Modellvertrag“, der von einzelnen Branchen umgesetzt oder vom Gesetzgeber übernommen wird[1285]. So wurde der *Accord National Interprofessionnel* vom 24. März 1990 mit Modifikationen zum Gesetz vom 12. Juli 1990 und damit Grundlage des heutigen Befristungsrechts des *Code du travail*[1286]. Auch der *Accord National Interprofessionnel* vom 11. Januar 2008 wurde mehr oder weniger modifiziert in Gesetzesform gegossen[1287], was nicht zuletzt zur Einführung des befristeten Projektvertrages geführt hat.

---

1282 „Lorsqu'un employeur est lié par les clauses d'une convention ou d'un accord, ces clauses s'appliquent aux contrats de travail conclus avec lui, sauf stipulations plus favorables.“ Zum Günstigkeitsprinzip (*principe de faveur*) Frik, NZA 1998, 525.

1283 Krieger, Das französische Tarifvertragsrecht, S. 164 m. w. N.

1284 Frik, Die missbräuchliche Nutzung von befristeten Arbeitsverträgen, S. 32, der dieselbe Übersetzung wählt..

1285 Frik, Die missbräuchliche Nutzung von befristeten Arbeitsverträgen, S. 32; vgl. Mazeaud, Droit du travail, Rn. 73; Couturier, Droit du travail, Bd. 1, Rn. 27; ausf. zu den Erscheinungsformen von *Accords Nationaux Interprofessionnels* Barthélémy, Dr. soc. 2008, 566, 569 f.; krit. Radé, Dr. soc. 2010, 284.

1286 Bunel, in: CEE, Document de Travail Nr. 82, März 2007, S. 6; Frik, Die missbräuchliche Nutzung von befristeten Arbeitsverträgen, S. 32; ausf. zur Entwicklung Barrau, in: Cahiers de l'IRT, Aix-en-Provence, Nr. 15, Sept. 2007, S. 89 ff. Dazu bereits 1. Kapitel, D. II.

1287 Das Gesetz vom 25. Juni 2008 wurde seiner Begründung zufolge von der Regierung in enger Abstimmung mit den Unterzeichnerparteien des Tarifvertrages ausgearbeitet, um

## 2. Tarifdispositives Gesetzesrecht

Das französische Gesetzesrecht ist aufgrund seiner Ausrichtung am Interesse der Allgemeinheit grundsätzlich zwingend. Insoweit wird vom *ordre public* gesprochen[1288]. Beim *ordre public absolu* handelt es sich um zweiseitig zwingendes Recht. Abweichungen durch Tarifvertrag sind in keine Richtung zulässig[1289]. Unter dem *ordre public relatif* bzw. *ordre public social* ist einseitig zwingendes Recht zu verstehen[1290]. Art. L. 2251-1 C. trav. ist Ausdruck des *ordre public relatif* bzw. *ordre public social*[1291]. Die Vorschrift lautet: „Ein Tarifvertrag kann Bestimmungen enthalten, die für die Arbeitnehmer günstiger als die geltenden gesetzlichen Vorschriften sind[1292]. Die Tarifnormen dürfen nicht von den Vorschriften des *ordre public* (Hinzufügung der Verfasserin: *absolu*) chen[1293]."

Der *ordre public supplétif* (auch: *accords dérogotoires* oder *ordre public conditionnel*[1294]) schließlich erfasst alle Normen, die für die Tarifvertragsparteien dispositiv sind, von denen diese also auch zuungunsten der Arbeitnehmer abweichen können, die aber für die Arbeitsvertragsparteien *ordre public absolu* oder *ordre public relatif* bzw. *ordre public social* sind, von denen diese also (zuungunsten der Arbeitnehmer) nicht abweichen dürfen[1295]. Vorschriften des *ordre public supplétif* finden sich im Bereich der Löhne und insbesondere im Arbeitszeitrecht[1296].

---

den Sinn und die genaue Reichweite der umzusetzenden Bestimmungen nicht zu verfälschen (http://www.legifrance.gouv.fr/affichLoiPubliee.do;jsessionid=09EF619CAFFCEA7FD680FB1495F3689D.tpdjo13v_2?idDocument=JORFDOLE000018425474&type=expose), zuletzt abgerufen am 15.5.2013).

1288 Brose, Der präventive Kündigungsschutz bei betriebsbedingten Kündigungen, S. 9.

1289 Krieger, Das französische Tarifvertragsrecht, S. 241 f.

1290 Krieger, Das französische Tarifvertragsrecht, S. 264.

1291 Pélissier/Auzero/Dockès, Droit du travail, Rn. 1245.

1292 Ausf. zum Günstigkeitsprinzip Pélissier/Auzero/Dockès, Droit du travail, Rn. 1247; Hilgenstock, Günstigkeitsvergleich im Arbeitsrecht, S. 109 ff.; Pahl, Funktionen der Günstigkeit im kollektiven Arbeitsrecht, S. 42 ff.

1293 „Une convention ou un accord peut comporter des stipulations plus favorables aux salariés que les dispositions légales en vigueur. Ils ne peuvent déroger aux dispositions qui revêtent un caractère d'ordre public."

1294 Pahl, Funktionen der Günstigkeit im kollektiven Arbeitsrecht, S. 65 Fn. 264.

1295 Pahl, Funktionen der Günstigkeit im kollektiven Arbeitsrecht, S. 65; Pélissier/Auzero/Dockès, Droit du travail, Rn. 1248.

1296 Pahl, Funktionen der Günstigkeit im kollektiven Arbeitsrecht, S. 65; Pélissier/Auzero/Dockès, Droit du travail, Rn. 1248.

Aus den vorstehenden Ausführungen folgt, dass das französische Befristungsrecht nicht tarifdispositiv ist. Tarifverträge können keine weiteren Sachgründe oder andere vom Gesetz abweichende, für den Arbeitnehmer ungünstigere Regelungen enthalten[1297]. Für diese Regel sei ein Beispiel aus der Rechtsprechung genannt: Die Charta des Profifußballs (*Charte du Football Professionnel*), die die Beziehungen zwischen der *FFF* (*Féderation Française de Football*) oder der *LFP* (*Ligue de Football Professionnel*) auf der einen Seite, den betreffenden Arbeitgebern auf der anderen Seite und schließlich den Arbeitnehmern mit Berufen im Bereich des Profifußballs regelt[1298] und den Rang eines Tarifvertrages hat, darf von den Bestimmungen des *ordre public* des Art. L. 1243-1 C. trav. nur bei für den Arbeitnehmer günstigeren Regelungen abweichen[1299]. Nach Art. L. 1243-1 C. trav. ist die vorzeitige Beendigung eines befristeten Arbeitsvertrages nur im Falle der Parteivereinbarung, eines schwerwiegenden Fehlers, höherer Gewalt oder vom Betriebsarzt festgestellter fehlender Eignung des Arbeitnehmers zulässig.

## 3. Ausdrücklich verbleibende Regelungsspielräume

Im Folgenden werden zur Abrundung der Darstellung des französischen Befristungsrechts die im Rahmen des *ordre public relatif* bzw. *ordre public social* ausdrücklich verbleibenden Regelungsspielräume für die Tarifvertragsparteien behandelt.

### *a. Ausgestaltung der gewohnheitsmäßigen Befristung*

Aus Art. L. 1242-2 Nr. 3, 2. Alt., L. 1242-7 Abs. 2 Nr. 4, 2. Alt., L. 1244-1 Nr. 3, 2. Alt., L. 1244-4 Nr. 3, 2. Alt. C. trav. folgt, dass nicht nur durch Verordnung (Art. D. 1242-1 C. trav.), sondern auch durch Tarifvertrag oder für allgemeinverbindlich erklärte Kollektivvereinbarung Tätigkeitsbereiche benannt werden können, in denen es ständiger Brauch ist, wegen der Art der ausgeübten Tätigkeit und des naturgemäß vorübergehenden Charakters dieser Beschäftigung nicht auf unbefristete Arbeitsverträge zurückzugreifen.

Ein wichtiger Tätigkeitsbereich, der bereits in Art. Art. D. 1242-1 Nr. 4 C. trav. genannt ist, ist der des Hotel- und Gaststättengewerbes. Wie bereits er-

1297 Roy-Loustaunau, Dr. soc. 1998, 110.

1298 Vgl. Art. 1 der Charta.

1299 Soc. v. 6.5.1998, Bull. civ. V, Nr. 235 = D. 1998, Jur., 611 (Anm. Lagarde) = Dr. soc. 1998, 835 (Anm. Karaquillo). Zu abweichenden Klauseln im Arbeitsvertrag und im Tarifvertrag für den Profibasketball Soc. v. 1.7.2009, Bull. civ. V, Nr. 165 = RJS 2009, 745, Nr. 840.

wähnt[1300], erweist sich die gewohnheitsmäßige Befristung als besonders flexibel für den Arbeitgeber[1301]. Diese kann als Zweckbefristung vereinbart werden (Art. L. 1242-7 C. trav.). Mit demselben Arbeitnehmer können aufeinanderfolgende gewohnheitsmäßig befristete Arbeitsverträge geschlossen werden (Art. L. 1244-1 Nr. 3 C. trav.). Über denselben Arbeitsplatz können aufeinanderfolgende gewohnheitsmäßig befristete Arbeitsverträge geschlossen werden, ohne dass eine Wartezeit zwischen den Verträgen einzuhalten ist (Art. L. 1244-4 Nr. 3 C. trav.). Bei der Beendigung des Vertrages hat der Arbeitnehmer keinen Anspruch auf eine Beendigungsentschädigung (Art. L. 1243-10 Nr. 1 C. trav.). Die Sozialpartner haben daher die Nutzung der gewohnheitsmäßigen Befristung im Hotel- und Gaststättengewerbe eingeschränkt, indem sie die Anzahl der Einsätze von Aushilfen (*extras*) begrenzt haben. Aushilfen, die innerhalb eines Quartals mehr als sechzig Tage in ein und demselben Betrieb eingesetzt werden, können die Umgestaltung ihres befristeten Arbeitsvertrages in einen unbefristeten Vertrag geltend machen[1302].

Ein weiterer bedeutender Tätigkeitsbereich ist der des Schauspiels und der Kultur (Art. D. 1242-1 Nr. 6 C. trav.). Die befristeten Bühnenengagementverträge unterliegen in Frankreich in hohem Maße tarifvertraglichen Regelungen[1303].

#### *b. Voraussetzung für den Abschluss von Projektverträgen*

Der Abschluss von Projektverträgen bedarf nach Art. 6 des Gesetzes vom 25. Juni 2008 einer allgemeinverbindlichen Branchenvereinbarung (*accord de branche étendu*) oder, in Ermangelung einer solchen, einer Betriebsvereinbarung (*accord d'entreprise*). Die Vereinbarung benennt die wirtschaftlichen Notwendigkeiten, auf die die Projektverträge eine passende Antwort geben können, und die Bedingungen, zu denen die Arbeitnehmer in den Genuss bestimmter Sicherheiten (Hilfe zur Wiederbeschäftigung [*aide au reclassement*], Anerkennung von Berufserfahrung [*validation des acquis de l'expérience*], Vorrang der Wiedereinstellung [*priorité de réembauchage*], Zugang zur beruflichen Fortbildung [*formation professionnelle continue*]) kommen. Dasselbe gilt für die Bedingungen, zu denen die Arbeitnehmer während des Laufs der mindestens zweimonatigen Ankündigungsfrist vor Vertragsende (*délai de prévenance*) die verfügbaren Mittel mobilisieren können, um ihren weiteren Berufsweg zu organisieren, und die Voraussetzungen eines Vorrangs der Arbeitnehmer mit Projektvertrag beim Zugang zur unbefristeten Beschäftigung im Unternehmen.

---

1300 2. Kapitel, C. II. 2. b.

1301 Vigneau, Anm. zu Soc. v. 23.1.2008, D. 2008, 1322, 1323.

1302 Pelletier, JCP S 2008, 1532, 21.

1303 Urban, Die Beendigung von Bühnenengagementsverträgen, S. 108 f.

### c. *Höchstdauer einer Probezeit*

Nach Art. L. 1242-10 Abs. 2 C. trav. kann die Höchstdauer einer Probezeit des befristeten Arbeitsvertrages durch Tarifvertrag unterhalb der gesetzlichen Höchstdauer festgelegt werden. Die gesetzliche Höchstdauer einer Probezeit liegt bei zwei Wochen, wenn die Vertragsdauer maximal sechs Monate beträgt, ansonsten bei einem Monat[1304].

### d. *Beendigungsentschädigung bei Befristung nach Art. L. 1242-2 Nr. 3 oder Art. L. 1242-3 C. trav.*

Nach Art. L. 1243-10 Nr. 1 C. trav. ist eine Beendigungsentschädigung grundsätzlich nicht geschuldet, wenn der befristete Arbeitsvertrag nach Art. L. 1242-2 Nr. 3 (Saisonarbeit, gewohnheitsmäßige Befristung) oder Art. L. 1242-3 C. trav. (Ausbildung, Fortbildung, Beschäftigungsförderung) geschlossen wird. Günstigere tarifvertragliche Bestimmungen sind jedoch zulässig. So sieht Art. 1 der Zusatzerklärung vom 9. März 2006 zum *Accord National Interprofessionnel* vom 13. Oktober 2005 vor, dass die Inhaber eines *CDD senior* bei Vertragsende eine Entschädigung erhalten, die der „Prekaritätsentschädigung" entspricht. Der *ANI* nebst Zusatzerklärung ist mit Erlass vom 12. Juli 2006[1305] für allgemeinverbindlich erklärt worden.

### e. *Kürzung der Beendigungsentschädigung zugunsten der beruflichen Bildung*

Wie bereits im 2. Kapitel unter E. II. 4. angedeutet, kann die in Art. L. 1243-8 C. trav. vorgesehene Beendigungsentschädigung nach Art. L. 1243-9 C. trav. durch Tarifvertrag oder allgemeinverbindliche Kollektivvereinbarung auf Branchenebene auf 6 % der Gesamtbruttovergütung gesenkt werden, um die berufliche Bildung befristet Beschäftigter zu verbessern. Dafür muss den Arbeitnehmern ein Ausgleich angeboten werden, insbesondere in Form eines privilegierten Zugangs zur beruflichen Bildung[1306]. Der Tarifvertrag oder die Kollektivver-

---

1304 Dazu bereits 2. Kapitel, B. II. 1. a.

1305 J.O. v. 22.7.2006.

1306 Soc. v. 11.7.2007, D. 2007, 2582 (Anm. Kobina Gaba) = D. 2007, AJ 2166 (Anm. Dechristé) = RJS 2007, 816 Nr. 1033; Soc. v. 23.1.2008, Liaisons soc. Jurisp. v. 1.2.2008, 11 = Dr. soc. 2008, 494 (Anm. Roy-Loustaunau) = JCP S 2008, 1248 (Anm. Bousez): In beiden Fällen hatte der Arbeitgeber, der sich auf die reduzierte Beendigungsentschädigung nach einem Tarifvertrag der Metallbranche berief, dem Arbeitnehmer keine Gegenleistung angeboten, so dass es bei einer Beendigungsentschädigung in Höhe von 10 % blieb. Nach der Rechtsprechung bedarf es eines individuellen

einbarung kann die Bedingungen festlegen, zu denen für die Arbeitnehmer außerhalb der Arbeitszeit eine Bilanz ihrer Kompetenzen (*bilan de compétences*) erstellt wird, die ihr berufliches Fortkommen fördert.

### *f. Beschäftigungsangebot für die Folgesaison*

Nach Art. L. 1244-2 Abs. 2 C. trav. kann ein Tarifvertrag oder eine Kollektivvereinbarung die Verpflichtung des Arbeitgebers, der einen Arbeitnehmer im Rahmen einer Saisonarbeit beschäftigt, festschreiben, diesem eine Beschäftigung dergleichen Art in dergleichen Saison des Folgejahres anzubieten, wenn nicht ein wichtiger Grund (*motif réel et sérieux*) dagegen spricht. Der Tarifvertrag oder die Kollektivvereinbarung bestimmt dann die Bedingungen, vor allem die Probezeit, regelt die Frist, innerhalb derer dem Arbeitnehmer dieses Angebot vor Saisonbeginn zu machen ist, und die Mindestentschädigung des Arbeitnehmers, der kein Beschäftigungsangebot erhält.

Eine tarifvertragliche Regelung nach Art. L. 1244-2 Abs. 2 C. trav. hat lediglich die Wirkung, dem Arbeitgeber eine *vorrangige* Beschäftigung des Arbeitnehmers aufzuerlegen. Sie ist nicht mit einer Klausel vergleichbar, die die automatische Verlängerung des Arbeitsvertrages für die folgende Saison vorsieht, und hat keinesfalls zur Folge, das befristete in ein unbefristetes Arbeitsverhältnis umzuwandeln[1307]. Ungeachtet einer Klausel zur vorrangigen Beschäftigung und der tatsächlichen Verlängerung bleibt der für eine Saison geschlossene Vertrag befristet[1308].

## III. Rechtsvergleichende Betrachtung

Das Tarifvertragsrecht ist in Deutschland weitaus weniger detailliert als Frankreich. Dies führt zu einem größeren Einfluss von Rechtsprechung und Lehre auf diesem Gebiet[1309]. Der Einfluss der deutschen Arbeitsrechtslehre auf das Tarifvertragsrecht und allgemein auf das Arbeitsrecht wird im französischen Schrifttum besonders erwähnt[1310].

---

Angebots des Arbeitgebers auf Zugang zur Bildung. Eine Aussage zum notwendigen Inhalt des Angebots hat die Rechtsprechung noch nicht getroffen.

1307 Soc. v. 30.5.2000, Bull. civ. V, Nr. 205 = Dr. soc. 2000, 768 (Anm. Roy-Loustaunau).

1308 Soc. v. 31.1.1985, Bull. civ. V, Nr. 74 = D. 1985, IR, 441 (Anm. Langlois); a. A. Soc. v. 19.11.1987, Bull. civ. V, Nr. 665 = D. 1988, Somm., 317, 1. Fall (Anm. Langlois) unter Zugrundelegung älterer Gesetzestexte.

1309 Krieger, Das französische Tarifvertragsrecht, S. 114.

1310 Javillier, Dr. soc. 1990, 661, 665; Kessler, Le droit des conventions collectives de travail, S. 163; Krieger, Das französische Tarifvertragsrecht, S. 114 f. Fn. 519.

Ein wesentlicher Unterschied zwischen dem Tarifvertragsrecht beider Länder besteht darin, dass die normative unmittelbare und zwingende Wirkung des Tarifvertrages in Frankreich unabhängig von einer Gewerkschaftszugehörigkeit der Arbeitnehmer für alle Arbeitverträge eines tarifgebundenen Arbeitgebers gilt (Art. L. 2254-1 C. trav.), während in Deutschland Inhalts-, Abschluss- und Beendigungsnormen eines Tarifvertrages unmittelbar und zwingend nur zwischen den beiderseits Tarifgebundenen – auf Arbeitnehmerseite Gewerkschaftsmitgliedern – im Geltungsbereich des Tarifvertrages gelten (§ 4 Abs. 1 S. 1 i. V. m. § 3 Abs. 1 TVG). Bedeutend ist in Frankreich die Rolle der Sozialpartner auf der nationalen, branchenübergreifenden Ebene[1311].

Anders als in Deutschland ist in Frankreich im Tarifvertragsrecht (Art. L. 2251-1 C. trav.) geregelt, dass der Tarifvertrag zugunsten der Arbeitnehmer vom Gesetz abweichen kann. Hierbei handelt es sich um ein „grundlegendes Prinzip des Arbeitsrechts"[1312]. § 22 TzBfG kommt für das Befristungsrecht zu demselben Ergebnis.

Frappierend ist, dass nach § 14 Abs. 2 S. 3, § 14 Abs. 2 a S. 4 TzBfG durch Tarifvertrag die Anzahl der Verlängerungen und/oder[1313] die Höchstdauer einer sachgrundlosen Befristung auch zuungunsten des Arbeitnehmers abweichend von § 14 Abs. 2 S. 1 TzBfG festgelegt werden kann, selbst wenn § 22 Abs. 1 TzBfG eine anderweitige Abweichung von den Vorschriften des TzBfG zu Lasten des Arbeitnehmers ausdrücklich ausschließt. Im französischen Recht ist schon eine sachgrundlose Befristung nicht vorgesehen, geschweige denn, dass die Sozialpartner im Hinblick auf die Anzahl der Verlängerungen und die Höchstdauer auch zuungunsten des Arbeitnehmers vom Gesetzesrecht abweichen könnten. Vor dem Hintergrund der Ausrichtung des französischen Befristungsrechts ist es nicht weiter verwunderlich, dass dieses überhaupt nicht tarifdispositiv ist, also keine für den Arbeitnehmer ungünstigeren tariflichen Regelungen ermöglicht. Diese Unterschiede zwischen dem deutschen und französischen Befristungsrecht sind mit Blick auf die europäische Rahmenvereinbarung über befristete Arbeitsverträge zu beurteilen. Ziff. 12 der Erwägungsgründe der Rahmenvereinbarung lautet immerhin: „Die Sozialpartner sind am besten in der Lage, Lösungen zu finden, die den Bedürfnissen der Arbeitgeber und der Arbeitnehmer gerecht werden. Daher ist ihnen eine besondere Rolle bei der Umsetzung und Anwendung dieser Vereinbarung einzuräumen." Nach der Begrün-

---

1311 Remy, EuZA 2009, 155, 158.

1312 Rebhahn, EuZA 2008, 39, 42, 45.

1313 MüKoBGB-Hesse, § 14 TzBfG Rn. 87; APS-Backhaus, § 14 TzBfG Rn. 403; KR-Lipke, § 14 TzBfG Rn. 434; ErfK-Müller-Glöge, § 14 TzBfG Rn. 101; BAG v. 15.8.2012 – 7 AZR 184/11, NZA 2013, 45, 46 f.

dung des Entwurfs zum TzBfG zielt die tarifliche Öffnungsklausel in § 14 Abs. 2 S. 3 darauf ab, „branchenspezifische Lösungen zu erleichtern“[1314].

1314 BT-Drucks. 14/4374, S. 14.

# Schlussbetrachtung

Am Ende der vorliegenden Arbeit sollen die wichtigsten durch den Rechtsvergleich gewonnenen Erkenntnisse resümiert werden:

Sachliche Gründe für die Befristung eines Arbeitsvertrages sind in § 14 Abs. 1 S. 2 TzBfG beispielhaft[1315], in Art. L. 1242-2, -3 und -4 C. trav. abschließend[1316] aufgezählt. Hinzu kommen jeweils vereinzelte spezialgesetzliche Befristungsgründe, im deutschen Recht auch ungeschriebene Gründe. Die meisten sachlichen Gründe im deutschen und französischen Recht sind vergleichbar. Eine besondere Regelungsdichte besteht im französischen Recht zur Befristung von Ausbildungs-, Fortbildungs- und Beschäftigungsförderungsverträgen. Hier nimmt der französische Gesetzgeber eine grundlegend andere Haltung ein als die Sozialpartner in der Rahmenvereinbarung über befristete Arbeitsverträge. Letztere ist weit davon entfernt, befristete Arbeit als Instrument der Beschäftigungspolitik zu fördern[1317]. Anders als im deutschen Recht (§ 14 Abs. 2, 2 a, 3 TzBfG) gibt es im französischen Recht keine sachgrundlose Befristung. In beiden Ländern ist für die Befristungskontrolle der Zeitpunkt der Vereinbarung bzw. des Vertragsschlusses maßgeblich[1318].

In Frankreich ist, anders als in Deutschland, für den – allein eine Befristung rechtfertigenden – Fall des Vorliegens eines Sachgrundes eine Höchstdauer der Zeitbefristung gesetzlich bestimmt. Abweichend von der Grundfrist des Art. L. 1242-8 C. trav. gibt es eine Vielzahl unterschiedlicher Laufzeiten zeitbefristeter Arbeitsverträge. Der zweckbefristete Vertrag hat eine Mindestdauer (Art. L. 1242-7 C. trav.). Im deutschen Recht finden sich Bestimmungen zur Höchstdauer befristeter Arbeitsverträge nur im Hinblick auf die sachgrundlose Befristung (§ 14 Abs. 2, 2 a, 3 TzBfG). Gleichwohl gibt es auch bei der Sachgrundbefristung zeitliche Grenzen. Eine Mindestdauer des zweckbefristeten

---

1315 BT-Drucks. 14/4374, S. 18.

1316 Vgl. Soc. v. 31.10.1989, Bull. civ. V, Nr. 625; ebenso Soc. v. 5.12.1989, Bull civ. V, Nr. 694.

1317 Vigneau, Dr. soc. 1999, 928, 929.

1318 BAG GS v. 12.10.1960 - GS 1/59, BAGE 10, 65 = AP Nr. 16 zu § 620 BGB Befristeter Arbeitsvertrag; BAG v. 4.6.2003 – 7 AZR 523/02, AP Nr. 252 zu § 620 BGB Befristeter Arbeitsvertrag; Annuß/Thüsing-Maschmann, TzBfG, § 14 Rn. 8 m. w. N.; ErfK-Müller-Glöge, § 14 TzBfG Rn. 16; Maschmann, BB 2002, 1650, 1651; KSchR-Däubler, § 14 TzBfG Rn. 27; Soc. v. 11.4.1991, Bull. civ. V, Nr. 184 = RJS 1991, 368, Nr. 686; vgl. aber Poulain, Les contrats de travail à durée déterminée, Rn. 249, zum nachträglichen Wegfall des Befristungsgrundes.

Vertrages ist nicht vorgesehen; immerhin gibt es aber eine Unterrichtungsfrist vor Vertragsende (§ 15 Abs. 2 TzBfG)[1319].

Im französischen, nicht aber im deutschen Recht gibt es ausdrückliche Befristungsverbote. Im deutschen Recht lässt sich allein das Vorbeschäftigungsverbot des § 14 Abs. 2 S. 2, § 14 Abs. 2 a S. 4 i. V. m. Abs. 2 S. 2 TzBfG als Befristungsverbot verstehen. § 14 Abs. 2 S. 2 TzBfG hat in jüngerer Zeit gar noch eine Einschränkung durch das BAG erfahren[1320].

Im Bereich der Mehrfachbefristung wird erneut die besondere Regelungsdichte des französischen Befristungsrechts deutlich. Schon die Erstbefristung, umso mehr jedoch die Mehrfachbefristung, wird als für den Arbeitnehmer nachteilig angesehen[1321] und daher restriktiv gehandhabt. Im Kontext der Mehrfachbefristung findet sich einer der gravierendsten Unterschiede im Befristungsrecht beider Länder. Während in Deutschland selbst ein *sachgrundlos* befristeter Arbeitsvertrag im Grundfall des § 14 Abs. 2 TzBfG bis zu einer Höchstdauer von zwei Jahren verlängert werden kann, wird in Frankreich sogar die allein zulässige Befristung *mit Sachgrund* nochmals dahingehend eingeschränkt, dass bei Zeitbefristungen die Höchstdauer einschließlich Verlängerung grundsätzlich nur achtzehn Monate betragen darf (Art. L. 1243-13 Abs. 2 C. trav. i. V. m. Art. L. 1242-8 C. trav.). Das ausschließlich auf die sachgrundlose Befristung bezogene eingeschränkte[1322] Vorbeschäftigungsverbot des § 14 Abs. 2 S. 2, Abs. 2 a S. 4 i. V. m. Abs. 2 S. 2 TzBfG steht verhältnismäßig strengen französischen Vorschriften zur Zulässigkeit aufeinanderfolgender sachgrundbefristeter Verträge mit demselben Arbeitnehmer oder sogar über den Arbeitsplatz als solchen gegenüber (Art. L. 1244-1, L. 1244-3 C. trav.). Eine Entwicklung ist im deutschen Recht indes mit der Entscheidung des EuGH in Sachen Kücük in Gang gesetzt worden. Der Gerichtshof hat zwar die vielfach als zu großzügig kritisierte Rechtsprechung des BAG zu wiederholten Befristungen bei ständigem Vertretungsbedarf bestätigt, jedoch mit seinen Anforderungen an eine wirksame Missbrauchskontrolle auch neue Wege beschritten[1323]. Damit nähert sich der EuGH auch der Rechtsprechung der *Cour de cassation* im Ergebnis wieder an.

Die französischen Formvorschriften sind weitaus strenger als die deutschen Formvorschriften. Auch hinsichtlich der Beendigung des befristeten Arbeitsvertrages sind Anzahl und Umfang der Regelungen im französischen Recht bedeutender als im deutschen Recht. Eine Ausnahme hiervon machen die Regelungen zur Unterrichtungsfrist bei der Zweckbefristung (§ 15 Abs. 2 TzBfG; Art. 6 des

1319 Vgl. Frik, Die missbräuchliche Nutzung von befristeten Arbeitsverträgen, S. 135.

1320 BAG v. 6.4.2011 – 7 AZR 716/09, NZA 2011, 905.

1321 Frik, Die missbräuchliche Nutzung von befristeten Arbeitsverträgen, S. 119 f. m. w. N.

1322 BAG v. 6.4.2011 – 7 AZR 716/09, NZA 2011, 905.

1323 Gooren, ZESAR 2012, 225.

französischen Gesetzes vom 25. Juni 2008). In beiden Ländern entsteht bei Weiterarbeit nach Vertragsende ein unbefristetes Arbeitsverhältnis (§ 15 Abs. 5 TzBfG, Art. L. 1243-11 C. trav.). Ein befristetes Arbeitsverhältnis unterliegt nach § 15 Abs. 3 TzBfG (nur) dann der ordentlichen Kündigung, wenn dies einzelvertraglich oder im anwendbaren Tarifvertrag vereinbart ist. Der *Code du travail* normiert als Gründe für eine vorzeitige Vertragsbeendigung eine entsprechende Parteivereinbarung, das Vorliegen eines schwerwiegenden Fehlers oder höherer Gewalt, eine vom Betriebsarzt festgestellte fehlende Eignung des Arbeitnehmers und den Abschluss eines unbefristeten Arbeitsvertrages (Art. L. 1243-1 und L. 1243-2 C. trav.). In einigen Fällen vorzeitiger Vertragsbeendigung bestehen ausdrücklich Schadensersatzpflichten des Arbeitnehmers oder Arbeitgebers (Art. L. 1243-3, L.1243-4 C. trav.). Anders als im deutschen Recht wird im französischen Recht grundsätzlich eine Entschädigung in dem Fall gewährt, dass sich das Arbeitsverhältnis nach Beendigung eines befristeten Vertrages nicht in Form eines unbefristeten Vertrages fortsetzt (Art. L. 1243-8 C. trav.).

§ 16 TzBfG und Art. L. 1245-1, L. 1242-12 C. trav. beinhalten einen der wichtigsten Schutzmechanismen des Befristungsrechts überhaupt. Nach § 16 TzBfG gilt der befristete Arbeitsvertrag im Falle einer rechtsunwirksamen Befristung als auf unbestimmte Zeit geschlossen. Zahlreiche Verstöße gegen das französische Befristungsrecht führen zum Entstehen eines unbefristeten Vertrages, das, anders als in Deutschland, einen gerichtlichen Gestaltungsakt erfordert[1324]. Das französische Recht sieht in diesen Fällen im Unterschied zum deutschen Recht sogar strafrechtliche Folgen vor (Art. L. 12481 ff. C. trav.). § 17 TzBfG und Art. L. 1245-2 C. trav. regeln die Anrufung des Arbeitsgerichts. Sowohl aufgrund der Umgestaltung als auch aufgrund der Kündigung des umgestalteten unbefristeten Arbeitsverhältnisses sind nach französischem Recht spezielle Entschädigungen zu zahlen. Diese finden im deutschen Recht keine Entsprechung. Die Entfristungsklage nach § 17 TzBfG unterliegt einer Ausschlussfrist. Verstreicht diese ungenutzt, wird die Wirksamkeit der Befristung fingiert (§ 7 KSchG). In Frankreich ist die Klage nicht fristgebunden. Dies hat Folgen für die Rechtssicherheit.

Nach § 14 Abs. 2 S. 3 TzBfG kann durch Tarifvertrag die Anzahl der Verlängerungen und/oder[1325] die Höchstdauer einer sachgrundlosen Befristung auch *zuungunsten* des Arbeitnehmers abweichend von § 14 Abs. 2 S. 1 TzBfG festge-

---

1324 Frik, Die missbräuchliche Nutzung von befristeten Arbeitsverträgen, S. 157, 254; Poulain, Les contrats de travail à durée déterminée, Rn. 244.

1325 MüKoBGB-Hesse, § 14 TzBfG Rn. 87; APS-Backhaus, § 14 TzBfG Rn. 403; KR-Lipke, § 14 TzBfG Rn. 434; ErfK-Müller-Glöge, § 14 TzBfG Rn. 101; BAG v. 15.8.2012 – 7 AZR 184/11, NZA 2013, 45, 46 f.

legt werden. Auf die Befristung eines Arbeitsvertrages nach § 14 Abs. 2 a S. 1 TzBfG findet Abs. 2 S. 3 der Vorschrift entsprechende Anwendung (§ 14 Abs. 2 a S. 4 TzBfG). Das französische Befristungsrecht ist nicht tarifdispositiv, lässt also Abweichungen zuungunsten der Arbeitnehmer nicht zu. Dies wäre in Anbetracht der Ausrichtung des französischen Befristungsrechts auch verwunderlich.

Der vorliegende Rechtsvergleich hat nicht nur die Probleme im Befristungsrecht beider Länder aufgezeigt, sondern auch den Blick für die Spielräume, die das deutsche Befristungsrecht den Arbeitsvertragsparteien lässt, geschärft. Denn die französischen Regelungen zur Befristung von Arbeitsverträgen sind zum Großteil weitaus umfangreicher und detaillierter als die deutschen Vorschriften. Verstöße gegen das Befristungsrecht werden durch gerichtliche Umgestaltung, Entschädigung und sogar strafrechtliche Sanktionen streng sanktioniert. Im deutschen Recht erfolgt „nur" die Umwandlung in einen unbefristeten Arbeitsvertrag.

Zur Zukunft des Befristungsrechts beider Länder kann nur eine vorsichtige Prognose gewagt werden. Gewiss ist, dass die Rechtsprechung nicht nur der arbeits- und sozialrechtlichen Kammer der *Cour de cassation* und des BAG, sondern auch des EuGH weiterhin eine große Rolle im nationalen Befristungsrecht spielen wird. Mit dem Urteil des EuGH in Sachen Kücük stehen Kettenbefristungen in Deutschland künftig besonders im Fokus. Das BAG hat im Hinblick auf die unionsrechtlich gebotene Missbrauchskontrolle selbst festgestellt, das Gebot einer umfassenden Würdigung sämtlicher Umstände des Einzelfalls berge ohne eine Konkretisierung dieser Umstände für Rechtsunterworfene und Rechtsanwender eine nicht unerhebliche Rechsunsicherheit. Zu beachten sei aber, dass das Erfordernis, bei der Beurteilung der missbräuchlichen Ausnutzung der an sich aufgrund eines Sachgrunds eröffneten Befristungsmöglichkeit sämtliche Umstände des Einzelfalls zu berücksichtigen, weder eine abschließende Bezeichnung aller zu berücksichtigenden Umstände noch eine quantitative Angabe ermögliche, wo die zeitlichen und/oder zahlenmäßigen Grenzen genau liegen, bei denen ein Missbrauch indiziert oder gar zwingend von einem solchen auszugehen ist[1326]. Im Übrigen bleibt abzuwarten, welchen Kurs die nationalen Gesetzgeber einschlagen werden. Das Streben nach einem Kompromiss zwischen dem Bedürfnis des Arbeitgebers nach Flexibilität und dem Bedürfnis des Arbeitnehmers nach Sicherheit und damit eines der Ziele der Befristungsrichtlinie bleibt in jedem Fall aktuell!

---

1326 BAG v. 18.7.2012 – 7 AZR 443/09, NZA 2012, 1351; BAG v. 18.7.2012 – 7 AZR 783/10, NZA 2012, 1359.

# Literaturverzeichnis

*Alaphilippe, Pierre*, Anm. zu Soc. v. 16.12.1998, D. 2000, Jur., 30

*Albrecht, Susanne*, Arbeitsmärkte in großstädtischen Agglomerationen, Auswirkungen der Deregulierung und Flexibilisierung am Beispiel der Regionen Stuttgart und Lyon, Münster 2005, zugl.: Stuttgart, Univ., Habil.schrift, 2004

*Amauger-Lattes, Marie-Cécile*, A propos du « CDD senior », RDT 2006, 168

*Amauger-Lattes, Marie-Cécile/Desbarats, Isabelle/Vicens, Christine*, L'emploi des seniors: la politique des petits pas, Sem. soc. Lamy Nr. 1340 v. 11.2.2008, S. 6

*Amauger-Lattes, Marie-Cécile/Espinasse, Jean-Michel*, Remobiliser les seniors. Techniques juridiques et analyse économique, in: Bourreau-Dubois/Jeandidier, Bruno (Hrsg.), Economie sociale et droit, Band 1: Economie et droit du travail, Nancy 2006, S. 49 (zitiert: Amauger-Lattes/Espinasse, in: Bourreau-Dubois/Jeandidier, Économie sociale et droit, Bd. 1)

*Annuß, Georg/Thüsing, Gregor (Hrsg.)*, Kommentar zum Teilzeit- und Befristungsgesetz, 3. Auflage, Frankfurt a. M. 2012 (zitiert: Annuß/Thüsing-*Bearbeiter*, TzBfG)

*Antonmattei, Paul-Henri*, Fléxisécurité: nouvelle victoire de la démocratie sociale, Dr. soc. 2013, 97

*Arseguel, Albert/Reynès, Brigitte*, Chronique d' humeur à propos du contrat de projet, D. 2004, 571

*Ascheid, Reiner/Preis, Ulrich/Schmidt, Ingrid (Hrsg.)*, Großkommentar zum Kündigungsrecht, 4. Auflage, München 2012 (zitiert: APS-*Bearbeiter*)

*Attali, Jacques*, Rapport de la Commission pour la libération de la croissance française : 300 décisions pour changer la France, Paris 2008

*Auer, Marietta*, Neues zu Umfang und Grenzen der richtlinienkonformen Auslegung, NJW 2007, 1106

*Auzero, Gilles*, La validité des clauses de rupture anticipée dans les contrats de travail à durée déterminée, Dr. soc. 2001, 17

*Bader, Peter*, Sachgrundlose Befristungen mit älteren Arbeitnehmerinnen und Arbeitnehmern neu geregelt (§ 14 III TzBfG), NZA 2007, 713

*Bahu, Marlène*, Les contrats d'aide à l'emploi en 2011: Des entrées en baisse, mais des contrats plus ciblés sur les publics en difficulté, DARES Analyses Nr. 88, November 2012, veröffentlicht unter http://travail-emploi.gouv.fr/IMG/pdf/2012-088_.pdf, zuletzt abgerufen am 15.5.2013

*Bailly, Pierre*, À propos du contrat à durée déterminée « d'usage », RJS 2004, 7

*Bamberger, Heinz Georg/Roth, Herbert (Hrsg.)*, Kommentar zum Bürgerlichen Gesetzbuch, Band 2: §§ 611-1296, AGG, ErbbauRG, WEG, 3. Auflage, München 2012 (zitiert: Bamberger/Roth-*Bearbeiter*)

*Barrau, Patrick*, La loi du 12 juillet 1990. Conflit ou compromis des logiques?, Cahiers de l'Institut Régional du Travail (IRT), Aix-en-Provence, Nr. 15, Sept. 2007, L'Etat face aux conventions, S. 89

*Barthélémy, Jacques*, Le contrat du sportif, JCP S 2008, 1430

*Barthélémy, Jacques*, La recodification du Code du travail vue de l'intérieur, Sem. soc. Lamy Nr. 1336 v. 14.1.2008, S. 7

*Barthélémy, Jacques*, Les accords nationaux interprofessionnels, Dr. soc. 2008, 566

*Barthélémy, Jacques/Cette, Gilbert/Verkindt, Pierre-Yves*, À propos du contrat unique, JCP S 2007, Act., 63

*Bauer, Jobst-Hubertus*, Tückisches Befristungsrecht, NZA 2011, 241

*Bauer, Jobst-Hubertus*, Befristete Verträge mit älteren Arbeitnehmern ab 1.5.2007 – oder der neue § 14 III TzBfG, NZA 2007, 544

*Bauer, Jobst-Hubertus*, Befristete Arbeitsverträge unter neuen Vorzeichen – Europarechtliche Vorgaben und Befristungen ohne Sachgrund, BB 2001, 2473

*Bauer, Jobst-Hubertus/Fischinger, Philipp*, Sachgrundlose Befristung und Verbot der Vorbeschäftigung bei "demselben Arbeitgeber", DB 2007, 1410

*Bauer, Jobst-Hubertus/Göpfert, Burkard/Krieger, Steffen*, Allgemeines Gleichbehandlungsgesetz: AGG, Kommentar, 3. Auflage, München 2011 (zitiert: Bauer/Göpfert/Krieger, AGG)

*Bayreuther, Frank*, Die Neufassung des § 14 Abs. 3 TzBfG – diesmal europarechtskonform?, BB 2007, 1113

*Becker, Friedrich/Bader, Peter*, Der Vorschlag der EG-Kommission für eine Richtlinie des Rates zur Regelung der Leiharbeitsverhältnisse und befristeten Arbeitsverträge – Darstellung und Kritik, RdA 1983, 1

*Bélier, Gilles*, Contrat de projet: le retour, Sem. soc. Lamy Nr. 1337 v. 21.1.2008, S. 11

*Blaise, Henry*, De la difficulté de rompre avant son terme le contrat de travail à durée déterminée, Dr. soc. 1993, 41

*Blaise, Henry*, Les contrats précaires après la loi du 12 juillet 1990, Dr. soc. 1991, 11

*Blanchard, Olivier J./Landier, Augustin*, The Perverse Effects of Partial Labor Market Reform: Fixed Duration Contracts in France, MIT Working Paper Series 01-14, März 2001

*Blanchard, Olivier/Tirole, Jean*, Protection de l'emploi et procédures de licenciement, Rapport du Conseil d'analyse économique, Paris 2003

*Boecken, Winfried/Joussen, Jacob*, Teilzeit- und Befristungsgesetz, Handkommentar, 3. Auflage, Baden-Baden 2012 (zitiert: Boecken/Joussen-*Bearbeiter*, TzBfG)

*Boockmann, Bernhard/Hagen, Tobias*, Befristete Beschäftigungsverhältnisse – Brücken in den Arbeitsmarkt oder Instrumente der Segmentierung?, Baden-Baden 2006 (zitiert: Boockmann/Hagen, Befristete Beschäftigungsverhältnisse)

*Boucris-Maitral, Géraldine*, Anm. zu Soc. v. 25.5.2005, D. 2005, 2861

*Bouquet, Stefanie*, Die Auswirkungen der europäischen Regelungen zur Altersdiskriminierung auf das französische Arbeitsrecht, Würzburg 2011 (zitiert: Bouquet, Die Auswirkungen der europäischen Regelungen zur Altersdiskriminierung)

*Bousez, Françoise*, Le contrat de projet: un contrat sans avenir? JCP S 2008, 1362

*Bousez, Françoise*, Le retour des seniors dans l'emploi: le CDD seniors, JCP S 2006, 1809

*Brose, Wiebke*, Der präventive Kündigungsschutz bei betriebsbedingten Kündigungen. Vergleich von Entwicklung und Stellenwert im deutschen und französischen Kündigungsrecht, Frankfurt a. M. u. a. 2007, zugl.: Köln, Univ., Diss., 2006

*Brose, Wiebke*, Das Ende der Kleinbetriebsklausel und des Contrat nouvelles embauches wegen Europarechtswidrigkeit?, ZESAR 2008, 221

*Buchner, Herbert*, Die Wiederentdeckung der Älteren in den Unternehmen – Demografische Herausforderungen, NZA-Beil. 2008, 47

*Bunel, Matthieu*, Á quoi servent les CDD?, in: Centres d'études de l'emploi (CEE), Le contrat de travail, Paris 2008

*Bunel, Matthieu*, Analyser la relation entre CDD et CDI: emboîtement et durée des contrats, CEE, Document de Travail Nr. 82, März 2007, veröffentlicht unter http://www.cee-recherche.fr/fr/doctrav/analyser_CDD_CDI_82.pdf, zuletzt abgerufen am 15.5.2013

*Cahuc, Pierre/Kramarz, Francis*, De la précarité à la mobilité: vers une Sécurité sociale professionnelle, Rapport au Ministre d'Etat, Ministre de l'Economie et des Finances et de l'Industrie et au Ministre de l'Emploi, du Travail et de la Cohésion Sociale, Paris 2004

*Camdessus, Michel*, Le sursaut – Vers une nouvelle croissance pour la France, Paris 2004

*Célerier, Sylvie/L'Horty, Yannick/Redor, Dominique*, Flexicurité en France: une introduction, Travail et Emploi Nr. 113/2008, S. 7

*Chardon, Olivier/Estrade, Marc-Antoine*, DARES, Rapport du groupe « Prospective des métiers et qualifications », Les métiers en 2015, Januar 2007, veröffentlicht unter http://www.travail-emploi-sante.gouv.fr/IMG/pdf/Rapport_metiers_2015.pdf, zuletzt abgerufen am 15.5.2013

*Chassard, Yves/Kerbourc'h, Jean-Yves*, Négociation sur la modernisation du marché du travail: ne pas se tromper d'époque, Dr. soc. 2007, 1095

*Clavel-Fauquenot, Marie-Françoise/Marignier, Natacha*, Le contrat à durée déterminée, Beil. zu Liaisons sociales Nr. 13820 vom 31.1.2003

*Combrexelle, Jean-Denis/Lanouzière, Hervé*, Les enjeux de la recodification du Code du travail, Dr. soc. 2007, 517

*Concialdi, Pierre*, Soziale Mindestsicherung und Sozialhilfe: ein deutsch-französischer Vergleich, in: Neumann, Wolfgang (Hrsg.), Welche Zukunft für den Sozialstaat? Reformpolitik in Frankreich und Deutschland, Wiesbaden 2004

*Corrignan-Carsin, Danielle*, Contrat de travail à durée déterminée, in: Rép. trav. Dalloz 2008

*Couturier, Gérard*, Droit du travail, Band 1: Les relations individuelles de travail, 3. Auflage, Paris 1996

*Couturier, Gérard*, Le contrat de projet, Dr. soc. 2008, 300

*Däubler, Wolfgang*, Das neue Teilzeit- und Befristungsgesetz, ZIP 2001, 217

*Däubler, Wolfgang/Bertzbach, Martin (Hrsg.)*, Allgemeines Gleichbehandlungsgesetz, Handkommentar, 2. Auflage, Baden-Baden 2008 (zitiert: Däubler/Bertzbach-*Bearbeiter*, AGG)

*Decaudin, Cécile/Marignier, Natacha*, Le contrat à durée déterminée, Beil. zu Liaisons sociales Nr. 15700 vom 30.9.2010

*De Senga, Arnaud*, Contrats emploi-solidarité: quel juge pour quelle loi? Dr. ouvr. 1999, 357

*De Virville, Michel*, Pour un Code du travail plus efficace, Rapport au ministre des affaires sociales, du travail et de la solidarité, Paris 2004

*Dieterich, Thomas*, Die Befristung von Trainerverträgen im Spitzensport, NZA 2000, 857

*Dockès, Emmanuel*, Le juge et les politiques de l'emploi, Dr. soc. 2007, 911

*Dockès, Emmanuel*, La décodification du droit du travail, Dr. soc. 2007, 388

*Dörner, Hans-Jürgen*, Der befristete Arbeitsvertrag, Eine systematische Darstellung des Befristungsrechts, 2. Auflage, München 2011

*Dörner, Hans-Jürgen*, Neues aus dem Befristungsrecht, NZA 2007, 57

*Dörner, Hans-Jürgen*, Die Befristung von Arbeitsverträgen nach § 620 BGB und § 1 BeschFG 1996 – Rückblick und Ausblick, ZTR 2001, 485

*Eichhorst, Werner/Kuhn, Andrea/Thode, Eric/Zenker, Rosemarie* (i. A. der Bertelsmann-Stiftung), Traditionelle Beschäftigungsverhältnisse im Wandel, Benchmarking Deutschland: Normalarbeitsverhältnis auf dem Rückzug, Gütersloh 2010

*Etiennot, Pascale/Kessler, Francis/Moukha, Stéphanie*, Les conditions de recours au contrat de travail à durée déterminée « d'usage », Dr. soc. 1992, 66

*Etzel, Gerhard/Bader, Peter/Fischermeier, Ernst u. a. (Hrsg.)*, KR Gemeinschaftskommentar zum Kündigungsschutzgesetz und zu sonstigen kündigungsschutzrechtlichen Vorschriften, 5. Auflage, Köln 2001; 10. Auflage, Köln 2013 (zitiert: KR-*Bearbeiter*)

*Fabre, Édouard/De Riccardis, Nicolas*, Les contrats courts vus par les salariés: une précarité de l'emploi qui n'induit pas nécessairement une précarité du travail, DARES, Premières informations, Premières synthèses Nr. 12.3, März 2007, veröffentlicht unter http://www.travail-emploi-sante.gouv.fr/IMG/pdf/2007.03-12.3.pdf, zuletzt abgerufen am15.5.2013

*Favennec-Héry, Françoise*, L'ANI sur la modernisation du marché du travail: un espoir? JCP S 2008, Act., 85

*Frik, Roman*, Die missbräuchliche Nutzung von befristeten Arbeitsverträgen und Zeitarbeitsverträgen im französischen Recht, Baden-Baden 2005, zugl.: Köln, Univ., Diss., 2005

*Frik, Roman*, Die Befristung von Leiharbeitsverträgen nach dem Teilzeit- und Befristungsgesetz, NZA 2005, 386

*Frik, Roman*, Die neue Interpretation des Günstigkeitsprinzips in Frankreich – Günstigkeit einer Vereinbarung „Lohnverzicht gegen Erhalt der Arbeitsplätze", NZA 1998, 525

*Frisch, Alfred*, Befristete Arbeitsverträge in Frankreich, RdA 1991, 163

*Frouin, Jean-Yves*, L'incarcération du salarié et la relation du travail, Cass. Soc. 21 novembre 2000, n° 4594 FS-PB, Sté la Redoute France C/Oudina, RJS 2001, 3

*Fuchs, Maximilian*, Mangold – Kein ausbrechender Rechtsakt, ZESAR 2010, 3

*Fuchs, Maximilian*, Die Bilanz des Europäischen Arbeitsrechts, ZESAR 2004, 111

*Fuchs, Maximilian/Marhold, Franz*, Europäisches Arbeitsrecht, 3. Auflage, Wien, New York 2010 (zitiert: Fuchs/Marhold-*Bearbeiter*, Europäisches Arbeitsrecht)

*Fuchs, Maximilian/Reichold, Hermann*, Tarifvertragsrecht, 2. Auflage, Baden-Baden 2006

*Garoche, Bruno/Roguet, Brigitte*, Les dépenses en faveur de l'emploi et du marché du travail en 2010, DARES Analyses Nr. 007, Januar 2013, veröffentlicht unter http://travail-emploi.gouv.fr/IMG/pdf/2013-007.pdf, zuletzt abgerufen am 15.5.2013

*Genenger, Angie*, Das Bühnenarbeitsrecht oder Hai già vinta la causa?, NJW 2009, 714

*Germelmann, Claas-Hinrich/Matthes, Hans-Christoph/Müller-Glöge, Rudi/Prütting, Hanns/Schlewing, Anja*, Arbeitsgerichtsgesetz, 7. Auflage 2009 (zitiert: Germelmann u.a.-*Bearbeiter*, ArbGG)

*Giesecke, Johannes/Groß, Martin*, Befristete Beschäftigung: Chance oder Risiko?, KZfSS 2002, 85

*Golestanian, Maryam*, Les limites du remplacement par contrat à durée déterminée des salariés temporairement absents, Dr. ouvr. 2001, 98

*Gooren, Paul*, Vertretungsbedingte Kettenbefristungen nach dem Kücük-Urteil des EuGH, ZESAR 2012, 225

*Hecker, Dominik/Galais, Nathalie/Moser, Klaus*, Fb 1075, Atypische Erwerbsverläufe und wahrgenommene Fehlbelastungen, Abschlussbericht zum Projekt „Atypische Erwerbsverläufe und Arbeitsorganisationsformen und ihr Zusammenhang zu wahrgenommenen Fehlbelastungen" – Projekt F 1897 – im Auftrag der Bundesanstalt für Arbeitsschutz und Arbeitsmedizin, Dortmund/Berlin/Dresden 2006

*Heinze, Meinhard*, Die Rechtsgrundlagen des sozialen Dialogs auf Gemeinschaftsebene, ZfA 1997, 505

*Henssler, Martin (Hrsg.)*, Münchener Kommentar zum Bürgerlichen Gesetzbuch, Band 4: §§ 611-704, EFZG, TzBfG, KSchG, 6. Auflage, München 2012 (zitiert: MüKoBGB-*Bearbeiter*)

*Henssler, Martin*, Arbeitsrecht der Europäischen Union, in: Henssler, Martin/Braun, Axel (Hrsg.), Arbeitsrecht in Europa, 3. Auflage, Köln 2011, S. 1

*Henssler, Martin/Willemsen, Heinz Josef/Kalb, Heinz-Jürgen (Hrsg.)*, Arbeitsrecht, Kommentar, 5. Auflage, Köln 2012 (zitiert: HWK-*Bearbeiter*)

*Hilgenstock, Niels*, Günstigkeitsvergleich im Arbeitsrecht: Rechtsvergleichende Betrachtung unter Einbeziehung Deutschlands, Österreichs, Frankreichs, Spaniens und Großbritanniens. Arbeitsrecht zwischen Markt und Politik, Berlin 2007, zugl.: Berlin, Univ., Diss., 2007

*Hromadka, Wolfgang*, Befristete und bedingte Arbeitsverhältnisse neu geregelt, BB 2001, 621 und 674

*Hunold, Wolf*, Mehrfachbefristungen heute, NZA 1997, 741

*Husmann, Manfred*, Leistungen bei Arbeitslosigkeit in Frankreich (Teil II), ZESAR 2008, 171

*Javillier, Jean-Claude*, Les enseignements de l'analyse comparative et la pratique française, Dr. soc. 1990, 661

*Jeammaud, Antoine*, Les principes dans le droit du travail français, Dr. soc. 1982, 618

*Junker, Abbo/Aldea, Oliver*, Augenmaß im Europäischen Arbeitsrecht – Die Urteile Adeneler und Navas, EuZW 2007, 13

*Junod, Bérengère*, Le CDD: un tremplin vers le CDI dans deux tiers des cas... mais pas pour tous, DARES, Document d'Études Nr. 117, Juli 2006, veröffentlicht unter http://www.travail-emploi-sante.gouv.fr/IMG/pdf/DE117_CDD_BJunod.pdf, zuletzt abgerufen am 15.5.2013

*Kamanabrou, Sudabeh*, Die arbeitsrechtlichen Vorschriften des Allgemeinen Gleichbehandlungsgesetzes, RdA 2006, 321

*Karaquillo, Jean-Pierre*, La protection du salarié partie à un contrat à durée déterminée lors d'actions en rupture anticipée ou en requalification, D. 1997, Chron., 345

*Kast, Matthias/Herrmann, Rajko*, Altersdiskriminierung und erleichterte Befristung gemäß § 14 Abs. 3 TzBfG: ein Praxistest, BB 2007, 1841

*Kaufmann, Inge*, Die europäische Sozialpartnervereinbarung über befristete Arbeitsverträge, AuR 1999, 332

*Kaufmann, Otto*, Wörterbuch Arbeits- und Sozialrecht, Französisch-Deutsch, Deutsch-Französisch, München 2004

*Kenner, Jeff*, EU Employment Law. From Rome to Amsterdam and Beyond, Oxford 2003

*Kerbourc'h, Jean-Yves*, Réforme de la formation en alternance: changement d'objectifs, changement de méthode, Dr. soc. 2012, 592

*Kerbourc'h, Jean-Yves*, L'apprentissage face à de nouveaux défis, Dr. soc. 2005, 427

*Kessler, Francis*, Le droit des conventions collectives de travail en République Féderale d'Allemagne, Frankfurt a. M. u. a. 1988

*Kittner, Michael/Däubler, Wolfgang/Zwanziger, Bertram (Hrsg.)*, Kündigungsschutzrecht: KSchR Kündigungsschutzrecht, Kündigungen und andere Formen der Beendigung des Arbeitsverhältnisses, Kommentar für die Praxis, 8. Auflage, Frankfurt a. M. 2011 (zitiert: KSchR-*Bearbeiter*)

*Koch, Richard*, Duale und schulische Berufsausbildung zwischen Bildungsnachfrage und Qualifikationsbedarf. Ein deutsch-französischer Vergleich. Bielefeld 1998, zugl.: Berlin, Techn. Univ., Habil.schrift, 1998

*Koch, Sybille*, Arbeitsverträge der Mitarbeiter von Fraktionen und Gruppen nach dem Ende der Wahlperiode aus parlamentsrechtlicher Sicht, NZA 1998, 1160

*Koch, Harald/Magnus, Ulrich/Winkler von Mohrenfels, Peter*, IPR und Rechtsvergleichung. Ein Studien- und Übungsbuch zum Internationalen Privat- und Zivilverfahrensrecht und zur Rechtsvergleichung, 4. Auflage, München 2010

*Körner, Marita*, Flexicurity in atypischen Arbeitsverhältnissen, Düsseldorf 2006

*Kohte, Wolfgang*, Beschäftigungssicherung durch befristete Übernahme von Auszubildenden – Bedeutung und Struktur tariflicher Weiterbeschäftigungsklauseln, NZA 1997, 457

*Krieger, Gabriel*, Das französische Tarifvertragsrecht, Heidelberg 1991

*Kröger, Katja*, Die Befristung von Arbeitsverträgen in Frankreich, Großbritannien und Deutschland – Ein Systemvergleich nach der Richtlinie 99/70 EG, Hamburg 2008, zugl.: Rostock, Univ., Diss., 2007

*Kuchenbuch, Ralf*, Zur Problematik der Mehrfachbefristung von Arbeitsverhältnissen, Göttingen 2011

*Lachaise, Gérard*, Anm. zu Soc. v. 12.10.1999, JCP E 2000, 1530

*Lagarde, Xavier/Jeammaud, Antoine*, Controverse: Que penser du „contrat de travail unique“? RDT 2007, 8

*Lagarenne, Christine/Lamarche, Pierre*, L'usage des contrats de travail, in: INSEE, L'emploi, nouveaux enjeux – Edition 2008, S. 51, veröffentlicht unter http://www.insee.fr/fr/ffc/docs_ffc/ref/EMPLOIR08f.PDF, zuletzt abgerufen am 15.5.2013

*Lakies, Thomas*, Befristete Arbeitsverträge, Ein Leitfaden für die Praxis, 2. Auflage, Berlin 2007

*Laulom, Sylvaine*, Une « flexisécurité à la française », Sem. soc. Lamy Nr. 1337 v. 21.1.2008, S. 7

*Laulom, Sylvaine/Vigneau, Christophe*, Chapter 1: France, in: Caruso, Bruno/Sciarra, Silvana (Hrsg.), Flexibility and Security in Temporary Work: A Comparative and European Debate, 2007, veröffentlicht unter http://aei.pitt.edu/13694/1/caruso_sciarra_n56-2007int.pdf, zuletzt abgerufen am 15.5.2013, S. 10

*Laux, Helga/Schlachter, Monika*, Teilzeit- und Befristungsgesetz, Kommentar, 2. Auflage, München 2011 (zitiert: Laux/Schlachter-*Bearbeiter*, TzBfG)

*Le Friant, Martine*, „Neue Arbeitsverträge“: Mittel im Kampf gegen Arbeitslosigkeit? Der „Contrat première embauche“, der „Contrat nouvelles embauches“ – Lektionen eines Mißerfolges, AuR 2006, 423

*Le Friant, Martine*, Das Prinzip der Nichtdiskriminierung im französischen Recht: Zum Stand der Debatte, NZA 2004, Sonderbeil. zu Heft 22, 49

*Leinemann, Wolfgang/Taubert, Thomas*, Berufsbildungsgesetz: BBiG, Kommentar, 2. Auflage, München 2008 (zitiert: Leinemann/Taubert, BBiG)

*Lévy-Amsallem, Judith*, Anm. zu Crim. v. 6.5.2008, RDT 2008, 594

*Lhernould, Jean-Philippe*, L'actualité de la jurisprudence européenne et internationale. Encadrement du recours à des CDD successifs: la jurisprudence française est-elle menacée?, RJS 2012, 263

*Löwisch, Manfred*, „Zuvor" bedeutet nicht: „In aller Vergangenheit", Zur Auslegung von § 14 Abs. 2 Satz 2 Teilzeit- und Befristungsgesetz, BB 2001, 254

*Löwisch, Manfred*, Die Ablösung der Befristungsbestimmungen des Hochschulrahmengesetzes durch das Wissenschaftszeitvertragsgesetz, NZA 2007, 479

*Lokiec, Pascal*, Fixed-Term Contracts in France, in: Blanpain, Roger/Nakakubo, Hiroya/Araki, Takashi, Regulation of Fixed-Term Employment Contracts, A Comparative Overview, Austin u.a. 2010, S. 71

*Louit-Martinod, Nathalie*, L'évolution contemporaine du droit des contrats de travail à durée limitée. Vers un régime juridique harmonisé, Aix-Marseille 2003

*Lyon-Caen, Pierre*, Sanction des irrégularités formelles du contrat à durée déterminée : faut-il modifier la jurisprudence ? Chambre sociale, formation plenière, 30 avril 2003, Mme Peltzer c./Sté Novartis santé animale, Dr. soc. 2003, 712

*Marié, Romain*, Le contrat de travail à objet défini : entre CDD classique et contrat de chantier, JCP S 2008, 1213

*Marié, Romain*, La définition du motif d'accroissement temporaire d'activité dans les contrats à terme fixé, JCP S 2008, 1349

*Martinel, Agnès*, Travail intérimaire et accroissement temporaire de l'activité de l'entreprise, RJS 2004, 194

*Maschmann, Frank*, Kein Wiedereinstellungsanspruch nach Ablauf der Befristung, BB 2002, 1650

*Mazeaud, Antoine*, Droit du travail, 8. Auflage, Paris 2012

*Mazeaud, Antoine*, Un nouveau droit de la formation du contrat de travail dans la perspective de la modernisation du marché du travail? Dr. soc. 2008, 626

*Meinel, Gernod/Heyn, Judith/Herms, Sascha*, Teilzeit- und Befristungsgesetz, Kommentar, 4. Auflage, München 2012 (zitiert: MHH-*Bearbeiter*)

*Merle, Vincent*, Un accord historique? Dr. soc. 2004, 455

*Molla, Sébastien*, Structures d'insertion par l'activité économique: CDD d'insertion et autres dispositions (L. n° 2008-1249, 1er déc. 2008), JCP S 2009, 1076

*Morvan, Patrick*, La chimère du contrat de travail unique, la fluidité et la créativité, Dr. soc. 2006, 959

*Mouly, Jean*, Sur le recours au contrat de travail à durée déterminée dans le sport professionnel – Le droit commun du travail a-t-il encore un avenir dans le domaine du sport? Dr. soc. 2000, 507

*Mouly, Jean*, Anm. zu Soc. v. 28.10.1997, D. 1998, Jur., 127

*Müller-Glöge, Rudi/Preis, Ulrich/Schmidt, Ingrid (Hrsg.)*, Erfurter Kommentar zum Arbeitsrecht, 13. Auflage, München 2013 (zitiert: ErfK-*Bearbeiter*)

*Olivier, Jean-Michel*, Un nouveau droit de la relation de travail? Rapport de synthèse, Dr. soc. 2008, 681

*Olszak, Norbert*, Le contrat vendanges. Matthieu, 20.1-16 et C. trav. L. 122-3-18 à 20, Dr. soc. 2005, 839

*Ottavi, Marion/Roset, Agnès/Tholy, Lysiane*, Code annoté européen du travail, 5. Auflage, Paris 2010

*Pahl, Simone*, Funktionen der Günstigkeit im kollektiven Arbeitsrecht. Eine Untersuchung zum deutschen und französischen Recht, Frankfurt a. M. u. a. 2004, zugl.: Osnabrück, Univ., Diss., 2003

*Papier, Hans-Jürgen*, Die Rezeption allgemeiner Rechtsgrundsätze aus den Rechtsordnungen der Mitgliedstaaten durch den Europäischen Gerichtshof, in: EuGH, Actes du colloque pour le cinquantième anniversaire des Traités de Rome, L'influence du droit national et de la jurisprudence des juridictions des États membres sur l'interprétation du droit communautaire, Luxemburg, 25. März 2007, S. 56

*Pelletier, Françoise*, Dans l'hôtellerie, le contrat d'extra n'est pas mort, JCP S 2008, 1532

*Pélissier, Jean*, Anm. zu Soc. v. 26.1.2005, D. 2005, Pan., 2499

*Pélissier, Jean*, Droit civil et contrat individuel de travail, Dr. soc. 1988, 387

*Pélissier, Jean/Auzero, Gilles/Dockès, Emmanuel*, Droit du travail, 27. Auflage, Paris 2013

*Pélissier, Jean/Supiot, Alain/Jeammaud, Antoine*, Droit du travail, 24. Auflage, Paris 2008

*Persch, Sven*, Kernfragen des Befristungsrechts. Die arbeitsrechtliche Befristungskontrolle zwischen Vertragsfreiheit und Bestandsschutz, Hamburg 2010, Zugl.: Köln, Univ., Diss., 2009

*Petit, Bruno*, Le sort du contrat de travail des directeurs généraux, Dr. soc. 1991, 463

*Petit, Franck*, La convention de stage comme technique d'accompagnement vers l'emploi, Dr. soc. 2007, 1127

*Petit, Franck/Gamet, Laurent*, Les emplois d'avenir ont-ils un avenir ?, RDT 2013, 76

*Plander, Harro*, Retardierende, privilegierende und arbeitsplatzverteilende Wirkungen arbeitsvertraglicher Befristungsabreden, BB 1984, 1879

*Plander, Harro/Witt, Alexander*, Der nur vorübergehende Arbeitsbedarf als Befristungsgrund, DB 2002, 1002

*Poulain, Guy*, Les contrats de travail à durée déterminée, 2. Auflage, Paris 1994

*Poulain, Guy*, La distinction des contrats de travail à durée déterminée et indéterminée. Essai pour un statut unique de la résiliation du contrat de travail, Paris, 1971

*Poulain, Guy*, La présomption de l'article L. 122-3-1 du Code du travail relative aux contrats de travail à durée déterminée irréguliers, Dr. soc. 1989, 361

*Poulain, Guy*, La réforme du contrat de travail à durée déterminée, Dr. soc. 1982, 356

*Preis, Ulrich*, Ein modernisiertes Arbeits- und Sozialrecht für eine alternde Gesellschaft, NZA 2008, 922

*Preis, Ulrich*, Flexibilität und Rigorismus im Befristungsrecht, NZA 2005, 714

*Preis, Ulrich/Bender, Wolfgang*, Die Befristung einzelner Arbeitsbedingungen – Kontrolle durch Gesetz oder Richterrecht? NZA-RR 2005, 337

*Preis, Ulrich/Gotthardt, Michael*, Neuregelung der Teilzeitarbeit und befristeten Arbeitsverhältnisse – Zum Gesetzentwurf der Bundesregierung, DB 2000, 2065

*Preis, Ulrich/Gotthardt, Michael*, Schriftformerfordernis für Kündigungen, Aufhebungsverträge und Befristungen nach § 623 BGB, NZA 2000, 348

*Preis, Ulrich/Hausch, Tobias*, Die Neuordnung der befristeten Arbeitsverhältnisse im Hochschulbereich, NJW 2002, 927

*Radé, Christophe*, De l'accord national interprofessionnel, Dr. soc. 2010, 284

*Radé, Christophe*, L'accord et le régime du contrat de travail: la porte ouverte... mais à quelles réformes? Dr. soc. 2008, 295

*Radé, Christophe*, Le nouveau Code du travail et la doctrine: l'art et la manière, Dr. soc. 2007, 513

*Radé, Christophe*, Recodifier le Code du travail, Dr. soc. 2006, 483

*Rebhahn, Robert*, Der Vorrang der günstigeren Regelung aus rechtsvergleichender Sicht, EuZA 2008, 39

*Remy, Patrick*, Der Einfluss der europäischen Rechtsentwicklung auf das französische Arbeitsrecht, EuZA 2009, 155

*Reynès, Brigitte*, in: Pélissier, Jean/Amauger-Lattes, Marie-Cécile/Desbarats, Isabelle/Dupouey-Dehan, Carole/Lardy-Pélissier, Bernadette/Reynès, Brigitte, Panorama, Contrat de travail, D. 2008, 2306

*Reynès, Brigitte*, Variations sur le contrat de travail unique, D. 2005, 2348

*Richardi, Reinhard*, Bemühungen um ein Arbeitsvertragsgesetz nach der Wiedervereinigung Deutschlands, in: Söllner, Alfred/Gitter, Wolfgang/Waltermann, Raimund/Giesen, Richard/Ricken, Oliver, Gedächtnisschrift für Meinhard Heinze, München 2005, S. 661 (zitiert: Richardi, GS Heinze)

*Richardi, Reinhard/Wlotzke, Otfried (Hrsg.)*, Münchener Handbuch zum Arbeitsrecht, Band 1, Individualarbeitsrecht I, 2. Auflage, München 2000; Ergänzungsband, 2. Auflage, München 2001 (zitiert: MüArbR-*Bearbeiter)*

*Rivero, Jean/Savatier, Jean*, Droit du travail, 5. Auflage, Paris 1970

*Robin-Olivier, Sophie*, Les contrats à durée déterminée des « seniors » à l'épreuve du principe général de non-discrimination en fonction de l'âge, CJCE, 22 nov. 2005, aff. C-144-04, Mangold, RDT 2006, 133

*Robin-Olivier, Sophie/Rémy, Patrick*, La protection des travailleurs « atypiques » est-elle en régression ? RDT 2012, 649

*Röthel, Anne*, Europäische Rechtsetzung im sozialen Dialog. Zur Richtlinie 1999/70/EG über befristete Arbeitsverhältnisse, NZA 2000, 65

*Rolfs, Christian*, Teilzeit- und Befristungsgesetz, Kommentar zum Gesetz über Teilzeitarbeit und befristete Arbeitsverträge (TzBfG), München, 2002 (zitiert: Rolfs, TzBfG)

*Rolfs, Christian*, Begründung und Beendigung des Arbeitsverhältnisses mit älteren Arbeitnehmern, NZA-Beil. 2008, 8

*Rolfs, Christian*, Befristung des Arbeitsvertrages, in: Oetker, Hartmut/Preis, Ulrich, Europäisches Arbeits- und Sozialrecht – EAS, Rechtsvorschriften, Systematische Darstellungen, Entscheidungssammlung, B 3200, 63. Ergänzungslieferung, Februar 2001 (zitiert: Rolfs, in: Oetker/Preis, EAS B 3200)

*Rolfs, Christian/de Groot, Simone Evke*, Die Befristung von Arbeitsverträgen in der Rechtsprechung des EuGH, ZESAR 2009, 5

*Rolfs, Christian/Giesen, Richard/Kreikebohm, Ralf/Udsching, Peter*, Beck'scher Online-Kommentar Arbeitsrecht, München, Stand: 1.12.2012 (zitiert: BeckOK-*Bearbeiter*)

*Roy-Loustaunau, Claude*, Le nouveau CDD: un mauvais... projet (Le contrat pour la réalisation d'un objet défini), Dr. soc. 2008, 307

*Roy-Loustaunau, Claude*, Deux nouveaux venus contestables dans le maelström des contrats spéciaux: le contrat de mission à l'exportation et le contrat d'avenir, Dr. soc. 2005, 414

*Roy-Loustaunau, Claude*, Les contrats à durée déterminée selon l'usage: nouvelle donne (Soc. 26 novembre 2003, quatre arrêts), Dr. soc. 2004, 629

*Roy-Loustaunau, Claude*, Contrat de travail à durée déterminée: requalification-sanction et qualification, Cass. soc. 30 oct. 2002, *Gay c./Sté Cotra et autres*, Dr. soc. 2003, 465

*Roy-Loustaunau, Claude*, Anm. zu Soc. v. 7.11.2001, Dr. soc. 2002, 458

*Roy-Loustaunau, Claude*, La lutte contre la précarité des emplois: une réforme du CDD, discrète mais non sans importance, Dr. soc. 2002, 304

*Roy-Loustaunau, Claude*, Le sort de l'indemnité de précarité après requalification-sanction du CDD: une opération lucrative inattendue, Cass. soc. 9 mai 2001, Dr. soc. 2001, 925

*Roy-Loustaunau*, *Claude*, L'action de substitution des syndicats en matière de requalification de contrat à durée déterminée: l'information du « salarié substitué » (Cour cass., ch. soc. 1er février 2000, *société Servair*), Dr. soc. 2000, 516

*Roy-Loustaunau*, *Claude*, Tempête sur la requalification du contrat emploi-solidarité. La jurisprudence *France-Télécom* et *Université René Descartes*, Dr. soc. 1999, 553

*Roy-Loustaunau*, *Claude*, La requalification du contrat à durée déterminée: l'apport de l'arrêt « Air liberté », Dr. soc. 1998, 799

*Roy-Loustaunau*, *Claude*, Anm. zu Soc. v. 24.4.1998, Dr. soc. 1998, 608

*Roy-Loustaunau*, *Claude*, Liquidation des droits à la retraite du salarié remplacé et terme du contrat de travail du remplaçant, Dr. soc. 1998, 223

*Roy-Loustaunau, Claude*, La convention collective ne peut déroger aux cas de recours au contrat de travail à durée déterminée, Cour de cassation, Chambre sociale, 17 décembre 1997, Dr. soc. 1998, 110

*Roy-Loustaunau, Claude*, Le formalisme des mentions obligatoires dans le contrat de travail à durée déterminée, Dr. soc. 1997, 922

*Roy-Loustaunau, Claude*, La complexité du contrat à durée déterminée saisonnier, RJS 1996, 215

*Roy-Loustaunau, Claude*, Anm. zu Soc. v. 22.11.1995, JCP G 1996, II, 22642

*Roy-Loustaunau, Claude*, Le double visage de la requalification du contrat dans le contrat de travail à durée déterminée: requalification-interprétation et requalification-sanction, Commentaire de Cass. soc. 27 mars 1991, R.R.J. 1992, 861

*Roy-Loustaunau, Claude*, Réflexions sur le rôle du juge dans la requalification-sanction du contrat de travail à durée déterminée après la loi du 12 juillet 1990, JCP E 1991, 513

*Säcker, Franz-Jürgen (Hrsg.)*, Münchener Kommentar zum Bürgerlichen Gesetzbuch, Band 1: Allgemeiner Teil: §§ 1-240, ProstG, AGG, 6. Auflage, München 2012 (zitiert: MüKoBGB-*Bearbeiter*)

*Saramito, Francis*, Le contrat de travail à durée déterminée après la loi du 12 juillet 1990, Dr. ouvr. 1991, 237

*Savatier, Jean*, Incarcération du salarié, incarcération de l'employeur: quelles incidences sur la poursuite du contrat de travail ? Dr. soc. 2004, 729

*Savatier, Jean*, Anm. zu Soc. v. 22.11.1995, Dr. soc. 1996, 194

*Savatier, Jean*, Le terme du contrat conclu pour remplacer un salarié absent, Dr. soc. 1996, 141

*Savatier, Jean*, Les garanties contractuelles de stabilité d'emploi, Dr. soc. 1991, 413

*Savatier, Jean*, La requalification des contrats à durée déterminée irréguliers, Dr. soc. 1987, 407

*Scavello, Joachim*, Le contrat de travail du footballeur, Dr. soc. 2007, 83

*Schaub, Günter*, Arbeitsrechts-Handbuch, 14. Auflage, München 2011

*Schiefer, Bernd/Köster, Hans-Wilhelm/Korte, Walter*, Befristung von Arbeitsverträgen – Die neue Altersbefristung nach § 14 Abs. 3 TzBfG, DB 2007, 1081

*Schiek, Dagmar*, Europäisches Arbeitsrecht, 3. Auflage, Baden-Baden 2007

*Schmidt, Michael*, Die Richtlinienvorschläge der Kommission der Europäischen Gemeinschaften zu den atypischen Arbeitsverhältnissen, Baden-Baden 1992

*Schulze, Marc-Oliver*, Übernahmeverpflichtung von Auszubildenden nach Tarifvertrag, NZA 2007, 1329

*Schwab, Norbert/Weth, Stephan*, Arbeitsgerichtsgesetz, Kommentar, 3. Auflage, Köln 2011 (zitiert: Schwab/Weth-*Bearbeiter*, ArbGG)

*Schwefer, Erik*, Die befristete Übernahme im Anschluss an ein Berufsausbildungsverhältnis, Hamburg 2005, zugl.: Mainz, Univ., Diss., 2005

*Sievers, Jochen*, TzBfG, Kommentar zum Teilzeit- und Befristungsgesetz, 3. Auflage, Köln 2010

*Soergel, Hans-Theodor*, Bürgerliches Gesetzbuch mit Einführungsgesetz und Nebengesetzen: BGB, Band 2: Allgemeiner Teil 2. §§ 104-240 BGB, 13. Auflage, Stuttgart 1999 (zitiert: Soergel-*Bearbeiter*)

*Supiot, Alain*, Critique du droit du travail, 2. Auflage, Paris 2007

*Temming, Felipe*, Altersdiskriminierung im Arbeitsleben – Eine rechtsmethodische Analyse, München 2008

*Teyssié, Bernard*, Les cadres, JCP E 1995, II, 514

*Teyssié, Bernard*, Un nouveau Code du travail, JCP S 2008, 1265

*Thüsing, Gregor*, Europäisches Arbeitsrecht, 2. Auflage, München 2011

*Thüsing, Gregor*, Arbeitsrechtlicher Diskriminierungsschutz – Das neue Allgemeine Gleichbehandlungsgesetz und andere arbeitsrechtliche Benachteiligungsverbote, München 2007

*Thüsing, Gregor/Lambrich, Thomas*, Umsetzungsdefizite in § 14 TzBfG? BB 2002, 829

*Urban, Nele*, Die Beendigung von Bühnenengagementsverträgen im Spannungsverhältnis von Kunstfreiheit und Arbeitnehmerschutz in Deutschland und Frankreich – Eine rechtsvergleichende Untersuchung, Rodenberg 2005, zugl.: Hannover, Univ., Diss., 2004

*Verkindt, Pierre-Yves*, Le contrat d'accompagnement dans l'emploi, Dr. soc. 2005, 440

*Vigneau, Christophe*, France: Another Approach to Flexicurity, in: Ahlberg, Kerstin/Bercusson, Brian/Bruun, Niklas/Kountouros, Haris/Vigneau, Christophe/Zappalà, Loredana (Hrsg.), Transnational Labour Regulation. A Case Study of Temporary Agency Work, Brüssel u.a. 2008

*Vigneau, Christophe*, Anm. zu Soc. v. 23.1.2008, D. 2008, 1322

*Vigneau, Christophe*, Le régime des contrats à durée déterminée en droit communautaire. CJCE, 4 juillet 2006, *Konstantinos Adeneler*, Dr. soc. 2007, 94

*Vigneau, Christophe*, L'accord-cadre européen sur le travail à durée déterminée, Dr. soc. 1999, 928

*Von Danwitz, Thomas*, Der Einfluss des nationalen Rechts und der Rechtsprechung der Gerichte der Mitgliedstaaten auf die Auslegung des Gemeinschaftsrechts, ZESAR 2008, 57

*Von der Groeben, Hans/Schwarze, Jürgen (Hrsg.)*, Kommentar zum Vertrag über die Europäische Union und zur Gründung der Europäischen Gemeinschaft, 6. Auflage, Baden-Baden 2003 (zitiert: von der Groeben/Schwarze-*Bearbeiter*)

*Waas, Bernd*, Labour Policy and Fixed-Term Employment Contracts in Germany, in: Blanpain, Roger/Nakakubo, Hiroya/Araki, Takashi, Regulation of Fixed-Term Employment Contracts, A Comparative Overview, Austin u.a. 2010, S. 85

*Waas, Bernd*, Kündigungsschutz und Befristungskontrolle: Optionen für eine Flexibilisierung des Arbeitsrechts, ZAF 2007, 99

*Waas, Bernd*, Überlegungen zur Fortentwicklung des deutschen Arbeitsrechts – Diskussion im Inland, Anstöße aus dem Ausland, RdA 2007, 76

*Waas, Bernd*, Neuere Entwicklungen im Europäischen Arbeitsrecht – Ein Rückblick und ein kurzer Ausblick auf die Rechtsprechung des EuGH, ZESAR 2006, 289

*Waas, Bernd*, Der soziale Dialog auf europäischer Ebene, ZESAR 2004, 443

*Waas, Bernd*, Tarifdispositive Normen und der Schutz der Koalitionsfreiheit in Art. 9 Abs. 3 GG, in: Konzen, Horst/Krebber, Sebastian/Raab, Thomas/Veit, Barbara/Waas, Bernd (Hrsg.), Festschrift für Rolf Birk zum 70. Geburtstag, Tübingen 2008, S. 899 (zitiert: Waas, FS Birk)

*Wank, Rolf*, Der Richtlinienvorschlag der EG-Kommission zur Leiharbeit und das „Erste Gesetz für moderne Dienstleistungen am Arbeitsmarkt", NZA 2003, 14

*Wank, Rolf/Börgmann, Udo*, Der Vorschlag für eine Richtlinie des Rates über befristete Arbeitsverträge, RdA 1999, 383

*Waquet, Philippe*, Les pouvoirs de requalification du juge, Dr. ouvr. 1997, 122

*Weiss, Manfred*, Die Europäisierung des Arbeitsrechts und die Osterweiterung: Eine Skizze, in: Söllner, Alfred/Gitter, Wolfgang/Waltermann, Raimund/Giesen, Richard/Ricken, Oliver (Hrsg.), Gedächtnisschrift für Meinhard Heinze, München 2005, S. 1067 (zitiert: Weiss, GS Heinze)

*Welter, Paule/Caron, Elodie*, Arbeitsrecht in Frankreich, in: Henssler, Martin/Braun, Axel (Hrsg.), Arbeitsrecht in Europa, 3. Auflage, Köln 2011, S. 337

*Werthebach, Pi*a, Die Befristung von Leiharbeitsverträgen nach dem Teilzeit- und Befristungsgesetz, NZA 2005, 1044

*Wiedemann, Herbert*, Zur Typologie zulässiger Zeitarbeitsverträge, in: Rechtsbewahrung und Rechtsentwicklung – Festschrift für Heinrich Lange, 1970, S. 395 (zitiert: Wiedemann, FS Lange)

*Willems, Jean-Pierre*, De la professionnalisation au droit de la compétence, Dr. soc. 2004, 509

*Willmann, Christophe*, Le contrat « emploi jeune d'avenir », Dr. soc. 2013, 24

*Willmann, Christophe*, Le contrat unique d'insertion (L. n° 2008-1249, 1er déc. 2008), JCP S 2009, 1077

*Willmann, Christophe*, Anm. zu Soc. v. 30.5.2007, JCP S 2007, 1933

*Willmann, Christophe*, Le contrat de professionnalisation: un vrai contrat de formation en alternance, Dr. soc. 2004, 715

*Wisskirchen, Alfred*, Befristete Arbeitsverträge: rechtliche und rechtspolitische Gesichtspunkte, in: Söllner, Alfred/Gitter, Wolfgang/Waltermann, Raimund/Giesen, Richard/Ricken, Oliver (Hrsg.), Gedächtnisschrift für Meinhard Heinze, München 2005, S. 1081 (zitiert: Wisskirchen, GS Heinze)

*Wroblewski, Andrej*, Sachstand „Arbeitsvertragsgesetz" – Verwirklichungschancen einer Kodifikation, rechtspolitische Gemengelage und Positionen, NZA 2008, 622

*Zumfelde, Meinhard/Remy, Patrick*, Sarkozy's Gesetz zur Erneuerung der sozialen Demokratie, NZA 2009, 186

**Studien zum Arbeitsrecht und zur Arbeitsrechtsvergleichung**

Herausgegeben von Manfred Weiss, Bernd Waas und Spiros Simitis

Band 1 Sebastian Fritzsche: Die Vereinbarkeit des Arbeitnehmer-Entsendegesetzes sowie der erfassten Tarifverträge mit höherrangigem Recht. 2001.

Band 2 Arnd Hermann: Outplacement. Eine Untersuchung der individualvertraglichen Gestaltung und kollektivarbeitsrechtlichen Aspekte eines neuen Instruments des Personalabbaus. 2001.

Band 3 Christoph Schmid: Das Personalrecht der Europäischen Zentralbank. Grundlagen und Grenzen der rechtlichen Bindungen der Europäischen Zentralbank unter besonderer Berücksichtigung der Bereiche Arbeitnehmervertretung, Kündigungsschutz und Datenschutz. 2002.

Band 4 Charis Chaldoupis: Auswirkungen neuer Technologien auf die Tarifautonomie. Funktionsfähigkeit und Legitimität qualitativer Tarifpolitik anhand der Rationalisierungsentwicklungen im industriellen Produktionsbereich. 2003.

Band 5 Robert Kretzschmar: Die Rolle der Koalitionsfreiheit für Beschäftigungsverhältnisse jenseits des Arbeitnehmerbegriffs. Zur Abgrenzung abhängiger von selbständiger Beschäftigung und zur Eröffnung kollektiver Handlungsformen für selbständig Beschäftigte durch Art. 9 Abs. 3 GG. 2003.

Band 6 Thilo Mahnhold: Compliance und Arbeitsrecht. Insiderrechtliche Verhaltenskonzepte im nationalen und multinationalen Unternehmen. 2004.

Band 7 Nicole Löblich: Transformation des kollektiven Arbeitsrechts in der Tschechischen Republik. 2004.

Band 8 Lena Huth: Voraussetzungen und Grenzen nachträglicher Sozialplanänderungen. 2004.

Band 9 Nisha Biswas: Vertrauensarbeitszeit und Arbeitszeitfreiheit im arbeitszeitrechtlichen und betriebsverfassungsrechtlichen Kontext. 2004.

Band 10 Dirk Schäfer: Der europäische Rahmen für Arbeitnehmermitwirkung. 2005.

Band 11 Jochen A. Keilich: Die Auswirkungen der Grundrechte / Menschenrechte für das Arbeitsrecht in Deutschland und England. 2004.

Band 12 Boris Kaehler: Rechtsprobleme betrieblicher Personalauswahl. Die Zulässigkeit eignungsdiagnostischer Maßnahmen im arbeitsvertraglichen Anbahnungsverhältnis. 2005.

Band 13 Natascha Ahmad: Rechtsschutz für und durch Gewerkschaften bei tarifwidrigem Arbeitgeberverhalten in Deutschland und Frankreich. 2005.

Band 14 Volker Güntzel: Die Richtlinie über die Arbeitnehmerbeteiligung in der Europäischen Aktiengesellschaft (SE) und ihre Umsetzung in das deutsche Recht. 2006.

Band 15 Peter Gumnior: Die Rechtmäßigkeit des Sympathiestreiks. 2007.

Band 16 Elena Benz: Auf dem Weg zum lebenslangen Lernen? Die Berufsbildungspolitik der Europäischen Union und die tatsächliche und rechtliche Situation der beruflichen Weiterbildung in der Bundesrepublik Deutschland. 2007.

Band 17 Cessy Kühl: Flexibilisierung von Arbeitsbedingungen. Vergleich ausgewählter arbeitsrechtlicher Gestaltungsmittel zwischen dem deutschen und dem tschechischen Individualarbeitsrecht. 2007.

Band 18 Carolin Siegrist: Einschränkung der unternehmerischen Entscheidungsfreiheit durch Arbeitnehmervertreter im deutsch-amerikanischen Vergleich. 2008.